"中国政法大学科研创新项目资助（24KYHQ005）"

"中央高校基本科研业务费专项资金资助"

（supported by "the Fundamental Research Funds for the Central Universities"）

>>>>> 娱乐法丛书 <<<<<

娱乐法判例精要

SUMMARY OF ENTERTAINMENT LAW CASES

主　编◎刘承韪

副主编◎刘　磊　朱晓磊

中国政法大学出版社

2025·北京

图书在版编目（CIP）数据

娱乐法判例精要 / 刘承韪主编. -- 北京 ： 中国政
法大学出版社，2025. 7. -- ISBN 978-7-5764-2195-8

Ⅰ. D922.165

中国国家版本馆 CIP 数据核字第 2025XK6769 号

书　　名	娱乐法判例精要 YU LE FA PAN LI JING YAO	
出 版 者	中国政法大学出版社	
地　　址	北京市海淀区西土城路 25 号	
邮　　箱	fadapress@163.com	
网　　址	http://www.cuplpress.com (网络实名：中国政法大学出版社)	
电　　话	010-58908435(第一编辑部) 58908334(邮购部)	
承　　印	固安华明印业有限公司	
开　　本	787mm×1092mm　1/16	
印　　张	19.5	
字　　数	475 千字	
版　　次	2025 年 7 月第 1 版	
印　　次	2025 年 7 月第 1 次印刷	
定　　价	86.00 元	

主编 简介 Editors' Profile

刘承韪（主编） 中国政法大学教授、博士生导师，比较法学研究院副院长，中国政法大学文娱法治研究中心主任。主要研究方向为民商法、娱乐法、美国法。中国社会科学院法学博士（2002—2005），美国哥伦比亚大学法学院 RANDLE EDWARDS FELLOW（2006—2007）、高级访问学者（2014—2015）。在《法学研究》、《中国法学》、*Hong Kong Law Journal*（SSCI）、*The Geneva Papers on Risk and Insurance*（SSCI）等重要期刊上发表学术论文百余篇，其中十余篇被《中国社会科学文摘》《人大复印报刊资料》等转载。出版《娱乐法导论》《〈中华人民共和国电影产业促进法〉释义》《娱乐法律法规汇编（上下册）》《美国合同法：学说与判例》《英美契约法的变迁与发展》《英美法对价原则研究：解读英美合同法王国中的"理论与规则之王"》《产权与政治：中国农村土地制度变迁研究》《比较法的新发展》等著作多部。深度参与《中华人民共和国民法总则》《中华人民共和国民法典·合同编》《中华人民共和国消费者权益保护法》《中华人民共和国电影产业促进法》《中华人民共和国仲裁法》《最高人民法院关于适用〈中华人民共和国民法典〉合同编通则若干问题的解释》《电影管理条例》等法律法规的起草或修改等国家立法工作。主持国家社会科学基金、国家自然科学基金等国家级项目；荣获"钱端升奖"和"霍英东奖"。兼任中国法学会民法典合同编起草小组成员、中国法学会比较法学研究会美国法专业委员会主任、全国电子商务教育与发展联盟（"50"人论坛）专家成员、北京市文化娱乐法学会常务副会长、北京市法学会比较法学研究会副会长、美国比较法学会 sponsor member 代表、中国电视剧制作产业协会法律专家委员会副主任、国家电影智库法律专家、青岛电影学院兼职教授、北京仲裁委影视娱乐沙龙小组召集人、《私法》杂志编委、《中国娱乐法评论》执行主编、《娱乐法内参》主编等职务。长期担任国际商事争端预防与解决组织（ICDPASO）、北京仲裁委、上海仲裁委、武汉仲裁委、西安仲裁委、大连仲裁委、长沙仲裁委等国内重要仲裁机构的仲裁员、委员、顾问，参与多起在全国范围内有重要影响的重大案件的咨询与审理，推动组建长沙仲裁委影视文化仲裁院（国内首家，2019）、敦煌国际仲裁院文化传媒仲裁中心（担任主任，2022）等机构，在影视娱乐和文化体育领域的仲裁方面，有重要积极贡献，是国内著名文化娱乐仲裁专家。

刘磊（副主编）　中共党员，法学博士。现为北京电影学院管理学院讲师，主要从事娱乐法、民商法和比较法方面的研究。在《财经法学》《法律适用》等CSSCI来源期刊上发表论文多篇，并受邀参编《不可抗力与情势变更：学理评述、司法案例与法律政策》《数字法学判例百选》等法学专业出版物。

朱晓磊（副主编）　中共党员，法学博士，北京星权律师事务所创始人。主要业务领域为民商法、娱乐法，曾代理多起被媒体广泛关注报道的涉公众人物典型案例。担任北京市文化娱乐法学会常务理事，中国电视剧制作产业协会法务工作委员会专家委员，在海南国际仲裁院、北海国际仲裁院、敦煌国际仲裁院、西安仲裁委员会等多家仲裁机构担任仲裁员、研究员，被聘为中国人民大学、中国政法大学、中国传媒大学等知名高校法律院系的校外硕士生导师，讲授娱乐法相关课程。

本书 撰稿人 Authors of this book

刘承毖	刘 磊	朱晓磊	程 科	程麒台
仇少明	方健明	高一览	何 涛	胡千诚
江 涛	李 航	李梦佳	刘雨萱	马瑞聪
牟书欣	潘 迪	谭 相	伍 勇	肖 汉
熊雅柔	徐 晴	闫 格	闫若思	张明君
张羽霄	赵文博			

娱乐法丛书总序

近十年来，中国娱乐产业经历了极为深刻且波澜壮阔的转型与发展。从传统院线电影以大银幕的震撼视听体验成为主流娱乐载体以及电视广播剧集在家庭客厅中成为全民话题的核心，到互联网时代如汹涌浪潮般蓬勃兴起的网络电影、网剧、网络综艺、数字音乐、电子游戏，再到即时互动的网络直播平台打破时空界限，娱乐产业的形态和模式持续重塑。新技术的驱动（如5G技术带来的高速率、低延迟传输）与新业态的不断涌现（如"剧本杀+文旅"融合的沉浸式娱乐体验），不仅全方位重塑了文化产业生产与消费的格局，更深刻改变了人民群众的文化体验与审美需求。短视频以其碎片化、易传播的特点迅速风靡，虚拟现实（VR）、增强现实（AR）让用户身临其境地感受虚拟世界，元宇宙概念的提出更是为娱乐产业描绘了一个全新的、充满无限可能的未来蓝图，这些新兴技术与娱乐产业的深度融合，以超乎想象的速度加速了行业创新的步伐。

党的十八大以来，中国文艺事业迎来了百花齐放、繁荣发展的黄金时期。一大批优秀文艺作品如雨后春笋般涌现，无论是展现时代变迁、传递正能量的主旋律影视剧，还是通过创新形式展现中华文化魅力的传统艺术作品，亦或是精准把握青年群体喜好的网络文化产品，都极大地丰富了人民群众的精神文化生活。如《觉醒年代》等作品让无数观众深刻感受到那个时代的热血与理想，更增强了全社会的文化自信与精神力量。众多才华横溢的文艺工作者在这个舞台上脱颖而出，成为文化传播的重要力量。然而，与此同时，文娱领域也暴露出一些不容忽视的问题。"天价片酬"现象破坏了行业的价值导向，偷税逃税行为损害了国家利益，"流量至上"的畸形市场逻辑导致作品质量被忽视，审美标准扭曲让低俗内容有了可乘之机。"饭圈"乱象中的粉丝互撕、数据造假等行为，不仅严重败坏了文艺界的风气，损害了文艺工作者的公众形象，更对文艺事业的健康发展构成了严重威胁，阻碍了行业的良性循环。这些问题的存在，既反映了娱乐产业在快速发展中制度建设的滞后与漏洞，也凸显了通过法治化治理来规范行业秩序的迫切需求。

在国家发展大局中，文化法治建设的重要性愈发凸显。娱乐产业作为文化建设的重要组成部分，其法治体系的健全不仅是国家文化法治体系建设不可或缺的组成部分，更是促进社会主义先进文化繁荣发展、维护文化安全的重要保障。当前文艺工作的对象、方式、手段和机制发生了显著变化，文艺创作生产的格局、人民群众的审美需求、文艺产品的传播方式以及群众的接受与欣赏习惯都呈现出全新的特征。对于传统的文艺创作生产与传播，我们已形成一套相对成熟的体制机制与管理措施。但面对层出不穷的新兴文艺形态，我们在管理方式与机制上仍显不足，亟需通过深化改革、完善政策、健全体制机制，适应新时代文化发展的需要，形成不断出精品、出人才的生动局面。

当前娱乐法领域的研究与实践仍面临诸多严峻挑战。首先，娱乐产业的创新性与动态性使得传统法律规则在适用中面临诸多困境。例如，网络直播平台的即时互动特性，导致直播中对音乐、影视片段的使用，难以依据传统版权保护模式准确判断是否侵权；虚拟偶像作为一种新兴的文化现象，其形象权、著作权等权利归属，以及数字资产在交易、继承等环节的法律适用，对现有法律框架构成了极大考验；人工智能生成内容（AIGC）的兴起，更是在创作权归属（究竟是归属于开发者、使用者还是其他主体）与责任划分（如AIGC内容侵权时的责任主体认定）方面，引发了新的法律争议。这些新问题亟需结合娱乐产业的特有规律，开展系统性的理论创新与规则重塑。娱乐产业的法律挑战如同暗处的礁石，深刻阻碍着娱乐产业这艘"大船"在健康发展航道上的前行，关乎其长远未来。其次，司法实践中已经积累了大量与娱乐产业相关的案例，涉及版权、合同、名誉权、隐私权等多个领域，但这些案例分散在不同地区、不同层级的法院，尚未得到系统梳理与理论化提炼，导致行业从业者难以从中获取有效的指引，无法在实际业务中准确预判法律风险。此外，娱乐产业的跨界融合特性使得法律问题往往涉及多个学科领域，这些法律既包括保护作品创作与传播权益的知识产权，规范各类交易行为的合同法，明确艺人与经纪公司劳动关系的劳动法，也包括维护市场公平竞争秩序的反不正当竞争法等，亟需跨学科的综合研究与实践探索，打破学科壁垒，形成协同效应。

基于上述背景，本套《娱乐法丛书》的推出正当其时，旨在系统研究娱乐产业中的法律问题，探索适应新业态、新模式的法治路径，为文化体制机制改革提供理论支持与实践指引，进而积极响应新时代文化法治建设的要求。本丛书立足娱乐产业的实际发展需求，聚焦行业热点与难点法律问题，从理论深度和实践广度出发，对娱乐法领域进行全面剖析。通过深入研究典型案例、整合借鉴国内外先进经验，本丛书力求构建具有中国特色的娱乐法理论体系，为娱乐产业的健康发展提供坚实的法治保障，助力娱乐产业在法治护航下乘风破浪，驶向更加繁荣的未来。

前 言 Foreword

最近十年，娱乐产业发展迅猛，随之而来的法律争议呈现出数量持续增加、类型日益多样化的明显趋势，同时相关业态也在不断升级。从传统的院线电影和台播电视剧，到互联网浪潮下不断涌现的"网大"（网络大电影）、"网剧"、"网综"、网络音乐、网络游戏，再到即时互动性更强的网络直播，娱乐法相关法律争议的复杂性日益凸显、创新性也正以前所未有的速度演进，不断挑战着传统法律规则的边界。

本书以"产业思维解构司法案例，法律视角重构行业规则"为宗旨，系统梳理了影视、音乐、演出、游戏、网络视听（含短视频、直播等）、体育、艺人经纪等领域中的百余篇代表性案例，旨在为娱乐法的初学者架设理解娱乐产业运作规律的认知桥梁，为娱乐法的教学研究和法律实务工作者提供权威且系统的参考资源，并且为文娱从业者提供风险预判实务指南。

本书案例的选择遵循"问题导向、规则塑形、价值纠偏"的原则：一选行业痛点，聚焦文娱行业的高频争议，确保筛选案例对实务有直接指导性；二重规则提炼，挖掘裁判文书中能准确解释或补充法律规范的代表性规则；三倡正向引导，既收录否定行业乱象的矫正案例，也注重提炼文娱行业的良性规则，推动个案裁判到行业规约的转化。

在案例的编排方面，本书首先将娱乐产业划分为电影产业、电视产业、音乐和演出产业、游戏产业、网络视听产业、体育产业、艺人民事权益等不同板块，然后对入选案例按照上述板块进行分类整理。在每个板块内部，本书又根据不同产业特点做了进一步的小节划分。例如，在电影产业板块，本书根据电影制作流程将该板块划分为筹备、摄制、发行、放映及后期价值实现等不同小节。为方便读者阅读，本书在每小节项下的案例标题后又提炼出简洁版的裁判规则，并将其体现在本书目录当中。例如，针对第一章第一节项下的"《女人明白要趁早》影视改编纠纷案"，本书提炼出"改编作品成为影视项目的认定标准并非取得摄制电影许可证、举行开机仪式，而是至少具有影视剧本"的简洁版裁判观点。

为扩宽读者的阅读视野，本书针对每个入选案例都做了行业状况和裁判地位等方面的背景知识介绍。在案例的具体分析上，本书将原裁判文书拆分为案例来源、案情简介、关键词、争议焦点、裁判观点、相关法条等不同部分，力求专业性与可读性兼具，最大限度地揭示判决的论证逻辑与规范依据，呈现法律规则在司法实践中的具体应用与动态演化。需要特别说明的是，本书在"案例来源"部分虽然只提供了终审案号，但是在"裁判观点"等内容的选择上会综合初审的相关情况。另外，本书在"相关法条"部分所列举的法条均为现行有效的法律规范，对于正文中出现的诉讼时有效但现已被修订或修正的法律规范，均在正文中予以标注。

　　娱乐产业的浪潮奔涌向前，法律与商业的碰撞从未停歇。本书愿作一柄探照灯，穿透行业迷雾，既照见暗礁险滩，亦标记可行航道。无论您是躬身入局的从业者、抽丝剥茧的研究者，还是手握规则标尺的决策者，本书所收录的凝结司法智慧与产业逻辑的判例精粹，都将成为您理解娱乐法治生态的密钥。

编　者

2025 年 3 月 5 日

目 录 Contents

第三章　音乐、演出产业法　/ 103

第七章　艺人民事权益纠纷　/ 268

娱乐法的基本问题

一、我国娱乐法学之滥觞

2008 年，娱乐法课程进入中国政法大学中美法学院的课程体系和培养方案，这在国内是史无前例的重要学术动作，彼时国内学术界和实务界尚不知娱乐法为何物。其后，中美法学院王昀教授在中国政法大学开设法律检索、比较影视著作权、法律与电影等课程。刘承韪教授于 2015 年组织发表娱乐法系列研究文章，2018 年在中国政法大学开设面向全校研究生的"娱乐法"选修课，并开展娱乐法系列讲座，至此，我国娱乐法课程被正式激活。

与之相应地，在娱乐法实务方面，刘承韪教授、刘毅教授和武玉辉律师于 2016 年 9 月 10 日发起创办的"北京市法学会影视娱乐法学研究会"成立，2017 年研究会改制为"北京市影视娱乐法学会"，2020 年更名为"北京市文化娱乐法学会"（以下简称"娱乐法学会"）。[1] 娱乐法学会现有 20 余家发起创办单位，包括国内最顶尖的法学院、最好的艺术院校以及国内头部文娱公司。在 2016 年娱乐法学会成立之前，国内几乎没有律师自称娱乐法律师，因为此前没有能够被普遍接受的"娱乐法"概念。律师业务中，不管是从事传统民法中的肖像权纠纷、人格权侵权纠纷、演艺经纪纠纷的，还是从事知识产权法领域的业务活动的，都可能与娱乐行业紧密相关，但是当时尚未专门把这些业务概括为"娱乐法业务"，未能形成"娱乐法律师"群体。如今，在娱乐法学会的大力推动和宣传影响之下，国内已有众多律所组建了自己的娱乐法团队，拥有数量可观的娱乐法律师。2020 年，娱乐法学会开展首届中国娱乐法律师、娱乐法法务团队、娱乐法律所的评选，引领了娱乐法实务的发展。在这些方面娱乐法学会走在国内前列，系统性地推动了行业发展。

在娱乐法人才培养方面，刘承韪教授在中国政法大学的法律学院设立了娱乐法法律硕士专业方向，设置有 5 门娱乐法系列课程。目前，中国政法大学是国内仅有的开设娱乐法方向法律硕士专业的高校，同时刘承韪教授也在比较法学院开设文化娱乐法的博士招生方向。易继明教授也已经把娱乐法纳入了北京大学知识产权学科的博士招生方向。未来学术界将有一支非常突出的新生力量，为娱乐法的学术研究和学科发展做出重要贡献。如今，国家正大力扶持和鼓励新兴交叉学科的研究，娱乐法学初露峥嵘，发展形势一片大好。

---

〔1〕 2017 年研究会改制为学会，是考虑到研究会不仅要开展学术研究，更要面向产业界，为娱乐产业提供政策咨询、法律实践和人才培养等服务。

二、"娱乐"的意义

要理解"娱乐法"首先需要关注"娱乐"的涵义，对娱乐法的理解自然离不开对"娱乐"二字的解读。关于娱乐的涵义，从《说文解字》来看，"娱"本身就是"乐"的意思，"娱者，乐也，从女，吴声"。"吴"是声符，有兼义的功能，其字形是一个口和一个人的形象，表示一个侧着头部、张着大口来吟唱娱乐的人，非常形象地展示了"娱"的含义。人类社会最早也最原始的娱乐方式，无非就是唱歌跳舞，这是我们国内"娱"的概念和本义。

英文的"娱乐"——"entertainment"——的释义是"attainment of gratification"，即使人快乐、获取快乐的意思。所以它的本义与中文的"娱"是相同的，都表示快乐的意思。英美的社会学家经常说到，娱乐产业和娱乐行业本身就是传递快乐和销售快乐的行业——如果叫产业的话，那就是销售快乐，如果叫行业的话，那就是传递快乐或者保护快乐的传递的行业。因此其本义与中国文化中所理解的娱乐是相通的，在王羲之的名篇《兰亭集序》中可见"娱乐"的奥义："仰观宇宙之大，俯察品类之盛，所以游目骋怀，足以极视听之娱，信可乐也"。可以说，娱乐是自古以来人类生活的重要组成部分，不可或缺。

在我国当前的语境中强调娱乐活动和娱乐生活，具有更加重要的意义。今天，我国民众的生活已经摆脱了基本物质需求匮乏的窘境，精神上的需求由此得以释放，并成为当前大众生活的日常普遍需求。党的十八大专门提出了"人民对美好生活的向往"，党的十九大报告、党的二十大报告亦多次提及这一概念。人民的美好生活不仅是物质需求层面的基本生存问题，而要同时满足人民在更高层面的精神生活需求。所以在当下的社会中对"娱乐"直面、承认及强调，具有重要的意义。

娱乐法学会的刘毅教授提出娱乐法的16字主张："娱乐有理，娱乐有道，娱乐有度，娱乐有法"，这一归纳简洁明了，提纲挈领。所谓"娱乐有理"，是指既然娱乐是人民美好生活的重要组成部分，当然每个人都可以合法地开展自己的娱乐生活，日常生活中不管是电影、电视、游戏、音乐，还是网络娱乐、网络视听，抑或是体育等方面，都有被法律保护的必要。所谓"娱乐有道"，是指娱乐活动和娱乐生活必须合法进行，有规矩地进行。所谓"娱乐有度"也是同样的道理，娱乐需要有一定的限度，不能像尼尔·波兹曼在《娱乐至死》里所描述的那样放纵无度、娱乐至死。[1] 既然娱乐"有道""有度"，那么由谁来划定"道"和"度"的边界，这便是本书所谓的"娱乐法"。

三、好莱坞与美国娱乐法的起源

"娱乐法"这一概念来自美国。在文献方面，最早见于1954年美国《加州法律评论》（*California Law Review*）第42卷，其专刊中很多文章都是娱乐法方面的相关内容。专刊的标题叫"entertainment industry and law"（娱乐产业与法），并没有直接用"entertainment law"（娱乐法）的概念，但是文章的内容聚焦于娱乐产业和法律的关系，关注的是法律在娱乐产业中应当扮演何种角色的话题，所以它已经是实质上的"娱乐法"概念。在1960

---

〔1〕《娱乐至死》一书提到了传媒和娱乐领域的边界问题、道德和尺度问题，以及流行文化对传统政治秩序和社会秩序的冲击和颠覆问题。

年出版的《权利与作者：文学作品与娱乐法手册》（*Rights and Writers：A Handbook of Literary and Entertainment Law*）一书中，美国学者首次正式提出了"entertainment law"的概念。由此可见，美国在20世纪五六十年代出现了探讨娱乐产业和法律互动的重要话题，提出娱乐法的概念，是为了回应社会的需求和变化——美国娱乐产业起源并奠基于1900年到1923年之间，其间代表美国娱乐经济产业化的好莱坞六大公司逐步成立并不断发展壮大，最终成就了今天的好莱坞商业帝国。

关于好莱坞六大公司的成立，以及好莱坞之所以成为美国娱乐产业的重要基地，其背景与知识产权法紧密相关。20世纪初，美国东部经济社会较之美西更为发达，因为其靠近欧洲，是欧洲早期移民的主要聚居地。这几家制片公司的创始人最初也是在美东活动，但很快他们就遇到了知识产权风险。众所周知，知识产权具有天然的垄断性，彼时爱迪生的影片专利公司把爱迪生所有的专利都放在这个公司来进行商业化运营，收取许可费，并配有专门的律师团队进行法律维权。当时，小型制片公司所用制片、放映的设备几乎全是爱迪生公司的产品，而专利许可费用高昂，许多公司无力承担，即使是非法翻制，其违法成本同样难以承受。为此，许多电影行业的创业者来到美洲大陆的另外一侧，因为在1900年到1920年前后，美国还没有真正意义上的西部大开发，交通等各个方面非常不便，制片商在偏远的美西地区一旦涉诉，便可轻松逃离。因此，这些创业者来到了彼时洛杉矶郊区极为偏远的好莱坞：一是好莱坞距离美东爱迪生影片专利公司掌控力最强的城市比较遥远，可以摆脱其垄断控制；二是这个地方的自然条件较好，光照、美景、气候等各个方面都非常适宜进行拍摄活动。于是好莱坞的先驱者决定在这个地方落户，并不断发展壮大，最终造就了今天的好莱坞神话。

当前，美国的整个娱乐产业以好莱坞为中心。美国法学家经常将美国的娱乐产业描述为"一体两翼"的格局，"一体"就是洛杉矶的好莱坞，"两翼"分别是纽约和纳什维尔。好莱坞主要发展制片行业，影视制作集中于此。纽约有全球最发达的资本市场，而资本的重要性绝不亚于娱乐产业制作本身，因此本书认为纽约在美国的娱乐产业中绝不仅限于"翼"的地位，称之为另一个中心或许更符合今天的情况。此外，纽约还拥有如百老汇现场演出等举世闻名的大量大型表演秀场；庞大的发行和放映产业也主要是在纽约进行交易；帝国大厦、中央公园、自由女神、华尔街等著名景点曾无数次地成为影片取景之地。所以纽约在今天美国的娱乐产业格局中已经不仅仅是一个"翼"的地位，只是在传统的美国娱乐法著作中，还是会把它作为"一体两翼"中的一"翼"。另外一"翼"就是纳什维尔。纳什维尔是音乐之乡，尤其是美国乡村音乐之乡。纳什威尔乡村音乐名人堂足以证明其是美国娱乐法的重镇，至少是美国娱乐产业的重镇。

美国对娱乐产业颇为重视，在很多年前就已经上升为国家战略。我国现在也已经把文化娱乐产业上升为国家战略，一个重要标志是2018年机构改革时国家电影局归口中共中央宣传部管理。这是因为电影等文化产品不仅仅是商业产品，还有文化传承、文化宣传和文化交流等功能，对外代表国家文化形象，所以将文化产业上升为国家战略是十分必要的。在美国，2004年曾有权威报刊专门做了一个统计，发现娱乐活动不仅是每个美国人的生活和经济中心，而且美国娱乐产业也是其第一大出口产业，超越了此前排在第一的食品产业。因此人们往往戏称，美国人全球扩张和征服世界靠的是"三大片"，第一个片叫薯片，第二个片叫芯片，第三个片叫胶片。实际上，美国这"三大片"经济时至今日依旧具有巨大的世界影响力。

就美国的文化娱乐产业而言，其毫无疑问地成为国家的经济中心。正是因为有坚实庞大的产业基础的支持，所以它的娱乐法发展也得以快速跟进。实际上在 1954 年和 1960 年提出"娱乐法"相关的概念和探讨之前，相关法律服务已经有所参与，这也符合正常的法律发展和学科发展的规律。

从美国法学教育的角度可以发现，其学科发展与产业格局密切相关，这在《好莱坞评论》（Hollywood Reporter）等报纸杂志评选出的娱乐法领域全美前十的法学院名单中可以得到印证。美国法学院的学科设置是实践需求和实践导向的，由 ABA（American Bar Association，美国律师协会）批准，ABA 的机构定位是从实务中来到实务中去，所以它的实践导向和对实践需求的反馈极为灵敏。正如美国娱乐产业的"一体两翼"格局，娱乐法领域全美前十的法学院中，位于加利福尼亚州的是最多的，加利福尼亚大学洛杉矶分校（University of California, Los Angeles，简称"UCLA"）和南加利福尼亚大学（University of Southern California，简称"USC"）不相上下，都号称自己的娱乐法专业是全美第一，尤其是 USC，其在产业界的影响很大。UCLA 也有同样的地理便利条件，其既招硕士也招博士，专业名称为"entertainment, media law and policy"。此外，帕珀代因大学（Pepperdine University）、斯坦福大学（Stanford University）、西南大学（Southwestern University）、洛约拉玛丽蒙特大学（Loyola Marymount University）等娱乐法专业强校也都在加利福尼亚州或其周边。在纽约，福特汉姆大学法学院（Fordham Law School）独树一帜地开设了"时尚法"（fashion law）专业。福特汉姆大学主校区在纽约郊区，但唯独把法学院和商学院放在市中心，这是因为这两个学科离不开商业主体，纽约市中心的繁华可以为就业、实习、学术交流和日常各方面活动提供便利。因此福特汉姆大学法学院的时尚法在全美独此一家，是最好的。哥伦比亚大学（Columbia University）、纽约大学（New York University）和卡多佐法学院（Benjamin N. Cardozo School of Law, Yeshiva University）也都在纽约。而范德堡大学（Vanderbilt University）则位于纳什维尔。可见，法律是跟着产业发展而前进的，尤其是娱乐法这样的一个面向实务的产业之法，它更是面向产业、紧跟产业的。

四、我国语境中的娱乐法

尽管娱乐法的本义来自英文，但将中文的"娱乐"和"法"放在一起取名"娱乐法"，是我国法学界的能动创新。从学理上说，"娱乐"活泼感性，是对行为的描述，而"法律"具有严肃性，是理性的，强调规则，所以两者之间存在一定张力，组合在一起，可能会让非专业人士不明所以。娱乐法学会在 2016 年申请注册的时候，不管是北京市法学会还是北京市民政局，都对娱乐法概念闻所未闻。为了让公众理解什么是"娱乐法"，学会申请注册时暂且在娱乐法前面加了"影视"两个字。但是，娱乐法是面向整个文创产业的，其范围包含了大文娱的各项内容，而不限于电影电视这两部分。因此，娱乐法学会在 2020 年更名为"北京市文化娱乐法学会"，迄今仍是我国娱乐法方面唯一的官方学会。

有趣的是，有张力的词汇并不代表存在矛盾或冲突。比如美国 20 世纪 90 年代出现的新词汇"edutainment"也是个生造词语，由"education"和"entertainment"组合而成，表示"寓教于乐"。在这个词中，"娱乐"跟"教育"虽然有张力，但是在现代文化和现代社会中，二者可以共生共存、共同促进、共同发展，正如现代教育可以采取更多灵活、活泼的形式来开展，而不再是纯粹填鸭式的讲授。同样地，娱乐产业中的一些产品也可以成为教育的资源，甚至可以为教育或科学做出重要贡献。好莱坞的商业大片尤其是科幻大片里面，经常出现富有意义的理论探讨，涉及哲学伦理问题、人类命运共同体的问题、科学技术发展问题等。例如，《星际穿越》里"虫洞""平行宇宙"等话题无疑都是科学界最前沿的理论问题，娱乐的同时还能受到教育，这已经不是个别现象。如电影等文化产品的分量和影响力绝对不仅仅存在于商业价值之中，它还是一个国家文化观和社会价值观的重要承载者、传播者、交流者。电影是人类造梦的工厂，可以实现很多科学家的理想、文学家的梦想和普通人对于生活的想象，这是它的重要价值。因此，把看似不相干的"娱乐"和"法"两个概念放在一起，会为封闭而沉寂的法律领地带来意想不到的思想火花。

更进一步而言，对外来词语略加修饰，往往有助于其本土化进程。在娱乐法之前加上"影视"或"文化"的修饰，娱乐法就更容易为大众所接受，这是娱乐法入乡随俗的结果。2020年，"北京市影视娱乐法学会"在北京市民政局正式更名为"北京市文化娱乐法学会"，恢复了大文娱之法的范围。同时，中国政法大学成立了校级文化娱乐法治研究中心，简称"法大娱乐法中心"，与学会一道推进中国娱乐法治建设。可见，把"文化""影视"加在娱乐法之前，可以实现外来文化与本土文化的有机结合，完成娱乐法的本土化改造。正如清末民初对"民法"概念的本土化改造一样：彼时在引入近代西方民法制度思想时，"civil law"的概念以及罗马法里的"民法"，都表示"市民法"。但在中国或东亚语境下，把它翻译成"民法"而非"市民法"符合当时的东亚文明。因为东亚文明是农耕文明，没有西方语境中的市民群体，引入民法概念时翻译成"民法"符合我国的经济社会发展情况。因此，今天在引入美国"娱乐法"的概念时，也可以借鉴清末民初引入西方"民法"时的做法，结合我国当前语境对外来词汇进行创造性改造和转化，在比较借鉴中不断提升中国法律内容的能量。

就娱乐法的内涵而言，美国 Sherri Burr 教授将"entertainment law"界定为"a term that describes a variety of different areas of the law that all apply to the entertainment industry"，即适用于整个娱乐产业的法律规范的总称。换言之，所有能适用到娱乐产业的法律都可以叫"娱乐法"。当然，娱乐法本身还需要经过提炼、加工和整理，而不能仅仅让它碎片化地保留在各个传统部门法中。因为娱乐产业有其特殊规则，需要在传统法律概念的基础上，结合娱乐产业新的交易模式、行为规则来加以改造，创造出一个圆融自洽、有逻辑有条理的法律规范系统，这便是"娱乐法"。

五、娱乐法三要素与规范内容

传统部门法中的合同法、著作权法、商标法、侵权法、担保法、投融资法、广告法、劳动法、行政管理法、国际法、税法等法律规则，与娱乐产业关系最为密切。但是这些调整娱乐产业关系的规则过去碎片化地散布在各个部门法之中，在"娱乐法"作为一个独立的概念和体系对其梳理统摄之前，它们并不被视为娱乐法规范。本书强调娱乐法作为部门法或领域法，实际上就是把这些与娱乐产业相关的法律规则吸纳提炼出来，形成相对独立的、联系紧密的、逻辑自洽的法律规则系统。提炼的目的是更好地为娱乐产业服务。当这些娱乐法规则经过加工整理和梳理提炼而集合在一起之后，解释法律、适用法律都将获得效率。可见，来自传统部门法又超越传统部门法是娱乐法这一类新兴法域的显著特点。在此基础上，可以"人"、"财"、"物"和"合同"四个概念为视角来分析娱乐法的规范内容。

首先须明确的是，娱乐产业和娱乐法对于"人""财""物"三个核心要素的依赖有独特之处。"人"，即从业人员，娱乐产业的从业人员有一定的特殊性。"财"，即产业资金，娱乐产业不只是人员密集型的，而且是资金密集型的，娱乐行业产业化之后，它就不再限于行业、事业的规模了——行业、事业更多强调管理，产业则更强调经济效益。"物"，即娱乐产业中的无形资产，主要是以著作权为代表的知识产权，它是娱乐产业的核心资产。娱乐法实际上就是在娱乐产业"人""财""物"三要素的基础上，来构建法律规范和法律系统。

娱乐产业中，"人"的要素，其特殊性体现在从业人员既具有一般人像的特点（人身属性），同时还具有商业属性、商品属性。换言之，娱乐产业中的从业"人"在这个产业中是可以"买卖"的，这是娱乐产业从业主体的特殊性。如演艺经纪合同、肖像权或者人格权的商品化利用、公开权等，都是强调艺人的商品属性。举一个典型的例子，2002年姚明当选NBA（National Basketball Association，美国职业篮球联赛）状元秀，被形象地称为"中国出口到美国的最大的单件商品"，用"商品"作为喻体，可见姚明的商业价值，其作为名人所享有的商品化权益超出了人身权益的传统范畴。此类反映文体产业中名人商业价值、商品属性的例子俯拾皆是：麦克尔·乔丹，在1984年以NBA探花秀的身份被公牛队选中，最初他希望同当时全美最大的体育用品商阿迪达斯签订代言合同，但却被以"咖位"不够为由所拒绝。同时期一家小型体育用品公司抓住了这个好机会，以当年最大牌的超级明星在阿迪达斯公司一年代言费的5倍作为价款与乔丹签约，并在公司品牌下创设了一个子品牌"飞人乔丹"（Air Jordan）。此后，乔丹成为NBA的门面和永远的传奇。当年的小公司在随后的几十年间，由于与乔丹的绑定关系，发展非常迅速，最终成为现在全世界最大的体育用品厂商——耐克公司，截至2025年3月，耐克的市值超过960亿美元，是阿迪达斯的20余倍。在这个案例中，"飞人乔丹"是耐克公司的子品牌，与乔丹个人人格绑定，其享有永久销售分红权。例如，每卖出一双飞人乔丹的球鞋，乔丹本人就可以得到5%的利润提成，时至今日乔丹每年依旧可以获得超过一亿美元的分红。可见乔丹作为超级明星的巨大影响力，以及其人格权商品化价值对于耐克公司发展所起到的举足轻重的作用。

娱乐产业中"人"的商业属性非常强，因此对于艺人的侵权以及演艺经纪合同纠纷非常普遍。据统计，娱乐产业中除侵权纠纷外的非诉讼纠纷正是集中在"人""财""物"这三个要素上：首先是演艺经纪合同纠纷，这涉及娱乐法中的"人"的保护问题。其次是"财"，即娱乐法中的投资纠纷。近年来的逃税整治等事件使整个娱乐产业经历了几次市场洗牌，导致大量的娱乐产业投资没有收益，相关公司出现资不抵债的情况，进而导致大量投资合同纠纷，影视投资合同尤其是重灾区。最后是"物"，即娱乐法中的知识产权纠纷，如剧本的委托创作合同纠纷等。上述娱乐合同纠纷中，投资合同纠纷和演艺经纪合同纠纷是最多的，新生代艺人的从业稳定性较低，因此相关纠纷非常普遍，这也与我国娱乐行业标准和行业规则的缺失有关。

娱乐产业的"人"，在美国加州劳动法典里被尊称为"Artist"，一般可以理解为"艺术家"，即从事艺术创作活动的群体。因此，在整个娱乐产业链中，不管是从事电影、电视行业，还是音乐、游戏行业，抑或是网络视听、体育行业的，都是 artist，这是娱乐行业中"人"的特殊性。艺术家当然应该有艺术家的待遇，应该有体面的从业收入。在这一点上，我国娱乐行业从业人员的薪酬问题却成为人们诟病这个行业的主要矛盾点。例如，影视行业从业人员的片酬大概在 2016 年到达了最高峰，彼时年轻演员拍一部影视剧就能够获得一两个亿的片酬，这在当时受到了全社会的普遍关注。对于演员的高片酬，行业公司同样怨声载道。

于是，2017 年，中国广播电影电视社会组织联合会电视制片委员会等联合发布《关于电视剧网络剧制作成本配置比例的意见》，要求全部演员的片酬总额不能超过整个影视剧总制作成本的 40%，而主要演员片酬不能超过总片酬的 70%。2018 年，国内头部视频网站和主流影视公司联手发布《关于抑制不合理片酬，抵制行业不正之风的联合声明》，表示将执行单个演员片酬一集不超过 100 万，总片酬不超过 5000 万。然而，硬性规定娱乐行业从业收入的上限是否合理，值得商榷。同其他行业一样，在娱乐行业中成为艺术家也需辛苦付出和加倍努力，以及卓越的天分，并为艺术事业创造出重要的价值。因此，给付给行业天赋异禀的人高薪报酬，是对人才的尊重，是对稀缺资源的正常回报，这符合商品经济和市场经济的基本规律。

在美国好莱坞，如汤姆·克鲁斯等超级明星的单部电影收益也会超过 1 亿美元，但能达到这一水准的明星只是凤毛麟角，我国娱乐行业从业收入的真正问题在于有能力、有担当、德艺双馨的艺术家和部分虚有其表的流量明星之间的收入差距竟有霄壤之别，所以才引起公愤。这些流量明星买数据买流量"假造"竟然成为行业的公开行为。而片酬也好，投资也好，影视用人也好，很大程度上是基于数据和流量的，所以导致整个娱乐行业出现了在错误计算基础上的跑偏走歪，亟须回归正途。目前，我国已经开始对流量造假、收视率造假、票房造假进行系统规范和整治，旨在建立一个良好的行业秩序，且已初见成效。

娱乐产业的"财"就是资本。资本对娱乐产业来说是把双刃剑。一方面，它助益于娱乐产业，使其产业规模迅速扩张。在《电影产业促进法》[1] 出台前后，我国三大主流流媒体视频平台"爱优腾"（爱奇艺、优酷、腾讯视频）和我国互联网三大巨头"BAT"（百度、阿里巴巴、腾讯）等海量资本，在政策利好和法律利好的背景下，进入到娱乐产业中来。那一时期，文化投资公司收购上市公司改造成文化企业的案例不胜枚举，可谓之文化娱乐行业狂飙突进的时代。截至目前，我国电影、电视剧产量均位列全球第一；游戏产业产值位于世界前列；银幕总数常年蝉联全球第一。可见，在资本大量涌入的背景下，我国娱乐产业实现了快速的增长是不争的事实。

但另一方面，资本以其强势话语权改变了传统娱乐行业的运行规则。例如，传统电影人对资本的过度干预十分抗拒，反对用互联网思维来从事电影制作——互联网思维强调"短平快"，其逐利性使之往往呈现"急功近利"的面貌，要保底、要对赌、要回购，等等；但是，电影等娱乐行业是一个慢工出细活的行业，所以冲突在所难免。当前最不合理的一个现状是，部分大型平台企业的"自制剧"业务中，企业在兼有制片厂、演艺经纪公司的身份的同时，还有自己的发行、放映渠道，即该企业贯通了整个产业的上下游。在这

---

[1]《电影产业促进法》，即《中华人民共和国电影产业促进法》，为方便表述，除"相关法条"板块外，本书中涉及的我国法律直接使用简称，省去"中华人民共和国"字样，全书统一，不再赘述。

种情况下，其他演艺经纪公司的艺人，包括一些小型分包制片公司的市场力量都被挤压，娱乐产业市场竞争受限。因此，必须要有有利于行业良性发展的规则。回顾娱乐产业的历史，美国也曾经历过娱乐行业的粗放式发展阶段，但是很快美国就构建了反垄断法的规范框架。例如，1948 年的《派拉蒙法案》要求制片者不能垄断发行和放映渠道。通俗地说，做电影的就不能放电影，培养艺人的就不能"卖"艺人，由此促成一个良性的市场竞争的秩序。当前，我国娱乐产业还处于粗放式发展的阶段，没有应有的规则和标准，仍是一个"非标"的行业。囿于相关规范不完善的现状，加之资本态度的强硬，娱乐产业中的各类合同在签订时几乎没有"底线"可言。

娱乐法就是要在这个背景下建立整个娱乐行业都应当遵守的底线和标准。例如，对于演艺经纪合同我国尚没有最长年限的规定，对艺人的权益保障不足，多次有新闻曝光艺人被要求签订超过 30 年的合同。反观好莱坞等成熟娱乐市场，大多会设置底线标准，比如"加州的七年规则"，其规定艺人（主要指影视行业艺人）在为其签约的经纪公司效力 7 年后，有权单方向公司提出终止合约。同样地，在佣金或经纪费用方面，我国也缺少规范标准，许多艺人在刚出道签约时，经纪公司佣金占到了 70%之多。但在好莱坞，经纪公司佣金通常不能超过收入的 10%，以保护艺人免受经纪代理人在商业实践中的侵害。此外，我国娱乐行业中关于艺人违约金也同样没有底线规定，常有青年艺人动辄背负数亿元的违约金。如此种种足以见得我国娱乐行业的乱象，亟须构建完善的娱乐法规则来发挥作用，如完片担保、票房计算规则、保底发行规则等在传统的部门法里面难以直接找到的规则。虽然这些规则的基础仍在传统的部门法中，但娱乐产业当前的各种乱象及其特殊交易模式，迫切需要专门的娱乐法规则的跟进。

娱乐产业的"物"就是 IP（Intellectual Property，知识产权）。以著作权为代表的 IP 是娱乐产业的核心资产，也是娱乐产业的核心价值所在。电影、电视剧往往始自一部小说或剧本，经过集体的创作，产出一个思想价值和市场价值更大的 IP，可以说是始于 IP，也终于 IP。产出具有原创性和高品质的娱乐 IP 产品，是娱乐产业的基本目标。值得注意的是"大 IP"现象，即近几年我国市场主体囤积 IP 的现象。美国迪士尼公司之所以能够成为今天的"好莱坞巨无霸"，很大程度上就在于它把漫威、20 世纪福克斯以及其他众多经典 IP 收购合并。而美国影视界的新秀"网飞"（Netflix）也囤积了大量的原创 IP，涉及文学作品、编剧、网络文学等。回到我国娱乐产业，在"BAT"公司中最成功的无疑是腾讯，其早在 2014 年就收购了盛大文学并联合成立了阅文集团，阅文集团旗下有众多知名文学网站，如起点中文网、潇湘书院、红袖添香网等，为腾讯文娱产业输出海量 IP 资源以供游戏、电影、电视改编，从而创造出更多更大的 IP 娱乐产品，这是极具远见的做法。随着知识产权强国战略的出台，可以预见未来的娱乐产业对于 IP 的重视和保护程度会更高更强，IP 在娱乐产业中所扮演的角色也会更加重要。

除了"人""财""物"之外，"合同"也是娱乐产业不可或缺的重要一环，正如美国学者的总结，"合同是娱乐产业的生命线"。究其原因，在于娱乐产业中的三要素，"人""财""物"如果没有合同的联结，就只是静态的资产，不能产生和放大其价值，这些要素都需要通过合同的联结流动起来。一部电影从开始策划到购买剧本，或者委托创作剧本，到融资、制作、发行，再到放映、衍生品销售、演艺经纪，这一系列流程是靠合同联结起来的，没有合同整个娱乐产业根本无法运转。一个电影项目所要签订的合同数量往往在 300 份至 900 份合同之间，可见合同对于娱乐产业的重要性。

从细分产业的形态上来看，娱乐法主要包括电影产业法、电视产业法、音乐产业法、演出产业法、游戏产业法、网络视听产业法，再加一个体育产业法，有学者把它形象地叫作"非常 6+1"的产业法布局。当然，体育法特殊一些，它是相对独立的部分，但学界往往将娱乐法和体育法设置在一起，这与美国的传统娱乐法学体系有关。我国目前的体育法还有其独特性，即市场化程度需要提高，事业化和管理法色彩需要淡化。换言之，需要解决我国"市场化的体育"和"官方化的体育"，"举国体制的体育"和"职业化体育"并存和冲突的法律问题。例如，"宁泽涛事件"广告代言冲突中的蒙牛和伊利，一个是体育总局游泳中心的赞助商，另一个是运动员本人代言的品牌，所以当二者冲突时，需要有比较成熟的法律机制来平衡运动员的个体利益和国家利益，化解其中的矛盾和冲突，否则一个看似微小的事件有可能会毁掉一位优秀运动员的职业生涯。无论在哪一个具体的细分领域，娱乐法的规范体系都是按照产业的逻辑来加以展开的，具体包括主体、流程、著作权保护、行政管理等规范内容。

六、娱乐法的法源

娱乐法的法源包括三个层次，即娱乐法"原则"，娱乐法"规则"，和娱乐法"习惯"，且每个层次都有娱乐法自身的特殊性。

首先，所有部门法、领域法都有其原则。娱乐法的原则至少有三项，与"人""财""物"的理论相对应。从人的角度来讲，娱乐法的第一个原则是"德艺双馨"原则。这一点虽然是很通俗、很中国化的理解，但是它代表了这个行业对于从业主体的要求：一方面要有社会公德、职业道德和思想品德上的要求，坚守道德的底线；另一方面要有专业能力和艺术创造力的修为。目前"德艺双馨"原则已经写进了《电影产业促进法》的第 9 条。娱乐法的第二个原则是在资本层面所要求的"经济效益和社会效益相统一"原则，这一点在《文化产业促进法（草案送审稿）》中也有体现，文化娱乐产业的公共属性要求社会效益优先，强调经济效益和社会效益相统一是较为妥当的基本原则。娱乐法的第三个原则是强调文化娱乐产品的创造性的"鼓励创新"原则。这一点在《电影产业促进法》和其他相关法律法规中有所体现，《电影产业促进法》的要求更丰富一些，包含了以人民为中心、创作自由和"三贴近"等内容，但整体来说都体现了鼓励创新的精神。

其次，娱乐法有自己的法律规则。由于娱乐产业发展较晚，所以我国娱乐法的法律法规相对较少，而且效力层级较低。据统计，在当前所有的电影法律法规中，只有一部法律——《电影产业促进法》，一部行政法规——《电影管理条例》，这是能纳入到正式法源的两部重要法律文件；其余规范的位阶止步于规章、命令、通知、办法等。电视法领域更是如此，尚无专门的法律，只有一部《广播电视管理条例》，而且其基本内容全是管理性规定，如节目的制作到节目的发行、设备的管理、信号的传输等，对于电视产业少有触及。从实践的情况来看，在娱乐产业发展中真正扮演重要角色的往往是国家广播电视总局的各种禁令，如"一剧两星""限韩令""限古令"等。但问题是，"总局禁令"的性质是什么？它是什么层次的法源？它是否为娱乐行业之活法？影视企业如果对此产生异议，能否得到救济？类似的问题都有进一步深究的必要性。

最后，行业习惯是娱乐法的重要组成部分。对于娱乐产业来说，这一法源至关重要。

正是因为娱乐产业相关的正式法律较为缺乏，而且适用大量刚性法律规则来规范行业发展未必合适，因此行业习惯就成为产业发展不可或缺的重要法源。实际上，美国的娱乐法正是以行业习惯为基础的法律系统，整个美国好莱坞的交易规则基本上都是各大行业工会不断博弈折中的结果。

第一章

电影产业法

第一节　电影筹备阶段

《红色娘子军》版权纠纷案

《著作权法》实施后的确认协议能够使实施前
著作权人的许可行为产生该法意义上许可使用的效力

我国《著作权法》自 1991 年 6 月开始施行，在此之前，群众对于著作权保护并没有一个完整且清晰的认识。随着著作权法法律体系的不断完善，社会公众的著作权保护意识也在逐渐提高，相应地，利用法律手段维护相关权利的现象也愈加普遍。本案不仅探讨了《著作权法》实施前，著作权人允许他人改编其作品的行为是否构成著作权法意义上的许可行为，也对双方在《著作权法》实施后签订的协议是许可使用合同还是演出报酬约定的性质问题进行了全面分析。本案的裁判，既严格遵守了《著作权法》的立法精神，又考虑到了特定历史时期的政治、文化因素，取得了良好的法律效果与社会效果。同时，本案的判决也对今后类似著作权纠纷的处理具有重要的借鉴意义。

案例来源

（2015）京知民终字第 1147 号

案情简介

1961 年，上海天马电影制片厂根据本案原告梁某创作的电影文学剧本《红色娘子军》拍摄成同名电影并公映。1964 年，本案被告中央芭蕾舞团将电影剧本改编为芭蕾舞剧《红色娘子军》并公演，该改编工作得到了梁某的同意。1964 年之后，中央芭蕾舞团继续公演该剧，后曾因故停演。20 世纪 90 年代初，该剧重新复排复演。1993 年 6 月 26 日，梁某和中央芭蕾舞团依据 1991 年 6 月开始实施的《著作权法》订立了一份协议书，确认了芭蕾舞剧《红色娘子军》系根据梁某的电影文学剧本《红色娘子军》改编而成。同时，根据当时《著作权法》第 10 条第 5 项（现《著作权法》第 10 条第 2 款、第 3 款）和国家版权局《关于表演作品付酬标准的规定（草稿）》中有关条款的规定，中央芭蕾舞团一次性支付给梁某人民币 5000 元。

本案中，梁某认为，根据当时的法律规定，著作权许可使用合同的有效期不超过 10 年，故该协议应于 2003 年 6 月期满失效。中央芭蕾舞团在协议到期后未与梁某再就许可使用问题达成一致，故其自 2003 年 6 月以后的演出行为均构成侵权。为此，梁某诉请法院要求判令：①中央芭蕾舞团停止侵权，即在未经另行许可的情况下，不得演出根据其作品改编的芭蕾舞剧《红色娘子军》；②公开赔礼道歉；③赔偿经济损失 50 万元及律师费 5 万元。

一审法院认为：中央芭蕾舞团 1964 年将梁某的电影文学剧本《红色娘子军》改编为芭蕾舞剧时，得到了梁某的许可；1993 年双方签订的协议书是双方就表演者表演改编作品给付原作者报酬的约定；2003 年 6 月以后，中央芭蕾舞团持续演出芭蕾舞剧《红色娘子军》不构成未经许可使用而侵犯梁某著作权，但应依法向梁某支付相应的表演改编作品报酬，对梁某由此而产生的经济损失予以一定的赔偿。故判决：①中央芭蕾舞团赔偿梁某经济损失及诉讼合理支出共 12 万元；②向梁某书面赔礼道歉。一审判决后，原、被告均提起上诉。二审法院经审理后，驳回上诉，维持原判。

关键词

许可使用合同；表演权报酬合同；改编权；表演权

争议焦点

1. 《著作权法》实施后的协议书能否使实施前著作权人的许可行为产生该法意义上许可使用的法律效力？

2. 协议书的性质是表演权报酬支付合同还是著作权许可使用合同？

3. 协议书签订十年后的演出行为是否侵犯著作权人的改编权和表演权？

裁判观点

1. 《著作权法》实施后的协议书能够使实施前著作权人的许可行为产生该法意义上许可使用的法律效力。

在 1991 年 6 月 1 日《著作权法》开始施行前，我国尚不存在著作权这一法定权利，所以在这个时间点前著作权人对其作品的许可行为不具有著作权法意义上许可使用的法律效力。但在《著作权法》开始施行后，原告梁某与被告中央芭蕾舞团于 1993 年就《红色娘子军》相关事宜签订了协议书，该协议书有"补订"的表述，这一表述说明该协议书并非双方重新签订的许可协议，而是对于 1964 年的许可行为进行确认。在已颁布《著作权法》且不存在相关行政命令的情况下，该确认已赋予 1964 年的许可行为以著作权法意义上的许可效力，具有法律意义。

2. 协议书的性质是表演权报酬支付合同。

首先，判断该协议书属于何种性质，主要应以该协议书的文字内容为依据。纵观本案中协议书的全部内容，除第 1 条针对的是署名行为外，第 2 条及第 3 条均是对表演报酬事项的约定，在协议书的最后则有手写的"将来如文化部另有规定，中央芭蕾舞团与原作者梁某认为需再议，则应修订此《协议书》"。关于许可问题，协议书完全未予提及。

其次，在协议书磋商过程中双方的相关意思表示对于合同性质的确定亦有佐证作用。1993 年，时任中央芭蕾舞团团长的李某某在其致梁某的信函中表示，"我们过去没有著作权的观念，国家也没有相应的法，所以创作人员（包括原作者、编导、作曲）从没拿到一分钱。现在国家颁布了《著作权法》，创作人员的正当权益应该得到保护"。该信函中主要提及的亦是报酬给付问题，并提出了报酬给付的计算方式、付酬标准等，并未提及许可问题。

最后，1991 年《著作权法》的相关规定同样可佐证 1993 年协议书的签订目的。1991 年《著作权法》第 35 条（现《著作权法》第 38 条）规定了表演者法定许可制度，即"表演者使用他人已发表的作品进行营业性演出，可以不经著作权人许可，但应当按照规定支付报酬；著作权人声明不许使用的不得使用"。因 1991 年《著作权法》的颁布是双方补订 1993 年协议书的直接原因，故双方对于《著作权法》中有关表演行为的相关规定理应知晓，包括该条有关表演者法定许可的规定。由此推知，1993 年双方签订该协议书的目的并非在于获得许可，而在于解决报酬问题。

综上，该协议书的性质是表演权报酬支付合同而非著作权许可使用合同。

3. 协议书签订十年后的演出行为没有侵犯著作权人的改编权，但侵犯其表演权。

《著作权法》自 1991 年施行后几经修正，但改编权均仅能禁止他人实施改编行为。本案被告中央芭蕾舞团对原告梁某电影剧本进行改编的时间是 1964 年，而该时期的改编已经得到梁某的许可。被告中央芭蕾舞团在原告梁某所主张的侵权行为发生时间（即 2003 年 6 月）之后演出的《红色娘子军》舞剧对原告作品没有重新改编，故被告中央芭蕾舞团未侵犯原告改编权。

判断被告中央芭蕾舞团的演出行为是否侵犯原告梁某表演权，应考虑以下因素：

（1）被告是否实施了对原告电影剧本的表演行为。表演行为包括现场表演行为（即公开表演作品）及机械表演行为（即用各种手段公开播送作品的表演）两种情形。本案所涉芭蕾舞剧的演出行为属于其中的现场表演行为。被告中央芭蕾舞团对该舞剧的表演中既有对其改编部分的表演，亦有对原作品的表演。因此，被告中央芭蕾舞团实施了对原告梁某电影剧本《红色娘子军》的表演行为。

（2）被告的表演行为是否获得了原告的许可。通过上文分析可知，1993 年双方签订的协议书是对于 1964 年许可行为的确认。1991 年《著作权法》第 26 条（此项规定现已不存在）规定"合同的有效期限不超过十年。合同期满可以续订。"依据法不溯及既往的原则，该条规定对其施行之前的民事行为原则上不具有法律效力。因此，1964 年的许可行为原则上不受该许可期限条款的限制。

而在 1993 年双方依据《著作权法》对于 1964 年许可行为进行确认时，原告梁某无论在协议书的内容中，或是在缔约过程中均从未对表演期限有过任何限制。纵观上述事实，原告梁某虽无明确文字表示，但由其行为可以看出其对于被告中央芭蕾舞团的表演行为并无限制期限的意思表示。

在此情况下，因原告与被告在 2003 年后未再签订许可合同，故法院判断被告中央芭蕾舞团在 2003 年 6 月后的表演行为具有法律效力，该期间的演出行为应视为经过原告梁某许可。

（3）被告是否向原告支付报酬。《著作权法》中，表演权既包括禁止权，亦包括获得报酬权。他人未经许可表演作品的行为，以及虽经过许可但未支付报酬的行为均构成对于表演权的侵犯。本案中被告中央芭蕾舞团2003年6月后的表演行为虽应视为经过原告梁某许可，但其并未向原告梁某支付报酬。

综合上述三点因素，被告中央芭蕾舞团的表演行为虽经过了原告梁某的许可，但其未向原告梁某支付报酬的行为侵犯了原告梁某的表演权。

相关法条

《中华人民共和国著作权法》（2020年修正）第10条、第13条、第16条、第38条

《女人明白要趁早》影视改编纠纷案

改编作品成为影视项目的认定标准并非取得摄制电影许可证、举行开机仪式，而是至少具有影视剧本

本案是典型的著作权转让合同纠纷，但其特殊之处在于合同双方约定：如果制片方在合同生效后两年内并未开始拍摄，或在商定的时间内虽开始拍摄，但未在商定的时间内完成，则作者有权要求收回所转让的权利；制片方在约定的时间内未改编作品成为影视项目的，作者有权终止合同。该约定与美国好莱坞的"转身条款"（turnaround provision）有一定的相似之处。在美国好莱坞，影片相关知识产权通常都属于制片方，但"转身条款"却赋予创作方额外的权利——如果制片方提出的影片拍摄计划迟迟未能启动或最终放弃拍摄，根据"转身条款"，创作方通常有权在一年内重新获得作品的所有权利。"转身条款"的创设目的在于，当原制片方不再推动该拍摄项目时，给予创作方寻找其他制片方继续该拍摄项目的权利。

目前，我国影视行业IP大热，在著作权转让合同中设置类似的"转身条款"便显得尤为重要。IP市场价值水涨船高，如果著作权人将其IP授予某影视公司后迟迟未得到影视项目开发，势必会严重影响著作权人的作品影视化进程，甚至削减该作品的市场价值。著作权人为保障自身利益，在著作权转让合同条款中预设一定的合同解除条件确有其必要性。

案例来源

（2016）京73民终1091号

案情简介

2014年3月，王某与北京贺彩文化传媒有限公司（本部分简称"贺彩公司"）签订案涉合同，同意将其作品《女人明白要趁早》和《女人明白要趁早之三观易碎》的影视（包括但不限于电影、电视剧、网络剧等）改编版权独家转让给贺彩公司。

案涉合同约定：如果制片人在合同生效后两年内并未开始拍摄，或在商定的时间虽开始拍摄，但未在商定的时间内完成，则作者有权要求收回所转让的权利；制片人在约定

的时间内未改编作品成为影视项目的，作者有权终止合同。2015 年 2 月，贺彩公司就《女人明白要趁早》的影视拍摄开发与长城影视股份有限公司、趁早（上海）文化传媒有限责任公司等影视传媒公司相继签订了《合作意向书》《著作改编权使用许可合同》等文件。2015 年 7 月，就拍摄影片《女人明白要趁早》，贺彩公司取得北京市新闻出版广电局颁发的《摄制电影许可证（单片）》。贺彩公司虽于 2016 年 2 月举办了开机仪式，但其认可此后该项目一直处于停滞状态的事实，也未能提供可以作为拍摄基础的影视改编剧本。

2016 年 6 月，王某向贺彩公司注册地及案涉合同中贺彩公司预留的地址发送《合同解除通知》，称截至 2016 年 3 月 21 日，贺彩公司未开始拍摄，且至今也未能将作品改编为影视项目，故通知贺彩公司自 2016 年 6 月 23 日起，正式解除与其签订的《版权转让合同》，收回所转让的权利。

双方就如何理解合同约定的"改编作品成为影视项目"的完成产生分歧，王某认为必须完成剧本创作，具备拍摄可能；贺彩公司则认为拿到摄制电影许可证即应视为完成。最终，法院一审二审均支持王某的诉讼请求，认定双方合同已解除。

关键词

转让合同；版权转让；著作权转让；授权

争议焦点

本案中，是否可以认定贺彩公司在案涉合同生效后两年内开始了影视项目的改编拍摄工作？

裁判观点

改编作品成为影视项目，至少应当具有影视剧本、具备拍摄成影视剧的可能，本案中不能认定贺彩公司开始了影视项目的改编拍摄工作。

"改编作品成为影视项目"，是一个系统的工作，取得摄制电影许可证，仅是开展影视项目的前期准备工作，并不等同于"改编作品成为影视项目"。在案证据中，贺彩公司虽提交了《女人明白要趁早》的电影、网络剧剧本 3 份，但经过检索发现，上述 3 份剧本均清晰指向其他作者的网络小说，与本案并无关系。因此贺彩公司并不具有相关影视改编剧本，不具备将案涉作品拍摄成影视剧的可能，亦不构成"改编作品成为影视项目"的完成。

贺彩公司提交了电影的拍摄合作意向书、剧本、《服务合同》、《女人明白要趁早电影、网络剧、电视剧三合一演员合同》作为证据，称其已取得摄制电影许可证，并提供证据证明电影《女人明白要趁早》于 2016 年 2 月举办了开机仪式。签订意向书和相关合同、取得摄制电影许可证、举办开机仪式等均系拍摄工作的前期准备活动；贺彩公司所提交的剧本明显不具备剧本的基本形式，且经勘验该剧本内容与案涉作品《女人明白要趁早》不具有关联性，无法证明贺彩公司已经开始"改编作品成为影视项目"的工作。并且在贺彩公司于庭审过程中明确认可该电影拍摄工作在开机仪式之后一直处于停滞状态的情况下，应认定贺彩公司在案涉合同生效后两年内未开始电影的拍摄工作。

因此，鉴于双方当事人均确认并未另行约定或商定除两年之外的其他时间期限，故案涉合同中所约定的解除合同条件已经成就。案涉合同已于王某发送的解除合同通知到达贺彩公司之日（即 2016 年 6 月 25 日）解除。

相关法条

《中华人民共和国民法典》（2021 年施行）第 562 条、第 565 条

《精灵王座》改编授权纠纷案

授权合同终止后继续使用原授权游戏角色形象构成侵权

好莱坞素有将热门游戏改编为电影的传统，如《生化危机》和《古墓丽影》等经典改编电影长盛不衰。近年来，随着我国游戏市场的火爆发展，影视制作公司们关注到了热门网游庞大的用户群体，也纷纷投身游戏改编电影的浪潮中。但需要注意的是，通常情况下，游戏软件的著作权人，不仅就案涉游戏的软件程序享有著作权，对该软件运行后所产生画面中的角色形象亦享有著作权。所以，游戏软件的著作权人授权他人以该游戏为蓝本拍摄电影，在授权合同终止后，他人无权继续将该游戏的角色形象等元素用于电影中，否则极有可能构成著作权侵权。

在判断被诉侵权电影中是否使用了权利人独创的角色形象时，应采取"接触加实质性相似"的原则，即在被诉侵权作品与权利人的作品构成实质性相似，并且权利人举证证明侵权人具备了接触其作品的机会或已经实际接触其作品的情况下，侵权人的行为构成对权利人著作权的侵犯。对个案中的不同作品元素是否分别构成实质性相似的判定应独立进行、整体比对，在原作品元素上进行细微的改动并不能影响两者实质性相似的判定。

本案涉及电影制作使用网络游戏元素的著作权侵权问题，法院在确定案涉侵权电影是否侵犯网络游戏著作权时，基于"接触加实质性相似"的原则，认定案涉电影使用了与知名网游《龙之谷》实质性相似的角色形象，从而构成著作权侵权。本案判决有利于明晰文化创意领域跨界产业深度融合过程中的相关规则，对版权生态经济的有序健康发展起到了推动作用。

案例来源

（2018）沪 73 民终 39 号

案情简介

2009 年 6 月，韩国网游公司 Eyedentity Games（本部分简称"韩国 Eyedentity 公司"）作为程序制作人就"DragonNest"程序在韩国计算机程序保护委员会处进行了程序登记。该公司随后将网络游戏《DragonNest》（中文名《龙之谷》）在中国大陆的运营、发行等相关著作财产权、商标权及独立维权等权利授权给上海数龙科技有限公司（本部分简称"数龙公司"）及案外人上海盛大网络发展有限公司（本部分简称"盛大公司"）、蓝沙信息技术（上海）有限公司（本部分简称"蓝沙公司"）（数龙公司、盛大公司与蓝沙公司均

为关联公司），授权期间为 2007 年 11 月 30 日至 2020 年 3 月 24 日。

2012 年 5 月 8 日，在数龙公司知晓的情况下，数龙公司的关联公司蓝沙公司与苏州米粒影视文化传播有限公司（本部分简称"米粒公司"）签订《〈龙之谷〉宣传电影制作、推广合同》。该合同约定，蓝沙公司授权米粒公司以网络游戏《龙之谷》为蓝本拍摄 3 部电影。3 部电影的发行日分别预定于 2013 年 8 月、2014 年 8 月和 2015 年 8 月。若米粒公司需调整档期，应与蓝沙公司友好协商确定。在该合同有效期内，米粒公司有权为合同目的，使用网络游戏《龙之谷》中的人物造型、情节、姓名等影视剧需采用的素材。合同签订后，米粒公司根据上述合同改编拍摄的第一部电影《龙之谷：破晓奇兵》于 2014 年 7 月上映。

2015 年 10 月 15 日，在数龙公司发给米粒公司的邮件中，数龙公司告知米粒公司由于首部合同时限已过，故数龙公司拟定了《龙之谷》大电影之补充协议，邮件中附上了以蓝沙公司和米粒公司为合同签订主体的补充协议（但双方并未就续约事宜达成一致意见）。2015 年 11 月和 2016 年 2 月，蓝沙公司两次向米粒公司发函，主张米粒公司未提供电影《龙之谷：破晓奇兵》的收入情况且未支付分成费用的行为已构成严重违约，要求米粒公司告知《龙之谷：破晓奇兵》的收入情况，并支付分成费用。同时，米粒公司依据双方合同制作电影作品的授权期限为 2015 年 8 月止，即 2015 年 8 月后米粒公司已无权继续使用《龙之谷》相关素材进行电影作品的制作。2016 年 2 月 24 日，数龙公司在《龙之谷》游戏官网上发布的《与米粒影业授权终止〈龙之谷〉IP 泛娱乐继续昂首前行》的文章中称，《龙之谷》授权米粒公司制作《龙之谷》相关影视作品的授权期已于 2015 年 8 月正式到期，米粒公司不能再对《龙之谷》游戏相关素材进行任何著作权法意义上的使用。

此后，米粒公司将其制作的案涉电影名称由《龙之谷：精灵王座》修改为《精灵王座》，并于 2016 年 8 月在各大院线上映。电影时长 104 分钟，被诉侵权的角色或场景在该电影中累计出现的时长如下：女主角莉雅约 28 分钟、黑暗宝玉约 6 分钟、宠物狗小剑和小盾约 7 分钟、小鱼号飞船约 3 分钟、铁师傅约 6 分钟、大树约 1 分钟、城堡约 12 秒、凯尔公爵约 12 分钟。

随后，数龙公司将米粒公司诉至法庭。一审法院认定米粒公司实施了侵犯数龙公司著作权的行为，并判决其赔偿数龙公司经济损失 35 万元、合理费用 53 000 元。一审判决后被告对判决结果表示不服，提出上诉。二审法院经审理，驳回上诉，维持原判。

关键词

网络游戏；游戏角色；改编拍摄；著作权；授权终止

争议焦点

1. 数龙公司是否为本案的适格主体？
2. 米粒公司的被诉行为是否构成著作权侵权？
3. 一审法院确定的赔偿数额是否合理？

裁判观点

1. 数龙公司为本案的适格主体。

首先，通常情况下，游戏软件的著作权人，其不仅对案涉游戏的软件程序享有著作权，亦对该软件经过运行后所产生画面中的角色形象享有著作权。韩国 Eyedentity 公司就案涉游戏软件程序进行了著作权登记，在米粒公司未提供相反证据的情况下，韩国 Eyedentity 公司就案涉游戏软件运行后所呈现的角色形象的美术作品享有著作权。其次，就游戏软件的许可而言，虽然案涉授权书约定韩国 Eyedentity 公司授权数龙公司的标的仅为全部计算机程序和文档，但从授权书的签订目的来看，韩国 Eyedentity 公司授权数龙公司运营案涉游戏并进行维权，如果授权标的不包含相关角色形象美术作品的著作权，则数龙公司对游戏运营过程中的相应侵权行为将无法进行维权，难以保证游戏运营方的基本权利。因而在无相反证据的情况下，上述授权标的应包含了案涉游戏软件运行后所产生的角色形象等美术作品的著作权。

2. 米粒公司的被诉行为构成对数龙公司的著作权侵权。

首先，关于案涉游戏角色形象弓箭手和铁匠考林的创作完成时间是否早于案涉电影人物形象"莉雅"和"精灵王座–铁匠老头"的创作完成时间。在案证据显示，案涉游戏中的弓箭手和铁匠考林的形象最早出现在 2009 年 12 月的多玩游戏《龙之谷》专区相关文章中，该时间早于电影角色"莉雅"和"精灵王座–铁匠老头"的著作权登记时间。

其次，关于侵权形象与案涉游戏角色形象是否构成实质性相似。在判断被诉侵权作品是否侵犯权利人作品著作权时需遵循"接触加实质性相似"的判断原则，即若在被诉侵权作品与权利作品构成实质性相似，权利人又举证证明侵权人具备了接触权利作品的机会或已经实际接触权利作品的情况下，侵权人的行为就构成对权利人作品著作权的侵犯。经比对，法院认定案涉电影中的女主角莉雅、铁师傅和部分城堡使用了与数龙公司游戏实质性相似的人物形象或场景。而无论是从数龙公司游戏的知名度还是数龙公司、米粒公司之间的合作过程，米粒公司对数龙公司游戏中的人物形象和场景都是完全清楚和了解的。故法院确认在米粒公司拍摄案涉电影前数龙公司的游戏中就存在其主张的上述人物形象和场景，而且米粒公司接触并完全了解数龙公司游戏中的上述人物形象和场景。

综上，被诉侵权作品"莉雅"已与"弓箭手"作品构成实质性相似，在案涉游戏角色形象完成时间早于案涉电影相应角色形象的完成时间，且两者构成实质性相似的情况下，法院认定米粒公司的被诉行为构成著作权侵权。

3. 一审法院确定的赔偿数额合理。

首先，米粒公司与数龙公司曾就案涉游戏改编电影进行过合作，米粒公司对于案涉游戏中的相关人物形象和场景应是明确知晓的，在此情况下，在双方合作终止后，米粒公司仍然使用案涉侵权人物形象或场景，明显具有侵权故意。其次，米粒公司未提交具有足够证明力的证据证明案涉电影的成本与收入，而且即使案涉电影亏损也是受诸多因素的影响，并不意味着米粒公司就无需为其侵权行为承担赔偿责任。因此，在数龙公司的损失、米粒公司的侵权获利均无法确定的情况下，一审法院在酌情确定赔偿数额时考虑的因素已较为全面，所确定赔偿数额和合理费用数额亦属合理，因此二审法院予以维持。

▰ 相关法条

《中华人民共和国著作权法》（2020 年修正）第 10 条、第 54 条

《最高人民法院关于审理著作权民事纠纷案件适用法律若干问题的解释》（2020 年修正）第 25 条、第 26 条

第二节　电影摄制阶段

《杀戒》"终剪权"纠纷案

影视剧创作的最终决定权应首先依合同约定加以确定，
只有在约定不明时才考虑以行业惯例加以确定

众所周知，影视创作同时具备高投入、高风险的商业投资特征以及高度主观化的艺术创作特征，这导致影视创作必须兼顾艺术与市场两方面的需求。就投资方而言，在关注影视作品投资与回报的同时，必须尊重艺术创作的规律；就导演而言，在专注艺术创作的同时，也应当适度兼顾投资方的投资利益回报，如此才能实现双方利益的平衡。影视创作合同的履行，明显不同于标的为工业品的普通民商事合同。在创作过程中，因艺术创作或者市场需求所进行的必要创作调整是很常见的，然而，无论是导演还是投资方提出的创作需求调整，都应本着善意协商进行，且应以不损害艺术创作水准为原则。

在本案中，导演及制片方就"艺术创作最终决定权"（本案集中于最终剪辑权，即"终剪权"）产生争议。该争议反映了目前影视行业较为突出的导演中心制与制片人中心制之间的争论。目前我国影视行业正处于从导演中心制向制片人中心制的过渡时期，完善的制片人中心制尚未完全确立。本案确定的裁判原则是，无论影视制作行业的惯例是采取导演中心制还是制片人中心制，有关影视剧创作的最终决定权都应当首先依合同约定加以确定，只有在合同约定不明时，才考虑以行业惯例加以确定。上述裁判原则重申了当事人意思自治在影视制作相关纠纷领域的决定性地位，切实促进了影视艺术创作的繁荣以及影视产业的良性发展。

案例来源

（2014）苏知民终字第 0185 号

案情简介

2012 年 2 月 9 日，江苏真慧影业有限公司（本部分简称"真慧公司"）与章某某（又名"章家瑞"）签订《真慧影业电影〈杀戒〉项目总导演聘请合约》（本部分简称《聘请合约》），其中约定：章某某担任电影片《杀戒》的总导演，确定电影整体拍摄方案，指导该影片导演（张某，又名"竹卿"）的拍摄工作并指导监督后期制作工作。如有主创人员的片头字幕时，真慧公司同意章某某的名字及职衔独立排名在该片片头字幕出现。此外，章某某作为该片总导演，对该片的艺术创作具有最终的决定权。章某某必须以刘某剧本为定稿蓝本，可在结尾、女主人公等方面再做修改，但其他剧情结构不再做大的改动。（双方当事人均确认，《聘请合约》约定的刘某剧本的定稿蓝本是电影《杀戒》拍摄时采用的第 16 稿剧本。）

电影拍摄完成后，章某某向真慧公司提交了体现其总导演艺术风格的影片剪辑版本

（本部分简称"章某某剪辑版本"），但真慧公司最终未采用这一版本，而是选择了其他的剪辑版本（本部分简称"公映版本"）。之后，章某某主动声明不再参与该影片后期制作。

2012年12月27日，电影《杀戒》获原国家广播电影电视总局公映许可证。在获准公映的《杀戒》影片中，章某某的署名为"前期总导演章家瑞"，并与该片艺术总监的名字同时出现在同一画面上。张某的署名情况为"竹卿导演作品"，并以比较醒目的方式独立出现在画面中央。并且，真慧公司未向章某某支付剩余20万元酬金。为此，章某某诉至法院，要求真慧公司承担违约责任。

案件审理期间，法院组织双方分别就电影《杀戒》的章某某剪辑版本、公映版本与约定的第16稿剧本进行了详细比对，认定章某某剪辑版本正是按照约定的第16稿剧本进行的剪辑，修改未超出合理范围。一审判决真慧公司在判决生效之日起15日内将原告章某某的名字（章家瑞）、职衔（总导演）独立排名在电影《杀戒》片头字幕上，并支付章某某合同约定报酬20万元。二审驳回上诉，维持原判决。

关键词

最终剪辑权；终剪权；制片人；导演；违约

争议焦点

1. 电影《杀戒》剪辑版本的最终决定权归属真慧公司还是导演章某某？
2. 章某某不再参与后期制作的行为是否构成违约？
3. 真慧公司未给章某某署名总导演，且未支付剩余20万元酬金的行为是否构成违约？

裁判观点

1. 电影《杀戒》剪辑版本的最终决定权应归属于导演章某某。

我国影视制作行业曾长期实行导演中心制，即导演在影视创作中占据主导地位、掌握创作话语权，而代表投资方的制片人居于次要地位。但近年来，随着影视行业市场化和产业化的快速发展，影视行业的资本投入和利润回报亦不断增大，制片人通过对整个影视制作全过程的审查和管理，以期获得最大的商业利益，这导致导演在影视创作中的核心地位日益被投资方削弱，双方纷争时有所见。质言之，目前我国影视行业正处于从导演中心制向制片人中心制的过渡时期，而完善的制片人中心制亦尚未完全确立。但无论影视制作行业是采取导演中心制还是制片人中心制，有关影视剧创作的最终决定权特别是终剪权的归属问题，都应当首先依合同约定加以确定，只有在合同约定不明时，才考虑以行业惯例加以确定。

在本案中，合同关于终剪权归属的约定是明确的。双方在合同中明确约定章某某作为该片总导演，对该片的艺术创作具有最终的决定权。法院认为，由于合同非常明确地约定总导演对艺术创作具有最终决定权，而影视剧的艺术创作包括前期筹备、中期拍摄及后期制作过程，故除非合同明确约定将终剪权排除在外，否则总导演对艺术创作的最终决定权应当包括终剪权。当投资方与导演在艺术创作上产生重大分歧时，双方首先应当协商解决，如协商解决不成，则投资方应当秉持契约精神，尊重合同约定。

2. 章某某不再参与后期制作的行为并不构成违约。

从查明的事实看，双方在完成全部影片镜头的拍摄后，即由剪辑师张某某剪辑完成了两个版本，章某某与投资方等一起参与了审片并共同提出修改建议，随后，章某某又根据真慧公司的要求完成并提交了体现其总导演监督指导后期制作意图且已合成音乐小样的剪辑版本，只是因为真慧公司决定不采纳该剪辑版本，且双方发生分歧后未能妥善处理争议，才导致章某某最终未参与公映版本的后期制作。据此，应当认定章某某亦已完成合同约定的总导演"指导监督后期制作"的具体工作。并且，章某某剪辑版本符合约定的第16稿剧本的要求，对剧本的调整尚未超出合理的范围。因此，其不再参与后期制作的行为不构成违约。

3. 真慧公司未给章某某署名总导演且未支付剩余酬金的行为构成违约。

在影视创作过程中，一般情况下，导演聘用合同不能由单方任意解除，这既是对导演权利的必要保护，同时也是对投资方利益的必要保护，因为如果允许任何一方单方任意解除合同，则势必造成合同履行的极度不稳定，进而造成双方利益的损害。

当发生剪辑版本的争议时，双方首先应当立即进行协商，尽可能寻求双方认可的解决方案，或者就终剪版本达成妥协，或者就终止合同履行签订补充协议，并就如何署名及其是否支付余款等问题达成合意。在双方未能达成妥协，亦未能就签订补充协议达成一致的情况下，鉴于章某某已经完成总导演工作，并已提交了用于"监督指导后期制作"的总导演剪辑版本，尤其是公映版本采用了章某某执导拍摄的全部镜头，故根据合同约定，真慧公司应当在片头字幕上给章某某以"总导演"独立署名并支付余款，除非章某某本人对此予以放弃，只要求署名"前期总导演"，并且放弃剩余酬金。

因此，被告真慧公司未按合同约定在《杀戒》电影片头字幕上以独立字幕给原告章某某署名为总导演，且拒绝给付剩余20万元酬金的行为构成违约。

相关法条

《中华人民共和国民法典》（2021年施行）第7条、第509条、第577条

《悟空传》商业秘密纠纷案

重大过失导致的影片素材泄露构成侵害商业秘密

电影制作的过程中，参与主体对相关素材负有保密义务。这意味着，无论是导演、制片人、演员、编剧，还是其他参与制作的工作人员，都必须严格遵守保密协议或合同中规定的保密条款。他们不得擅自泄露电影剧本、拍摄计划、场景设计、特效方案等任何与电影相关的机密信息。设置保密义务的目的是保护电影制作的商业机密，防止未公开的信息被竞争对手或媒体曝光，从而影响电影的市场表现和票房收入。此外，履行保密义务还可以确保公众对未上映电影保持新鲜感和观影期待，避免因为提前泄露而降低观众的主观预期与观影体验。然而，影片素材泄密现象屡见不鲜，本案中《悟空传》上映前全片素材泄露事件就是其中典型。

本案例入选"北京法院知识产权专业化审判三十年典型案例（1993—2023）"、"2019 年中国法院 50 件典型知识产权案例"、2023 年最高人民法院发布的"人民法院电影知识产权保护典型案例"。本案从竞争法的角度，为影片素材的保护提供了一种新的思路。除违约责任外，当相关主体处于竞争关系时，其中一方因重大过失造成影片素材的泄露，构成对商业秘密的侵害，另一方可主张相应的侵权责任。并且，本案判决还明晰了《反不正当竞争法》中"披露商业秘密"行为的主观构成要件，强调了行为人即便不具有主动向他人提供相关信息的行为或故意的主观过错，但只要其行为方式与商业秘密的重要程度明显不符，可以认定其在主观方面具有重大过失，亦构成侵犯商业秘密的不正当竞争行为。

案例来源

（2017）京 0105 民初 68514 号

案情简介

2017 年 6 月 21 日，原国家新闻出版广电总局电影局出具了电影片《悟空传》的公映许可证，新丽传媒集团有限公司（本部分简称"新丽公司"）是该片的出品单位之一，涉及的其他公司有天津磨铁娱乐有限公司、上海三次元影业有限公司等。2016 年 9 月 13 日，新丽公司与北京派华文化传媒股份有限公司（本部分简称"派华公司"）签署了《电影〈悟空传〉音频制作委托合同》，委托派华公司进行音频后期制作，合同中设置了保密条款。在派华公司将相关业务转包处理的过程中，临时将 6 段素材以"WKZ"（电影《悟空传》的拼音首字母）为名上传至其百度云盘，并传输给案外人进行后期制作，最终导致案涉素材在网络流出。

新丽公司主张派华公司上述行为侵害其就案涉电影全片素材享有的商业秘密，构成不正当竞争，故向法院提起诉讼。法院经审理认为案涉素材构成商业秘密，派华公司侵犯了新丽公司的商业秘密，判决派华公司向新丽公司赔偿经济损失。

关键词

电影素材泄露；商业秘密；不正当竞争

争议焦点

1. 新丽公司与派华公司是否存在竞争关系、案涉电影素材是否构成商业秘密？
2. 派华公司的行为是否构成侵害商业秘密？

裁判观点

1. 新丽公司与派华公司存在竞争关系，案涉电影素材构成商业秘密。

新丽公司及派华公司同属于从事文艺创作、制作等项目的影视行业，二者具有竞争关系。《反不正当竞争法》第 10 条第 3 款（现《反不正当竞争法》第 9 条第 4 款）规定，商业秘密是指不为公众所知悉、能为权利人带来经济利益、具有实用性并经权利人采取保密措施的技术信息和经营信息。据此，商业秘密应当具备秘密性、价值性及保密性。

首先，关于秘密性，即"不为公众所知悉"，《最高人民法院关于审理不正当竞争民事案件应用法律若干问题的解释》第 9 条（现《最高人民法院关于审理侵犯商业秘密民事案件适用法律若干问题的规定》第 3 条）规定，不为公众所知悉，即有关信息不为其所属领域的相关人员普遍知悉和容易获得。本案中，虽然派华公司提到服装、道具及场景等已经为公众所知悉，但电影作品并非所有服装、道具及场景等素材的简单结合，即使其组成部分已经属于公有领域或者已经为公众所知悉，但只要各个部分相互组合取得全新的意义，即可作为商业秘密得到保护。案涉素材除未包含片头、片尾完整字幕及部分特效内容外，完整展现了案涉电影的全部内容，在电影公开放映之前，该等信息当然不为其经营领域内的相关人员所普遍知悉，且电影凝结了演员、导演、摄像等众多人员的创造性劳动，对该等信息的获得具有极大难度，故案涉素材具有秘密性。

其次，关于价值性，即商业秘密能为权利人带来现实的或潜在的经济利益。案涉素材已基本涵盖了即将上映影片的全部内容，其必将为权利人带来经济利益。

最后，关于保密性，《最高人民法院关于审理不正当竞争民事案件应用法律若干问题的解释》第 11 条第 3 款（现《最高人民法院关于审理侵犯商业秘密民事案件适用法律若干问题的规定》第 6 条第 1 项）规定："具有下列情形之一，在正常情况下足以防止涉密信息泄漏的，应当认定权利人采取了保密措施：……（五）签订保密协议……"本案中，新丽公司与派华公司签署的《电影〈悟空传〉音频制作委托合同》中有关于保密义务的专门约定，且其中已经明确《悟空传》电影内容、新丽公司提供的素材及包括剧情、制作进程等在内的其他未公开之信息均属于保密义务范围内的秘密。此外，新丽公司在案涉电影拍摄的其他各环节均签订有保密条款。故应当认定新丽公司对案涉素材已经采取了适当的保密措施。因此，案涉素材构成《反不正当竞争法》保护的商业秘密。本案中，根据《电影投资合作协议》《授权书》《声明书》等，新丽公司系案涉素材的权利人，依法享有提起本案诉讼的权利。

2. 派华公司的行为构成侵害商业秘密。

《反不正当竞争法》第 10 条第 1 款（现《反不正当竞争法》第 9 条第 1 款）规定，"经营者不得采用下列手段侵犯商业秘密：……（三）违反约定或者违反权利人有关保守商业秘密的要求，披露、使用或者允许他人使用其所掌握的商业秘密。"从行为主体来看，该条规制的侵犯商业秘密行为的主体为除合法知悉或者掌握商业秘密的权利人以外的负有保密义务的人。从行为人主观构成要件来看，根据《侵权责任法》的基本原理及《反不正当竞争法》的立法本意，上述规定中规制的侵犯商业秘密行为，需以故意及重大过失的主观要件为前提。从披露的对象方面来看，该条规定中的"披露"是指未经权利人许可或者违反保密义务，而向他人扩散商业秘密，包括向特定人、少部分人透露商业秘密，以及向社会公开商业秘密。

本案中，派华公司依据其与新丽公司签署的《电影〈悟空传〉音频制作委托合同》，合法获取案涉素材，该合同约定，在双方洽谈及合作过程中，派华公司对所知悉的新丽公司案涉电影的内容及商业秘密承担保密义务，不得擅自散播、转述于第三人或自行及许可第三方使用，新丽公司及派华公司均应永久保守新丽公司提供的素材及其他未公开之信息（包括但不限于该片内容、剧情、拍摄情况、拍摄内容等），未经对方同意，不得向任何第三方泄露。派华公司依据双方合同，对新丽公司负有保密义务。派华公司被诉侵犯商业秘密行为包括两项，一项为其通过百度网盘向其公司以外人员缪某披露案涉素材，另一项为其将案涉素材以"WKZ"为名上传至百度网盘最终导致素材泄露于互联网之上。

关于第一项行为，派华公司明知其对新丽公司负有保密义务，仍向其公司以外人员传递案涉素材，违反了其保密义务，构成侵犯商业秘密。

关于第二项行为，案涉素材最终泄露于互联网之上，系因其将案涉素材上传于百度网盘所致，判断该行为是否侵犯商业秘密，应当考量派华公司是否具有故意及重大过失的主观过错。新丽公司提交微信聊天记录等证据，可证明案涉素材在双方交接过程中均系通过工作人员现场传递的方式进行，且派华公司在与新丽公司进行沟通的过程中也表示，系由于公司内部文件传输协议故障，才将案涉素材上传至百度网盘。综合以上情况，法院认为，至少在案涉电影的相关材料传递过程中，双方主要依赖手递手的方式。此外，在影视行业中，电影公开放映之前，有关电影拍摄的主要内容必然属于相关权利人最为核心的经营信息，派华公司将案涉素材上传至百度网盘，并且以"WKZ"即《悟空传》电影名称的拼音首字母为名的行为，显然与上述经营信息的重要程度不相匹配。

故法院认为，派华公司将案涉素材上传至百度网盘在主观上存在重大过失，且该上传行为最终导致案涉素材的泄露。

综上，派华公司的该行为亦属于侵犯商业秘密，其应当承担停止侵害、消除影响、赔偿损失等法律责任。

相关法条

《中华人民共和国反不正当竞争法》（2019 年修正）第 9 条

《最高人民法院关于审理侵犯商业秘密民事案件适用法律若干问题的规定》（2020 年施行）第 3 条、第 6 条

第三节　电影发行阶段

一、发行违约

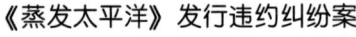

《蒸发太平洋》发行违约纠纷案

发行方同档期发行多部影片可构成根本性违约

在当前电影市场上，热门档期影片密集上映，影院放映周期普遍较短，电影宣传发行的关键性和重要性愈加显著。宣传发行不仅可以直接影响首批观众的数量和首周末的票房表现，还能间接决定影片在影院的排片数量和上映时间，从而在很大程度上左右影片在商业上的成败。随着整体市场环境、公众审美偏好和传播媒介的不断变化，宣传发行的策略也呈现出新的时代特征。但无论影片宣发策略与费用投向如何变化，也极少有发行公司在同一个热门档期宣发两部影片，而本案的被告在同一档期签下两部影片的发行权，最终一部影片成为年度票房冠军，另一部影片却落得亏损的下场。亏损影片的制片方认为被告的

顾此失彼、宣发不力是影片票房失利的重要原因，遂向法院提起诉讼，法院最终也判定了作为发行方的被告构成根本性违约。作为国内少有的制片方状告发行方的胜诉案例，本案在电影产业具有里程碑式的重要意义。

案例来源

（2017）沪 01 民终 9885 号

案情简介

2016 年 1 月 7 日，本案原告上海泓亮影视文化有限公司（本部分简称"泓亮公司"）与被告北京星美影视发行有限公司（本部分简称"星美公司"）之间签订《影片代理发行合同》。合同约定泓亮公司作为甲方，需在已获得电影《蒸发太平洋》的独家宣传发行推广权并拥有转授给其他发行方的权利基础上，授权乙方星美公司拥有于指定区域执行该影片所有发行宣传推广的权利。此外，双方还于同日签订了《影片代理发行合同之补充协议》，约定了其他事项条款。

2016 年 1 月 18 日，泓亮公司向星美公司发出《律师函》。函件主要内容为，星美公司一直未按约支付已垫付的宣发费用 4 500 000 元，及未按时提供宣发计划和预算明细、未及时执行宣发工作等行为已构成违约，泓亮公司将采取一切措施，包括但不限于解除合同、赔偿损失，追究星美公司的法律责任。

2016 年 1 月 29 日《蒸发太平洋》正式上映。2016 年 2 月 14 日，泓亮公司向星美公司发出《律师函》《解约函》。两份函件的主要内容为，根据双方签署的《影片代理发行合同》及《影片代理发行合同之补充协议》，星美公司一直未按合同履行义务，包括但不限于未按约支付泓亮公司已垫付的宣发费用 4 500 000 元，及未按时提供宣发计划和预算明细、擅自停止宣发工作等；更为严重的是，星美公司还违反合同关于该片上映前后各一个月内不得代理发行其他电影的规定，担任了该片同档期竞争电影《美人鱼》的联合发行方，对泓亮公司及该片其他投资方的利益构成了极大冲突，已构成根本性违约。基于以上事实，泓亮公司通知星美公司解除合同，星美公司原基于合同获取的全部授权权利于该函发出之日终止。同时，泓亮公司将采取措施追究违约责任，要求星美公司赔偿损失。星美公司于 2016 年 2 月 17 日收到《解约函》《律师函》。

一审中，原告泓亮公司的诉讼请求如下：①确认双方签署《影片代理发行合同》及《影片代理发行合同之补充协议》于 2016 年 2 月 14 日解除；②判令被告星美公司支付违约金 787 500 元；③判令被告星美公司因违约发行影片《美人鱼》赔偿经济损失 10 000 000 元；④判令被告星美公司支付结算收入 13 697 149.48 元（被告星美公司已收款的金额为 9 383 023.37 元、尚未收款的金额为 4 314 126.11 元）。

一审法院经审理判定：①原告与被告之间签订的《影片代理发行合同》《影片代理发行合同之补充协议》于 2016 年 2 月 17 日依法解除；②被告星美公司于判决生效之日起 10 日内支付原告泓亮公司票房款 9 383 023.37 元；③驳回原告泓亮公司其余诉请。

一审判决后被告星美公司对判决结果表示不服，提出上诉。经二审法院审理，驳回上诉，维持原判。

关键词

代理发行；宣传发行；宣发费用；根本性违约

争议焦点

1. 原告泓亮公司解除《影片代理发行合同》及其补充协议是否具备事实和法律依据？
2. 被告星美公司是否应当对该合同的解除承担违约责任？

裁判观点

1. 泓亮公司解除案涉代理发行合同具备事实和法律依据。

案涉代理发行合同及其补充协议是当事人的真实意思表示，当事人双方应予恪守。其中关于合同解除条件约定：被告星美公司未按照合同规定时限向原告泓亮公司支付款项的，每逾期一日应支付违约金，逾期超过 30 日，泓亮公司有权解除合同。并且因被告星美公司责任导致合同解除的，星美公司无权获得发行代理费及其他合同项下之一切收入，且履行合同所发生的所有费用均由星美公司自行承担。

其中，关于原告泓亮公司在解约律师函中提出的代理发行合同签署前的宣发费用 450 万元，鉴于双方约定原告泓亮公司先期垫付的该 450 万元宣发费用应由被告星美公司承担，星美公司应于确认合同附件后（注：附件为影片《蒸发太平洋》发行授权书）3 个工作日内将原告泓亮公司垫付的该 450 万元宣发费用支付给泓亮公司。实际履行中，双方确认该发行授权的日期为 2016 年 1 月 4 日，则被告星美公司应及时将该 450 万元费用依约支付给原告泓亮公司。对此，泓亮公司于 2016 年 1 月 18 日发律师函催告星美公司及时支付该 450 万元，又于同年 2 月 14 日发律师函以星美公司未及时支付该款等为由，提出星美公司构成根本违约而解除案涉代理发行合同。原告泓亮公司的该解约通知，具备充分的事实依据和合同依据。

另外，原告泓亮公司在该份律师函中还指出，被告星美公司违反合同义务中第 10 条的约定，即《蒸发太平洋》影片上映前一个月以及上映后一个月内，星美公司不得自行或代理他人发行除该影片外的任何影片。对此，被告星美公司虽否认其代理发行了该期限内上映的影片《美人鱼》，但却无法否认影片《美人鱼》的海报及片尾均载明星美公司为发行公司的事实。虽然一审法院认为该情节与《蒸发太平洋》的宣发效果及其票房收入并无直接关联，但认定被告星美公司该行为已然构成一项违反自身合同义务的根本违约行为，对此二审法院予以认同。

综上，原告泓亮公司行使合同解除权并追究被告星美公司的违约责任，具备合同依据。法院判定双方签订的《影片代理发行合同》及其补充协议解除，具备事实和法律依据。

2. 星美公司应当依照合同约定对案涉合同的解除承担违约责任。

关于本案双方合同解除的法律后果，在案涉合同的第 10 条第 7 点约定："因星美公司方责任导致合同解除的，星美公司无权获得发行代理费及其他合同项下一切收入，且其履行合同所发生的所有费用（包括但不限于宣发费用）均由星美公司自行承担。"案涉合同还约定："甲乙双方确认，截至本合同签署前，甲方已支出该影片的宣传费用共计 4 500

000 元，该等宣传费用计入前述预算为 30 000 000 元的宣发费用；鉴于甲乙双方约定该影片宣发费用由乙方垫付，乙方应于确认本合同附件后 3 个工作日内将甲方垫付的宣传费用支付给甲方，并由乙方从其收取的该影片的发行收入先行回收全部宣发费用"。

由上述条款可知，诉争合同条款不仅对双方的宣发支出数额进行了核算和预算，对合同解除后当事人的过错程度、已经履行部分的处理、经济损失分担、预期利益做了综合的考量，并对收益、支出分摊做出明确的约定，结合被告星美公司实际收取的票房收入 9 383 023.37 元足以弥补原告泓亮公司损失的事实，一审法院对泓亮公司要求星美公司支付延迟付款违约金 787 500 元的诉讼请求不予支持。由于星美公司截至一审庭审时实际收取票房收入 9 383 023.37 元，而案涉合同解除后，星美公司也无权继续收取剩余的票房收入，故一审法院判令被告星美公司支付原告票房收入 9 383 023.37 元，符合合同约定。被告星美公司承担该合同解除法律后果的同时，吸收了其有关《美人鱼》发行挂名所应承担的违约责任。

二审法院认为，被告星美公司作为一家业内的专业影视发行公司，在签订代理发行合同时，应具备丰富的相关行业合同经验和风险管控意识，并且合同一旦签订亦应予以尊重和恪守，并依约承担合同后果。

相关法条

《中华人民共和国民法典》（2021 年施行）第 509 条、第 563 条、第 565 条、第 566 条

二、虚假宣传

《笔仙惊魂 3》不正当竞争纠纷案

使用歧义性词语可能构成虚假宣传；电影已经备案的片名不具有排他效力

《电影产业促进法》规定了电影创作、摄制阶段的审查制度。该法将电影分为一般题材电影和涉及重大题材或者特殊题材的电影，前者适用剧本梗概备案制度，后者适用电影剧本审查制度。电影剧本梗概或者电影剧本符合规定的，予以公告、备案或批准。电影摄制完成后，送电影主管部门审查，对符合规定的准予公映，颁发电影公映许可证，并予以公布。但是，在电影剧本备案或审查通过之后、取得电影公映许可证之前这一阶段，电影片名是否受到法律保护、受到何种程度的法律保护，现有法律并没有给出明确答案。

本案正是由于案涉电影在创作、摄制阶段更名而产生的不正当竞争纠纷。法院的判决认定使用歧义性词语可能构成虚假宣传，经备案或取得摄制电影许可证的片名不具有排他效力。本案明确了电影备案的效力，对于规范电影宣传活动具有积极意义。

案例来源

（2014）高民（知）终字第 3650 号

案情简介

2010 年 4 月 26 日，原国家广播电影电视总局电影管理局（本部分简称"广电总局电影管理局"）向北京泽西年代影业有限公司（本部分简称"泽西年代公司"）颁发"影片：笔仙"影单字〔2010〕第 312 号摄制电影许可证（单片）并公示。而后，《笔仙》更名为《笔仙惊魂》，并取得电审故字〔2012〕第 145 号《影片公映许可证》。

2011 年 5 月 13 日，广电总局电影管理局向北京永旭良辰文化发展有限公司（本部分简称"永旭良辰公司"）颁发《致命答案》影剧备字〔2011〕第 422 号备案通知。而后，《致命答案》更名为《笔仙》，并取得电审故字〔2011〕第 531 号《影片公映许可证》。

2014 年，《笔仙Ⅲ》与《笔仙惊魂 3》均定档上映，泽西年代公司和北京星河联盟影视传媒有限公司（本部分简称"星河联盟公司"）对《笔仙惊魂 3》进行了宣传。2014 年 2 月 13 日—同年 3 月 28 日，搜狐娱乐、腾讯娱乐、新华网娱乐、人民网娱乐、新浪娱乐等媒体多次刊载相关文章，报道《笔仙惊魂 3》，其中载有"作为'笔仙'故事系列又一力作，定档于 2014 年 4 月 4 日……与之前的'笔仙'系列影片相比，此次的《笔仙惊魂 3》提高标准制作，力求打造一部较高水平的恐怖电影"，"作为'笔仙'系列的续集，《笔仙惊魂 3》中如何设置'召唤笔仙'的场景一定是该片的重中之重"，"《笔仙惊魂 3》是笔仙系列的升级版作品，在恐怖元素的开发方面全面升级"等内容。

永旭良辰公司认为泽西年代公司和星河联盟公司跳过《笔仙惊魂 2》直接上映《笔仙惊魂 3》的行为以及上述宣传行为构成不正当竞争，故提起诉讼；泽西年代公司提起反诉，主张永旭良辰公司采用不正当竞争的手段抢用了《笔仙》的片名取得公映许可证并将《笔仙》电影公映，请求法院判令永旭良辰公司停止使用《笔仙》片名及"'笔仙'+数字后缀"，形式的片名，将"笔仙"的片名归还给泽西年代公司。

一审法院认定泽西年代公司和星河联盟公司构成不正当竞争，并驳回了泽西年代公司的反诉请求。泽西年代公司和星河联盟公司上诉，二审法院驳回上诉，维持原判。

关键词

不正当竞争；虚假宣传；片名；赔偿数额

争议焦点

1. 泽西年代公司和星河联盟公司是否构成不正当竞争？
2. 永旭良辰公司是否有权使用《笔仙》片名及"'笔仙'+数字后缀"形式的片名？

裁判观点

1. 泽西年代公司在拍摄上映《笔仙惊魂》后，并未拍摄《笔仙惊魂 2》，却在《笔仙Ⅲ》上映之前抢先上映《笔仙惊魂 3》，构成不正当竞争。

首先，泽西年代公司辩称电影《校花诡异事件》就是《笔仙惊魂 2》，证据不足，法院不予采信。泽西年代公司和星河联盟公司还主张电影片名定名为《笔仙惊魂 3》是因为故事情节涉及第三者插足，且有"笔仙再三显灵"之义，但该理由显系牵强附会，法院不予采信。

其次，泽西年代公司和星河联盟公司还主张没有任何法律规定电影系列必须按照自然数列顺序连续拍摄，但法院认为，本案的特殊之处在于永旭良辰公司的《笔仙Ⅲ》与泽西年代公司、星河联盟公司的《笔仙惊魂3》片名近似，且均属于悬疑惊悚片类型，两部影片本身就存在一定程度的相似性。而永旭良辰公司已经于2012年7月公映了《笔仙》、2013年7月公映了《笔仙Ⅱ》且已获得了一定的票房和知名度，并在《笔仙Ⅱ》首映时就宣布《笔仙Ⅲ》将于2014年7月17日上映。而泽西年代公司和星河联盟公司却在2012年6月上映《笔仙惊魂》后并未拍摄上映《笔仙惊魂2》的情况下，直接拍摄《笔仙惊魂3》并抢先于2014年4月4日公映，并在媒体宣传中混淆《笔仙惊魂3》与《笔仙Ⅲ》，容易使相关公众将《笔仙惊魂3》误认为《笔仙》《笔仙Ⅱ》的续集，对《笔仙惊魂3》和《笔仙Ⅲ》产生混淆，从而使《笔仙惊魂3》借助《笔仙》《笔仙Ⅱ》已经取得的票房影响力和《笔仙Ⅲ》的宣传营销来推广扩大其知名度，提高其票房收入。泽西年代公司和星河联盟公司的上述行为不公平地利用了永旭良辰公司已开拓的电影市场成果，增加自己的交易机会并获取市场竞争优势，违反了诚实信用原则和商业道德，构成不正当竞争，应承担相应的法律责任。

最后，泽西年代公司和星河联盟公司在媒体宣传中称《笔仙惊魂3》是"笔仙系列的恐怖升级之作"，构成虚假宣传，应当承担相应的法律责任。对于《笔仙惊魂3》的媒体宣传，泽西年代公司和星河联盟公司主张其在媒体宣传中所称的"笔仙系列"指的是"笔仙"游戏典故，即名为"笔仙"的占卜游戏。但是，法院认为该媒体宣传中所称的"笔仙系列"属于易产生歧义性的词语，既可以有"笔仙"游戏典故、笔仙题材之义，也可以指代永旭公司出品的《笔仙》和《笔仙Ⅱ》电影系列。泽西年代公司和星河联盟公司的宣传行为属故意以模棱两可的歧义性词语宣传《笔仙惊魂3》，足以使相关公众产生误解，将《笔仙惊魂3》与永旭良辰公司的《笔仙》《笔仙Ⅱ》系列相混淆，构成虚假宣传，应当承担相应的法律责任。

2. 永旭良辰公司有权使用《笔仙》片名及"'笔仙'+数字后缀"形式的片名。

泽西年代公司的反诉主张为，永旭良辰公司采用不正当竞争的手段抢用了《笔仙》的片名取得公映许可证并将《笔仙》电影公映，请求法院判令永旭良辰公司停止使用《笔仙》片名及"'笔仙'+数字后缀"形式的片名，将"笔仙"的片名归还给泽西年代公司。

对此，一方面，法院认为并无在案证据显示电影已经备案的片名具有排他效力。根据2006年5月22日发布的国家广播电影电视总局令第52号《电影剧本（梗概）备案、电影片管理规定》：第2条规定，国家实行电影剧本（梗概）备案和电影片审查制度。未经备案的电影剧本（梗概）不得拍摄，未经审查通过的电影片不得发行、放映、进口、出口。第5条规定，持有《摄制电影许可证》的电影制片单位和在地市级以上工商部门注册登记的各类影视文化单位摄制电影片，应在拍摄前将电影剧本（梗概）送广电总局或相应的实行属地审查的省级广电部门备案。第18条第1款第2项规定，广电总局电影审查委员会自收到混录双片及相关材料之日起20个工作日内作出审查决定。审查合格的，发给《影片审查决定书》和《电影片公映许可证》片头。第18条第1款第3项规定，广电总局电影审查委员会自收到标准拷贝（数字节目带）及相关材料之日起10个工作日内作出审查决定。审查合格的，发给《电影片公映许可证》。因此，无法认定电影已经备案的片名具有排他效力。

另一方面，泽西年代公司将其曾经备案的《笔仙》片名更改为《公映许可证》上的《笔仙惊魂》片名，却未提交充分证据证明其更名系因永旭良辰公司通过不正当竞争手段所致。综上，泽西年代公司关于永旭良辰公司应当停止使用《笔仙》片名及"'笔仙'＋数字后缀"形式的片名，将"笔仙"的片名归还给泽西年代公司之原审反诉主张缺乏事实和法律依据，法院不予支持。

 相关法条

《中华人民共和国反不正当竞争法》（2019 年修正）第 2 条、第 8 条

《最高人民法院关于适用〈中华人民共和国反不正当竞争法〉若干问题的解释》（2022 年施行）第 17 条

《电影剧本（梗概）备案、电影片管理规定》（2017 年修订）第 2 条、第 5 条、第 18 条

《摸金校尉》《鬼吹灯》版权纠纷案

"同人作品"本身并不构成著作权侵权，但不当的宣传推广方式可能构成不正当竞争

在著作权侵权的相关纠纷中，原告方经常在提起著作权侵权之诉的同时，又根据《反不正当竞争法》第 2 条规定的一般条款主张同一行为构成不正当竞争。该现象很大程度上在于：一方面，经营者对新型智力成果产生了强烈的保护需求，但是著作权侵权的成立要件较为严格，甚至某些智力成果并不符合著作权法所规定的作品的认定标准，这都导致著作权法难以为原告提供充分救济；相比之下，反不正当竞争法的一般条款因其具有抽象性的特点，可给予法院较大的自由裁量空间。另一方面，从审判者的视角来看，法院普遍认为部分智力成果虽然难以被认定为著作权法意义上的作品，但确有保护之必要，因此法院往往具有通过反不正当竞争法提供额外性、补充性保护的倾向。

而本案的特殊性在于，作为《鬼吹灯》著作财产权利人的原告，不仅起诉原著作者在其新作《摸金校尉》中使用与《鬼吹灯》原著相同的人物等要素的行为构成著作权侵权和不正当竞争，还起诉出版方对《摸金校尉》的虚假宣传行为构成不正当竞争。这使得本案不仅展现了《反不正当竞争法》一般条款在涉著作权侵权案件中的适用问题，还可以帮助我们一窥裁判者对于营销宣传"搭便车"问题的基本立场。同时，本案判决还回应了文学作品人物形象保护范围的确定这一重大问题。以上因素的叠加，导致本案的判决结果受到社会广泛关注，并入选"2019 年上海法院知识产权司法保护十大案件"。

案例来源

（2015）浦民三（知）初字第 838 号

2007年1月，原告上海玄霆娱乐信息科技有限公司（本部分简称"玄霆娱乐公司"）与被告张某某就小说《鬼吹灯（盗墓者的经历）》《鬼吹灯Ⅱ》分别签署《协议书》，张某某将上述小说著作权中的财产权全部转让给玄霆娱乐公司。并且双方在协议中约定：在该协议有效期内及协议履行完毕后，被告张某某不得使用其本名、笔名或其中任何一个以与本作品名相同或相似的创作作品或作为作品中主要章节的标题。

2011年7月，玄霆娱乐公司与万达影视传媒有限公司（本部分简称"万达影视公司"）签订著作权许可使用协议，玄霆娱乐公司将小说《鬼吹灯Ⅱ》的复制权、改编权及摄制权授予万达影视公司使用。万达影视公司遂根据该小说改编拍摄了电影《鬼吹灯之寻龙诀》(本部分简称《寻龙诀》)，并于2015年12月18日正式上映。

后玄霆娱乐公司认为五被告（分别为北京新华先锋文化传媒有限公司、北京新华先锋出版科技有限公司、群言出版社、上海新华传媒连锁有限公司、张某某）在创作、出版、发行案涉图书《摸金校尉之九幽将军》时实施了著作权侵权及不正当竞争行为。玄霆娱乐公司认为：无论是对《鬼吹灯》系列小说主要人物形象、盗墓规矩及方法等独创性表达要素的使用行为，还是擅自使用"鬼吹灯""胡八一""Shirley杨""王胖子"等知名商品特有名称的行为，抑或实施的与电影《寻龙诀》有关的虚假宣传行为，其主观目的均是攀附《鬼吹灯》系列小说，或者通过电影《寻龙诀》间接攀附《鬼吹灯》系列小说的影响力。从客观效果上讲，被诉侵权行为一方面会造成读者对于图书《摸金校尉》与《鬼吹灯》系列小说之间关系的混淆与误认，另一方面会造成读者对于图书《摸金校尉》和电影《寻龙诀》两者之间关系的误认。被告所实施的上述行为增加了图书《摸金校尉》的交易机会和竞争优势，但掠夺了《鬼吹灯》系列小说的交易机会，其行为有违诚实信用原则和公认的商业道德，应当从整体上认定构成违反《反不正当竞争法》第2条的"搭便车"行为。

经审理，法院认定被告张某某使用相同人物等要素的行为不构成著作权侵权或不正当竞争，允许原作者使用自己作品中的人物等相关要素创作系列故事，符合著作权法鼓励文学艺术作品创作的宗旨，有利于增进广大读者福祉。但是，其余被告宣传推广被诉侵权图书的整体行为及被诉侵权图书封面封底对电影海报的使用方式构成引人误解的虚假宣传行为，违反《反不正当竞争法》相关规定，应当立即停止虚假宣传行为、刊登声明以消除影响并赔偿原告经济损失。

一审宣判后，原告玄霆娱乐公司和北京新华先锋文化传媒有限公司、北京新华先锋出版科技有限公司、群言出版社均提出上诉。后各方均向二审法院撤回上诉，一审判决生效。

同人作品；虚假宣传；不正当竞争

1. 被诉侵权图书使用相同人物等要素的行为是否构成著作权侵权？

2. 被诉侵权图书使用相同人物等要素的行为是否构成不正当竞争？

3. 被告宣传推广被诉侵权图书的行为是否构成违反《反不正当竞争法》的虚假宣传行为？

裁判观点

1. 被诉侵权图书使用相同人物等要素的行为不构成著作权侵权。

案涉作品中的人物形象等要素源自文字作品，其不同于电影作品或美术作品中的人物形象等，后者借助于可视化手段能够获得更为充分的表达，更容易清晰地被人所感知。而文字作品中的人物形象等要素往往只是作品情节展开的媒介和作者叙述故事的工具，从而难以构成表达本身。只有当人物形象等要素在作品情节展开过程中获得充分而独特的描述，并由此成为作品故事内容本身时，才有可能获得著作权法保护。离开作品情节的人物名称与关系等要素，因其过于简单，往往难以作为表达受到著作权法的保护。

原被告之间的《协议书》第 4.2.5 条曾约定，"在该协议有效期内及协议履行完毕后，被告张某某不得使用其本名、笔名或其中任何一个以与本作品名相同或相似的创作作品或作为作品中主要章节的标题。"尽管第 4.2.5 条的约定存在不明确之处，且存在语病，但可以明确的是，该约定并未排除被告张某某使用原作品中的人物等相关要素继续创作作品的权利，只是对其后续创作的作品名称、章节标题及署名方式作出限制。

允许作者使用自己作品中的人物等相关要素创作系列故事，符合著作权法鼓励文学艺术作品创作的宗旨，有利于增进广大读者福祉。在此情形之下，对本案合同条款的解释应首先基于严格的字面解释，任何超越上述合同约定内容的扩大解释必须具有充分的依据。否则，将会不正当地剥夺作者使用其原有作品中主要人物等要素继续创作作品的权利，从而损害作者的正当合法权益，影响社会公众整体利益。

2. 被诉侵权图书使用相同人物等要素的行为不构成不正当竞争。

案涉作品中的人物形象等要素从著作权法角度来说不属于表达，不能作为著作权的客体受到保护，但这并不意味着案涉作品中的人物形象等要素可以不受任何限制地任意使用。作者对作品主要人物形象、盗墓规矩等的创作付出了较多心血，通过故事情节和背景的铺陈叙述，作者笔下的人物形象得以塑造和丰满。上述人物形象等要素即使不受著作权法的保护，其整体仍有可能受到反不正当竞争法的保护。这是由于在读者群体中人物形象等要素与作品之间已经建立起了较为稳定的联系，具备了特定的指代和识别功能，这一功能使其明显区别于一般著作权保护客体。特别是此类人物形象等要素显然具备较高的商业市场价值，利用这些人物形象等要素创作新的作品，完全可以借助其原有的市场号召力与吸引力提高新作的声誉，吸引到原作的大量粉丝，并由此获取经济利益，增强竞争优势。显然，新作品创作时对原作人物形象等要素的使用应当遵循行业规范，对这一使用行为的法律调整要考虑使用人的身份、使用的目的、原作的性质、使用对原作市场的潜在影响等因素，一方面应充分尊重原作的正当权益，另一方面也要保障创作和评论的自由，从而促进文化传播，推动文化繁荣。

但是，本案原告玄霆娱乐公司所主张的人物形象、盗墓规矩等要素首先是由作者本人即被告张某某创作。在这些要素不构成表达、不属于著作财产权保护范围的情况下，被告张某某作为原著的作者，有权使用其在原著小说中创作的这些要素创作出新的作品。根据之前对双方合同约定的分析，被告张某某与原告玄霆娱乐公司就《鬼吹灯Ⅱ》签订的协议虽然约定玄霆娱乐公司有权对该作品进行再创作等，但并不意味着张某某就此放弃了自己再创作的权利。张某某利用自己创造的这些要素创作出不同于权利作品表达的新作品的行为并无不当。因此，张某某使用上述要素的行为不构成不正当竞争。

3. 被告宣传推广被诉侵权图书的行为因构成引人误解的虚假宣传而违反《反不正当竞争法》。

原告玄霆娱乐公司不仅是专业的网络文学网站"起点中文网"的经营者，还在该网站基础上从事各类网络文学的后续开发和版权运营。除张某某之外的其余被告方从事图书的出版、发行和运营。原、被告在开展各自的经营活动时，无论是在图书市场的销量、市场份额还是在图书衍生品的开发如影视剧、游戏的改编及音像制品的制作等方面均会存在竞争关系。故原、被告为同业竞争者，原、被告之间的行为应当受到我国《反不正当竞争法》的规制。

电影《寻龙诀》系根据原告玄霆娱乐公司的权利作品《鬼吹灯Ⅱ》改编，故《鬼吹灯Ⅱ》系该电影的原著小说。现被诉侵权图书的封面将"鬼吹灯"等内容采用与其他文字字体不同的白色字体，并使用电影《寻龙诀》的电影海报和与《寻龙诀》预告片台词近似的台词，同时标注电影《寻龙诀》上映信息。图书封底还标注了电影《寻龙诀》的监制、导演、主要演员的推荐语。这种图书封面封底的整体使用方式会使相关公众产生混淆和误认的后果，导致相关公众误以为被诉侵权图书系电影《寻龙诀》的原著小说或与该电影原著内容有关联。

上述行为的实施时间集中在电影《寻龙诀》上映的前后期间。通常电影在上映前，电影发行方势必要进行大量的宣发工作，故这段时间应当是电影《寻龙诀》取得高知名度的黄金时间。根据原著小说改编的电影一旦热映后，在一定程度上也会带动电影原著小说的销量，亦大力提升原著小说衍生品开发市场的竞争力。故被诉侵权图书封面封底的使用及被告一系列的对外宣传推广行为，易使相关公众将被诉侵权图书误认为电影《寻龙诀》的原著或与原著内容有关联。该行为可能会造成取代原告原著小说地位的后果，会对原告玄霆娱乐公司利益造成重大的损害。被告宣传推广的整体行为及被诉侵权图书封面封底的使用方式构成引人误解的虚假宣传行为。

相关法条

《中华人民共和国反不正当竞争法》(2019年修正) 第2条、第8条、第17条
《中华人民共和国民法典》(2021年施行) 第179条

《欢乐颂》不正当竞争纠纷案

合理借助影视作品中的人物角色元素介绍自己商品并不属于不正当竞争行为

竞争是市场经济得以正常运行的基本机制和底层逻辑。在我国市场经济日趋活跃的情况下，市场经营活动中出现了许多不正当的竞争行为，严重危害了公平竞争秩序，损害了

有关经营者的利益。上一案的被告在发行出版图书时采用的"搭便车"虚假宣传行为即为一例。因此，反不正当竞争法对于维护社会主义市场经济秩序、鼓励和保护公平竞争、保障经营者的合法权益具有重要意义。我国的《反不正当竞争法》对于仿冒、限制竞争、虚假宣传等不正当竞争行为进行了详细规定，并且对一般不正当竞争行为进行了总括性规定，以免漏掉其他违反诚实信用原则和公认商业道德的行为。同时，该法也在有限的范围内对知识产权专门法未涉及的知识产权客体提供补充保护。在上一案中，原告就曾主张，即便人物形象等要素不能获得著作权法的保护，也应适用《反不正当竞争法》第2条的原则性条款对其权益进行保护，这充分体现了反不正当竞争法在知识产权侵权类型纠纷中所发挥的补充性、兜底性功能。

然而，知识产权权利人享有的相关市场竞争利益并非无限的，其竞争利益的边界应当顾及公共利益、消费者利益和竞争自由。如果他人对其作品中相关元素的使用既有利于消费者利益，又不会给权利人造成损害或者损害过于轻微，也不至于损害市场竞争秩序，那么就应当允许这种使用行为，充分发挥该作品的公共属性，促进市场竞争自由。本案的审判思路和裁判理念便体现了反不正当竞争法对于经营者利益的有限度的保护，深刻分析了著作权人享有的作品市场利益与作品公共属性之间的冲突，并从竞争法原理的层面出发，尝试划定著作权人享有的市场利益的边界。

此外，如果将本案与上一案进行对比，可以发现，两案被告的涉诉宣传行为均系"搭便车"性质的商业攀附，然而裁判结果截然相反。原因在于，虚假宣传型不正当竞争行为的本质属性，是通过欺骗和误导消费者，导致消费者的误解误判，从而获取交易机会。简言之，虚假宣传行为的目的与结果是引人误解或误判。而本案原、被告之间从事完全不同的行业，被告"蹭热度"性质的宣传行为并不会导致一般公众的误解，所以并不构成虚假宣传。因此，将两案判决进行对照式学习，可以帮助我们更好地理解虚假宣传行为的核心特征与本质属性。基于此，本案虽属于电视产业法领域案件，但本书将其编排在"《摸金校尉》《鬼吹灯》版权纠纷案"之后，以方便读者对照学习。

案例来源

（2017）京0105民初10025号

案情简介

案涉电视剧《欢乐颂》的后续作品、衍生品、商品、其他媒体（如电影、网剧）作品的控制权、处分权和维权等权利由本案原告东阳正午阳光影视有限公司（本部分简称"正午阳光公司"）及其关联公司独占性享有。该电视剧以5位主要女性人物角色的个性化塑造为创作基础，百度、搜狐等网络媒体在对该电视剧的介绍中均将该电视剧中上述5个女性角色称为"五美"。2015年8月9日、25日，电视剧《欢乐颂》摄制组分别与孔某、吕某某签订合同，聘请后者在电视剧《欢乐颂》摄制期间完成剧照拍摄工作，并约定后者只享有署名权，其他权利归前者所有。2016年5月9日，太平人寿保险有限公司（本部分简称"太平人寿公司"）在其"太平人寿"微信公众号、"太平人寿官方博客"、"太平人寿官方微博"上发表了两篇题为《跟着〈欢乐颂〉"五美"选保险》的文章。在其中一篇文章内标题"金领人群""白领人群""职场新丁人群""创业人群"上方分别有剧内角色安迪、樊胜美、邱莹莹、关雎尔、曲筱绡的剧照。同时，在另一篇文章内及微信公众号文章中也有上述剧照。诉讼中，正午阳光公司称上述文章中配有的剧照是孔某、吕某某在案涉电视剧拍摄过程中对拍摄场面单独拍摄的，而非截取自案涉电视剧。

原告正午阳光公司的诉讼请求如下：①判令太平人寿公司于本案判决生效之日起3日内，在名为"太平人寿官方微博"的新浪微博首页置顶位置、名为"太平人寿官方博客"的新浪博客首页置顶位置及名为"太平人寿"的微信公众号上公开发布声明，向原告赔礼道歉并消除影响，该声明在发布之前应当先经过原告公司书面确认并且持续发布30日；②判令太平人寿公司赔偿经济损失300万元、律师费15万元、公证费16 900元。但是，法院经审理认为，被告太平人寿公司的行为不构成不正当竞争，故驳回原告的诉讼请求。

关键词

影视作品；电视剧元素；人物角色；不正当竞争

争议焦点

1. 双方经营范围不一致以及双方提供的商品和服务不具有替代性，是否导致双方不具有竞争关系？

2. 正午阳光公司是否因未举证证明其享有案涉电视剧及相关元素的著作权，从而无权提起本案诉讼？

3. 被告太平人寿保险公司的行为是否构成不正当竞争？

裁判观点

1. 具体竞争行为是否受到反不正当竞争法规制，应当主要从该行为本身的属性上进行判断，而非要求经营者之间必须属于同业竞争者或者其提供的商品或服务具有可替代性。

从《反不正当竞争法》第1条、第2条的规定可以看出，该法旨在通过制止不正当竞争行为从而维护公平有序的社会经济秩序、保护经营者和消费者的合法权益，也即反不正当竞争法主要是从竞争行为是否违背诚实信用原则和公认的商业道德等竞争原则的角度界定是否构成不正当竞争，从而决定是否可以在具体案件中适用该法。因此，只要一种竞争行为违背了诚实信用原则和公认的商业道德，可能扰乱正常的社会经济秩序、给其他经营者和消费者造成损害，就有可能构成不正当竞争行为，需要适用反不正当竞争法进行评价和调整。故，是否构成不正当竞争行为并适用反不正当竞争法，应当主要从被诉具体竞争行为本身的属性上进行判断，而非要求经营者之间必须属于同业竞争者或者其提供的商品或服务具有可替代性。

2. 正午阳光公司能否提起本诉讼与其是否为著作权人并不相关。

反不正当竞争法本质上属于规范市场竞争行为、维护市场竞争秩序的法律，同时也在有限的范围内通过制止对知识产权专门法未涉及的知识产权客体构成不正当竞争的行为来提供补充保护。因此，一般情况下，在适用反不正当竞争法时，首先应当着眼于对竞争行为的评价和判断，即该竞争行为是否违反了竞争原则，是否扰乱了社会经济秩序、损害了其他经营者和消费者的合法权益，而非主要首先判断原告是否享有某一知识产权。只要被诉竞争行为可能给其他经营者造成竞争利益的损害，或者破坏其他经营者的竞争优势，该其他经营者即与该被诉竞争行为具有了法律上的利害关系，该其他经营者就有权利提起不正当竞争诉讼，请求法院适用反不正当竞争法对该竞争行为进行评价和规范。

本案中，尽管正午阳光公司是案涉电视剧的制片者之一，但其提起本案诉讼的法律基础并不是其对案涉电视剧享有的著作权本身，而是案涉电视剧在市场竞争中可能会给正午阳光公司带来的竞争利益。正午阳光公司认为太平人寿公司被诉不正当竞争行为可能会损害到该竞争利益，故正午阳光公司与被诉不正当竞争行为具有法律上的利害关系，其有权提起本案诉讼。

3. 被告太平人寿保险公司的行为不构成擅自使用原告正午阳光公司知名商品特有装潢和虚假宣传的不正当竞争行为，也不违反诚实信用原则和公认的商业道德。

首先，被告太平人寿保险公司不构成擅自使用原告正午阳光公司知名商品特有装潢的不正当竞争行为。《反不正当竞争法》第 5 条第 2 项（现《反不正当竞争法》第 5 条第 1 项）规定，擅自使用知名商品特有的名称、包装、装潢，或者使用与知名商品近似的名称、包装、装潢，造成和他人的知名商品相混淆，使购买者误认为是该知名商品的，属于不正当竞争行为。本案中，"《欢乐颂》"是正午阳光公司知名电视剧的名称，具有区分相同、类似电视剧的功能，属于知名商品的特有名称。但是，太平人寿公司在案涉文章标题《跟着〈欢乐颂〉"五美"选保险》及文章中使用"《欢乐颂》"指称的正是正午阳光公司的案涉电视剧，而并未将"《欢乐颂》"作为太平人寿公司经营的与电视剧相同、类似的商品或服务的名称或其他商业标识使用，该种使用方式不具有指称太平人寿公司商品来源的功能和意义，且也不会使相关公众误认为案涉文章所涉及的保险信息是由正午阳光公司提供或者正午阳光公司与太平人寿公司之间存在特定联系。

其次，太平人寿公司发布案涉文章与反不正当竞争法规定的虚假宣传的不正当竞争行为无关。《反不正当竞争法》第 9 条第 1 款（现《反不正当竞争法》第 8 条第 1 款）规定，经营者不得利用广告或者其他方法，对商品的质量、制作成分、性能、用途、生产者、有效期限、产地等作引人误解的虚假宣传。该条规定的虚假宣传不正当竞争行为的本质属性是引人误解，即行为人对自己商品的宣传通常具有引人误解的目的或后果。案涉文章借助案涉电视剧《欢乐颂》中的人物角色等元素介绍了不同类型的人群如何购买不同类型保险产品的知识，并未将案涉电视剧中的人物作为其保险产品的代言人，也未对保险产品进行不切实际的宣传。公众不会仅仅因为案涉文章借用了案涉电视剧元素就被误导选择太平人寿公司的保险产品，更不会误认为太平人寿公司和正午阳光公司有关。

最后，被告太平人寿公司未损害正午阳光公司的竞争利益，也不违背诚实信用原则和公认的商业道德。对于《反不正当竞争法》未明确列举的竞争行为，如果其确实违背了诚实信用原则和公认的商业道德，损害了公平有序的竞争秩序，以及其他经营者和消费者的合法权益，确有必要制止的，可以适用《反不正当竞争法》第 2 条规定的一般条款予以制止，但鉴于一般条款具有较大的不确定性，因此在具体案件中适用时应当特别慎重。在本案中，因为案涉电视剧的知名度和影响力，其中的主要人物角色深入人心，因此在案涉文章对职场人群进行划分时借助于该人物角色，会使社会公众感同身受，容易理解文章表达的不同人群都有保险需求以及相关的保险知识和理念，有利于消费者找准自身定位并在有保险需求时更好地购买保险产品，也有利于传播保险知识和理念。正午阳光公司对其享有的著作权及市场利益受法律保护，但该市场利益并不是无限的，并非该电视剧所及之处都是正午阳光公司的竞争利益，其竞争利益的边界应当顾及公共利益、消费者利益和竞争自由。因此，太平人寿公司被诉行为并未侵害正午阳光公司的竞争利益，也未损害公平有序的竞争秩序，正午阳光公司对此应当予以容忍。如果对这种使用方式都加以禁止，就会过度限制公共资源的利用，抑制竞争自由。

相关法条

《中华人民共和国反不正当竞争法》（2019 年修正）第 2 条、第 6 条、第 8 条

三、搭便车

《喜剧之王》不正当竞争纠纷案

影视作品定名时故意攀附"有一定影响"的电影名称，并以此为噱头进行商业宣传，均构成不正当竞争

《反不正当竞争法》作为维护社会公共利益和市场竞争秩序的重要法律，其核心作用之一在于保护消费者的合法权益。欺骗消费者是许多不正当竞争行为的惯用手段，消费者往往成为这些行为的直接受害者。例如，混淆行为和虚假宣传都旨在使消费者产生误认，进而做出错误的消费选择。因此，这类行为受到了《反不正当竞争法》的严格规制。本案中，被告便是利用了香港电影《喜剧之王》的高知名度及其在相关公众中的广泛影响力，为电视剧《喜剧之王：2018》进行宣传。法院认定，这种行为构成了《反不正当竞争法》所规制的混淆行为与虚假宣传，被告因此需承担相应的侵权责任。

本案入选 2023 年最高人民法院发布的 8 起"人民法院电影知识产权保护典型案例"，具有重要意义。一方面，本案结合了电影作品的传播特点，深入探讨和界定了《反不正当竞争法》第 6 条规定的"有一定影响"视听作品名称的认定要件和考量因素。这不仅为司法实践中类似案件的审理提供了明确的法律依据，也为加强电影作品的知识产权保护力度起到了积极的推动作用。另一方面，该判决有助于营造一个有利于电影行业繁荣发展的良好市场环境，确保竞争秩序的公平与透明，有效防止不正当竞争行为对影视行业健康发展的侵蚀。

案例来源

（2020）粤 73 民终 2289 号

案情简介

电影《喜剧之王》于 1999 年 2 月 13 日在香港上映，由星辉海外有限公司（本部分简称"星辉公司"）出品，李某某、周某某执导，周某某、莫某某、张某某等主演。广州正凯文化传播有限公司（本部分简称"正凯公司"）和李某某于 2018 年在微博、微信公众号中宣传被诉侵权电视剧《喜剧之王 2018》为"连续剧版#喜剧之王#"，并在媒体宣传

中称是改编自《喜剧之王》等。

星辉公司主张李某某及正凯公司的行为构成不正当竞争，诉请法院判决其就不正当竞争行为刊登公开赔礼道歉的声明，并在媒体上连续60日刊登《喜剧之王》与《喜剧之王2018》之间、周某某先生与《喜剧之王2018》之间不存在任何关联性的声明，清除影响以正视听；同时赔偿经济损失。一审法院判决被告消除影响并赔偿损失。二审法院维持原判。

关键词

有一定影响的商品名称；虚假宣传；不正当竞争

争议焦点

1. 星辉公司主张权利的"喜剧之王"是否构成有一定影响的商品名称？

2. 正凯公司和李某某的行为是否构成擅自使用有一定影响的商品名称的不正当竞争行为？

3. 正凯公司和李某某的行为是否同时构成《反不正当竞争法》规定的虚假或引人误解的商业宣传？

裁判观点

1. 星辉公司主张权利的"喜剧之王"构成有一定影响的商品名称。

根据《反不正当竞争法》第6条的规定，经营者不得擅自使用与他人有一定影响的商品名称、包装、装潢等相同或者近似的标识，引人误认为是他人商品或者与他人存在特定联系。关于星辉公司主张案涉电影名称"喜剧之王"为有一定影响的商品名称能否成立。《反不正当竞争法》所保护的商品名称，是指非为相关商品所通用并具有显著的区别性特征的名称。星辉公司主张权利的"喜剧之王"为电影名称，其中"喜剧"是一种戏剧类型的名称，"之王"的含义是在同类中居首位，将电影的类型和电影中周某某饰演的主角"尹天仇"立志成为一名演员的寓意结合在一起，该名称有一定的独特性。

不同于普通商品的销售、宣传，电影的放映和宣传有其特殊性。通常情况下，电影上映期间较短，通常在一个地区的影院连续放映的时间不会超过一个月，制片方或发行方通常会在电影放映前及放映期间进行集中宣传，档期结束后通常不会持续进行宣传，因此在认定电影名称是否有一定影响时，不应过分强调宣传的持续时间或放映的持续时间等因素，而应当考察该电影投入市场前后的宣传情况、所获得的票房成绩、相关公众的评价以及是否具有持续的影响力等因素。案涉电影《喜剧之王》于1999年在香港上映后获得了较高的票房收入，虽未在中国内地正式公映，但1999年至2015年间我国内地媒体对该电影给予了持续的报道和推介，视频网站至今仍提供案涉电影的在线播放服务，在微博、豆瓣等多个平台上有大量用户对案涉电影进行讨论并给予较高评价，案涉电影仍然在相关公众中具有相当的影响力，可知，"喜剧之王"这一电影名称通过大量使用、宣传，已具有区别商品来源的作用，并在我国内地具有较高的知名度，应认定为有一定影响的商品名称。

关于星辉公司是否就前述商品名称"喜剧之王"享有权利。星辉公司提交的《版权证明书》、《发行权证明书》、影片登记证、案涉电影 DVD（Digital Video Disc，数字视频光盘）可以证明，星辉公司为案涉电影《喜剧之王》的出品公司和版权持有人，案涉电影名称"喜剧之王"理应由电影出品人及著作权人星辉公司享有。该电影上映后，其情节、演员演绎、台词、镜头表达、配乐等受到相关公众喜爱，多年来通过媒体宣传、相关公众口碑等多种方式获得持续关注，凝结在该电影名称上的知名度和市场价值理应由电影出品人及著作权人星辉公司享有。

2. 正凯公司和李某某的行为构成擅自使用有一定影响的商品名称的不正当竞争行为。

电影的名称通常较短，不同制片者拍摄相同题材电影的情况较为常见，故应合理界定构成有一定影响的电影名称的保护范围，否则会侵占公有领域的资源。被诉侵权电视剧《喜剧之王 2018》与案涉电影《喜剧之王》均为喜剧题材，二者名称相比，主要文字均一致，"喜剧之王 2018"仅添加了"2018"这一表示年份的数字，应认定二者构成相似；且案涉电影《喜剧之王》上映于 1999 年，结合其较高的知名度，该被诉侵权电视剧《喜剧之王 2018》极易使相关公众误认为是案涉电影《喜剧之王》的电视剧版或续集。

正凯公司作为被诉侵权电视剧《喜剧之王 2018》的出品公司，李某某作为导演和编剧，明知星辉公司在先使用的"喜剧之王"具有较高的市场知名度，仍将被诉侵权电视剧定名为"喜剧之王 2018"，共同参与被诉侵权电视剧的演员选拔、宣传等筹拍工作，并在微博中多次将《喜剧之王 2018》与《喜剧之王》进行比较。正凯公司、李某某的上述行为，主观上具有攀附星辉公司有一定影响电影名称的故意，客观上易使相关公众产生误认，不当利用了星辉公司案涉电影的在先商誉，构成擅自使用有一定影响的商品名称的不正当竞争行为，应承担连带赔偿损失的民事责任。

正凯公司和李某某虽主张其有权使用电影名称"喜剧之王"，但李某某与星辉公司签订的《导演合约》中明确约定星辉公司享有该影片版权，包括但不限于全世界电影、电视、录影带、录音等及由该影片所衍生之一切将来发明播映媒介之版权，李某某无权使用该影片各项有关权益或转提供给他人，该《导演合约》虽未经公证认证，但李某某系合同当事人之一，在其有能力提供相反证据予以推翻的情况下，不能仅以未经公证认证否认该合约真实性，故一审法院对该合约真实性予以确认，正凯公司和李某某的相关抗辩不成立，一审法院不予采纳。

3. 正凯公司和李某某的行为同时构成《反不正当竞争法》第 8 条规定的虚假或引人误解的商业宣传。

《反不正当竞争法》第 8 条第 1 款规定，经营者不得对其商品的性能、功能、质量、销售状况、用户评价、曾获荣誉等作虚假或者引人误解的商业宣传，欺骗、误导消费者。经营者就其商品的宣传，应建立在客观真实的基础上，避免造成相关公众误解。正凯公司、李某某在微博、微信公众号宣传中称"香港导演李某某自 1999 年拍摄电影《喜剧之王》后，意犹未尽，一直想延伸《喜剧之王》的故事，因此埋头创作出 30 集连续剧完整剧本《喜剧之王 2018》"，"本剧将延续电影故事核心，同样是追寻梦想和初心的故事"，"连续剧版#喜剧之王#"，并在媒体宣传中称"《喜剧之王 2018》电视连续剧改编自 1999 年周某某、李某某导演的喜剧电影《喜剧之王》，时隔 20 年再续香港无厘头喜剧风格"等，另微博账号"盒饭 LIVE"及微信公众号"盒饭怪"上亦有相同内容的宣传，正凯公司、李某某的上述宣传行为虚构了《喜剧之王 2018》与《喜剧之王》之间的关系，企图利用案涉电影《喜剧之王》已取得的影响力和市场地位来推广扩大《喜剧之王2018》的知名度，足以使相关公众产生混淆，从而认为《喜剧之王2018》与《喜剧之王》之间存在某种情节上的延续性或其他关联，将《喜剧之王2018》误认为是《喜剧之王》的电视剧版或续集，应认定为虚假或引人误解的商业宣传。正凯公司和李某某的行为已构成不正当竞争，依法应承担连带赔偿损失的民事责任。

 相关法条

《中华人民共和国反不正当竞争法》（2019年修正）第6条、第8条

《人在囧途》诉《人再囧途之泰囧》不正当竞争纠纷案

两电影名称相似，后者可能构成对知名商品在先商誉的不正当利用

在生产经营活动中，经营者应当通过自身努力以及差异化的竞争策略，不断提高商品和服务的质量，增加其市场影响力和在消费群体中的美誉度，从而提高自身的市场竞争力。但在实践中，有的经营者却基于投机取巧的心理，试图通过"搭便车""傍名牌"等方式攀附其他知名商品的在先声誉，从而以更低的成本获取竞争优势，这也成为反不正当竞争法所重点规制的内容。

实际上，"搭便车""傍名牌"式商业攀附在影视行业屡见不鲜，影片《人再囧途之泰囧》对《人在囧途》的"捆绑式"营销即为一例。作为一部现象级电影，2012年上映的《人再囧途之泰囧》票房高达12.68亿元，是当之无愧的年度票房冠军。同时，由于该影片与2010年上映的影片《人在囧途》的主演相同、片名相近，以及《人再囧途之泰囧》发行方将两部电影"捆绑式"介绍的宣传营销策略，给公众塑造出《人再囧途之泰囧》是《人在囧途》第二部的印象。然而，电影上映后不久，《人在囧途》的版权方武汉华旗影视制作有限公司便一纸诉状将《人再囧途之泰囧》发行方北京光线传媒股份公司和导演及主演徐某等告上法庭，此时大家才恍然大悟，原来二者之间并无关系。2017年年底，这一备受关注的"囧途"系列电影不正当竞争纠纷案终于结束，最高人民法院在二审判决中表明，对于根据综合因素被认定为"知名商品"的电影，当其片名具有特有名称的性质时，之后的电影使用相似片名构成不正当竞争。

案例来源

（2015）民三终字第4号

案情简介

武汉华旗影视制作有限公司（本部分简称"华旗公司"）享有知识产权的《人在囧途》2010年上映后获得了业界的认可和观众的喜爱，成为知名品牌，此后华旗公司便开始筹备拍摄《人在囧途2》。2010年9月4日，华旗公司职员王某某将《人在囧途2》大纲通过电子邮件发给徐某。2011年5月，华旗公司申报的《人在囧途2》电影经审核通

过，获得了摄制电影许可证。2012年12月，在华旗公司不知情的情况下，北京光线传媒股份有限公司（本部分简称"光线传媒公司"）投资的《人再囧途之泰囧》公映，该片由北京光线影业有限公司（本部分简称"光线影业公司"）、北京影艺通影视文化传媒有限公司（本部分简称"影艺通公司"）、北京真乐道文化传播有限公司（本部分简称"真乐道公司"）、黄渤（上海）影视文化工作室（本部分简称"黄渤工作室"）出品，徐某任导演和编剧。华旗公司认为五被告构成共同侵权，请求法院判令五被告停止侵权、在相关的媒体消除影响并赔礼道歉、连带赔偿华旗公司经济损失及诉讼合理开支1亿元并承担案件诉讼费。

一审法院经审理判定：①光线传媒公司、光线影业公司、影艺通公司、真乐道公司、徐某立即停止案涉不正当竞争行为；②五被告在《法制日报》（现《法治日报》）刊登声明，消除影响；③五被告共同赔偿华旗公司经济损失500万元。

一审判决后被告对判决结果表示不服，提出上诉。经二审法院审理，驳回上诉，维持原判。

关键词

电影片名；知名商品；特有名称；在先商誉；不正当竞争

争议焦点

1. 徐某与光线传媒公司是否是本案一审的适格被告？
2. 五被告的行为是否违反《反不正当竞争法》，侵害了知名商品的特有名称？
3. 五被告的行为是否构成共同侵权？

裁判观点

1. 徐某与光线传媒公司是本案一审的适格被告。

在市场交易中作为主体从事商品经营或者营利性服务，参与市场经济活动和竞争活动，享受行为利益和承担行为所产生义务的法人、其他经济组织和个人，均应属于经营者的范围。

徐某作为《人再囧途之泰囧》影片的导演及演员等主创人员，虽不是影片的投资方、出品方，但其参与影片题材和类型的选择，宣传两部电影之间的关联等行为，已表明其参与《人再囧途之泰囧》制作、宣传等市场活动和竞争活动，同时其在电影上映前后接受了诸多媒体的采访，内容涉及先导预告片的宣传、电影的创作理念等，客观上实施了对电影的宣传行为，属于《反不正当竞争法》的"经营者"，是本案的适格被告。对于光线传媒公司而言，虽然其并非电影《人再囧途之泰囧》的出品方，但是其作为出品方光线影业公司的关联公司，利用其所掌握的资源对电影的宣传、发行等作出了实质性的贡献，也是本案的适格被告。

2. 《人再囧途之泰囧》影片因侵犯作为"知名商品"的《人在囧途》电影的在先商誉而违反《反不正当竞争法》。

（1）电影《人在囧途》是"知名商品"。电影作为综合艺术，兼具文化产品与商品的综合属性。电影具有时效性和独创性等一定特性，并非如普通商品一样可进行简单复制生产、流通销售，通常电影制作完成需要制作参与各方的共同努力，在市场化的过程中也发展出各种营销手段。电影上映一般在特定的档期集中播放，档期结束后出品方不会再组织大规模的宣传，且一般情况下多数人不会重复观看一部电影，因此，在认定电影作品是否属于知名商品时，不应过分强调持续宣传时间、销售时间等，而应当注重考察电影作品投入市场前后的宣传情况、所获得的票房成绩包括制作成本、制作过程与经济收益的关系、相关公众的评价以及是否具有持续的影响力等相关因素。

根据电影《人在囧途》2010 年 6 月公映后的票房成绩，《文汇报》、《北京青年报》、《北京日报》、《南方都市报》、北京电视台、上海电视台、东方卫视等媒体的报道，"电影华表奖"优秀故事片提名、"喜剧片创作奖"等荣誉，《人再囧途之泰囧》的出品方、制片人及导演徐某、演员黄某等在接受采访时对《人在囧途》的市场知名度的认可，以及网友对《人在囧途》给予高度评价等相关证据和事实，电影《人在囧途》可被认定为"知名商品"。

（2）"人在囧途"是知名商品的特有名称。"知名商品特有名称"的"特有"，指能够识别商品或者服务来源的显著特征。判断某个名称是否具有显著特征，与名称本身、所使用商品、相关公众的认知习惯、商品所属行业的实际使用情况等因素相关。电影由表达一定内容的有声或者无声的连续画面组成，以胶片或者数字为载体，通过运用视听技术和艺术手段摄制并放映。尤其是当一个知名电影的特有名称可能反映了电影商品的题材延续性、内容类型化、叙事模式相对固定等特点，其他经营者使用相同或者近似的电影名称，以同类型的题材和内容，采用近似的叙事模式从事电影活动，容易使相关公众对商品的来源产生误认，或者认为经营者之间具有特定联系。"囧"字代表尴尬之义，"人在囧途"概括反映出的电影商品《人在囧途》题材内容、喜剧特点及公路片类型，使该名称具有识别电影来源的能力。因此，"人在囧途"经过大量使用、宣传，能够实际上发挥识别商品来源的作用，构成知名商品的特有名称。

（3）《人再囧途之泰囧》电影名称的使用会造成相关公众的误认。判断是否构成混淆误认，应当根据相关公众的一般认识，综合考虑所涉及电影名称之间的近似程度、主张保护名称的市场声誉、使用商品的相关性、商品销售渠道、使用名称的主观意图等进行综合考量。

首先，从"人再囧途之泰囧"与"人在囧途"两个名称的含义本身进行比较，前者所包含的"人再囧途"，显然使名称之间更加具有联系性，"泰囧"的加入，仅使含义更加具体化，并不能改变名称所反映的电影题材、类型。

其次，根据本案相关事实，华旗公司《人在囧途》放映后，获得了良好的评价和商业声誉，已经着手筹拍《人在囧途2》，并获得拍摄许可。徐某作为参与两部电影拍摄的主要演员，其在接受采访过程中表达参演不同电影的个人感受无可厚非，但作为《人再囧途之泰囧》影片的导演、出品人之一的真乐道公司的法定代表人，在其明知华旗公司《人在囧途2》的大纲和筹备事宜，且已公开宣布退出《人在囧途2》，其与《人在囧途》续集毫无关系的情况下，在《人再囧途之泰囧》制作、发行、宣传期间，电影的主创人员、发行方、出品人等多次提及《人再囧途之泰囧》是《人在囧途》的"升级版"。以上行为客观上造成了相关公众的混淆误认，利用了华旗公司《人在囧途》的在先商誉，损害了华旗公司的商业机会。

3. 电影作为反映综合艺术的商品是多方共同参与的结果，因此五被告构成共同侵权并应承担连带责任。

光线影业公司、影艺通公司、真乐道公司作为《人再囧途之泰囧》的共同出品方，参与影片的创作与摄制，应承担共同的权利和义务；徐某作为导演和主创人员之一，参与了影片的创作和宣传；光线传媒公司主导了影片的宣传内容和宣传方式。五被告均通过参与影片的商品化活动获得了经济利益，一审法院认定构成共同侵权并承担连带责任并无不当。

《中华人民共和国反不正当竞争法》（2019 年修正）第 2 条、第 6 条

《最高人民法院关于适用〈中华人民共和国反不正当竞争法〉若干问题的解释》（2022 年施行）第 4 条、第 10 条、第 12 条

《赛车总动员》诉《汽车人总动员》著作权侵权纠纷案

对角色形象与电影片名的抄袭、攀附行为构成著作权侵权与不正当竞争

近年来，电影市场的迅猛发展催生了诸多经典的影视形象。这些形象因其独特的艺术风格和文化内涵赢得了观众的广泛喜爱，从而具备了巨大的商业价值。但也正因如此，一些经营者不断突破市场竞争的基本准则和行业道德底线，通过模仿、抄袭知名影视形象的方式"傍名牌""搭便车"，使公众对两种影视形象之间的联系和区别产生错误认知，从而不当地增加了自己的交易机会和竞争优势，由此引发诸多著作权侵权及不正当竞争等法律问题。

本案是"2017 年上海法院知识产权司法保护十大案例"之一，本案被告在其电影《汽车人总动员》中采用了与原告动画形象高度相似的元素，并在电影宣传中采用了与原告知名影片《赛车总动员》极其相似的名称、海报等，使公众误以为被告的电影与原告存在某种联系，甚至误以为被告的电影是由原告出品，属于典型的"傍名牌、搭便车"类型的不正当竞争行为，同时侵犯了原告的对影视形象所享有的著作权。针对当前影视市场资金投入巨大、侵权行为复杂多样的现状，本案判决对于鼓励原创和有序竞争、净化电影市场具有一定规范作用。

（2017）沪 73 民终 54 号

2015 年 7 月 3 日，一部号称暑期档唯一赛车电影的《汽车人总动员》上映。然而，该片海报跟皮克斯动画工作室（本部分简称"皮克斯"）、迪士尼企业公司（本部分简称"迪士尼公司"）在 2011 年出品的《赛车总动员 2》的海报极为相似。《汽车人总动员》上映后不久，皮克斯、迪士尼公司决定以"著作权侵权和不正当竞争"为由，将该片制作

方厦门蓝火焰影视动漫有限公司（本部分简称"蓝火焰公司"）、发行方北京基点影视文化传媒有限公司（本部分简称"基点公司"）起诉至法院。

迪士尼公司认为，在著作权方面，《汽车人总动员》里的K1和K2的形象，基本完全抄袭了《赛车总动员2》里的闪电麦坤和法兰斯高，而《汽车人总动员》海报也跟《赛车总动员2》的海报构成了实质性的相似。在不正当竞争方面，"汽车人总动员"这个名字本身就构成了侵权，案涉电影最初的备案名称为《小小汽车工程师》，却在放映之前的几个月更名为《汽车人总动员》，蓝火焰公司的法定代表人卓某某更是将《汽车总动员》作为电影名称在微博中进行宣传，该微博配图中有"《汽车总动员》电影推介"字样，而且海报中还把"人"字故意遮挡，让公众混淆，构成了不正当竞争。迪士尼公司请求法院判令被告停止侵权并赔偿经济损失。

蓝火焰公司、基点公司表示《汽车人总动员》电影与迪士尼公司毫无关系，更不会导致观众误解和混淆，没有剽窃原告迪士尼公司、皮克斯《赛车总动员》《赛车总动员2》电影的动画形象。《汽车人总动员》中K1、K2车辆形象的设计借鉴了现有车型独立创作完成，与原告迪士尼公司、皮克斯的动画形象不构成实质性相似。电影取名"汽车人总动员"并无不当，"汽车人"和"赛车"的含义不同，"总动员"是常见词汇，市面上大量电影取名均含有"总动员"，被告蓝火焰公司、基点公司无攀附原告迪士尼公司、皮克斯的商誉或不正当竞争意图。最终，一、二审法院均认定蓝火焰公司、基点公司侵犯迪士尼公司、皮克斯著作权，并构成不正当竞争。

关键词

著作权侵权；商业攀附；不正当竞争

争议焦点

1. 蓝火焰公司和基点公司是否侵犯了迪士尼公司、皮克斯的著作权？

2. 《汽车人总动员》在海报的制作及使用上是否存在构成对《赛车总动员》不正当竞争的行为？

裁判观点

1. 蓝火焰公司和基点公司实施了著作权侵权行为。

将汽车进行拟人化设计属于思想范畴，不受著作权法的保护。但是，具体设计方案即拟人化的具体表达方式，则属于表达范畴，可以受到著作权法的保护。《赛车总动员》中，"闪电麦坤""法兰斯高"动画形象具有独创性，构成美术作品，受到我国《著作权法》的保护。

通过比对，明显可见案涉电影《汽车人总动员》及电影海报中的"K1""K2"动画形象与《赛车总动员》系列电影中的"闪电麦坤""法兰斯高"动画形象具有诸多共同点。判断"K1""K2"动画形象与"闪电麦坤""法兰斯高"动画形象是否构成实质性相似，关键看上述相同点是否是实质性的。对于"实质性"的认定，既要考虑相同点的数量也要考虑相同点的质量：数量主要考虑相同点是否达到一定数量；质量主要考虑相同点是否是著作权法所保护的具有独创性的表达。"K1""K2"动画形象在涂装色、眼睛、鼻子、嘴部乃至眼珠、眼睑、牙齿等细节方面的表达均与"闪电麦坤""法兰斯高"动画形象基本相同，数量达到一定程度。而且，这些基本相同的表达，即汽车拟人化的具体表达方式，均体现了迪士尼公司、皮克斯具有独创性的设计，属于我国《著作权法》所保护的具有独创性的表达。

综上，足以认定"K1""K2"动画形象与"闪电麦坤""法兰斯高"动画形象构成实质性相似。至于两组形象的区别点，其对整体形象并未产生实质影响，不影响对于实质性相似的认定。故蓝火焰公司、基点公司侵犯了迪士尼公司、皮克斯的"闪电麦坤""法兰斯高"美术作品的著作权。

2. 蓝火焰公司和基点公司实施了擅自使用知名商品特有名称的不正当竞争行为。

构成擅自使用知名商品特有名称的不正当竞争行为需满足三个条件：一是该名称构成知名商品特有名称；二是被诉侵权名称与知名商品特有名称相同或近似；三是相关公众产生混淆或误认。

关于条件一，《赛车总动员》作为迪士尼公司、皮克斯的系列电影名称，具有一定的显著性，且经过长期使用，累积了较高的知名度，构成知名商品特有名称。

关于条件二，《汽车人总动员》海报的"人"字被轮胎遮挡后，视觉效果上变成"汽车总动员"，其与《赛车总动员》仅一字之差，故两电影名称构成近似。

关于条件三，早在2006年国内媒体即对《赛车总动员》进行了连续宣传，2011年又对《赛车总动员2》进行了大量宣传，且两部电影有着较高的票房收入。蓝火焰公司作为制作动画电影的同业竞争者，基点公司作为从事电影发行的专业公司，在为影片定名及宣传时均不可能不知道《赛车总动员》系列电影的知名商品特有名称。案涉电影最初的备案名称为《小小汽车工程师》，却在放映之前的几个月更名为《汽车人总动员》，蓝火焰公司的法定代表人卓某某更是将《汽车总动员》作为电影名称在微博中进行宣传，所附图片中使用的名称也是《汽车总动员》；电影海报亦将《汽车人总动员》中的"人"字用轮胎遮挡，以在视觉上形成《汽车总动员》的效果，据此，足以认定蓝火焰公司和基点公司存在混淆的主观故意。虽然案涉电影的电影票上明确载明《汽车人总动员》，但观众的观看意愿是在购票前产生的，也就是说，在观众拿到电影票之前，可能产生的混淆及混淆的结果已经发生，电影票上载明了电影名称这一事实不影响对于混淆可能性的认定。而且，从迪士尼公司和皮克斯提交的证据来看，实际上，确有相当数量的公众误以为《汽车人总动员》是迪士尼公司的电影而购买了电影票，可见实际上也产生了混淆。

综上，《赛车总动员》构成知名商品特有名称，在案涉海报的制作及使用上，蓝火焰公司及基点公司存在混淆的故意，也实际产生了混淆的结果，其行为构成擅自使用知名商品特有名称的不正当竞争行为。

相关法条

《中华人民共和国著作权法》（2020年修正）第2条

《中华人民共和国反不正当竞争法》（2019年修正）第6条

《最高人民法院关于适用〈中华人民共和国反不正当竞争法〉若干问题的解释》（2022年施行）第4条

四、合理使用

《80后的独立宣言》著作权侵权纠纷案

经典卡通形象在电影海报中的"转换性使用"构成"合理使用"

在现代社会，不仅存在著作权限制与反限制的多元立法选择，也存在创作者、传播者、使用者在行使权利过程中的利益冲突，这都导致著作权法必须平衡协调各种可能相互冲突的因素，才能真正实现其促进文化事业发展、保障作者及其他主体利益、实现社会公平等多重价值目标。从这个意义上说，平衡是现代著作权法的基本精神，而合理使用制度正是这样一种利益平衡机制，即在著作权人的利益与使用人的合理需求之间保持平衡，允许使用者在法定情况下自由使用著作权作品而不必征得著作权人的同意，也不必向著作权人支付报酬。可以说，合理使用制度作为对著作权权能的法定限制，有力地促进了智力成果的转化与传播，极大地降低了使用者寻求与获得许可的交易成本，避免了过度增加后续作者的创作成本，维护了言论自由与竞争自由，增强了作品的公共产品属性，对科学文化发展起到了重要作用。

我国《著作权法》第24条对合理使用制度是以列举加概括式的方法规定的，法律明确列举了12种合理使用的具体行为类型，再加上"法律、行政法规规定的其他情形"这一兜底条款，已经构建了较为全面的合理使用法律体系。但社会发展在不同时代、不同地区有差异，司法实践也会出现许多立法者所无法预见的新情况，在这样的现实下，目前法律规定的12种行为类型以及兜底条款并不能够涵盖合理使用的所有可能性，这项制度在具体适用过程中遇到的争议也越来越多，需要司法实践层面的回应与创新。

本案是"2016年度上海法院十大知识产权案件"之六，围绕我国《著作权法》合理使用制度中的第2种情况展开讨论，明确了对作品"转换性使用"构成合理使用的认定标准，更为清晰地解释了合理使用的内涵、意义与价值。

案例来源

（2015）沪知民终字第730号

案情简介

电影《80后的独立宣言》由浙江新影年代文化传播有限公司（本部分简称"新影年代公司"）投资制作，于2014年2月21日正式上映。为配合该电影的上映宣传，该公司制作了被诉侵权海报，并提供给华谊兄弟上海影院管理有限公司（本部分简称"华谊兄弟公司"），华谊兄弟公司在其官方微博上使用了该海报。在该海报上，上方2/3的篇幅中突出男女主角人物形象及主演姓名，背景则零散分布着诸多美术形象，包括少先队员参加升旗仪式、黑白电视机、缝纫机、二八式自行车等。案涉的"葫芦娃""黑猫警长"卡通形象分别居于男女主角的左右两侧，其他背景图案大小基本相同。

本案原告上海美术电影制片厂（本部分简称"美影厂"）发现该海报后认为，根据已生效的法院判决，其对"葫芦娃""黑猫警长"两个美术作品享有著作权。新影年代公司未经许可使用两个角色形象，构成对其修改权、复制权、发行权、信息网络传播权的侵犯。华谊兄弟公司在其新浪官方微博上发布了该电影的案涉海报，构成对其信息网络传播权的侵犯，并与新影年代公司构成共同侵权，请求判令两公司连带赔偿美影厂经济损失及维权费用合计人民币53万余元。

一审法院经审理认定新影年代公司在电影海报中对"葫芦娃""黑猫警长"美术作品的使用属于《著作权法》所规定的合理使用，据此判决驳回美影厂的诉讼请求。随后美影厂提出上诉，二审法院判决驳回上诉，维持原判。

关键词

合理使用；转换性使用；美术作品

争议焦点

1. 如何确定在电影海报中引用经典卡通形象是否属于《著作权法》规定的合理使用？
2. 如何确定引用的卡通形象为"适度引用"而非"引用过当"？

裁判观点

1. 判断对他人作品的使用是否属于合理使用，应当分步骤综合考虑多项因素。

本案涉及的情况是《著作权法》第22条（现《著作权法》第24条）合理使用制度中的第2种情况，即"为介绍、评论某一作品或者说明某一问题，在作品中适当引用他人已经发表的作品"。在判断这种情况是否构成合理使用时，可分为两步。首先，应综合考虑几大因素：被引用作品是否已经公开发表、引用他人作品的目的、被引用作品占整个作品的比例、是否会对原作品的正常使用或市场销售造成不良影响等。其次，在考查使用的目的和性质要素时应关注在使用过程中是否对原作品内容进行了转换，如果使原作品产生新的信息、新的美学、新的认识和理解，就属于典型的合理使用行为。

综合考虑几大因素来看，本案中的"葫芦娃"和"黑猫警长"卡通形象早已在20世纪80年代播出的动画片中发表。而在该电影海报中使用两个卡通形象的目的是将其与出现在海报中的其他具有时代特征的形象相组合，以突出说明电影主角的身份和年龄层，体现80后群体生长年代的时代特征。

从被引用作品占整个作品的比例来看，被引用作品占海报面积较小，并未突出显示，只是属于辅助、配角、从属的地位。从引用是否会对原告作品的正常使用造成影响来看，除了海报中的使用，被告的电影宣传文案中未涉及"葫芦娃""黑猫警长"内容，不至于吸引对该两个美术作品有特定需求的受众，与原告美影厂自身作品的正常使用没有冲突，在市场上未形成竞争关系，因此对原告作品的正常使用没有造成影响。

再从转换性使用的角度考虑，电影海报中引用"葫芦娃""黑猫警长"美术作品不再是单纯的再现"葫芦娃""黑猫警长"美术作品的艺术美感和功能，而是反映共同经历20世纪80年代的电影主角的年龄特征。也就是说，两个美术作品均已被注入了新的内容、含义和信息，呈现了完全不同的审美和艺术表达，其原有的艺术价值功能发生了转换，而且转换性程度较高，属于合理使用行为。

2. 在考虑引用是否适度时，应审查引用行为是否影响被引用作品的正常使用、是否不合理地损害权利人合法利益等因素。

在本案中，"葫芦娃""黑猫警长"美术作品相对于电影主角来看，比例很小，符合背景图案的功能。同时两个作品与其他背景图案比例协调，并不存在相对于其他背景图案呈现突出且比例过大的情况。另外，这两个美术作品是 20 世纪 80 年代具有代表性的动画形象，其如今以美术作品单纯的欣赏性使用作为正常使用的情况不多。因此，相关公众对该作品的使用需求通常情况下不太可能通过观赏案涉电影海报就能满足，从而放弃对原有作品的选择使用。所以此案中的电影海报引用"葫芦娃""黑猫警长"美术作品不会产生替代性使用，亦不会影响权利人的正常使用，应当认定为适当引用。

相关法条

《中华人民共和国著作权法》(2020 年修正) 第 24 条
《中华人民共和国著作权法实施条例》(2013 年修订) 第 21 条

第四节　电影放映及后期价值实现阶段

一、电影放映侵权

《疯狂的赛车》与《刺陵》放映权纠纷案

播放比例较大则不构成合理使用，确定赔偿数额应综合考量各项情节

作品放映权是著作权人通过放映机、幻灯机等技术设备公开再现美术、摄影、视听作品等的权利。在作品放映权侵权纠纷中，被告经常会以"合理使用"为理由抗辩。而法院在判定放映行为是否属于"合理使用"时，既需要考虑到公共利益——社会对于作品进行使用的合理需求，也需要兼顾著作权人的私人利益——对作品进行许可、收取报酬的权利。如何在公益与私益的平衡中审慎地界定行为性质，是司法实务中的难点问题。而当法院认定侵权行为成立之后，如何继而确定赔偿数额同样是很多案件的争议焦点。现行《著作权法》第 54 条规定了侵权损害赔偿数额的计算方法适用顺序——首先依据权利人的实际损失或侵权人的违法所得进行确定，其次参照权利使用费给予赔偿，最后由法院综合考虑各项情节酌定赔偿数额。

本案正是一起侵害作品放映权的纠纷案。法院的判决表明，广播组织即便是出于公益目的播放电影片段，但如果播放比例过大则不构成合理使用，属于侵权行为；而在确定侵权赔偿数额时，应综合考量各项情节，包括行为目的、行为次数等事实因素。

值得说明的是，本案还涉及作品独创性的问题。根据现行《著作权法》第 3 条，独创性是该法所保护的作品的要件之一。那么经过介绍、解说与评论、加入方言形式演绎表现的成果是否具有独创性？本案判决并没有给出这一问题的答案。但是根据现行《著作权法》第 13 条，即便演绎后的成果具有独创性，可以被认定为作品，演绎者在行使演绎作品著作权时也不得侵犯原作品的著作权。因此，演绎作品的独创性并不是侵犯原作品著作权的"免罪金牌"。

案例来源

（2013）闽民终字第 66 号

案情简介

2008 年 12 月 13 日、2009 年 11 月 12 日，电影《疯狂的赛车》与《刺陵》的著作权人分别签署"版权证明书"，确认了共同著作人，并确认影片《疯狂的赛车》与《刺陵》的共同著作权人一致同意中国电影集团公司（本部分简称"中影"）作为影片《疯狂的赛车》与《刺陵》出品单位的版权代表人，全权代表各出品单位在中国境内行使或者授权第三人行使两部影片的著作财产权。而后中影出具"电影著作权声明"，将影片《疯狂的赛车》与《刺陵》的著作权转授权给原告中国电影集团公司电影营销策划分公司（本部分简称"中影分公司"）行使，授权类型为独占性许可，授权期限为自"电影片公映许可证"签发之日起至该影片保护期终止之日止。

根据中影分公司的委托，央视市场研究股份有限公司于 2010 年 5 月 20 日及 2010 年 6 月 9 日，分别通过电脑录制的方式对福州电视台都市生活频道播放电影《疯狂的赛车》与《刺陵》过程进行了监播，后出具"电视台节目播放监播报告"，监播结论为：福州电视台都市生活频道于 2010 年 5 月 20 日播放了电影《疯狂的赛车》；2010 年 6 月 9 日播放了电影《刺陵》。被告福州广播电视集团（本部分简称"福州广电"）对其电视台都市生活频道播放电影《疯狂的赛车》与《刺陵》的事实予以确认。诉讼中，通过播放监播报告附件封存的光盘可知，被告电视台都市生活频道播放的《疯狂的赛车》与《刺陵》二部电影中人物对白配音是以福州地方方言形式演绎表现，其中穿插了主持人对电影故事情节的介绍与评论，虽然对播放的影片有所删减，但基本再现了电影故事的主要情节。

原告中影分公司认为被告侵犯了其对两部电影的放映权，故诉请判令被告福州广电赔礼道歉、停止侵权行为、赔偿损失 8 万元、支付因制止侵权支出的合理费用、承担诉讼费用。一审法院认定被告福州广电侵害了原告的作品放映权，应赔偿损失 1 万元。原告和被告均上诉，二审法院驳回上诉，维持原判。

关键词

作品放映权；诉讼主体资格；赔偿数额；诉的合并

争议焦点

1. 中影分公司是否具有诉讼主体资格？
2. 福州广电的行为是否构成侵权？
3. 福州广电的行为若构成侵权，本案赔偿数额如何确定？
4. 本案是否可以进行诉的合并？

裁判观点

1. 中影分公司获得中影（电影《疯狂的赛车》和《刺陵》的版权代表人）的授权，是本案的适格原告。

福州广电的上诉理由之一为中影分公司举证不力，并不能证明其为本案的适格诉讼主体，不享有著作权专有许可权利。对此，二审法院认为，中影是讼争的案涉电影作品《疯狂的赛车》和《刺陵》的原始权利人之一，该两部影片的其他权利人授权中影享有该电影的电视播映权等权利，同时授权中影有权单独以自己的名义对第三方的侵权行为采取法律行动包括提起诉讼。中影分公司通过中影的授权取得相应的权利，作为本案原告具有合法的主体资格。

2. 福州广电播放案涉影片比例较大，不构成合理使用，侵犯了中影分公司的作品放映权。

福州广电的另一项上诉理由为其行为并未构成侵权，属于合理使用：①福州广电播放的节目并非完整采用案涉电影素材，而是仅参照部分相关内容，同时融入大量其他素材进行剪辑改编，形成具有福州方言特色的电影故事。节目在叙述形式上借鉴了电影"评论"的风格，由主持人穿插于片中讲述故事。因此，该播放内容具有独创性，构成新的作品。②福州广电播放素材资料的目的是保护与发展地方语言，纯粹基于公益目的，并非为了营利。③福州广电使用作品是为了介绍、评论某一作品或者说明某一问题而在作品中适当引用他人已经发表的作品，属于《著作权法》规定的"合理使用"之情形。

对此，二审法院认为，福州广电作为广播组织在地方电视台采用福州方言配音的演绎方式介绍播放案涉影视作品，其主观目的是丰富地方百姓的业余生活，发展地方方言，对促进非物质文化遗产的保护和传承具有积极的作用。但福州广电在播放他人享有著作权的影视作品时，不得损害他人的合法权益。虽然福州广电穿插了主持人的点评等，对播放的案涉影片有所删减，但其播放的案涉影片故事情节相对完整，播放案涉影片的比例较大，也基本反映了故事梗概，已经超出了法定合理使用的范畴，侵害了中影分公司享有的作品放映权，依法应承担相应的民事侵权责任。

3. 在认定福州广电侵权的前提下，原审法院酌定的赔偿数额基本适当

中影分公司认为一审法院对本案侵权责任认定畸轻，其上诉请求之一即为将赔偿数额由1万元改判为6万元。其认为：一方面，福州广电主观上存在明显的侵权故意；另一方面，由于影片的知名度、盈利能力巨大，盗播时间接近上映期，盗播比例较大，可以认定福州广电的侵权情节严重，盗播行为给中影分公司造成了重大经济损失。

对此，二审法院认为考虑到福州广播电视集团播放次数少，侵权情节较轻，而且也是为了推广福州方言，存在一定的社会公益性，一审法院综合各项情节确定的赔偿数额基本适当。中影分公司关于提高赔偿数额的上诉请求不予采纳。

4. 本案两部电影的权利人为同一原告，侵权人为同一被告，可以进行诉的合并。

福州广电认为一审法院合并诉讼标的，违反法定程序，《刺陵》与《疯狂的赛车》著作权人不同，且为两部独立的电影，中影分公司在一审中将两部电影合为一案起诉不符合现行法律规定。我国《民事诉讼法》第52条（现《民事诉讼法》第55条）规定，人民法院认为可以合并审理的，应经当事人同意，否则应依法驳回原告的起诉。

对此，法院认为中影分公司取得案涉两部影片的相关著作权财产权，成为该两部影片的唯一继受权利人。原告中影分公司在一个案件中起诉两部影片的侵权问题，因该两部影片的侵权被告均系同一主体，并未影响被告相关诉讼权利的行使，也没有损害被告福州广电的实体利益，故该诉的合并并不违反法定程序。

相关法条

《中华人民共和国著作权法》(2020 年修正) 第 24 条、第 48 条、第 54 条

《中华人民共和国民事诉讼法》(2023 年修正) 第 55 条

《最高人民法院关于审理著作权民事纠纷案件适用法律若干问题的解释》(2020 年修正) 第 25 条

《广播电视管理条例》(2024 年修订) 第 33 条

《杀破狼 2》等影视作品信息网络传播权纠纷案

私人影院擅播热门电影构成对信息网络传播权的侵犯

近年来，随着中国电影市场的快速发展，越来越多的观众选择走进影院观赏热门影片。与此同时，私人影院作为一种新兴的娱乐方式也在市场中迅速崛起。私人影院是由商家提供专业音响、高清屏幕、舒适沙发等设施，使消费者能够在私密的环境中欣赏商家提供的电影，同时接受酒水、茶点等附加服务的娱乐场所。这种新型娱乐方式既能满足年轻消费者对个性化体验的需求，又确保了观影的私密性，因而在年轻观众群体中备受欢迎。然而，私人影院播放电影的版权问题始终是该行业需要面临的重大经营风险。

本案是国内首例私人影院侵权案，被告未经授权，通过自建局域网利用计算机终端向消费者提供热门电影的播放服务，其行为侵害了原告对案涉作品的信息网络传播权。作为一种新兴的商业服务模式，私人影院在提供个性化服务的同时，也必须遵守相关的法律规定。本案的判决对于规范私人影院的经营行为，明确版权保护的法律底线，推动行业健康有序发展具有重要的指导意义。

案例来源

(2016) 沪 0110 民初 4902 号

案情简介

本案原告北京爱奇艺科技有限公司（本部分简称"爱奇艺公司"）诉称，原告是中国大型网络视频平台"爱奇艺"(iqiyi.com)的合法经营者，为采购各版权许可支出了高额成本。原告经授权享有《杀破狼 2》《十万个冷笑话》等影视作品在中国大陆地区的独家信息网络传播权。被告上海万幕商务咨询有限公司（本部分简称"万幕公司"）在其经营的"万幕私人影院"中，设有多个豪华包房，在未获得案涉作品信息网络传播权许可的情况下，擅自通过自建的局域网利用计算机终端向消费者提供有偿的视频点播服务。

原告爱奇艺公司认为被告万幕公司将案涉作品置于其局域网中，使公众能够在个人选定的时间和地点播放案涉影片，侵害了爱奇艺公司享有的案涉作品的信息网络传播权。

原告爱奇艺公司的诉讼请求如下：①被告立即停止侵权，即立即停止在"万幕私人影院"中提供电影《杀破狼2》《十万个冷笑话》的点播服务；②被告赔偿原告经济损失及维权支出合理费用500 000元。审理中，爱奇艺公司确认万幕公司已经停止了案涉影片的点播服务，故撤回第1项诉讼请求。

法院经审理认为，万幕公司行为侵害了爱奇艺公司享有的信息网络传播权，其应承担相应民事责任。法院判令被告万幕公司赔偿原告爱奇艺公司30 000元（含合理费用人民币12 000元）。

关键词

私人影院；信息网络传播权；侵权责任

争议焦点

1. 本案被告的行为是否侵害原告对电影作品享有的信息网络传播权？
2. 如果被告侵权，如何确定被告应该赔偿的金额？

裁判观点

1. 本案被告的行为侵害了原告对电影作品享有的信息网络传播权。

根据《著作权法》的相关规定，信息网络传播权是指以有线或者无线方式向公众提供作品，使公众可以在其个人选定的时间和地点获得作品的权利。未经著作权人许可，以上述方式使用作品的，构成侵害作品信息网络传播权。此外，电影作品的著作权由制片者享有，如无相反证明，在作品上署名的公民、法人或者其他组织为作者。案涉影片《杀破狼2》《十万个冷笑话》均摄制在一定介质上，由一系列有伴音或者无伴音的画面组成，并且借助适当装置放映或者以其他方式进行传播，属于受著作权法保护的电影作品。原告爱奇艺公司就影片《杀破狼2》《十万个冷笑话》提供了电影片公映许可证、出品人的授权文件等证据证明其获得了著作权人的授权，享有独占的信息网络传播权，且被告万幕公司对于原告爱奇艺公司的权属证据并无异议，故爱奇艺公司有权以自己的名义对授权范围内、授权期限内的侵权行为提起诉讼。

本案中，被告的"万幕私人影院"包厢内计算机终端安装有统一的播放界面，虽然每个包厢的计算机终端没有存储案涉影片，但顾客在播放界面自行选择影片后，通过被告万幕公司自行架设的局域网网络便可链接至服务器终端。万幕公司未经许可将案涉影片存储在服务器终端中，使用户能在自行选定的时间内，通过网络对上述案涉影片进行播放，该行为侵害了爱奇艺公司享有的信息网络传播权。

关于被告万幕公司辩称案涉影片系消费者通过互联网从原告网站上观看的正版视频而被自动缓存下来的抗辩意见。法院认为，根据公证记录过程，案涉影片确实存储在被告万幕公司的服务器终端上，且通过万幕公司自己的"热力首页"点播界面进行操作，在万幕公司的影片库中可以搜索到案涉影片并进行播放，而如果是消费者播放后的缓存，则不可能存在上述将案涉影片编辑入影片库的行为，因此对被告万幕公司的抗辩意见，法院不予采信。

综上，被告万幕公司的行为侵害了原告爱奇艺公司对电影作品享有的信息网络传播权。

2. 在原告因侵权所遭受的经济损失、被告因侵权所获的经济利益均难以确定的情况下，应综合考虑多项因素酌情确定赔偿金额。

在本案中，由于原告因侵权所遭受的经济损失、被告因侵权所获的经济利益均难以确定，故法院综合考虑案涉作品的类型、知名度、首播时间、被告万幕公司经营规模、经营场所客流量、影响力、被告万幕公司侵权行为的主观过错程度及侵权行为的存续时间等因素，酌情确定万幕公司的赔偿金额。对原告爱奇艺公司主张的合理费用中的律师费和公证费，法院综合考虑本案原告委托代理人的工作量、案件难易程度、相关律师收费标准和公证收费标准，予以酌情支持；对于原告主张的取证费，系为取证而在被告营业场所消费的储值金额，但由于并未全部使用完毕，故法院予以酌情支持。最终，法院在综合以上情况下，判令被告万幕公司赔偿原告爱奇艺公司 30 000 元（含合理费用人民币 12 000 元）。

相关法条

《中华人民共和国著作权法》（2020 年修正）第 10 条、第 53 条、第 54 条

《最高人民法院关于审理侵害信息网络传播权民事纠纷案件适用法律若干问题的规定》（2020 年修正）第 3 条

二、电影衍生品侵权

《捉妖记》电影衍生品侵权纠纷案

复制销售他人享有著作权的电影衍生品应承担侵权责任

电影衍生品是指基于电影及其内在元素（如角色形象、音乐、道具、场景及标志等）开发的各类商品和服务，通常包括玩具、服装、电子产品、家居用品、电子游戏、图书和主题公园等。电影衍生品的开发是电影主体叙事的一种延伸，借助电影特色元素进行设计，商品可以具备更高的辨识度与附加值，如果运用得当，能让电影品牌拥有更为持久和蓬勃的生命力。从经济角度来看，电影衍生品是电影产业的重要收入来源之一。通过授权和许可协议，电影制片方可以将其知识产权转化为商品，使电影的影响力从银幕扩展到现实生活中。对于制片公司而言，电影衍生品不仅创造了直接经济收入，还能间接提升电影品牌的知名度和市场影响力。例如，《星球大战》和"漫威"系列等电影通过成熟的衍生品战略，构建了全球性的文化品牌帝国。而在我国，电影产业的大部分收入来源为票房和植入广告，电影衍生品产值较低。究其根本，除了国内电影产业对电影衍生品的开发意识和宣传力度不足外，电影衍生品的版权保护程度不够、盗版猖獗的现象也是其盈利空间狭小的重要原因。

据统计，在目前我国的电影衍生品市场中，盗版产品占 80% 左右。这些盗版生产商在电影放映期间快速仿制生产电影衍生品，依赖网络销售渠道或线下批发市场大量销售，使得电影制作公司的衍生品销售计划被打乱，盈利空间大大减小。这不仅侵害了制作公司的经济利益，更是对电影衍生品著作权人的权利侵犯。本案是电影制作公司对侵犯电影衍生品著作权行为的一次有力反击，它让我们看到了电影制作公司权利意识的觉醒，也让公众对电影衍生品的权利归属有了更详尽的了解。

案例来源

（2016）京 73 民终 560 号

案情简介

"捉妖记-胡巴（WUBA）系列"美术作品是电影《捉妖记》中最突出的形象，该电影于 2015 年 7 月 16 日在我国上映，院线公映期间累计票房超过 24 亿元人民币，有极高知名度和市场价值。原告安乐（北京）电影发行有限公司（本部分简称"安乐公司"）是"捉妖记-胡巴（WUBA）系列"美术作品的著作权人，依法享有该美术作品的著作权，任何第三人未经原告许可，均不得使用相关美术作品。经查证，在《捉妖记》公映期间，被告之一北京美特雅电子商务有限公司（本部分简称"美特雅公司"）未经原告许可且未支付报酬，通过另一被告北京京东叁佰陆拾度电子商务有限公司（本部分简称"京东公司"）的电子商务平台"京东商城"开设名为"兜儿贝贝玩具专营店"网店，大量销售"捉妖记-胡巴（WUBA）系列"美术作品形象的侵权产品。原告安乐公司认为，被告美特雅公司以营利为目的获取巨大非法收益，给安乐公司造成重大经济损失，严重侵害了安乐公司的著作权；被告京东公司作为网络交易平台，怠于履行审查义务，给美特雅公司的侵权行为提供便利，并从中牟利，应当与被告美特雅公司共同承担侵权赔偿责任。

一审法院经审理认为，被告美特雅公司的行为侵犯了原告对案涉美术作品的发行权，应承担停止侵权、赔偿经济损失 8000 元的法律责任。被告京东公司仅为网络交易平台的提供者，原告安乐公司提交证据不足以证明京东公司明知或应知案涉产品侵权，故京东公司不承担赔偿责任，但应承担相应诉讼费用。原告安乐公司认为一审法院判决被告赔偿数额较少，提出上诉。二审法院经审理驳回上诉，维持原判。

关键词

电影衍生品；美术作品；著作权；网络服务提供者

争议焦点

1. 美特雅公司复制销售他人享有著作权的电影衍生品是否构成侵权？
2. 京东公司作为网络服务提供者是否应该承担共同侵权责任？
3. 电影衍生品侵权赔偿数额的确定应考虑哪些因素？

裁判观点

1. 美特雅公司未能举证证明其在京东商城上所销售的案涉侵权商品具有合法来源，

应当承担侵权责任。

我国《著作权法》规定未经著作权人许可，复制发行其作品的，应当承担侵权责任。如果复制品的出版或制作者既不能证明其享有著作权人的合法授权，又无法证明复制品的合法来源的，即构成侵权行为。

在本案中，一审法院认为原告安乐公司的"捉妖记-胡巴（WUBA）系列"美术作品创作在先，其为该作品的合法著作权人。被告美特雅公司在京东商城上销售的毛绒玩具，从整体造型以及身体姿势、五官、肢体结构等方面均与安乐公司享有著作权利的"捉妖记-胡巴（WUBA）系列"卡通形象高度相似，故该公司销售产品为安乐公司"捉妖记-胡巴（WUBA）系列"美术作品的复制品。根据《著作权法》规定，复制品的制作者、发行者不能证明其制作、发行有合法来源的，应承担法律责任。被告美特雅公司未能举证证明其在京东商城上所销售的案涉侵权商品具有合法来源，其行为侵犯了原告对案涉美术作品享有的发行权，应承担停止侵权、赔偿经济损失的法律责任。

2. 现有证据不足以证明京东公司明知或应知案涉产品构成侵权，故京东公司不应承担共同侵权责任。

原《侵权责任法》（现《民法典·侵权责任编》）中对网络服务提供者的侵权责任做出了明确规定。一方面，若网络服务提供者知道网络用户利用其网络服务侵害他人民事权益，未采取必要措施的，应与该网络用户承担连带责任。另一方面，若网络服务提供者不知网络用户实施侵权行为的，被侵权人有权通知网络服务提供者采取必要措施。若网络服务提供者接到通知后采取了必要措施，则不必承担侵权责任。若其未及时采取必要措施的，对损害的扩大部分与该网络用户承担连带责任。

在本案中，京东公司作为网络服务提供者，并未参与买卖双方的商品交易事宜。原告提供的证据不足以证明京东公司明知或应知案涉产品构成侵权，故京东公司不应承担赔偿责任。但京东公司应对网络交易可能出现的侵权采取有效事前预防、事中监督、事后补救的制度性措施，京东公司并未提交相应的证据，故京东公司虽不承担赔偿责任，但应承担相应的诉讼费用。

3. 电影衍生品侵权赔偿数额的确定应综合考虑多项因素。

在适用法定赔偿确定赔偿数额时，应综合考虑如下因素：①权利人可能的损失和侵权人可能的获利；②作品的类型、合理许可使用费、作品的知名度和市场价值、权利人的知名度、作品的独创性程度等；③侵权人的主观过错、侵权方式、时间、范围、后果等。

我国《著作权法》中对于著作权侵权赔偿金额没有具体的计算方法，只是规定侵权人应当按照权利人的实际损失给予赔偿。若实际损失难以计算，可以按照侵权人的违法所得给予赔偿。权利人的实际损失或者侵权人的违法所得不能确定的，由人民法院根据侵权行为的情节，判决给予50万元以下的赔偿（现《著作权法》调整为500元以上500万元以下）。以上规定为原则性规定，实际操作还要因案情而相应变化。

本案中，一审法院认为应根据案涉作品的独创性程度、知名度，被告美特雅公司案涉侵权行为的性质、情节、主观过错程度、产品销量等因素酌情确定经济损失的赔偿数额。虽然原告安乐公司主张应考虑案涉作品《捉妖记》的巨大市场影响力和商业价值，但二审法院认为该电影的知名度并不等同于案涉作品具有相应的市场影响力和商业价值。同时，结合被告美特雅公司实际销售案涉产品的单价、持续时间等因素，其认为一审法院确定的赔偿数额适当，予以维持。

 相关法条

《中华人民共和国著作权法》(2020 年修正) 第 54 条、第 59 条
《中华人民共和国民法典》(2021 年施行) 第 1194 条、第 1195 条、第 1197 条

三、电影人物形象侵权

《煎饼侠》"形象权" 纠纷案

未经许可擅自使用电影人物形象及名称的行为构成不正当竞争

角色商品化（Character Merchandising）是指虚拟角色的创作者或原型人物，或经授权的第三方，对于该形象的主要人物特征（如姓名、形象或外观等）进行改编或二次利用，通过将该形象与各种商品或服务相联系，使得消费者因为对该形象的熟悉和认同而购买该商品或服务，[1] 由此产生的权利及利益被称为相应的商品化权（Merchandising Right）。对商品化权益进行法律保护的理念最早源于 1953 年美国的 "海兰诉托普斯案"，时任该案件主审法官弗兰克提出 "形象权"（the right of publicity）的概念并被人们所接受。[2] 日本、加拿大、澳大利亚等国法院在司法实践中将该权利通过判例形式加以确认。可以说，尽管各国司法实践和学术讨论中关于商品化权的术语、保护方式、保护范围等方面仍存在争议，但是就商品化权应当作为一种合法利益受到法律保护这一基本立场而言，大多数国家并无分歧。

目前，我国的法律体系并没有正式承认商品化权为一种独立的权利概念和权益类型，司法实践对商品化权益的保护模式是分散式的，法院通常首先考虑当事人所主张的商品化权益转化为姓名权、肖像权、著作权等法律明确规定的权利予以保护；如果个案中的商品化权益无法被认定为前述法定权利，法院则可以依据《商标法》《反不正当竞争法》等法律为当事人提供救济。本案的审理法院正是遵循这一裁判思路，根据《反不正当竞争法》中的相关规定对原告的在电影角色上的商品化权益予以保护，基于制止假冒和不当抢夺他人商业机会的价值理念与法政策导向，将商品化权问题放在违反诚实信用原则的不正当竞争行为中进行规制。

案例来源

(2015) 大民（知）初字第 17452 号

案情简介

2014 年 8 月 15 日，原告天津金狐文化传播有限公司（本部分简称 "金狐文化"）作

---

〔1〕 WIPO, *Intellectual Property Handbook：Policy, Law and Use*, 2001, p. 106.

〔2〕 Healan Lavoratories Inc. v. Topps Chewing Gum Inc., 202 F. 2d 866（1953）.

为甲方，与乙方上海影艺通影视文化传媒有限公司签订"影片《煎饼侠》制作合同"，约定双方共同拍摄影片《煎饼侠》，合同共同确认乙方为本片承制方，合同中有"甲方享有本片（含本片剧本、片段、图像、人物形象、剧照、对白、配乐、造型、拍摄场景、拍摄内容、视频等资料）版权以及其它与本片相关的知识产权及相关全部材料的财产权"的内容。

《煎饼侠》系由原告金狐文化投资制作的国内喜剧影片，由知名喜剧演员董某某导演兼主演，影片汇集了众多当前知名艺人加盟主演或客串，2015年7月17日上映，即成为首映日热度最高的国产2D电影，并收获了极好的票房。"煎饼侠"服饰及形象均系原告自创，该人物形象随着影片的发行推广及热映而为公众广为知晓。

2015年8月4日，影片《煎饼侠》正处于热映期间，原告金狐文化发现被告北京酒快到网络科技有限公司（本部分简称"酒快到公司"）和被告酒仙网电子商务股份有限公司在北京市东直门簋街使用"煎饼侠"人物形象进行户外宣传活动，被告多名工作人员现场身穿"煎饼侠"服饰与过往群众互动；同时被告酒快到公司在其售酒APP中使用"煎饼侠"的人物形象，配以"买酒酒快到送酒煎饼侠"的广告语；并且被告酒快到公司在自己的官方新浪微博未经许可擅自商业性使用原告享有版权的作品大肆宣传，搭乘原告金狐文化知名作品的便车。

原告金狐文化认为《煎饼侠》影片及剧中人物形象著作权归其所有，被告酒快到公司未经原告授权许可，在电影《煎饼侠》热映期间擅自使用原告作品"煎饼侠"人物形象进行商业宣传，使相关公众误认为被告与原告的《煎饼侠》有关联关系，从而搭借《煎饼侠》的知名度获取经济利益，被告酒快到公司已侵犯了原告著作权，同时构成不正当竞争，应承担相应的法律责任，故提起诉讼。最终法院认定被告酒快到公司在促销活动及宣传材料中使用电影"煎饼侠"人物形象及名称的行为，构成对原告金狐文化的不正当竞争，判决其赔偿给原告经济损失50 000元、合理支出32 500元。

关键词

人物形象；人物名称；著作权；不正当竞争

争议焦点

1. 被告擅自使用"煎饼侠"人物形象的行为是否侵犯了原告的人物形象著作权？
2. 被告的上述行为是否构成不正当竞争？

裁判观点

1. 电影《煎饼侠》中的"煎饼侠"人物形象因不属于《著作权法》所规定的作品而不能得到《著作权法》的保护，因此被诉行为不构成著作权侵权。

本案中，原告金狐文化主张自己享有《煎饼侠》影片及剧中人物形象著作权，但目前《著作权法》尚无人物形象权的规定。电影作品中的人物形象是围绕角色所体现的身份、经历、性格、姿态、服饰等因素结合而成，通过影片的故事情节予以确定、展现，静止的画面或造型绘画图不能反映人物形象的全部内容，故人物形象无法纳入《著作权法》规定的作品形态。

对于通过影片所表现的"煎饼侠"人物形象的外观形象而言，这种形象主要体现在演员与服饰的结合上，属于影片美术指导的创作范畴，但这种人物形象是否属于《著作权法》所规定的美术作品，应根据《著作权法实施条例》对美术作品的含义所做解释来判断。

根据《著作权法实施条例》的解释，美术作品是指绘画、书法、雕塑等以线条、色彩或者其他方式构成的有审美意义的平面或者立体的造型艺术作品，该解释虽然不排除存在以线条、色彩之外的其他方式构成的作品，但其关于作品是平面或立体的要求，说明其所称作品的形成必须体现在一定的物质媒介上，而演员与服饰的结合所形成的人物形象不符合这一要求，不属于法律意义上的美术作品。因此，电影《煎饼侠》中的"煎饼侠"人物形象，不属于《著作权法》所规定的作品，不能得到《著作权法》的保护。

2. 被告酒快到公司擅自使用"煎饼侠"人物形象的行为违反了《反不正当竞争法》规定的公平及诚实信用原则，构成不正当竞争。

由于电影《煎饼侠》已经公映，且一定数量的网络媒体对该电影及角色进行了报道，即使这些报道内容中一些数据的准确性无法佐证，但报道本身仍对公众知晓影片及角色起到了促进作用，故应认定在被诉侵权行为发生之前，"煎饼侠"人物形象的名称及外观形象，已有相当程度的知名度和影响力。

在市场环境下，享有知名度和影响力的人物形象具有商业使用价值，可以在商品经营或服务中为使用者带来经济利益。现实中，将电影作品中的知名人物形象进行商业化运作以获得经济利益，也是常见的，以及被市场所肯定的做法。电影人物形象的商业使用价值来源于电影制片者对影片的投入及付出，所带来经济利益应由电影制片者享有。

被告酒快到公司在促销活动及宣传材料中使用电影《煎饼侠》中的人物形象及名称，应为营利性使用，其行为虽然并非直接仿冒原告的产品或服务，但其在宣传推销自己服务的过程中使用"煎饼侠"的人物形象及名称，系利用"煎饼侠"角色对消费者的吸引力及消费者对该角色的喜好，激发消费者了解、使用其服务的热情或愿望，给自己带来经营上的优势。

被告酒快到公司的行为无偿占有了电影《煎饼侠》制片者为该影片所做的付出及投入，对影片制片者以商业化方式使用影片的人物形象及名称造成不利影响，违反了《反不正当竞争法》规定的公平及诚实信用原则。被告酒快到公司的行为对原告金狐文化的经济利益形成损害，构成对原告金狐文化的不正当竞争。

相关法条

《中华人民共和国著作权法》(2020 年修正) 第 2 条、第 3 条

《中华人民共和国反不正当竞争法》(2019 年修正) 第 2 条、第 17 条

《中华人民共和国著作权法实施条例》(2013 年修订) 第 4 条

《功夫熊猫》商标纠纷案

电影名及人物形象构成"商品化权"，属于《商标法》规定的应保护的在先权利

前已述及，"商品化权"是指虚拟角色的创作者或知名人物将该形象的主要人物特征（如姓名、形象或外观等）与一定的商品或服务相结合，利用该形象的公众知名度进行商品或服务的销售的排他性权利。商品化权是随着对名人声誉、文学和影视作品商业利用方式的多元化而衍生出的一种民事权益，是商业模式创新的产物。目前，我国的法律体系还没有正式承认商品化权为一种独立的权利概念和权益类型，但司法实践并不排斥对当事人所主张的商品化权益予以保护。具体而言，当个案中的商品化权益无法被认定为姓名权、肖像权、著作权等法定权利时，法院一般依据《反不正当竞争法》和《商标法》等法律为当事人提供救济。[1] 上一案展现了《反不正当竞争法》的保护模式，而本案则是以《商标法》中"在先权利"条款对商品化权予以保护的标志性案例。

此外，本案的另一贡献在于，以个案的形式明确了判断争议商标是否侵害商品化权时所需考虑的各项因素，并尝试对商品化权的内涵和范围进行探索性界定。

案例来源

（2015）高行（知）终字第 1968 号、1969 号、1973 号

案情简介

动画电影"功夫熊猫 KUNGFUPANDA"拍摄于 2005 年 9 月，出品公司为梦工厂动画影片公司（本部分简称"梦工厂公司"），2008 年 6 月 20 日在中国大陆上映。2008 年 12 月 22 日，胡某某申请注册"KUNGFUPANDA""功夫熊猫 KUNGFUPANDA"两枚商标，梦工厂公司提出异议，认为上述商标的注册损害了梦工厂公司就"功夫熊猫"电影名称以及形象名称享有的"商品化权"，但原中华人民共和国国家工商行政管理总局商标评审委员会（本部分简称"商标评审委员会"）未予支持。

案件经北京市高级人民法院审理后，裁判撤销了商标评审委员会的裁定并判令其重新作出裁定。商标评审委员会据此重新审查，认定诉争商标损害了梦工厂公司的商品化权，两枚诉争商标不予核准注册。

关键词

电影名称；形象名称；商品化权

---

〔1〕 例如，《北京市高级人民法院商标授权确权行政案件审理指南》第 16.19 条就规定："当事人主张的'商品化权益'内容可作为姓名权、肖像权、著作权、一定影响商品（服务）名称等法律明确规定的权利或者利益予以保护的，不宜对当事人所主张的'商品化权益'进行认定。若依据除商标法第三十二条'在先权利'之外的其他具体条款不足以对当事人提供救济，且无法依据前款所规定的情形予以保护的，在符合特定条件时，可以依据当事人的主张适用商标法第三十二条'在先权利'予以保护，但一般应依据反不正当竞争法第六条的规定进行认定。"

争议焦点

1. 如何判断本案梦工厂公司的影片名称及其中人物形象名称是否构成"商品化权"，是否属于《商标法》规定的应予保护的在先权利？

2. 本案被异议商标是否侵害上述商品化权？

裁判观点

1. 本案梦工厂公司的影片名称及其中的人物形象名称应当作为"商品化权"得到保护，属于《商标法》规定的应予保护的在先权利。

当电影名称或电影人物形象及其名称因具有一定知名度而不再单纯局限于电影作品本身，与特定商品或服务的商业主体或商业行为相结合，电影相关公众将其对于电影作品的认知与情感投射于电影名称或电影人物名称之上，并对与其结合的商品或服务产生移情作用，使权利人据此获得电影发行以外的商业价值与交易机会时，则该电影名称或电影人物形象及其名称可构成适用 2001 年《商标法》第 31 条（现《商标法》第 32 条）"在先权利"予以保护的在先"商品化权"。

"功夫熊猫 KUNGFUPANDA"作为梦工厂公司知名影片及其中人物形象的名称已为相关公众所了解，具有较高知名度。而且，该知名度的取得是梦工厂公司创造性劳动的结晶，其所带来的商业价值和商业机会也是梦工厂公司投入大量劳动和资本所获得。"功夫熊猫 KUNGFUPANDA"作为在先知名的电影名称及其中的人物形象名称应当作为在先"商品化权"得到保护。

2. 应综合考虑知名度、影响力和混淆误认的可能性等因素判断被异议商标是否侵害上述商品化权。

虽然知名电影名称及知名电影人物形象名称的商品化权应受到保护，但其内涵和边界需要在个案中予以明确。

在判断诉争商标的注册是否侵害了"功夫熊猫 KUNGFUPANDA"作为梦工厂公司知名电影名称及知名电影人物形象名称的商品化权时，应当综合考虑以下因素：

第一，知名度高低和影响力强弱。知名电影名称及知名电影人物形象名称的商品化权范围，与其知名度及影响力相关。该商品化权的保护范围与知名度、影响力成正比，知名度越高、影响力越强，保护范围越宽，且随着知名度增高、影响力增强，该商品化权的保护范围亦随之扩大，反之亦然。

第二，混淆误认的可能性。商标的主要功能在于标识商品或服务的来源，尽可能消除商业标志混淆误认的可能性。在目前的商业环境下，电影作品衍生品已涵盖了多类商品，但商品化权的保护范围并不当然及于全部商品和服务类别，仍应根据诉争商标指定使用的商品或服务与电影衍生商品或服务是否密切相关，是否彼此交叉或者存在交叉可能，容易使诉争商标的权利人利用电影的知名度及影响力获取商业信誉及交易机会，从而挤占了知名电影权利人基于该电影名称及其人物形象名称而享有的市场优势地位和交易机会等因素综合判断。

鉴于商标评审委员会未就被异议商标是否对梦工厂公司在先商品化权益构成损害进行评述，法院建议商标评审委员会在重新评审时，应综合考虑上述因素对此予以评判。

相关法条

《中华人民共和国商标法》（2019 年修正）第 32 条

《最高人民法院关于审理商标授权确权行政案件若干问题的规定》（2020 年修正）第 19 条、第 22 条

《大闹天宫》著作权侵权纠纷案

著作财产权已超过著作权法保护期的电影作品及角色形象不属于商品，进而也不构成反不正当竞争法规定的知名商品

作为一种文化产品，电影是文学创作、艺术加工、信息技术以及资本运营的综合产物，而一部受欢迎的电影作品所涉及的资本价值、市场竞争、权利归属等问题必然十分复杂。根据我国《著作权法》规定，电影作品中的美术作品、音乐作品、剧本等均可作为独立作品受到法律的保护。在判断是否对这些作品构成侵权时，不单单要考虑不同类型作品侵权的构成要件，还要注意电影作品是否超过了著作财产权的保护期限。著作权保护期限过长会阻碍公众对文化资源的获取和使用，不利于实现智力成果的社会整体经济效益。因此，需要在著作权人利益和公众利益之间寻找平衡，设置合理的著作权保护期限，一方面要保护作者权益，另一方面要鼓励作品传播，体现了作者利益与公众利益协调一致的立法原则。我国《著作权法》对视听作品著作权中财产权利的保护期限是首次发表后的 50 年，保护期限届满后，财产权利进入公共领域，不再受《著作权法》保护。

本案正是一起探讨著作权中财产权保护期限的案例。通过本案，可以详细地了解到法院在判断财产权利的保护期限时考虑的相关证据。另外，法院将《著作权法》相关法条与《反不正当竞争法》中的"商品"概念相结合，从而得出"著作财产权已超过著作权法保护期的电影作品及角色形象不构成知名商品"的结论，这一论证过程所体现的外部体系解释方法论，同样值得借鉴与参考。

案例来源

（2017）鄂民终 71 号

案情简介

原告上海美术电影制片厂有限公司（本部分简称"美影厂"）组织人员分别于 1961 年、1964 年创作完成动画片《大闹天宫》上、下集，该动画片的美术设计署名为张某 1、张某 2，动画设计署名包括严某某等人。该动画片分别于 1962 年、1963 年和 1978 年获得国内外几大电影节的"最佳美术奖""本年度杰出电影"等荣誉。该动画片中出现了大量的"孙悟空"美术形象。2016 年 2 月，原告发现被告武汉新金珠宝首饰有限公司（本部分简称"新金公司"）经营和管理的天猫新金旗舰店销售印有"孙悟空"美术作品形象的金钞。原告美影厂认为被告新金公司未经其许可且未支付任何报酬即将上述美术作品形

象用于商业宣传进而谋取不正当的利益。故原告诉求：①判令被告立即停止侵权行为、停止销售印有"孙悟空"美术作品形象的纪念钞，将印有上述美术形象的纪念金钞予以销毁；②被告在《法制日报》（现《法治日报》）发表声明，澄清事实，消除影响；③被告赔偿原告经济损失及为制止侵权行为所支付的合理费用共计 300 000 元；④本案诉讼费由被告承担。

一审法院经审理认为，被告新金公司宣传、销售的商品"2016 猴年贺岁金钞"及网络广告中使用与动画片《大闹天宫》中"孙悟空"美术形象相同或近似的美术图案，均不构成对动画片《大闹天宫》中"孙悟空"美术形象的复制权、发行权、信息网络传播权等权利的侵害。而原告与被告之间不具备市场竞争关系，被告新金公司的行为也未损害原告美影厂的合法权益。综上，原告主张被告的行为侵害其著作权并构成不正当竞争缺乏事实和法律根据，故一审法院驳回原告美影厂的诉讼请求。美影厂随后上诉，二审法院驳回上诉，维持原判。

关键词

美术作品；著作权保护期；不正当竞争

争议焦点

1. 案涉美术作品的著作财产权是否在《著作权法》规定的保护期内？
2. 著作财产权已超过著作权法保护期的电影作品及其相关角色形象是否构成《反不正当竞争法》中的知名商品？

裁判观点

1. 案涉美术作品的著作财产权已经超过了《著作权法》规定的保护期。

在本案中，原告美影厂上诉主张"孙悟空"美术作品最早发表于 1978 年，且该作品属合作作品，作者为美影厂、张某 1 和张某 2，根据作品的发表时间和张某 2 的死亡时间，"孙悟空"美术作品的著作财产权仍在《著作权法》规定的保护期内。

首先，关于张某 2 是否是"孙悟空"美术作品合作作者的问题。电影作品《大闹天宫》光盘外包装上载明"美术设计：张某 1 张某 2"只能证明张某 2 参与了电影作品《大闹天宫》的美术设计，并不当然证明其参与创作了"孙悟空"这一美术作品。同时，中国美术馆网站上美术人物专栏及百度百科网站上张某 2 的人物介绍只是对张某 2 与电影作品《大闹天宫》关系的描述，未直接指向"孙悟空"美术作品，也不能证明张某 2 是"孙悟空"美术作品的作者之一。故按张某 2 的死亡时间来计算"孙悟空"美术作品的著作权权利保护期的上诉理由不能成立。

此外，关于美影厂是否是"孙悟空"美术作品的合作作者，依据"孙悟空"美术作品的首次发表时间，来确定其著作权权利是否已过保护期的问题。《著作权法》第 21 条第 2 款（现《著作权法》第 23 条第 2 款）规定："法人或者其他组织的作品、著作权（署名权除外）由法人或者其他组织享有的职务作品，其发表权、本法第十条第一款第（五）项至第（十七）项规定的权利的保护期为五十年，截止于作品首次发表后第五十年的 12 月 31 日，但作品自创作完成后五十年内未发表的，本法不再保护。"二审中原告依据被告

一审提交的证据《北方新报》中《1961 年版〈大闹天宫〉为什么被禁?》一文中载明的
"直到 1978 年左右,《大闹天宫》下集才第一次面对观众公开放映……"内容,认为可以
认定电影作品《大闹天宫》的首次发表时间是 1978 年,但法院经审查发现,该文同时载
明:"1961 年,《大闹天宫》上集问世,获奖无数,好评如潮。"该陈述恰好印证了电影作
品《大闹天宫》上集于 1961 年公开发表的事实。

因此,一审法院将电影作品《大闹天宫》在国际上获奖的年份即 1962 年作为其首次
发表时间并无不当。"孙悟空"美术作品作为电影作品《大闹天宫》里的一部分,也随之
公之于众,根据《著作权法》第 21 条第 2 款(现《著作权法》第 23 条第 2 款)之规定,
"孙悟空"美术作品的复制权、发行权等著作财产权保护期最迟于 2012 年 12 月 31 日止。
本案被诉侵权行为发生在 2016 年 2 月,因此,"孙悟空"美术作品的著作财产权已经超过
了《著作权法》规定的保护期。

2. 著作财产权已超过《著作权法》保护期的电影作品及其相关角色形象不构成《反
不正当竞争法》中的知名商品。

《反不正当竞争法》第 5 条(现《反不正当竞争法》第 6 条)第 2 项规定,"擅自使
用知名商品特有的名称、包装、装潢,或者使用与知名商品近似的名称、包装、装潢,造成
和他人的知名商品相混淆,使购买者误认为是该知名商品"的,构成不正当竞争。

首先,《现代汉语词典》中"商品"一词的含义有两种,一是为交换而生产的劳动产
品,具有使用价值和价值的两重性;二是泛指市场上买卖的物品。就本案来说,电影作品
《大闹天宫》首次发表时间为 1962 年,其著作财产权已经超过了《著作权法》规定的保
护期,该电影作品本身具有的价值已经消亡,公众可以通过合法途径无偿使用该电影作
品,也就是说,电影作品《大闹天宫》仅具有使用价值,失去了商品应有的价值,不构成
市场上买卖的物品,故电影作品《大闹天宫》不属于商品,也就更不属于知名商品。而
"美猴王"形象作为电影作品《大闹天宫》的一部分,亦不属于商品,即便该形象具有较
高的商业价值,也不影响其本身不属于《反不正当竞争法》规定的知名商品的认定。故电
影作品《大闹天宫》和"美猴王"形象均不构成《反不正当竞争法》的知名商品。

其次,本案被诉侵权产品是"2016 猴年贺岁金钞",和美影厂主张的知名商品即电影
作品《大闹天宫》及"美猴王"形象既不相同也非类似,故尽管被诉侵权产品上有"美
猴王"形象,相关公众也不会混淆误认为"2016 猴年贺岁金钞"就是电影作品《大闹天
宫》或"美猴王"形象。

综上,美影厂主张新金公司的行为违反了《反不正当竞争法》第 5 条(现《反不正
当竞争法》第 6 条)第 2 项之规定的上诉理由不成立。

> **相关法条**

《中华人民共和国著作权法》(2020 年修正) 第 17 条、第 23 条
《中华人民共和国反不正当竞争法》(2019 年修正) 第 6 条

四、音像制品销售

《建国大业》音像制品发行侵权纠纷案

音像制品销售者应履行合法来源审查义务

当前音像制品市场充斥着侵犯著作权的音像制品，销售者通常忽略审查其销售的音像制品来源与渠道是否合法，而一旦被诉侵权，音像制品销售者又通常根据《著作权法》第59条规定的合法来源抗辩，主张自己不承担侵权责任。所谓"合法来源"抗辩，是指复制品的发行者或者视听作品、计算机软件、录音录像制品的复制品的出租者能够证明他们发行或者出租的复制品是经合法的进货渠道、正当的买卖合同以及合理的交易价格获得。如果未能证明他们发行或者出租的复制品具有合法来源，则应当承担相应的法律责任。现有法律法规并未明确规定合法来源的具体判断标准，司法裁判对合法来源的认定具有较大的自由裁量权。本案的争议点之一就是音像制品发行人合法来源的具体构成要件，审理法院对此做出了充分详细的论述，这对于同类案件纠纷的处理具有很好的借鉴意义。

案例来源

（2012）穗中法民三终字第 76 号

案情简介

2009 年 8 月 27 日，中国电影集团公司营销策划分公司签署《授权书》，将《建国大业》载体形式为 VCD（Vedio Compact Disc，视频光盘）、DVD 的音像制品的复制权、发行权、出租权授予广东中凯文化发展有限公司（本部分简称"中凯公司"），同时授予了侵权调查、提起诉讼的权利。授权类型为除保留权利以外的独占性许可，授权期限为 5 年，自 2009 年 9 月 17 日起至 2014 年 9 月 16 日止。

2010 年 9 月 2 日，中凯公司向广东省广州市广州公证处申请证据保全公证。当日，公证员随中凯公司委托代理人到达广州市番禺区东环街蔡一村名为"万佳汇购物广场"商店。委托代理人对该招牌进行了拍照，后在商店购买了"碟片"一张，支付人民币 15 元，取得发票、电脑小票各一张，并随即将上述物品交予公证员保管。公证处出具了（2010）粤穗广证内经字第 102207 号《公证书》。随后，中凯公司以"万佳汇购物广场"商店个体户邹某某贩卖侵权光碟为由，向广东省广州市南沙区人民法院提起诉讼，起诉邹某某侵犯《建国大业》音像制品发行权，要求其停止侵害，并赔偿损失。

一审法院认为，根据中凯公司提交的证据，中凯公司经过案涉影片《建国大业》相关著作权人的授权，拥有案涉影片《建国大业》的独占性电视播映权、信息网络传播权、航空版权及音像制品（包括一切载体格式）的出版权、复制权、发行权、出租权等著作权。中凯公司的上述权利仍处于保护期内，应受到法律的保护。邹某某没有提供证据证明其已履行合法来源审查义务。一审法院判处邹某某立刻停止侵害，并支付中凯公司 8000 元的赔偿数额，二审法院维持原判。

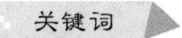 **关键词**

著作权；音像制品发行权；音像制品合法来源审查义务

争议焦点

1. 中凯公司是否具有《建国大业》音像制品的合法发行权？
2. 被告是否尽到音像制品合法来源的审查义务？

裁判观点

1. 中凯公司具有《建国大业》音像制品的合法发行权，而被告店内所售《建国大业》光盘外包装及光盘本身均未印有版权人、发行人等信息，案涉光盘为非法出版物、发行物。

中凯公司提供的证据表明，案涉电影《建国大业》DVD 合法出版物的外包装盒上载有：中影音像出版社出版、版号：ISRCCN-A02-09-0101-0/V.J9、广东中凯文化发展有限公司等信息。内部光盘上标有"建国大业"字样。经当庭播放，电影片头依次显示：电审故字〔2009〕第 78 号、中国电影集团公司领衔出品、中国电影集团公司、电影频道节目中心、上海电影（集团）公司上海电影制片厂、寰亚电影有限公司（香港）、英皇影业有限公司（香港）、北京国立常升影视文化传播有限公司、北京华录百纳影视有限公司、江苏省广播电视总台（集团）、北京保利博纳电影发行有限公司、DMG 娱乐传媒集团（北京）、北京鑫宝源影视投资有限公司联合出品。

根据中凯公司提交的证据，中凯公司经过案涉影片《建国大业》相关著作权人的授权，拥有案涉影片《建国大业》的独占性电视播映权、信息网络传播权、航空版权及音像制品（包括一切载体格式）的出版权、复制权、发行权、出租权等著作权，邹某某没有提供相反证据，对于上述事实原审法院予以认定。中凯公司的上述权利仍处于保护期内，应受到法律的保护。

另，经证据查实，邹某某店内所卖光盘外包装标有"2009 新片速递""建国大业"等字样，内部光盘标有"2009 新片速递"字样。光盘外包装及光盘本身均未印有版权人、发行人等信息。经当庭播放对比，电影《建国大业》正版 DVD 与被诉侵权光盘中的《建国大业》内容一致，为同一部电影。故邹某某店内所卖光盘为非法出版物、发行物。

2. 被告邹某某未尽到必要且合理的注意义务，该侵权光盘不具有合法来源，被告售卖侵权光盘的行为侵犯了中凯公司对电影《建国大业》光盘的发行权。

根据《最高人民法院关于审理著作权民事纠纷案件适用法律若干问题的解释》第 19 条规定，发行者应当对其发行的复制品有合法来源承担举证责任；举证不能的，应当承担赔偿责任。具体到本案中，邹某某应当承担提交合法证据证明其销售来源以及销售渠道合法的举证义务。在审判过程中，邹某某认为被诉侵权光盘是其从机场路音像城招牌为"奇声"的店铺合法购进，是在不知情的情况下销售被诉侵权光盘从而侵害了中凯公司的权益。邹某某为证明被诉侵权光盘是其从机场路音像城招牌为"奇声"的店铺合法购进，提交了一份送货单（未盖章），上面有名称为"D9"的货物，数量 51，单价 7.5 元，金额

382.5 元。他认为，侵权者应当是被诉侵权光盘的制作人、批发商。而本案中，由于被诉侵权光盘明显属非法出版物，且邹某某二审提交的送货单没有单位盖章，其中的 "D9" 指向不明。邹某某在主张自己已尽到严格审查义务时，并没有提交合法证据证明其销售来源以及销售渠道合法，不能证明有合法来源。因此，邹某某侵犯了中凯公司对电影《建国大业》光盘的合法发行权，应当承担赔偿责任。

 相关法条

《中华人民共和国著作权法》(2020 年修正) 第 59 条
《音像制品管理条例》(2024 年修订) 第 36 条
《最高人民法院关于审理著作权民事纠纷案件适用法律若干问题的解释》(2020 年修正) 第 19 条
《最高人民法院关于知识产权民事诉讼证据的若干规定》(2020 年施行) 第 4 条

《×××的四个昼夜》著作权许可使用合同纠纷案

损失赔偿额不得超过违约方的可预见范围

著作权许可使用是指著作权人授权他人以法律规定的方式，在一定期限和地域范围内商业性利用其作品的行为。相应地，著作权许可使用合同就是著作权人与被授权人之间就许可的权利、期限、方式等内容签订的合同。许可使用权可以区分为专有使用权或者非专有使用权。专有使用权是一种独占的排他性权利，指著作权人授权被许可人在约定期限和范围内以特定方式使用作品，在合同约定的期限和范围内，除被许可人以外的任何一方，包括著作权人本人，都不能够行使这些权利。换言之，著作权人不得对专有使用权进行重复许可。如果著作权人重复许可，则需要承担违约责任。

本案是一起典型的著作权许可使用合同纠纷，主要涉及违约行为的认定、违约损害赔偿额的确定以及合同解除等相关问题的争议，法院的裁判思路具有重要的借鉴意义。

案例来源

(2014) 海民初字第 12582 号

案情简介

山西汇视文化传播有限公司（本部分简称"汇视公司"）与华夏电影发行有限责任公司（本部分简称"华夏公司"）于 2013 年 9 月 29 日签订《国产影片〈×××的四个昼夜〉版权买断合同》。根据合同约定，华夏公司授权汇视公司为影片《×××的四个昼夜》在中国陕西省唯一发行放映总代理单位，授权期限为合同签订之日起两年，该期限内华夏公司不得自行或另行委托第三方在发行区域内发行、放映该影片，在签约 8 个月内，不得自行或许可第三方出版该影片的音像制品、将该影片通过电视和网络以及其他任何媒体进行传播。

但根据法院调取的证据，华夏公司在签约后第 2 天即作出授权，将其拥有的案涉影片广播权及以有线方式直接公开广播或者传播作品的权利、信息网络传播权授予河北电影制片厂，并因其该项授权行为最终导致电影频道播放案涉影片。

汇视公司认为华夏公司违反合同约定，起诉至法院，要求解除合同并赔偿其遭受的损失以及预期可得利益，共计 200 万元。法院判决华夏公司赔偿汇视公司经济损失及合理支出共计 25 万元，驳回汇视公司其他诉讼请求。双方当事人均未上诉，一审判决生效。

关键词

赔偿损失；可预见规则；合同目的；根本违约

争议焦点

1. 华夏公司许可第三方将案涉影片通过电视和网络进行播放的行为是否构成违约？若构成违约，汇视公司主张华夏公司赔偿损失 200 万元是否能得到法院支持？

2. 汇视公司以不能实现合同目的为由主张解除合同的诉求能否成立？

裁判观点

1. 华夏公司许可第三方将案涉影片通过电视和网络进行播放的行为构成违约，损失赔偿额不得超过违约方的可预见范围。

汇视公司与华夏公司签订的《国产影片〈×××的四个昼夜〉版权买断合同》系双方真实意思表示，依法成立，合法有效，双方均应按合同约定履行各自的义务。根据该合同约定，华夏公司在签约后 8 个月内不得自行和许可第三方将案涉影片通过电视和网络进行播放。但根据法院调取的证据，华夏公司在签约后第 2 天即作出授权，将其拥有的广播权及以有线方式直接公开广播或者传播作品的权利、信息网络传播权授予河北电影制片厂，并因其该项授权行为最终导致电影频道播放案涉影片，其行为违反了合同约定，应承担相应的违约责任，赔偿因此给汇视公司造成的经济损失。

汇视公司主张华夏公司赔偿损失 200 万元，但其提交的证据不足以证明其因华夏公司的违约行为而遭受的损失，且由于违约造成的损害赔偿的范围不得超过违反合同一方订立合同时预见到或者应当预见到的因违反合同可能造成的损失，本案中汇视公司与华夏公司之间的合同总金额仅为 45 万元，故汇视公司的主张已超出华夏公司能够预见的范围。

2. 本案中汇视公司不能以合同目的不能实现为由主张解除合同。

法院认为，虽然华夏公司存在违反合同约定的行为，但汇视公司在合同签订后一直正常进行案涉影片的发行、放映工作，即使在电影频道播出案涉影片后，汇视公司也并未完全停止发行、放映工作，故华夏公司的违约行为并未构成导致汇视公司无法实现合同目的的根本违约，故对于汇视公司的该项主张法院不予支持，即汇视公司不能以无法实现合同目的为由主张解除合同。

相关法条

《中华人民共和国民法典》(2021 年施行) 第 563 条、第 577 条、第 584 条

五、网络服务提供者的注意义务

《刺陵》信息网络传播权纠纷案

网络服务提供者应尽到合理审查义务

网络服务提供者是指通过信息网络向公众提供信息服务的组织或个人，负责对其平台发布的信息进行监控与管理。虽然目前各国并不要求网络服务提供者承担普遍审查义务，但这并不意味着网络服务提供者可以完全躲进"避风港"。美国国会众议院在《数字千年版权法案》（Digital Millennium Copyright Act）立法报告中提出以"红旗规则"作为"避风港规则"之例外，这一安排也为我国立法所接受。所谓"红旗规则"，是指当侵权事实在网络空间中像红旗一样明显时，便可以根据侵权事实发生的具体情况推定网络服务提供者对侵权事实应当知晓，并要求其承担采取必要措施制止侵权行为的义务。我国《民法典》第1197条规定："网络服务提供者知道或者应当知道网络用户利用其网络服务侵害他人民事权益，未采取必要措施的，与该网络用户承担连带责任。"但是在司法实践中，如何判断网络服务提供者是否存在"知道或者应当知道"的主观认知状态，需要结合个案事实进行衡量与判断。

在本案中，权利人提前发函告知作为网络服务提供者的腾讯公司案涉影片的权利状况，并要求腾讯公司承担审查义务，法院据此推定腾讯公司应当知道侵权事实，从而判定腾讯公司承担连带侵权责任。本案的相关事实与法院判决均具有较强的典型意义，是法院适用"红旗规则"的优秀范例。

案例来源

（2011）穗中法民三终字第235号

案情简介

电影作品《刺陵》于2009年12月9日在中国大陆地区公开首映，中国电影集团公司是该片各出品单位的版权代表人。2009年11月6日，中国电影集团公司发出《中国电影集团公司电影著作权声明》，明确该司为《刺陵》电影的版权代表人，其将电影的部分著作权权利转授权给下属的全资分公司中国电影集团公司电影营销策划分公司（本部分简称"中影分公司"）即本案原告，授权期限自电影的《电影片公映许可证》签发之日起至电影版权保护期终止之日为止。当上述著作权权利遭受侵权时，本案原告中影分公司有权单独以其名义对第三方的侵权行为实施法律行动，包括提起民事诉讼，并获得赔偿等。

根据经公证保全的证据显示，2010年1月21日，登录本案被告之一深圳市腾讯计算机系统有限公司（本部分简称"腾讯公司"）经营的"搜搜网"（www.soso.com）可以搜索到案涉电影《刺陵》的视频文件，并在网页上通过腾讯公司提供的播放软件在线播放该视频文件，而该视频文件的内容与电影《刺陵》相同。该保全证据还显示，以上视频文件来源于本案另一被告广州市千钧网络科技有限公司（本部分简称"千钧公司"）经营的"我乐网"（www.56.com）。从网页内容看，该视频文件是由网络用户在2010年1月13日上传至"我乐网"，但现有证据不能证明该上传行为已经著作权人许可。在案涉电影《刺陵》公映前，中影分公司曾委托律师分别向千钧公司、腾讯公司发函，告知该两公司有关电影作品《刺陵》的权利信息，要求两公司在未取得许可的情况下，不得通过其经营的网站或软件平台传播该影片的片段或全片。中影分公司认为千钧公司未尽到经营者的审查义务，腾讯公司怠于履行删除有关侵权搜索链接的义务，放任侵权结果发生，双方都应承担相应的赔偿责任。

经一审法院审理认为，本案两被告侵犯了原告中影分公司的信息网络传播权，判定千钧公司赔偿中影分公司经济损失及诉讼合理支出共31 000元，腾讯公司赔偿中影分公司经济损失及诉讼合理支出共4000元。两被告不服一审判决，提出上诉。二审法院经审理驳回上诉，维持原判。

关键词

信息网络传播权；网络服务提供者；合理注意义务；审查义务

争议焦点

1. 本案被告千钧公司是否尽到合理注意义务？
2. 本案被告腾讯公司应承担何种侵权责任？

裁判观点

1. 本案被告千钧公司未尽到合理注意义务。

案涉的视频文件来源于千钧公司经营的"我乐网"（www.56.com）。案涉影片具有一定的知名度，该影片在中国大陆地区首映的时间与网络用户上传该影片到"我乐网"的时间间隔不长。《侵权责任法》第36条第3款（现《民法典》第1197条）有规定："网络服务提供者知道网络用户利用其网络服务侵害他人民事权益，未采取必要措施的，与该网络用户承担连带责任。"中影分公司在该影片首映前已发函告知千钧公司该影片的权利状况，并要求千钧公司不要通过其所有或经营的任何形式的网站或软件平台等传播该影片视频的片段或全片。在此情况下，根据千钧公司在"我乐网用户服务条款"中的有关用户上传限制和内容审核的说明，足以证实该网站的经营者实际上可以对该上传的作品进行审查。虽然案涉的视频文件是由网络用户上传至"我乐网"，但现有证据不能证明该上传行为已经著作权人许可，而千钧公司在客观上具备完成审查和核实工作的能力，却怠于进行相关审查，导致发生案涉电影的信息网络传播权被侵犯的事实。因此，千钧公司并未尽到经营者应尽的审查义务，在主观上存在过错，应向原告承担相应的赔偿责任。

2. 本案被告腾讯公司应当与上传案涉电影的用户共同承担侵权赔偿责任。

从本案提交的公证证据可以看出，操作者首先进入腾讯公司经营的"搜搜网"页面，在其提供的空白搜索框内输入"刺陵"，并点击该页面的搜索按钮进入到提供电影链接内容的页面，出现多个相关视频文件，操作者点击其中名为"刺陵清晰版中文字幕［DI-VX］"的文件，播放页面上显示视频来源是"我乐网"，并载有详细网址。由此可见，腾讯公司提供的是空白搜索框的链接服务，并非直接向用户提供电影的播放服务。但是，中影分公司在案涉影片首映前已发函告知腾讯公司该影片的权利状况，并要求腾讯公司不要通过其所有或经营的任何形式的网站提供视频搜索、视频下载地址搜索或视频下载网页搜索方式等方式传播案涉电影的片段或全片。因此，腾讯公司应当知道用户上传的案涉电影未经权利人许可，属于侵权行为，其仍然继续提供链接服务，导致案涉电影的信息网络传播权被侵犯，对此应当与上传案涉电影的用户共同承担侵权赔偿责任。原审判决腾讯公司承担适当的赔偿责任，并无不当。

相关法条

《中华人民共和国著作权法》(2020 年修正) 第 17 条
《中华人民共和国民法典》(2021 年施行) 第 1197 条

《金陵十三钗》信息网络传播权纠纷案

网络存储服务提供者是否尽到注意义务，应根据用户侵权行为的具体形态、平台所提供服务的具体样态等因素综合判断

以百度网盘、阿里云为代表的信息存储和云服务产业蒸蒸日上，云服务企业提供的分享、离线下载、秒传等相关功能深受用户喜爱，但也暗藏侵权隐患。尤其是大量个人用户通过上传和分享盗版视频链接的方式，传播大量热播影视剧，给相关权利人造成了巨大的经济损失，也给云服务企业带来诉讼风险。

在司法实践中，我国法院对作品信息网络传播权的保护的一贯立场是，注重平衡网络存储服务提供者、信息存储空间网络使用者、作品权利人三方主体之间的利益，综合考虑作品传播行为形态、平台注意义务、用户合理使用等因素，合理确定信息网络传播权的保护边界。其中，网络存储服务提供者是否尽到注意义务、是否存在主观上的过错，事关互联网平台侵权责任的承担与否，这一直以来都是司法实践中的难点与重点。

本案是百度网盘侵犯视频网站信息网络传播权的典型案例。通过本案的审理，法院明确了百度网盘在提供网络存储服务时所应履行的注意义务，同时指出了其相关行为存在主观上"应知"的过错。该判决为百度网盘等网络存储服务提供者敲响了警钟：在其不断提升用户体验的同时，依旧不能忘记打击盗版侵权的义务与责任。只有通过多方的共同努力，才能构建一个尊重并保护知识产权的健康网络生态。本案判决不仅为网络存储服务提供者设定了明确的法律责任，也为未来类似案件的审理提供了重要的司法参考。在数字化和信息化迅猛发展的背景下，如何平衡网络服务的便捷性与版权保护的需求，将成为未来法律和政策制定的重要课题。

案例来源

(2015) 海民 (知) 初字第 8413 号

本案原告乐视网（天津）信息技术有限公司（本部分简称"乐视天津公司"）诉称，其公司享有电影《金陵十三钗》的信息网络传播权，被告北京百度网讯科技有限公司（本部分简称"百度公司"）在其经营的百度网站（http：//www.baidu.com）百度云产品网页版以及百度云软件（Android 系统手机客户端、iPhone 客户端）使用的 Android 手机、iPhone 手机上，向用户提供存储空间和"分享"功能，并将分享内容为电影、电视剧的分享者分类到电影、电视剧频道中，百度云主页对分享者进行"达人推荐"，公众可以在电影频道分享者的分享内容中找到案涉电影，进行下载和在线播放。在百度云软件（iPad 客户端）上，公众可以通过"热门资源"站点"7060 影视"电影频道找到案涉电影，进行下载和在线播放。百度云软件与"7060 影视"进行双向推荐、链接，构成了共同侵权行为。原告乐视天津公司认为被告百度公司的上述行为侵害了其信息网络传播权，应当承担相应的法律责任。因此，乐视天津公司请求法院依法判令百度公司赔偿其经济损失及合理支出共计 4 万元。

一审法院经审理认为，百度公司在其百度云网页版及手机客户端的播放行为，客观上帮助了网络用户传播案涉作品，主观上具有明显的过错，理应承担侵权责任。同时，百度公司在 iPad 客户端的推荐、链接行为主观上存在"应知"的过错，应当承担侵权责任。最终法院判令被告百度公司赔偿原告乐视天津公司经济损失 14 000 元，驳回原告其他诉讼请求。被告百度公司不服该一审判决，向北京知识产权法院提起上诉，最终撤回上诉。

信息网络传播权；注意义务；侵权责任

1. 被告在百度云网页版及手机客户端的播放行为是否侵害了原告的信息网络传播权？
2. 被告在百度云 iPad 版的播放行为是否侵害了原告的信息网络传播权？

1. 百度公司在百度云网页版及手机客户端的播放行为，客观上帮助了网络用户传播案涉作品，主观上具有明显的过错，理应承担侵权责任。

就百度云网页版与手机客户端的播放行为，经法院确认，案涉影片系名为"bdpan1"的网友上传，本案双方当事人对被告百度公司为该网友提供了信息存储空间服务均无异议。鉴于本案并无证据表明，网友"bdpan1"提供并传播作品的行为已获得权利人许可，故网友"bdpan1"应当是本案侵犯原告乐视天津公司信息网络传播权的直接侵权人。

百度云网盘在网页版及手机客户端两种载体上为案涉影片的传播提供信息存储空间服务，供网友上传作品并互通有无，虽然客观上能够促进作品的交流和传播，但云盘秒传存储和分享功能也使得侵权行为变得更加快捷和便利，被告百度公司作为网络服务提供者，理应对其平台中涉嫌侵权的作品施以相当的谨慎和注意，以防止侵权作品被肆意传播而损害著作权人的合法权益。因此，被告百度公司是否意识到案涉影片在其空间内传播并且未经权利人许可，是本案需要考虑的焦点问题。

根据原告乐视天津公司提交的公证书，百度云页面对上传资源的用户进行了"达人推荐"，网友"bdpan1"则是位于显著位置的被推荐达人之一。而根据"bdpan1"用户的图标和简介中关于"手机电影下载""手机、平板、iPad、iPhone 电影下载"等介绍，显然，网友"bdpan1"的页面提供了大量专业制作、内容完整的影视资源供他人免费下载，此种情况下，百度公司作为案涉平台的经营管理方，理应意识到该网友本身作为数部作品的权利人传播作品或在已获得权利人许可的情况下传播作品的可能性极小，相反，其存在极大的侵权可能性。然而，在用户"bdpan1"涉嫌侵权传播案涉作品如此显而易见的情况下，被告百度公司仍对其进行达人推荐，表面看来百度公司是对网友进行推荐，而实际上是对案涉影视作品进行了推荐。被告百度公司的上述行为，在客观上帮助了网络用户传播案涉作品，主观上具有明显的过错，理应承担侵权责任。

2. 本案被告百度公司在百度云 iPad 版的推荐、链接行为客观上增加了案涉作品被侵权传播的频率和机会，主观上存在"应知"的过错，应当承担侵权责任。

本案中，被告百度公司提供了对"7060 影视网"的链接，并在热门资源首要位置对"7060 影视网"进行了推荐。被告作为百度云服务的提供者，虽然并未对特定作品进行推荐和链接，但其对侵权可能性极大的特定网站进行推荐和链接的方式亦有可能间接帮助侵权人传播作品。作为设链方，百度公司应当对其推荐、链接的特定网站是否合法、引发侵权可能性的大小尽到较高的注意义务，尤其在被链网站未经任何备案的情况下，更应对被链网站中是否存在播放或侵权链接案涉影片的行为尽到更高的注意义务。而本案"7060 影视网"并未经过任何备案，亦未有任何证据证明通过点击百度云推荐的"7060 影视网"，并在打开的页面中最终播放案涉影片的行为系得到了权利人许可。被告的上述推荐、链接行为显然客观上增加了案涉作品被侵权传播的频率和机会。因此法院认为，被告百度公司对其在百度云 iPad 版的推荐、链接行为主观上存在"应知"的过错，应当承担侵权责任。

▶ 相关法条

《中华人民共和国著作权法》(2020 年修正) 第 53 条 、第 54 条

《中华人民共和国民法典》(2021 年施行) 第 1197 条

《最高人民法院关于审理侵害信息网络传播权民事纠纷案件适用法律若干问题的规定》(2020 年修正) 第 8 条 、第 9 条

第二章

电视产业法

第一节　动漫节目

《葫芦兄弟》角色形象纠纷案

《著作权法》施行前，职工为单位所创作的美术作品，应根据历史条件等各种因素综合考量，判断是否属于特殊职务作品

众所周知，影视作品的制作具有创意依赖性强、制作周期长、多工种协作要求高等特点。这意味着影视作品通常由影视公司组织，汇集多个专业领域的工作者共同创作，所以影视作品中的诸多元素可独立构成作品并受《著作权法》保护。因此，个人作品、职务作品与法人作品关系的重要性愈加凸显。只有妥善处理这三者之间的关系，才能在最大限度保护作者合法权益、鼓励创作积极性的同时，依法保障法人或非法人组织的合法权益，从而实现《著作权法》激励作品创作与传播的立法目的。

根据我国《著作权法》的规定，职务作品分为一般职务作品和特殊职务作品，两者分别适用不同的著作权权能归属规则。具体而言，一般职务作品的著作权由作者享有，但法人或者非法人组织有权在其业务范围内优先使用；而对于特殊职务作品，作者仅享有署名权，著作权的其他权利由法人或者非法人组织享有，法人或者非法人组织可以给予作者奖励。所以，职工为完成单位的工作任务所创作的作品应被认定为哪一种职务作品，对于职工的利益格局影响巨大。虽然《著作权法》对于特殊职务作品的类型进行了明确列举，但并不能完全解决司法实践中出现的疑难问题。

在本案中，作为制片厂职工的原告创作了家喻户晓的动漫形象"葫芦娃"，但当时《著作权法》尚未出台，社会公众普遍缺乏版权意识，所以双方并没有就该等动漫角色造型的著作权归属问题通过书面合同的方式进行约定，为日后双方的纠纷埋下伏笔。本案不仅涉及动画造型著作权的认定、法人作品与职务作品的区分、一般职务作品与特殊职务作品的区分等法律问题，更是直面计划经济时代著作权归属的司法政策问题，具有极高的参考价值与借鉴意义。

案例来源

（2011）沪二中民五（知）终字第 62 号

案情简介

胡某某、吴某某是上海美术电影制片厂（本部分简称"美影厂"）的职工，20 世纪 80 年代，美影厂指派胡某某、吴某某担任系列动画片《葫芦兄弟》的造型设计，两人手工独创绘制了七色葫芦兄弟、金刚葫芦娃（即七色葫芦兄弟的合成体）、采药老爷爷、蛇精等妖精在内的所有动画角色造型最初原型的分镜头台本，即美术作品连环画。之后，由原告胡某某导演、被告美影厂制作的《葫芦兄弟》《葫芦小金刚》系列剪纸动画影片采用了前述的全部动画角色造型。

胡某某、吴某某认为，"葫芦娃"形象作为美术作品可以独立于后续创作的相应影片作品，而由作者享有著作权，案涉美术作品应属一般职务作品，在双方未就著作权进行约定的情况下，"葫芦娃"角色造型形象的美术作品著作权应归二人所有。而被告美影厂未经同意，擅自利用葫芦兄弟、金刚葫芦娃、各类妖精角色造型美术作品与他人进行著作权合作开发相关游戏，并以维权名义主张葫芦娃角色造型美术作品著作权，侵犯了胡某某、吴某某的权利，两人遂将美影厂诉至法院。一审法院判决驳回胡某某、吴某某的诉讼请求。胡某某、吴某某不服，提起上诉。二审法院认为，双方当事人的确没有就案涉作品的著作权归属签订书面合同，但这是特定历史条件下的行为，所以应深入探究当事人行为时所采取的具体形式及其真实意思表示，在此基础上才能正确判断案涉职务作品著作权的归属，并最终将"葫芦娃"形象认定为特殊职务作品，由胡某某、吴某某享有署名权，著作权的其他权利由美影厂享有，据此判决驳回上诉，维持原判。

关键词

动画角色造型；一般职务作品；特殊职务作品

争议焦点

1. "葫芦娃"角色造型是否构成《著作权法》中的作品？
2. 若案涉动画角色造型可以单独构成作品，该作品属于职务作品还是法人作品？
3. 若案涉动画角色造型可以单独构成作品，著作权归属应当如何认定？

裁判观点

1. "葫芦娃"角色造型构成《著作权法》中的美术作品，从而受到《著作权法》的保护。

法院认为，"葫芦娃"角色造型具有独特的创造性，原告首次以线条勾勒出"葫芦娃"的基本造型：四方的脸型体现出善良和正直，粗短的眉毛、长长的睫毛、明亮的大眼、小嘴红唇透露出孩童的天真与慧黠，粗壮有力的手部与腿部线条暗含蕴藏的无穷力量与本领；上装的坎肩与下装的短裤相配显得精干利落；头顶的葫芦冠饰衬以两片嫩叶，颈部的黑色项圈上点缀两片葫芦嫩叶，腰部的葫芦叶围裙清晰可见叶片的茎脉，既富有层次感又相互呼应，其巧妙地将葫芦与中国男童形象相融合，塑造出炯炯有神、孔武有力、天真可爱的"葫芦娃"角色造型，并以七色区分七兄弟，既表明兄弟的身份又以示区别，体现了作者的匠心独运与绘画技巧。其通过手工绘制而形成的视觉图像，结合线条、轮廓、服饰以及颜色的运用形成特定化、固定化的"葫芦娃"角色造型，已不再停留于抽象的概念或者思想，所具有的审美意义、艺术性、独创性和可复制性，符合我国《著作权法》规定的作品的构成要件，应当受到我国《著作权法》的保护。简而言之，静态的动画角色造型通常以线条、色彩、形状等元素的组合而具有被他人客观感知的外在形式，具有一定的审美意义，构成《著作权法》所规定的美术作品。

2. 案涉动画角色造型不属于法人作品，应属于职务作品。

案涉美术作品的创作无须高度借助单位的物质技术条件，创作的过程也并未加入单位的意志，无论是"葫芦娃"角色造型的线条、轮廓、色彩还是服饰、颈饰、腰饰、葫芦冠等的选择都体现了作者个人的构思、选择和表达。虽然，被告美影厂主张摄制组其他成员和美影厂的部门负责人曾提出过修改意见，但这并不影响对"葫芦娃"角色造型作出实质性贡献的仍然是作者个人。最终形成的"葫芦娃"造型虽经美影厂其他创作人员的若干修改而成，但与原作相比并无实质性差别，不构成新的作品。故难以证明"葫芦娃"造型是由美影厂主持，代表其意志而创作的。而且，从片尾的署名来看，案涉角色造型设计者为原告二人。因此，"葫芦娃"角色造型美术作品并不是代表法人的意志创作，不应认定为法人作品。因此，案涉作品属于《著作权法》第16条（现《著作权法》第18条）规定的职务作品。

3. 案涉动画角色造型应被认定为特殊职务作品，由胡某某、吴某某享有署名权，著作权的其他权利由美影厂享有。

案涉造型美术作品创作于《著作权法》施行之前，当时的法律法规和政策对职务作品著作权的归属并无规定，因案涉作品尚在著作权保护期内，故本案应适用《著作权法》的现行规定予以处理。《著作权法》第16条（现《著作权法》第18条）区分了职务作品著作权归属的不同情况，分为一般职务作品和特殊职务作品，二者如何进行判断是实务中的难点，也是本案的重要争议焦点。由于《著作权法》第16条（现《著作权法》第18条）仅以未完全列举形式陈述了构成特殊职务作品的情况，实务中职务作品情形多样，法院认为应根据个案情况进行具体认定。

首先，本案中，双方当事人的确没有就案涉作品的著作权归属签订书面合同，但这是特定历史条件下的行为，难以要求本案当事人在作品创作当时，就预先按照《著作权法》的规定，对职务作品著作权的归属作出明确约定。所以，应深入探究当事人行为时所采取的具体形式，及其真实意思表示，在此基础上才能正确判断案涉职务作品著作权的归属。

其次，就当时的法律环境来看，我国尚未建立著作权法律制度，社会公众也缺乏著作权保护的法律意识，双方当事人对此也予以认可。针对动画电影的整个创作而言，完成工作任务所创作的成果归属于单位，是符合当时人们的普遍认知的。另外，在《葫芦兄弟》动画片拍摄过程中，时任美影厂创作办公室主任的蒋友毅曾明确要求创作人员不得对外投稿，而作为创作人员的胡某某、吴某某并未对此提出异议。胡某某、吴某某以实际行为遵守了美影厂的规定。这一事实表明，双方当事人均认可美影厂可对创作人员提出的上述要求，即美影厂有权对动画电影的角色形象造型进行支配。因此，从诚信的角度出发，胡某某、吴某某不得在事后作出相反的意思表示，主张案涉角色造型美术作品的著作权。

最后，从美影厂的行为来看，美影厂在动画电影拍摄完成后，对胡某某、吴某某将《葫芦兄弟》连环画对外投稿并出版的行为未加干涉，并不表明其放弃了权利，而只是放弃行使权利，即放弃利用作品所带来的经济利益。因为在此过程中，美影厂的著作权并未受到质疑，也未产生如本案这样的权属纠纷，故其行为不能看作是对权属问题的表态。

综上，本案中，"葫芦娃"角色造型美术作品确由胡某某、吴某某创作，体现的是二人的个人意志，故对其作为作者的人格应予尊重。具体而言，对于系争作品这样的"特殊职务作品"，应根据《著作权法》第16条第2款（现《著作权法》第18条第2款）的规定，由胡某某、吴某某享有署名权，著作权的其他权利由美影厂享有。

相关法条

《中华人民共和国著作权法》（2020年修正）第3条、第11条、第18条

《哆啦A梦》著作权侵权纠纷案

卡通形象的躯干、文字图形的部分元素不具有独创性

司法实践中，判定著作权侵权的基本原则是"接触加实质性相似"原则，其中"接触"的判断争议较低，一般是指被控侵权作品的创作者曾研究、复制对方独立创作的作品或者有研究、复制对方作品的机会，原告必须举证证明其创作了某作品，而被告接触了该作品或有接触该作品的机会。"实质性相似"是多数著作权纠纷案件的争论焦点，是指侵权作品中体现创作者个性的部分与原作的独创性部分实质性相似，系一种把他人作品据为己有，仅将个别部分略作变动，没有创造性劳动的侵权行为。

对于照搬他人作品实质性部分的行为，认定构成"实质性相似"并无难点，但对于被控剽窃作品局部的行为，此时如何判断是否构成侵权存在一定争议。本案对被告产品"叮咚小区"应用软件图形及其文字图形是否与"哆啦A梦"的卡通形象和文字图形构成实质性相似进行了细致认定，进一步明晰了实质性相似的认定标准。

案例来源

（2014）浦民三（知）初字第1097号

案情简介

《哆啦A梦》作为世界闻名的动画作品，观影群体广泛，其中"哆啦A梦"这一卡通形象（见图2-1）在全球范围内具有极高的知名度。原告艾影（上海）商贸有限公司（本部分简称"艾影公司"）依照合法授权取得《哆啦A梦》作品包括名称、标志、设计、标识、肖像、视觉表现和衍生人物形象在内的著作财产权，且有权将该权利授予他人。

图 2-1

原告发现两被告上海丫丫信息科技有限公司（本部分简称"丫丫公司"）、上海壹佰米网络科技有限公司（本部分简称"壹佰米公司"）共同开发、经营的"叮咚小区"应用软件在广告宣传中擅自使用了"哆啦 A 梦"形象的诸多要素特征（见图 2-2），认为二被告行为侵犯了原告对"哆啦 A 梦"卡通形象以及"哆啦 A 梦"文字图形所享有的复制权及改编权，故诉请法院判令二被告停止使用"哆啦 A 梦"形象要素特征、刊登声明消除影响并赔偿损失。

图 2-2

法院经审理认为，二被告行为不构成对原告作品复制权的侵害，二被告的作品也并非基于原告作品创作产生的新作品，也不构成对原告艾影公司作品改编权的侵害，故判决驳回原告艾影公司全部诉讼请求。艾影公司不服判决结果提出上诉，但最终撤诉。

关键词

卡通形象；文字图形；实质性相似；复制权；改编权

争议焦点

1. "叮咚小区"应用软件图形与"哆啦 A 梦"卡通形象的躯干部分是否构成实质性相似？

2. "叮咚小区"文字图形与"哆啦 A 梦"文字图形是否构成实质性相似？

裁判观点

1. "叮咚小区"应用软件图形与"哆啦 A 梦"卡通形象的躯干部分不构成实质性相似。

法院认为，原告主张权利的"哆啦 A 梦"卡通形象可区分为"猫脸造型部分"和"躯干造型部分"，其中"哆啦 A 梦"卡通形象的核心独创性部分为：蓝、白色构成的圆脸、圆眼睛、红鼻子、左右各三条猫须以及没有耳朵的猫脸造型，而较之上述猫脸造型部分，"哆啦 A 梦"躯干造型部分的独创性不高，其红色项圈、白色口袋、黄色铃铛以及蓝色身体的要素均较为常见，线条亦不复杂。单独将"哆啦 A 梦"的躯干部分剔出展示，无法完整表达出作者对该猫型机器人所要追求的艺术形象和审美效果。

比较"哆啦 A 梦"卡通形象的躯干造型部分与二被告的"叮咚小区"应用软件图形的相同与相似之处，两者在颜色上均选取了红、蓝、黄、白共四种颜色，这四种颜色的选择、组合在美术作品中尤其是卡通形象创作中大量存在，该选择要素并不具有创造性，不能被垄断。在构图上，"哆啦 A 梦"卡通造型躯干部分的红色项圈与"叮咚小区"应用软件图形红色的上半部分存在相似，但这种选择极为简单且平常，不具有独创性，不能为原告艾影公司所垄断。"哆啦 A 梦"卡通造型躯干部分的蓝色身体与"叮咚小区"应用软件图形的蓝色背景相似，但以蓝色为背景亦是美术作品中惯常使用的方法，不具有独创性。而将这些要素组合在一起，原、被告作品间即存在了较大的视觉差异，因此不存在整体性的相同或相似。

此外，在视觉效果上，两者还存在较多的不同之处，如色彩选取、构图、使用的线条以及整体视觉效果，皆存在显著不同。况且认定美术作品间是否构成实质性相似并不以作者的创作意图为判断标准，仍需以其最终的作品是否在实质上侵犯了原告主张作品的独创性部分为判断标准。

由于"哆啦 A 梦"躯干造型部分独创性较低，对二被告设计的"叮咚小区"应用软件图形已经剔除了思想以及公有领域部分的相同及相似之处后的内容进行判断分析，被诉设计与原告作品之间尚不足以构成实质性相似。同时，原、被告作品间存在着较多的不同之处与较大的视觉差异，如对原告诉求予以支持，将妨碍他人在法律保护范围内的创作自由。

2. "叮咚小区"文字图形与"哆啦 A 梦"文字图形不构成实质性相似。

被告所使用的"叮咚小区"文字图形与"哆啦 A 梦"文字图形的相同及相似之处均属美术作品创作的公有领域范围，不具有独创性，且两者间还存在较大的视觉差异，因此两者不构成实质性相似。

比对"叮咚小区"文字图形与"哆啦 A 梦"文字图形，两者间相同及相似之处在于均使用了蓝、黄两色、字体粗圆且有描边。这些元素都是文字图形创作中通常所使用的方法，不具有独创性，属于公有领域的范围，所有人都可以自由使用。同时两者间还存在以下较大的不同之处："哆啦 A 梦"文字图形的四个字下部均有红色椭圆、"梦"字里包含了一对微笑并在眨眼的眼睛，而"叮咚小区"文字图形中并不存在上述要素；"叮咚小区"文字图形在"咚"字与"小"字间的上方居中位置有一个黄色平面造型门铃，"哆啦 A 梦"文字图形的"啦"字上方有一个黄色立体造型铃铛等。因此，两者在细节以及整体上的视觉差异亦较大，不构成实质性相似。

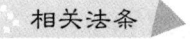
相关法条

《中华人民共和国著作权法》(2020 年修正) 第 10 条

第二节　电视剧节目

《芈月传》编剧署名纠纷案

未在电视剧海报、片花中署名编剧身份不侵犯其署名权

影视编剧是高度依赖口碑和声誉的行业，创造作品的公众认可度和传颂度很大程度上决定了一个编剧的职业发展。与演员以其表演形象展现在观众面前、导演和摄影通过本人全程参与影视剧拍摄过程相比，编剧无论在作品呈现还是观众认知方面都只能通过剧本作品和字幕署名来被大众熟知，所以在著作权保护的角度，相比于演员和导演，编剧往往处于弱势地位。然而，在现实的影视剧署名行业中，也往往出现创作主体和署名主体不一致的情况。

本案是著名影视剧《芈月传》的编剧署名纷争，持续时间长、发酵程度高，是关于影视剧编剧署名权纠纷的著名案件。本案的法院判决中明确了电视剧海报和片花中未署名编剧身份并不侵犯其署名权，同时，法院对"总编剧"的概念进行了详细的解释与剖析，为今后影视剧编剧署名方式提供了一定标准。

案例来源

（2017）浙 03 民终 351 号

案情简介

本案原告蒋某某系小说《芈月传》的作者。2012 年 8 月，蒋某某与本案被告东阳市乐视花儿影视文化有限公司（本部分简称"花儿影视公司"）签订《电视剧剧本创作合同》，双方约定花儿影视公司委托蒋某某根据其小说《芈月传》创作电视剧剧本《芈月传》。蒋某某作为该剧编剧享有在该电视剧片头中编剧的署名权。但若蒋某某提交的工作成果不能够达到或者经协商修改不能够达到花儿影视公司的要求，花儿影视公司有权在合同继续履行的同时另行聘请其他第三方剧本创作人员进行修改，但蒋某某仍享有在《芈月传》电视剧片头中作为编剧之一的署名权，但排序由花儿影视公司确定。

2013 年 8 月，花儿影视公司与王某某签订《电视剧剧本委托创作合同》，聘任王某某担任电视剧《芈月传》编剧，对蒋某某原创的电视剧《芈月传》剧本进行修改、创作，同时约定王某某享有在《芈月传》电视剧片头中作为编剧之一的署名权，排序由花儿影视公司确定。最终电视剧《芈月传》根据王某某修改确定的剧本拍摄完成。电视剧《芈月传》发行、传播过程中视频片头载明"本剧根据蒋某某同名小说改编""原创编剧：蒋某某""总编剧：王某某"。

原告蒋某某认为，其作为《芈月传》电视剧剧本的作者，依法享有编剧署名权。被告花儿影视公司在电视剧《芈月传》的官方宣传海报、片花中并没有载明"根据蒋某某创作《芈月传》同名小说改编"的字样；同时被告将王某某列为总编剧，自己列为原创编

剧的行为侵犯其署名权，据此蒋某某请求法院判令被告停止侵权，并向其赔礼道歉、赔偿经济损失费1元。最终法院认定原告主张的侵权行为不成立，驳回其全部诉讼请求。蒋某某提起上诉，二审法院驳回上诉，维持原判。

关键词

总编剧；原创编剧；署名权

争议焦点

1. 电视剧海报、片花上未署名编剧的行为是否侵害编剧的署名权？
2. 对他人署名总编剧或第一编剧的行为是否侵犯原创编剧的署名权？

裁判观点

1. 电视剧海报、片花上未署名编剧的行为并未侵害编剧的署名权。

作品是作者享有署名权的前提和载体，离开作品，就不存在侵害著作权法意义上的署名权。为宣传电视剧而制作的海报、片花并非作品本身。因此在我国法律没有明文规定、无行业惯例和合同约定的情况下，电视剧海报、片花上未署名编剧的行为不侵害编剧的署名权。

《最高人民法院关于审理著作权民事纠纷案件适用法律若干问题的解释》第7条规定，在作品或者制品上署名的自然人、法人或者其他组织视为著作权、与著作权有关权益的权利人，但有相反证明的除外。在作品上的署名行为具有判断著作权权属的初步证明效力，而在海报、片花上的署名行为并不具有法律赋予的表明作者身份的推定证明效力。海报和片花并非作品本身，不具备全面传达作品相关信息的功能，其用途类似于广告，需要在有限的时间和空间内载明作品中最引人注目的要素。而编剧署名显然不构成海报、片花的必备要素，我国著作权相关法律也未对在海报、片花上为作者署名做出规定。

在本案中，花儿影视公司已经在电视剧的片头、DVD出版物、部分海报上载明了蒋某某的编剧身份，客观上已足以使公众知悉原告的作者身份，故被告花儿影视公司未在电视剧的部分海报、片花上载明蒋某某编剧身份的做法没有侵害其署名权，不构成侵权。

2. 对他人署名总编剧或第一编剧的行为并未侵犯原创编剧的署名权。

"总编剧"既不是法律概念也不是合同约定名词，影视行业中不存在有关总编剧署名规则的行业惯例，总编剧与剧本贡献度之间也不存在必然关系。无论是"总编剧"还是"原创编剧"，都代表对影视作品剧本的创作者地位的肯定。"总编剧"在剧本创作中具有指导性、全局性，而"原创编剧"具有本源性和开创性。虽然两者的侧重点不同，但都是对编剧对剧本贡献的肯定，没有高低之分。将他人署名总编剧并未贬损原创编剧的身份和价值，"总编剧"的头衔也并不构成对"原创编剧"的替代，二者并行不悖，因此被告将第三人署名为"总编剧"的行为并不构成对原告署名权的侵权。

本案中蒋某某是原创编剧，但在剧本创作期间，制作方对蒋某某提交的剧本并不满意，多次提出修改意见后，其修改后的作品仍不能达到要求。根据双方签订的《电视剧剧本创作合同》，花儿影视公司对第三方王某某的委托创作行为合法有效，而该电视剧最后也是按照王某某创作修改后的剧本拍摄完成的。署名顺序上，被告根据合同约定可自行确定。署名方式上，合同中没有明确规定。根据《最高人民法院关于审理著作权民事纠纷案件适用法律若干问题的解释》第 11 条规定："因作品署名顺序发生的纠纷，人民法院按照下列原则处理：有约定的按约定确定署名顺序；没有约定的，可以按照创作作品付出的劳动、作品排列、作者姓氏笔划等确定署名顺序。"被告花儿影视公司对蒋某某和王某某的署名方式符合现实情况，且没有违反合同内容和法律规定，不属于侵害原告署名权的行为。

相关法条

《中华人民共和国著作权法》(2020 年修正) 第 10 条 、第 11 条 、第 13 条、第 17 条
《最高人民法院关于审理著作权民事纠纷案件适用法律若干问题的解释》(2020 年修正) 第 7 条 、第 11 条

《羊皮宰相》著作权侵权纠纷案

著作权"兜底条款"的应用

我国《著作权法》第 10 条明确列举了著作权包括人身权和财产权的具体内容。但是，我国关于著作权内容的规定并不是封闭的，而是在具体列举之后增加兜底性规定"应当由著作权人享有的其他权利"，这一规定使得《著作权法》保持了著作权内容上的开放性与弹性。随着科技的发展进步，具有独创性的新型作品类型和著作权权能会不断涌现，兜底性条款的存在可以避免作者权益受到列举性条款的过度限制，进而为《著作权法》适应时代发展带来相对的稳定性。当然，兜底条款的适用同样有严格限制，《著作权法》未明确列举的权利是否应当由著作权人享有，应当兼顾各相关方的利益平衡，尤其要注意公共利益的保护。在司法实践中，应当主要适用《著作权法》第 10 条第 1 款第 1 项至第 16 项规定的著作权人享有的权利解决获得报酬权、制止非法网络转播行为等场合。

本案是一起典型的侵权人未经权利人许可、未支付使用报酬的著作权侵权纠纷案件。二被告通过信息网络传播方式、以设定好的时间频率向公众提供作品，播放期间不允许用户选定时间。二被告的播放形式属于单向的、点对多的作品传播方式，与点对点、交互式的信息网络传播行为有一定区别，所采用的传输信号和技术手段与广播权的外延也不相同，超出了传统广播权涵盖的范围。在《著作权法》未对此类行为的性质予以明确的情况下，法院根据《著作权法》中"应当由著作权人享有的其他权利"的兜底条款来调整，既保护了著作权人的合法权益，又对促进网络服务者树立著作权意识，改进经营模式和版权审查程序有一定的现实意义。

案例来源

(2016) 湘 09 民初 71 号

原告柳某某系新编古代剧《羊皮换宰相》的作者，案涉作品《羊皮宰相》系南县实验花鼓剧团、湖南文化音像出版社侵犯柳某某《羊皮换宰相》著作权制作而成的侵权作品。被告湖南潇湘数字电视有限公司（本部分简称"潇湘公司"）通过网络设备对接被告益阳国安广播电视宽带网络有限责任公司（本部分简称"国安公司"），输送侵权作品《羊皮宰相》在益阳电视台地方戏曲频道播放。柳某某认为二被告的行为侵犯了其著作权，遂诉至法院，请求判令赔偿损失、赔礼道歉、消除影响。

被告潇湘公司辩称系通过中间人得到影像资料，光盘扉页载有"本剧原作者不明"，因此其不知原告系案涉作品作者，不应承担责任；被告国安公司主张按照《最高人民法院关于审理侵害信息网络传播权民事纠纷案件适用法律若干问题的规定》第4条，其仅提供自动接入、自动传输的网络服务，未提供案涉作品，不构成原告所控共同侵权。

法院认为二被告作为作品播放者和网络服务提供者均对案涉作品有审核义务。而二被告均未尽到相应的审核义务，导致案涉侵权作品在益阳电视台播放，根据《著作权法》中"应当由著作权人享有的其他权利"的兜底条款，二被告侵犯了柳某某的著作权，应共同承担侵权责任。

侵权作品；审核义务；作者不明；兜底条款

1. 潇湘公司是否实施了侵害原告案涉作品著作权的行为？

2. 国安公司主张依据《最高人民法院关于审理侵害信息网络传播权民事纠纷案件适用法律若干问题的规定》第4条的规定，其不构成原告所控侵权的说法能否成立？

1. 潇湘公司不能以作品"作者不明"作为其不承担责任的抗辩，其行为构成著作权侵权。

原告柳某某系新编古代剧《羊皮换宰相》的作者，享有著作权。潇湘公司通过网络传输给国安公司搭建的益阳市内有线数字电视传输服务平台在益阳电视台地方戏曲频道上播放的《羊皮宰相》，是南县实验花鼓剧团、湖南文化音像出版社侵犯柳某某《羊皮换宰相》著作权的侵权作品。潇湘公司辩称其不知原告系案涉作品作者，然而法院认为，案涉作品是早已被人民法院确认侵犯原告著作权的作品，人民法院已判决停止该剧出版、发行、销售，湖南文化音像出版社也依照生效判决赔偿了原告柳某某损失，并登报致歉，潇湘公司应当尽到注意审查义务，不能以来源作品载有"本剧原作者不明"作为其不承担责任的抗辩。

2. 单向的、点对多的作品传播方式与点对点、交互式的信息网络传播行为有一定区别，不适用《最高人民法院关于审理侵害信息网络传播权民事纠纷案件适用法律若干问题的规定》第4条的规定，国安公司仍构成侵犯原告的著作权。

国安公司主张其仅提供自动接入、自动传输的网络服务，未提供案涉作品，依据《最高人民法院关于审理侵害信息网络传播权民事纠纷案件适用法律若干问题的规定》第 4 条的规定不构成原告所控侵权。法院经审查认为，播放案涉作品的时间、内容和顺序是由国安公司、潇湘公司确定的，播放方式是从头到尾的流水式的播放，用户只是被动的接受者，与《著作权法》第 10 条第 1 款第 12 项"信息网络传播权，即以有线或者无线方式向公众提供作品，使公众可以在其个人选定的时间和地点获得作品的权利"的规定不符，本案不适用《最高人民法院关于审理侵害信息网络传播权民事纠纷案件适用法律若干问题的规定》第 4 条的规定。此外，其采用的传输信号和技术手段与广播权的外延也不相同，超出了传统广播权涵盖的范围。在《著作权法》未对此类行为的性质予以明确的情况下，本案系法院根据《著作权法》中"应当由著作权人享有的其他权利"的兜底条款来调整。

从国安公司、潇湘公司合作协议内容来看，双方约定潇湘公司有义务及时告知国安公司集成节目的相关信息，共同权利包括参与及监督管理本地合作项目的运营工作。双方均对案涉作品有审核义务，但均未尽到相应的审核义务导致案涉作品在益阳电视台播放，侵犯柳某某的著作权，应共同承担侵权责任。

相关法条

《中华人民共和国著作权法》（2020 年修正）第 10 条

《最高人民法院关于审理侵害信息网络传播权民事纠纷案件适用法律若干问题的规定》（2020 年修正）第 4 条

《武林外传》诉《龙门镖局》不正当竞争纠纷案

影视作品的对比性宣传不会导致相关公众据此得出两作品优劣的评判结论，不构成虚假宣传

竞争是市场经济的特征之一，商品或服务之间的竞争必然涉及广告和宣传活动。当销售者对其产品优点的宣扬不足以压倒竞争者时，就会想方设法攻击竞争对手，这是商业运作的必然逻辑，更是市场自由竞争的必然结果，对比性宣传也就应运而生。但对比性宣传并非没有限度，如果对比性宣传的内容缺乏事实依据并引起消费者误解，这样的行为极易构成反不正当竞争法中的虚假宣传行为。更关键的是，在对比性宣传过程中，将同类产品进行优劣对比，影响被对比方的产品在公众中的评价，从而使得竞争对手的商业信誉、商品声誉造成损害的行为也极易构成反不正当竞争法中的商业诋毁行为。另外，更为微妙的一种对比性宣传，是依附性比较，也就是将自身产品与已经具有良好信誉和市场认可度的产品联系在一起，借后者的知名度"搭便车"以吸引消费者注意力。这样的依附性比较广告宣传往往不进行实质性的比较，而是不正当地利用竞争对手在长期的诚实经营中所建立的良好信誉。这种无偿占用原告商誉的行为是对公平竞争和诚实信用原则的直接违反，同样受到反不正当竞争法的规制。

但与此同时，也必须意识到，并不是任何程度与形式的对比性宣传都应被禁止。适

当、合法的对比性宣传同样具有正向效益和积极价值。从消费者角度来看，比较广告可以最大限度地提高市场透明度、降低消费者的信息搜寻成本，从而保护消费者的知情权和选择权；从经营者角度来看，比较广告可以打破垄断促进竞争，稀释某种品牌的市场占领度，完善市场竞争结构并最终促进市场经济的繁荣；从公民基本权利角度来看，允许合理限度内的对比性宣传的司法政策，也是对言论自由的尊重与保护。所以，如何权衡对比性广告宣传之利弊，在维护市场秩序与商业道德的同时不过度限制商业言论自由，是我国司法实践需要面对的重要课题。

本案是一例正当对比性宣传的典型案例，被告公司在其出品的电视剧《龙门镖局》的宣传过程中，发表了涉及原告电视剧《武林外传》的对比性言论，原告认为该等言论属于引人误解的虚假宣传言论，同时构成对原告商品声誉的不适当贬低。一审法院认为被告的行为确实损害了原告的竞争利益，构成不正当竞争行为。而二审法院认为由于影视作品的特性不同于一般商品，所以被告发表的言论并不是完全没有事实依据的虚假信息，而且不足以直接影响公众对两作品优劣的认知和评价，因此完全推翻了一审法院的裁判结果。本案厘清了正当对比性宣传言论的边界和尺度，为确立此类纠纷的司法裁判规则提供了借鉴，因而入选了"2019 年度北京法院知识产权司法保护十大案例"。

案例来源

（2019）京民终 229 号

案情简介

2005 年 2 月 26 日，本案原告北京联盟影业投资有限公司（本部分简称"联盟影业公司"）与案外人陈某某（笔名"宁财神"）签订《委托聘用创作合同》，约定原告委托陈某某创作 160 集电视剧《武林外传》剧本，创作完成后，原告永久性拥有该剧所生产的全部版权及衍生物品的所有权。后原告投资拍摄了电视剧《武林外传》，该剧一经上映就取得了巨大的成功，成为家喻户晓的电视剧集，获得了业界和观众的广泛喜爱，成为知名品牌。

2013 年 7 月，本案八被告联合投资出品的电视剧《龙门镖局》上映，该电视剧剧本创作者为陈某某。本案原告认为八被告存在以下不正当竞争行为：①八被告在宣传过程中，在多个场合明示、暗示《龙门镖局》与《武林外传》存在"前世今生"的潜在关系，且《龙门镖局》的编剧陈某某亦多次宣称《龙门镖局》系《武林外传》的升级版，以上行为系虚假宣传，构成不正当竞争。②八被告在宣传《龙门镖局》电视剧的过程中，编剧陈某某多次宣称《龙门镖局》"完胜"《武林外传》，有报道称"较之于《武林外传》在置景和服装上的因陋就简，《龙门镖局》可以说是高端洋气"，《武林外传》制作"寒酸"等内容，贬损原告声誉，该行为系商业诋毁，构成不正当竞争。③《武林外传》电视剧的热播使得其成为知名商品，"武林外传"亦成为知名商品的特有名称，八被告在宣传《龙门镖局》电视剧的过程中，使用了"武林外传"的文字，造成了相关公众的误认，其行为属于擅自使用知名商品特有的名称的行为，构成不正当竞争。④八被告进行虚假宣传、商业诋毁，选取与原告所投资制作的《武林外传》相同的编剧拍摄《龙门镖局》，故意突出编剧的地位，直接将《武林外传》获得的成果作为其宣传内容，不公平地占有了原告的市场优势和商业机会，违背了经营者在市场交易过程中应当遵循的公平原则、诚实信用原则和公认的商业道德，属于"搭便车"的不正当竞争行为。

一审法院经审理认为原告部分主张成立，八被告中的北京小马奔腾壹影视文化发展有限公司（本部分简称"小马奔腾壹公司"）案涉行为属于《反不正当竞争法》中的虚假宣传和商业诋毁行为，其应承担相应民事责任。而二审法院认为，案涉对比性宣传的表述尚不足以使相关公众据此得出两剧优劣的评判结论，并进而降低或贬损原告联盟影业公司的商业信誉、商品声誉。因此，二审法院撤销一审判决，驳回了联盟影业公司的诉讼请求。

关键词

商业信誉；虚假宣传；商业诋毁；不正当竞争

争议焦点

1. 本案被告的被诉行为是否构成虚假宣传？
2. 本案被告的被诉行为是否构成商业诋毁？

裁判观点

1. 被告小马奔腾壹公司宣称案涉作品系原告作品的"升级版"，不构成《反不正当竞争法》所规制的虚假宣传行为。

二审法院认为，《反不正当竞争法》规定的虚假宣传行为，其本质在于引人误解。真实是诚实商业行为的主要原则之一，禁止欺骗是公平竞争观念的应有之义。虚假宣传会使诚实的竞争对手失掉客户，会使消费者受错误信息的引导而花费更多的选择成本，会减少市场的透明度，最终会对整个经济和社会福利带来不利后果。经营者应当对一般消费者的普遍理解予以足够注意，尤其是在涉及他人商业信誉或商品声誉时，应当对相关事实作全面、客观的介绍，并采取适当措施避免使消费者产生歧义，进而造成误认。但同时，在认定某一宣传行为是否构成《反不正当竞争法》所规制的虚假宣传行为时，不仅要对宣传内容的真实性、客观性进行分析，也要关注宣传行为的后果是否导致了相关公众的误认，造成了引人误解的实际后果或者可能性。

具体到本案，一审法院认定构成虚假宣传的具体内容为，被告小马奔腾壹公司的签约编剧陈某某多次宣称《龙门镖局》是《武林外传》的"升级版"。其中有关"升级版"的表述没有基于有选择性的具体特征或者属性进行，而是笼统表述，缺乏客观的数据、指标、参数验证。但从二审补充查明的新闻报道的内容看，与"升级版"表述相关的新闻报道中同时包含有新闻媒体等第三方有关两剧的具体比对，其中包括："剧中主演虽然身穿古装，但台词和表演却充满了现代气息，剧情中穿插着各种网络游戏、流行歌曲、曲艺表演""电视里没有情景喜剧的那种局促感，也不是横店那些熟悉的布景，原来《龙门镖局》剧组的确耗资在丽江束河古镇旁建造了一座占地二十亩的实景镖局""前者（指《武林外传》）只是录影棚搭建的小客栈，80集里80%的戏份都是围绕着那张木饭桌，而后者（指《龙门镖局》）不仅在丽江搭了真实的镖局，甚至平地建造了一个真实的小镇""从制作角度上，《龙门镖局》显然不能按照《武林外传》2.0来理解，无论是布景、摄像、服装都升级了好几个级别。看来,一次成功很重要,至少它会是下一个作品的基础,有了投资,什么装备就都不是问题,而装备升级了,看起来总是容光焕发。在内核上,《龙门镖局》跟《武林外传》倒是很相似,不过叙事从原来的单元结构变成了线性结构,这算是宁财神升级了吧"等报道内容。根据上述内容可知,《龙门镖局》和《武林外传》至少存在剧情元素、拍摄场地、制作、叙事结构等方面的改变或提升。所以,案涉"升级"言论并非完全没有事实依据和客观基础。

另外,从引人误解的可能性角度分析,由于艺术作品本身的特性,以及观众欣赏需求的多样性,其水平和质量的高低往往缺乏客观的标准,相关公众对于一部影视剧的质量评判通常也不会仅依赖于他人的推介。单就观众这一市场受众而言,不会因为观看了一部被宣传为"好"的剧而当然地不再观看另一部被对比性宣传为"不好"的剧,即对于电视剧的观众而言,不会像购买商品的相关公众那样,基于某一产品系另一产品的"升级版"的表述就选择一个产品并当然地放弃另一产品。电视剧与其他商品相比,对于观众而言,不同剧之间并不必然地具有替代性。就版权交易市场而言,在案证据无法证明上述宣传内容对联盟影业公司《武林外传》电视剧的版权授权市场带来了负面影响,也无证据证明联盟影业公司在《武林外传》电视剧的版权授权市场上因此遭受损失。

综上,结合二审查明的事实,在案证据尚不足以证明被告小马奔腾壹公司的签约编剧陈某某有关《龙门镖局》是《武林外传》"升级版"的表述构成《反不正当竞争法》规定的虚假宣传行为。

2. 被告小马奔腾壹公司有关案涉作品"完胜"原告作品的陈述,不构成《反不正当竞争法》所规制的商业诋毁行为。

与虚假宣传相比,商业诋毁侧重于对于竞争对手的营业活动、商品或者服务进行虚假陈述进而损害其商业信誉、商品声誉。上述规定中的虚伪事实,既包括虚假的事实,也包括其他引人误解的事实,只要导致损害竞争对手的商业信誉、商品声誉的后果,即构成商业诋毁行为。

本案中,一审判决认定被告有关《龙门镖局》能"完胜"《武林外传》的陈述构成商业诋毁。一方面,其中"完胜"一词是指以较大优势胜过对手。如前所述,根据新闻报道的内容,《龙门镖局》和《武林外传》相比确实在某些方面有所改变或提升,考虑到影视剧等艺术作品在优劣的评判方面缺乏客观标准,因此上述改变或者提升是否能够达到"完胜"的程度,属于见仁见智的问题。据此,被告小马奔腾壹公司签约编剧陈某某有关"完胜"的表述确实缺乏客观标准或参数。但另一方面,该表述尚不足以使相关公众据此得出两剧优劣的评判结论,并进而降低或贬损《武林外传》出品方联盟影业公司的商业信誉、商品声誉。因此,一审判决就此所作认定有误,应予纠正。

相关法条

《中华人民共和国反不正当竞争法》(2019年修正)第6条、第8条、第11条

《最高人民法院关于适用〈中华人民共和国反不正当竞争法〉若干问题的解释》(2022年施行)第17条

《三生三世十里桃花》信息网络传播权纠纷案

"图解电影"的合理使用边界

　　短视频的快速发展促使人们趋向碎片化的阅读，"图解电影"这一作品传播形式顺势兴起。图解电影即通过图文并茂的剧情梗概加之制作者的辅助解说，用户可以在短时间内快速掌握影视作品剧情，大大降低了获取影视作品内容信息的成本。然而，由于图片解说的形式往往直接使用原作品的画面、情节等要素，存在侵权隐患。

　　本案为全国首例"图解电影"侵权案，在本案中法院明确了将他人的视听作品[1]进行截图制作成图片集、实质呈现主要画面和具体情节等内容的行为，超出了介绍、评论的必要限度，在客观上起到了替代原作品的效果，不构成合理使用，属于侵权行为。本案判决界定了影视作品合理使用的边界，将假借创新之名，实则通过新型技术手段不当利用作品的行为认定为侵权行为，有助于平衡激励创新理念和著作权保护原则，推进影视产业健康发展。

案例来源

　　（2020）京 73 民终 187 号

案情简介

　　"图解电影"为一款在线图文电影解说软件，以"十分钟品味一部好电影"为口号，将市面上的电影和影视剧集制作成图片集的形式，配以解说从而吸引用户。优酷网络技术（北京）有限公司（本部分简称"优酷网络公司"）以授权的方式获得电视剧《三生三世十里桃花》在中国大陆境内独占专有的信息网络传播权（含转授权、维权权利）。优酷网络公司认为"图解电影"软件未经其许可提供了电视剧《三生三世十里桃花》的连续图集，内容基本涵盖了剧集的主要画面和全部情节，构成对其信息网络传播权的侵害，因此将"图解电影"平台的运营方深圳市蜀黍科技有限公司（本部分简称"蜀黍科技公司"）诉至北京互联网法院，要求对方赔偿经济损失和合理费用共计 50 万元。被告蜀黍科技公司提交了平台发布的《版权与免责声明》和用户后台记录，用以证明其在本案中仅为信息存储空间服务提供者，用户系"图解电影"平台发表内容的原创作者，应对其引用内容的合法性负责。

　　一审、二审法院认为：首先，优酷网络公司对案涉剧集享有《著作权法》规定的信息网络传播权，蜀黍科技公司实施的被控侵权行为过滤了案涉剧集的音效内容，截取了案涉剧集中的 382 幅画面，其截取的画面并非进入公有领域的自由创作元素，而属于案涉剧集中具有独创性表达的部分内容，被诉侵权行为构成侵权。其次，蜀黍科技公司提供案涉图

---

　　[1]　2001 年修正的《著作权法》规定了"电影作品和以类似摄制电影的方法创作的作品"的作品种类，在学界一般被称为"类电作品"。2020 年修正《著作权法》时，为顺应科技发展潮流，立法者将"类电作品"修改为"视听作品"，以将此类作品的范围扩大，将体育赛事直播画面、网络游戏画面等作品纳入保护范围。为保持判决的完整性，对于《著作权法》（2020 年修正）施行前发生的案例，本书在有关案情的部分保留"类电作品"的表述。

片集的行为已超过适当引用的必要限度，影响案涉剧集的正常使用，损害权利人的合法权益，不属于合理使用，应当承担相应责任。

关键词

图解电影；信息网络传播权；合理使用

争议焦点

1. 优酷网络公司是否有权提起本案诉讼？
2. 蜀黍科技公司是否实施了被诉侵权行为？
3. 蜀黍科技公司实施的被诉侵权行为是否构成对案涉剧集信息网络传播权的侵犯？

裁判观点

1. 优酷网络公司有权提起本案诉讼。

被告蜀黍科技公司对原告享有案涉剧集的信息网络传播权不持异议，但认为被诉侵权行为系对案涉剧集进行截图制作图片集，属于对类电作品的改编，不在原告优酷网络公司享有的信息网络传播权所涵盖的范围内。

对此，法院认为，虽然被告蜀黍科技公司改变了案涉剧集作品原有的表现形式，提供的为图片集而并非视频本身，但对《著作权法》第10条第1款第12项规定的"以有线或者无线方式向公众提供作品"的行为，不应狭隘地限定为以不改变作品形式的方式向公众提供完整的作品。因为《著作权法》保护的是独创性的表达，只要使用了作品具有独创性表达的部分，均在作品信息网络传播权的控制范围之内。本案中被告蜀黍科技公司虽提供的是图片集的形式，但其图片集内容对案涉剧集作品的主要情节、背景设计、画面排布等基本进行了一比一地复制使用，属于使用了案涉剧集作品的独创性表达部分，因此优酷网络公司系本案适格原告。

2. 蜀黍科技公司实施了被诉侵权行为。

法院认为，根据《最高人民法院关于审理侵害信息网络传播权民事纠纷案件适用法律若干问题的规定》第3条、第6条规定，被告主张其仅提供信息存储空间服务，案涉图片剧集为网络用户上传，应该承担相应的举证责任。但根据被告提供证据显示的网络用户名为网络昵称，并非用户真实姓名；注册邮箱也不确定为实名账户注册；手机IMEI（International Mobile Equipment Identity，国际移动设备识别码）号仅是手机序列编号，可用于识别移动设备，但不能据此锁定设备使用者。因此，被告蜀黍科技公司提供的证据不足以证明案涉图片集为具体、实在的真实用户所上传，蜀黍科技公司对此应承担举证不利的后果。故对被告蜀黍科技公司关于其仅为信息存储空间服务提供者、不承担侵权责任的抗辩意见法院不予采纳。

3. 蜀黍科技公司实施的被诉侵权行为构成对案涉剧集信息网络传播权的侵犯。

案涉剧集是连续动态的影视画面，而案涉图片集是静态图片，虽然两者表现形式不同，但并不意味着改变了类电作品的形态就不构成提供作品的行为。且根据现有制作技术，流动画面的类电作品的实质，是静止画面的集合和连续播放，类电作品中一帧一帧的画面亦应是该作品的组成部分。因此，判断蜀黍科技公司是否存在提供作品的行为，关键还是在于考察案涉图片集是否使用了案涉剧集具有独创性的表达。本案中，案涉图片集截取了案涉剧集中的 382 幅画面，且该 382 幅画面通过被制作成图片集的形式，可以基本还原案涉剧集的核心情节和独创画面，系案涉剧集中具有独创性表达的内容，构成提供作品的行为，且通过网络在线方式，使公众可以在其个人选定的时间和地点获得案涉图片集，侵犯了案涉剧集享有的信息网络传播权。

此外，案涉图片集是否构成新的作品与本案侵权是否成立无关。《著作权法实施条例》第 22 条（现《著作权法》第 24 条）规定了著作权合理使用的构成要件，被告提供案涉图片集的行为已超过适当引用的必要限度，亦非出于评论性引用的目的，公众可通过浏览图片集快捷地获悉案涉剧集的关键画面、主要情节，已经影响案涉剧集的正常使用，损害了权利人的合法权益，不属于合理使用。

相关法条

《中华人民共和国著作权法》（2020 年修正）第 3 条、第 10 条、第 17 条、第 24 条

《中华人民共和国著作权法实施条例》（2013 年修订）第 21 条

《最高人民法院关于审理侵害信息网络传播权民事纠纷案件适用法律若干问题的规定》（2020 年修正）第 3 条、第 6 条

《见字如面》侵害文字作品著作权侵权纠纷案

超过引用目的和适当程度的作品使用行为不构成合理使用

合理使用制度作为对著作权的重要限制，彰显了《著作权法》促进文化事业发展与保护作者权益两者并重的立法精神，平衡了创作者、传播者、使用者三者之间的利益格局。所以，合理使用制度不仅包括对合理利用文化资源行为的保护与激励，同时也要兼顾创作者的权益，不过度抑制创作动力。《著作权法》第 24 条规定，合理使用者"不得影响该作品的正常使用，也不得不合理地损害著作权人的合法权益"，正是保护著作权人利益的体现，我国《著作权法》所明文规定的合理使用情形较为宽泛，须根据该条规定予以限缩。

本案是一起典型的使用他人作品引起的著作权纠纷案件，法院通过分析，确定了视频平台、电视台的文化节目对文字作品合理使用的法律边界，明确了未经著作权人许可，以著作权各项专有权利控制的方式使用其作品，且该使用行为不符合合理使用、法定许可等情形的，构成对他人著作权的侵害。

案例来源

（2020）京 0491 民初 2880 号

案情简介

在《见字如面》第二季第十期节目（本部分简称"案涉节目"）中，演员李某某朗读了《律师爸爸陈某某给女儿三毛的一封信——过去·现在·未来》（本部分简称"案涉

书信"）部分内容并配有中文字幕，案涉节目在"腾讯视频"APP及相应的网页端进行了信息网络传播，播出时片尾署名的联合出品人为本案三被告。案涉书信的作者陈某某的三位在世子女为本案原告。与案涉书信相比，除了名称不同，案涉节目使用案涉书信的部分还存在字词、短语的增添、修改和删减等方面的不同。案涉节目播出时，主持人及书信解读嘉宾对案涉书信进行了介绍和评论。原告认为，自己父亲陈某某对案涉书信享有著作权。作为案涉节目署名的联合出品人，三被告侵害了陈某某对案涉书信享有修改权、复制权、表演权与信息网络传播权。被告答辩称，在案涉节目中使用案涉书信的行为系为介绍、评论该书信及说明相关主题而适当引用书信的部分内容，构成合理使用。

法院认为，案涉节目对案涉书信内容进行改动后，录制了演员对案涉书信进行朗读的现场并加配字幕后播出，侵害了案涉书信著作权人的修改权、复制权、表演权以及信息网络传播权。同时，被告提出的合理使用的答辩理由不能成立，因为案涉节目对案涉书信的使用影响了案涉书信的正常使用、不合理地损害了著作权人的合法权益。据此，法院支持了三原告的诉讼请求。

关键词

书信；文字作品；著作权；合理使用

争议焦点

1. 三被告是否实施了对案涉书信的修改、复制、表演及信息网络传播行为？
2. 案涉行为是否构成合理使用？

裁判观点

三被告并未举证证明案涉节目使用案涉书信的内容经过了案涉书信作者或作为其继承人的三原告的许可，三原告亦称从未许可三被告在案涉节目中使用案涉书信。因此，本案中认定是否构成侵害著作权，首先要看是否存在以修改、复制、表演、信息网络传播等方式使用案涉书信的行为。其次，则要看前述使用行为是否构成合理使用。

1. 三被告在其出品的节目中实施了对案涉书信的修改、复制、表演及信息网络传播的行为。

首先，案涉节目对书信内容及标题的改动构成了对案涉书信的修改行为。对作品内容作局部变更以及文字、用语的修正属于对作品的修改，是受修改权控制的行为。本案中，案涉节目在使用案涉书信时对书信字词、短语的增添、修改或删除，属于对案涉书信的文字性修改和删减；将案涉书信的长句、段落删除以及调换段落顺序，属于对书信内容的变更，因而均落入案涉书信修改权控制的范畴。此外，对书信标题的改动亦属于对书信内容的修改。案涉节目在使用案涉书信时，将案涉书信中的一句话"你这一次的境界是没有回头路可言了"作为书信的标题使用，对案涉书信的标题进行了改动，属于对案涉书信内容的修改。并且对作品修改效果的好坏并不影响修改行为的构成。

其次，对案涉书信的朗读及加配字幕的行为构成对案涉书信的复制及表演。在案涉节目中，演员面对现场观众，配合肢体动作及面部表情，将案涉书信的部分内容饱含感情地朗读出来，属于对案涉书信的表演行为。

最后，案涉节目的播放构成对案涉书信的信息网络传播。即使信息网络传播的直接对象是案涉节目，但该行为却实际达到了向公众提供案涉书信的效果，使公众获得了了解书信内容的可能性。故将案涉节目进行信息网络传播的行为，同时也构成对案涉书信的信息网络传播，受案涉书信信息网络传播权的控制。

综上，三被告在其出品的电视节目中对案涉书信标题及内容进行改动并由演员朗读的行为，属于对案涉书信的修改、复制、表演及信息网络传播行为。

2. 案涉节目对案涉书信的使用不构成合理使用。

判断案涉节目引用、修改、表演案涉书信的行为是否属于对案涉书信的合理使用，应当考虑以下因素：①案涉节目对案涉书信的使用是否为"适当引用"；②案涉节目对案涉书信的使用是否与案涉书信的正常利用相冲突；③案涉节目对案涉书信的使用是否不合理地损害案涉书信著作权人的合法权益。

结合三被告的抗辩意见，法院作出以下论述：首先，案涉节目对案涉书信的使用不属于"适当引用"。综合引用数量和内容两方面因素，案涉节目使用案涉书信已达到基本再现案涉书信内容的程度，且该种使用并非出于介绍、评论或说明的目的，因而不属于适当引用。其次，案涉节目的使用行为影响案涉书信的正常使用。案涉节目未经许可通过朗读的方式再现了案涉书信的实质内容，必然会对三原告授权他人以类似方式使用案涉书信产生影响。最后，案涉节目的使用行为不合理地损害了著作权人的合法权益。案涉节目在使用案涉书信的同时还对案涉书信进行了修改，不仅会影响三原告获得经济利益，还侵害了案涉书信的修改权这一包含作者人格利益的权利，造成了对著作权人合法权益的损害。因此，案涉节目使用案涉书信的行为不属于合理使用。

综上所述，案涉节目使用案涉书信并进行信息网络传播的行为侵害了案涉书信的修改权、复制权、表演权及信息网络传播权。三原告的相关主张成立，法院予以支持。

相关法条

《中华人民共和国著作权法》（2020 年修正）第 10 条、第 24 条

第三节　综艺节目

《非诚勿扰》商标纠纷案

在不同服务类别中使用近似商标标识不构成侵权

近年来，随着电视文化产品的发展与商标所有人权利意识的觉醒，电视节目商标纠纷案层出不穷。文字的使用具有公共性，但商标权利的享有却具有排他性，一旦注册商标的核准类别与电视节目性质具有相同或近似的属性，侵权纠纷在所难免。在保障商标权人正当权益、维护广播电视行业的创作权利及热情的同时，也要发展促进文化产业繁荣、多元的自由创作平台，二者的平衡是理论界和实务界共同关注的难题。

本案被评为"2016年中国法院十大知识产权案件"，从案件影响层面，本案被诉侵权的《非诚勿扰》影视节目具有极高的国民知名度；从法律影响层面，本案的再审判决对于电视节目名称是否属于商标性使用，以及如何判断电视节目的服务类别等问题进行了深入分析，为今后解决相关问题提供了宝贵的经验。本案法官立足于《商标法》宗旨，没有简单、孤立地将电视节目的某种表现形式或某一题材内容从整体节目中割裂开来，而是综合考察节目的整体和主要特征，把握其行为本质，作出了合理认定。此案的判决结果为解决电视节目名称与商标之间的关系问题提供了清晰的解决思路，同时体现了知识产权司法保护力度与创新程度相适应的"比例协调"司法政策。

案例来源

（2016）粤民再447号

案情简介

2009年2月16日，本案原告金某某向商标局申请注册"非诚勿扰"商标，并于2010年9月7日获得该商标注册证，核定服务项目为第45类的"交友服务、婚姻介绍所"等。本案被告江苏省广播电视总台（本部分简称"江苏电视台"）旗下的江苏卫视于2010年开办了以婚恋交友为主题、名称为"非诚勿扰"的电视节目。另一被告深圳市珍爱网信息技术有限公司（本部分简称"珍爱网公司"）为"非诚勿扰"节目提供招募嘉宾、推选相亲对象、广告推销等服务。本案原告以两被告侵害其注册商标专用权为由，向广东省深圳市南山区人民法院提起诉讼，请求法院判令江苏卫视频道立即停止使用"非诚勿扰"栏目名称，珍爱网公司立即停止使用"非诚勿扰"名称进行广告推销、报名筛选、后续服务等共同侵权行为。

一审法院认为，两被告所开办、推销的"非诚勿扰"电视节目虽然与原告注册商标的"非诚勿扰"服务项目一样，都与婚恋交友有关，但前者属于电视节目，后者属于婚恋市场的服务，相关公众一般不会认为二者存在特定的联系，并未造成公众混淆，被告并不构成侵权。随后原告上诉到广东省深圳市中级人民法院，该院二审认为，"非诚勿扰"电视节目与金某某案涉注册商标所核定的"交友、婚姻介绍"服务类别相同，被告行为构成侵权。被告向广东省高级人民法院申请再审，再审法院认为江苏电视台对"非诚勿扰"标识的使用，不构成对金某某注册商标权的侵犯，从而撤销二审判决，维持一审判决。

关键词

商标侵权；商标性使用；服务类别

争议焦点

1. 将他人已注册商标作为电视节目名称，同时标注台标以明晰来源的相关行为是否属于商标性使用？

2. 案涉电视节目名称使用他人已注册商标是否构成商标侵权？

裁判观点

1. 被告江苏电视台对被诉"非诚勿扰"标识的使用属于商标性使用。

判断被诉标识是否属于商标性使用，关键在于判断相关标识的使用是否为了指示相关商品、服务的来源，起到使公众区分不同商品、服务提供者的作用。

在本案中，尽管被诉节目具有的"非诚勿扰"标识在播出过程中图样、位置多变，且标注了江苏卫视的台标，但相关标识具有电视节目名称的属性并不能当然排斥该标识作为商标的可能性，而被诉标识在电视节目上的显示位置、样式是否固定、使用的同时是否还使用了其他标识，亦非否定被诉标识作为商标性使用的充分理据。

本案被诉的"非诚勿扰"标识，从客观情况看，它在使用方式上具有持续性与连贯性，整体呈现方式上也具有一定独特性，经过江苏电视台反复多次、大量地在其电视、官网、招商广告、现场宣传等商业活动中单独使用或突出使用，具有较强显著性，相关公众在看到该标识时，大概率会联想到该电视节目及其提供者江苏电视台，事实上起到了商标所具有的指示来源的功能作用。江苏电视台在播出被诉节目同时标注"江苏卫视"台标的行为，客观上并未改变"非诚勿扰"标识指示来源的作用和功能；从主观情况来看，江苏电视台也有将该标识作为品牌来使用和维护的意图。因此，本案被告江苏电视台对被诉"非诚勿扰"标识的使用，从客观使用情况和主观意图来看，属于商标性使用。

2. 案涉电视节目名称使用他人已注册商标并未构成商标侵权。

在商标侵权判断中，必须对被诉标识与注册商标相比是否相同或近似、两者服务是否相同或类似，以及在确定其保护范围与保护强度的基础上考虑相关公众混淆和误认的可能性这三方面作出判断。

首先，在被诉标识与注册商标是否相同或近似方面，本案涉及的被诉标识与金某某注册商标在文字形态上存在繁体字与简体字的区别，在字体及文字排列上亦有差异，在图案颜色上也有所不同，故不属于相同标识。但两者的核心部分均为"非诚勿扰"四字，文字构成相同，整体结构相似，因此在客观要素上属于相似标识。

其次，在两者服务类别是否相同或类似方面，应当根据商标在商业流通中发挥识别作用的本质，结合相关服务的目的、内容、方式、对象等方面情况并结合相关公众对相应商标和服务的一般认识进行综合考量。被诉节目《非诚勿扰》的服务目的是使社会公众在娱乐和休闲的同时，了解当今社会交友现象及相关婚恋价值观念，凭节目的收视率与关注度获取广告赞助等经济收入；服务的内容和方式是通过电视广播这一特定渠道和大众传媒方式向社会提供和传播文娱节目；服务对象是不特定的广大电视观众等。而原告注册的商标类别"交友服务、婚姻介绍所"系为满足特定个人的婚配需求而提供的中介服务，服务目的系通过提供促成婚恋配对的服务来获取经济收入；服务内容和方式通常包括管理具有相关需求的人员信息、提供咨询建议、传递意向信息等中介服务；服务对象为特定的有婚恋需求的未婚男女。综上，两者在服务目的、内容、方式和对象上均存在明显区别。以相关公众的一般认知，能够清晰区分电视文娱节目与现实中的婚介服务活动，不会误以为两者具有某种特定联系，故两者不构成相同或类似服务。

最后，在是否引起公众混淆误认方面，原告注册商标中的"非诚勿扰"文字本是商贸活动中的常见词汇，用于婚姻介绍服务领域显著性较低，其亦未经过原告长期、大量的使用而获得后天的显著性。但被诉侵权节目《非诚勿扰》经过长期热播，作为娱乐、消遣的综艺性文娱电视节目为公众所熟知，具有较高的知名度。即使被诉节目涉及交友方面的内容，相关公众也能够对该服务来源作出清晰区分，不会产生两者的误认或混淆。

综合以上三点，被诉"非诚勿扰"标识与原告注册商标在客观要素上相近似，但两者用于不同的服务类别，也不会使相关公众产生混淆误认，因此被告不构成侵权。

相关法条

《中华人民共和国商标法》（2019 年修正）第 57 条

《最高人民法院关于审理商标民事纠纷案件适用法律若干问题的解释》（2020 年修正）第 9 条、第 10 条、第 11 条、第 12 条

《好久不见》表演者权纠纷案

真人秀节目在广播和在线传播的节目画面中应表明表演者身份

伴随着短视频平台和视频网站的涌现，真人秀节目以其精彩的剧本安排、丰富的人员表演和具有冲突性的情节设计广受观众的喜爱。依据剧本进行拍摄的真人秀节目，需要表演者融入自身的情感、经历和性格，以声音、动作、表情等各种形式演绎剧本内容，此类节目具有独创性和可复制性，应受《著作权法》保护，根据《著作权法》第 39 条第 1 款的规定，表演者应当对于真人秀节目享有其作为表演者应有的系列权利。

案涉节目《好久不见》属于一档真人秀节目，本案被告在没有实质证据证明与原告已经就表明表演者身份的形式有明确约定的情况下，径行在广播和在线传播的节目画面中不以任何形式表明或者说明原告的表演者身份，构成对原告表明表演者身份权利的侵犯。并且法院指出，原告此前因录制真人秀节目而收取报酬的行为并不等同于原告对被告将其录制的案涉节目可以通过信息网络传播的许可。

案例来源

（2020）京 0491 民初 28159 号

案情简介

2018 年 3 月，原告李某某受到被告吉林广播电视台邀请录制一档名为《好久不见》的真人秀节目并收取了相应的报酬，但双方在协商阶段并未签署书面合同。原告称被告因无法联系到真实事件的主人公，遂通过经纪人联系到自己，表示期望在电影《前任 3》热播之际制作一期电视节目，但并未明确告知原告电视节目的具体名称及相关细节，表示只需要按照电视台提供的剧本表演即可，并承诺给予原告 1500 元的劳务报酬。2018 年 3 月 15 日，李某某按照吉林广播电视台提供的剧本与第三人高某某进行了节目的录制，其中第三人高某某在该真人秀节目中饰演原告的前任。在节目于 2018 年 4 月 19 日在吉林电视台《好久不见》栏目第 33 期《分手十年，她寻找初恋男友……》播出后，吉林广播电视

台未在李某某出演的视频中表明其真实身份。吉林广播电视台辩称李某某的经纪人在李某某录制节目前已告知李某某录制栏目名称和内容，且在节目录制现场的舞美有非常显著的"好久不见"Logo，无法表明李某某表演者身份，是因为《好久不见》栏目具有特殊性。

在节目录制完成后，吉林广播电视台还将李某某出演的节目视频上传至其官方网站、客户端、爱奇艺、今日头条、西瓜视频的官方账号中。

原告李某某主张在其出演的被告的栏目《好久不见》第33期视频中从节目开头介绍至结尾均未表明其表演者身份的行为侵犯了其作为表演者应享有的表明表演者身份的权利，在节目录制完成后通过各大网络平台传播案涉视频的行为侵犯了其作为表演者享有的许可他人通过信息网络向公众传播其表演，并获得报酬的权利。法院认为，原告李某某应当享有其作为表演者享有的权利，被告吉林广播电视台未经许可便通过信息网络传播原告表演节目的行为已经侵害了李某某作为表演者对其表演享有的信息网络传播权。

关键词

真人秀节目；表演者；信息网络传播权

争议焦点

1. 原告李某某是否具有表演者的身份，享有表演者的权利？
2. 被告吉林广播电视台将原告出演的节目视频通过信息网络传播的行为是否构成侵权？

裁判观点

1. 原告李某某具有表演者的身份，享有表演者的权利。

根据《著作权法实施条例》规定，表演者，是指演员、演出单位或者其他表演文学、艺术作品的人。通常认为，表演是指表演者根据自己对作品的理解和阐释，以自己的声音、动作或表情或借助乐器等道具表现作品的内容。本案中，原告李某某和第三人高某某按照吉林广播电视台提供的剧本，并在现场编导等人员组织安排下，事先进行了一定形式的排练，节目录制过程中，二人融入自身的情感并以声音、动作、表情的形式演绎剧本内容，符合《著作权法》中的表演者的相关规定，应当享有其作为表演者享有的权利。

2. 被告吉林广播电视台未经许可，将原告李某某出演的节目视频通过信息网络传播的行为构成侵权。

根据《著作权法》第39条第1款第1项的规定，表演者对其表演享有表明表演者身份的权利。法院认为，从现有证据来看，原告李某某长期多次参与各类节目的表演和节目的录制，具备一定的表演功底和从业的经验，在接受邀请时可能对案涉节目的具体情况了解不够，但是经过编导的现场说明、指导并结合录制现场的场景布置及安排，有合理的理由可以认定李某某对于其出演节目的名称、内容及形式的基本情况在录制时是基本清楚的。即便如此，对于被告吉林广播电视台抗辩称其案涉节目具有特殊性，不便标明表演者的身份的主张，法院认为，如前所述，即使原告知晓案涉节目系所谓的"真人秀"节目，在没有证据证明被告与原告已经就表明表演者身份的形式有明确约定的情况下，径行在广播和在线传播的节目画面中不以任何形式标明或者说明原告的表演者身份，也构成对原告李某某表明表演者身份权利的侵犯。

根据《著作权法》第 39 条第 1 款第 6 项规定，表演者对其表演享有许可他人通过信息网络向公众传播其表演，并获得报酬的权利。本案中，原告李某某受到吉林广播电视台邀请录制节目并收取了相应的报酬，由于双方并未签署书面的合同，本案的现有证据并不能证明被告吉林广播电视台已经取得了李某某对其录制的案涉节目可以通过信息网络传播的许可，吉林广播电视台未经李某某的许可将李某某出演的节目视频上传至其官方网站、客户端、爱奇艺、今日头条、西瓜视频的官方账号中，其行为已经侵害了原告李某某作为表演者对其表演享有的信息网络传播权。

相关法条

《中华人民共和国著作权法》(2020 年修正) 第 39 条

《快乐大本营》信息网络传播权纠纷案

网页深度链接构成对信息网络传播权的侵犯

随着信息网络技术的发展和便捷网络运输的需求增大，一些网络服务商开发出了一些新型网络作品传播技术手段，比如深度链接，即链接提供者在引导用户获得被链接内容时，无须进入到被链接网站即可获得被链接内容，且该内容仍存储于被链接网站。通过深度链接，设链网站可以获得被链接网站的内容，以较低的成本导入用户流量，增加网站内页的权重，提升用户体验。

目前在移动终端上的设链网站一般都是通过定向链接抓取技术，将散布于全网或几个主流网站上的资源通过"深度链接"的方式，抓取、集合在自己的平台上，按照自己设计的界面、编排方式呈现给用户，从而可能使网络用户产生一种错觉，误以为自己是从网络服务商的网站中在线欣赏或下载该作品。如此一来，如何判断网络服务商深度链接行为的法律性质，即该行为是客观上的技术行为，还是信息网络传播行为，在理论和司法实践中均存在争议。争议主要发生在两种学说之间，一种是"用户感知标准"，另一种是"服务器标准"。

用户感知标准，是指不管案涉作品实际由谁上传，只要作品传播时的外部表现形式使得用户认为系被诉网站或软件的经营者直接提供了该作品，就可以被认定构成作品提供行为，用户感知标准虽然看似效率高、认定简便，但用户感知标准因案变化，主观性过强，实务中普遍应用程度不高。目前我国司法实践大多还是采用服务器标准，即只有将作品上传到向公众开放的网络服务器上的行为，才是网络传播行为。依"服务器标准"，则深度链接服务并不存在上传行为，所以不属于信息网络传播行为，也就不构成直接侵权。因此，只有当深度链接提供者明知或者应知被链接作品内容构成侵权的情况下，才可以认定其建立深度链接的行为构成间接侵权。

本案涉及深度链接行为的信息网络传播权纠纷，强调了我国著作权法中信息网络传播行为的判定标准应是服务器标准，而非用户感知标准。

案例来源

（2015）沪知民终字第 213 号

案情简介

2013 年 12 月 31 日，湖南快乐阳光活动娱乐传媒有限公司（本部分简称"快乐阳光公司"）出具授权书，将包括《快乐大本营》在内的综艺节目之节目视频内容独家授权给北京奇艺世纪科技有限公司（本部分简称"奇艺公司"），授权性质包括了独家信息网络传播权及维权权利。上海幻电信息科技有限公司（本部分简称"幻电公司"）经营的"哔哩哔哩"（www. bilibili. com）网站上可以搜索观看《快乐大本营》节目视频内容。该被诉侵权视频内容系由幻电公司链接自"乐视网"，链接地址由网络用户"情怀酱"于 2014 年 7 月 20 日上传，具体过程为：网络用户将提供视频内容的"乐视网"网站链接地址或代码上传至"哔哩哔哩"网站，幻电公司根据代码向视频所在网站服务器发送请求，并根据视频所在网站服务器的回复，提取视频文件数据在幻电公司网站的播放器中进行播放。就案涉作品，奇艺公司与"乐视网"之间不存在授权合作关系，因此奇艺公司诉至法院，主张幻电公司在其开设网站中建立深度链接的行为构成侵权，请求判令幻电公司赔偿经济损失及合理费用。

一审法院认为幻电公司构成作品提供行为，侵害了奇艺公司的信息网络传播权，判令幻电公司赔偿奇艺公司经济损失 3000 元及维权合理费用 2500 元。一审判决后，幻电公司、奇艺公司均不服，提起上诉。二审法院审理后认为，案涉节目实际上来源于"乐视网"且其传播受控于"乐视网"，幻电公司通过技术手段为案涉节目的传播提供搜索、链接服务，并未将作品置于网络中，不构成作品提供行为，亦不属于直接侵权行为，但其行为帮助侵犯了奇艺公司的信息网络传播权，应当承担赔偿责任。虽然原审适用法律有瑕疵，但认定事实清楚，所作判决并无不当。因此，判决驳回上诉，维持原判。

关键词

信息网络传播权；深度链接；间接侵权

争议焦点

1. 提供深度链接是否属于信息网络传播行为？

2. 如果深度链接行为不构成信息网络传播，那么深度链接服务提供者是否有可能承担间接侵权责任？

裁判观点

1. 深度链接行为不属于信息网络传播行为。

根据《著作权法》第 10 条第 1 款第 12 项规定，信息网络传播权是以"有线或者无线方式向公众提供作品，使公众可以在其个人选定的时间和地点获得作品的权利"。网络用户、网络服务提供者未经许可，通过信息网络提供权利人享有信息网络传播权的作品，构成侵害信息网络传播权。通过上传到网络服务器、设置共享文件或者利用文件分享软件等方式,将作品置于信息网络中,使公众能够在个人选定的时间和地点以下载、浏览或者其他方式获得的,应当认定为实施了提供行为。因此,构成信息网络传播权侵权需具备以下条件:①未经权利人许可;②被诉人将作品置于信息网络中;③公众能够在个人选定的时间和地点获得该作品。

本案幻电公司通过技术手段为案涉节目的传播提供搜索、链接服务,并不存在将作品置于网络中的行为,未直接提供作品,故不构成作品提供行为,亦不涉及直接侵权责任问题。根据《最高人民法院关于审理侵害信息网络传播权民事纠纷案件适用法律若干问题的规定》第3条,信息网络传播权所控制的行为应具备向公众提供作品,即将作品置于信息网络中的条件,并未规定社会公众感知标准。虽然幻电公司网站未将公众指引到被链网站观看案涉节目,但这不能改变案涉节目来源于"乐视网"的事实,因此幻电公司未直接上传案涉节目的链接行为不属于作品提供行为,不构成直接侵权。

2. 深度链接服务提供者明知或者应知被链接作品内容构成侵权的,可以认定为间接侵权。

就案涉作品《快乐大本营》而言,权利人奇艺公司未与"乐视网"存在合作关系。因此被链网站"乐视网"侵犯了奇艺公司的信息网络传播权。幻电公司在向被链网站服务器发送请求、提取视频文件数据内容过程中,应当负有对视频文件授权情况进行合理审查的注意义务,以此避免在被链接网站行为构成侵权的情况下,因深度链接行为给权利人造成更大的损害。

本案中,案涉节目系存在年限较长的国内知名综艺节目,上传时间是 2014 年 7 月 20 日,从幻电公司案涉网站上的节目名称"快乐大本营-20140719 小时代之男神"即应当知道是在首播次日上传的,幻电公司主观上应当知道该节目具有较大侵权可能性,客观上对于未经授权的案涉节目未采取任何预防或者避免侵权发生的措施,从而客观上致使案涉节目侵权后果的扩大。因此,幻电公司的行为侵犯了奇艺公司的信息网络传播权,构成间接侵权,应承担赔偿责任。

相关法条

《中华人民共和国著作权法》(2020 年修正) 第 10 条
《中华人民共和国民法典》(2021 年施行) 第 1197 条
《最高人民法院关于审理侵害信息网络传播权民事纠纷案件适用法律若干问题的规定》(2020 年修正) 第 3 条

第四节　商业短片

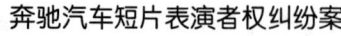

奔驰汽车短片表演者权纠纷案

表演者不能单独主张表演者权中的财产性权利

根据《著作权法》第 39 条的规定,表演者权指表演者对其表演享有的人身权和财产权。表演是一项创作性的活动，表演者借助声音、表情、动作来表现作品，使观众感知和理解作品。一方面，为了保护表演者表演不被歪曲，法律赋予了表演者人身权利；另一方面，对表演活动进行商业性利用，可以带来经济效益，所以，法律又赋予其财产权利。根据我国《著作权法》第 17 条的规定，影视作品的著作权由制片者享有，制片者有单独行使该作品的权利，同时，该作品中的表演者享有表明表演者身份及保护表演形象不受歪曲等人身性权利。那么，表演者能否对影视作品单独行使财产性权利呢？

本案的核心问题在于《著作权法》框架下表演者能否就视听作品单独主张表演者权中的财产性权利，即《著作权法》第 39 条第 1 款第 3 项至第 6 项规定的权利。

本案法院认为通过表演者表演、导演拍摄形成类电作品（现"视听作品"），属于著作权法意义上的一种独立的作品形式，而该作品的著作权应归制片人享有，演员不能再单独行使复制、发行等专有权利。因此，《著作权法》框架下表演者不能对视听作品单独主张表演者权中的财产性权利，如其认为因此受到了损失，可以通过相应的合同进行救济。

案例来源

（2014）三中民终字第 03453 号

案情简介

2011 年 7 月 8 日，作为甲方的上海千鼎广告有限公司（本部分简称"千鼎广告公司"）与作为乙方的金童子烨（北京）文化艺术传播有限公司（本部分简称"金童子烨公司"）签订了《奔驰汽车影视短片模特合约》，该协议约定由模特高某担任奔驰汽车影视短片拍摄的模特工作，拍摄一组以凸显奔驰汽车品质为主题的汽车宣传广告，同时约定创作的视频短片使用时限为一年，合同到期后甲方继续使用乙方上述模特所拍摄的作品时，甲方支付给乙方的续约费用由双方协商确定。拍摄完毕后，具体负责案涉广告片拍摄的千鼎广告公司已经向代表高某的经纪公司支付了报酬，双方未对高某基于其表演的权益作另行约定。此后，千鼎广告公司将制作完成的广告片提供给天联广告有限公司（本部分简称"天联广告公司"），天联广告公司又将该广告片提供给梅赛德斯-奔驰（中国）汽车销售有限公司（本部分简称"奔驰销售公司"）使用。

2012 年底，高某发现奔驰销售公司在其官方网站、汽车展销会上以及下属的 4S 店内使用了案涉广告片。高某表示虽然案涉广告片的拍摄获得了其授权，但奔驰销售公司的案涉使用行为已经超出了约定的一年授权期限，已侵害了其享有的表演者权，故诉至法院，请求判令奔驰销售公司赔偿经济损失 32 万元。一审法院判决驳回了高某的诉讼请求，高某提出上诉，二审法院驳回上诉，维持原判。

关键词

表演者；邻接权；类电作品

争议焦点

表演者可否单独主张表演者权中的财产性权利？

在著作权与邻接权的保护问题上，《著作权法》保护的重心是著作权，对邻接权的保护不能超越著作权。根据"举重以明轻"的法律解释方法，既然电影作品和类电作品的相关作者都不能对该作品行使复制权、发行权等专有权，表演者作为创造性较之前者更低的权利主体，当然也不应有权行使上述权利。

本案中，高某作为模特，依据千鼎广告公司与金童子烨公司签订的《奔驰汽车影视短片模特合约》的约定拍摄了案涉广告片，其作为演员根据广告创意的脚本将自己的表演行为融入声音、场景画面中，通过导演的拍摄形成了类电作品，属于《著作权法》意义上的一种独立的作品形式，而根据《著作权法》第17条的规定，该作品的著作权应归制片人享有。因此，高某作为出演该作品的演员不能单独行使复制、发行等专有权利。鉴于表演者有权通过与制片者签订合同的形式来获得报酬，本案中高某的获得报酬的权利可以通过合同的形式来实现。

虽然现有证据不能充分证明奔驰销售公司享有案涉广告片的完整著作权，但足以证明高某本人并非案涉广告片的著作权人，其亦无权单独主张表演者权。鉴于表演者高某无权单独就案涉广告片主张表演者权，其主张的其他上述理由亦与本案无必然关联性，即便奔驰销售公司确实存在超出原合同约定的时间期限使用案涉广告片的行为，其亦不应成为本案表演者权受到侵害的依据，如其认为因此受到了损失，可以通过相应的合同请求权进行救济。

相关法条

《中华人民共和国著作权法》（2020年修正）第17条、第39条

《追气球的熊孩子》著作权侵权纠纷案

自动摄影技术形成的图片可能构成作品，未经许可使用构成著作权侵权

"作品"是著作权法的核心概念，然而，何为著作权法上的"作品"，"作品"的构成要素有哪些，随着信息采集和生成技术的发展，这些问题引发了新的争议。对于一些利用人工智能或其他自动创造技术所产生的文章或图片集，判断其是否属于受《著作权法》保护的作品时，传统意义上的作品侵权认定标准已无法有效适用。本案就利用自动摄影技术所形成的图片是否属于受《著作权法》保护的作品进行了深入探讨，厘清了相关的理论依据，具有重要的借鉴意义。

案例来源

（2017）京73民终797号

案情简介

合一信息技术（北京）有限公司（本部分简称"合一公司"）、上海全土豆文化传播有限公司（本部分简称"全土豆公司"）、金色视族（北京）影视文化有限公司（本部分简称"金色视族公司"）合作制作了名为《追气球的熊孩子》的广告视频。北京陌陌科技有限公司（本部分简称"陌陌公司"）是该广告视频的广告主，而合一公司和全土豆公司则是优酷信息技术（北京）有限公司（本部分简称"优酷公司"）下属的关联公司。该视频在合一公司所有并运营的"优酷网"上发布。其内容与原告高某、邓某某创作的同名文章《追气球的熊孩子》高度相似，其中使用的一张图片与高某、邓某某的文章配图相比，两者在图片组成部分球面的倾斜情况、球面上的光点位置及明暗等基本一致。

原告认为合一公司、全土豆公司、金色视族公司上述行为并未经许可，侵害了其对案涉文字作品《追气球的熊孩子》享有的改编权、摄制权，侵害了其对案涉摄影作品（文章配图）享有的署名权、修改权、摄制权和信息网络传播权，陌陌公司作为广告主应当对该广告视频侵权所造成的后果与合一公司、全土豆公司、金色视族公司共同承担法律责任。

关于原告所主张的摄影作品著作权，一审法院认为，原告高某和邓某某主张权利的图片系相机自动录制视频的截图，不符合《著作权法》对作品独创性的要求，不属于受《著作权法》保护的摄影作品。同时，高某、邓某某主张合一公司、陌陌公司、全土豆公司和金色视族公司侵害了其对摄影作品享有的署名权、修改权、摄制权、信息网络传播权的意见无法律依据，不予支持。

原告提起上诉，二审法院认为：①虽然案涉视频的拍摄为自动拍摄，但在拍摄过程中仍然体现了人工干预和选择，拍摄结果仍具有一定的独创性，体现了高某的智力选择和编排，具有独创性，构成摄影作品。根据《著作权法》的相关规定，被告行为构成对原告就案涉图片享有权利的侵害。②广告《追气球的熊孩子》与文字作品《追气球的熊孩子》虽描写故事相同，但创作过程中参与人员、实施方案、拍摄路线均不相同，创作重点也存在显著差异，因此广告《追气球的熊孩子》并未侵害文字作品《追气球的熊孩子》的改编权、摄制权。

关键词

摄影作品；改编权；摄制权；信息网络传播权

争议焦点

1. 广告《追气球的熊孩子》是否侵害了文字作品《追气球的熊孩子》的改编权、摄制权？

2. 案涉图片是否属于摄影作品？

3. 广告《追气球的熊孩子》是否侵害了案涉图片的署名权、修改权、摄制权和信息网络传播权？

裁判观点

1. 广告《追气球的熊孩子》并未侵害文字作品《追气球的熊孩子》的改编权、摄制权。

法院认为，经比对，广告《追气球的熊孩子》与文字作品《追气球的熊孩子》的相同之处在于均讲述了几个青少年将照相机固定在气球上进行拍摄的故事，但两部作品中的参与人员、实施方案、拍摄路线等内容均不相同。二者的创作重点也存在区别：广告《追气球的熊孩子》多次强调陌陌兴趣小组，能够较明显地看出是陌陌广告因素，而文字作品《追气球的熊孩子》只是单纯讲述了参与者本身的活动，没有广告因素。

二者的相同之处属于主题思想，而不属于表达形式。因此，广告《追气球的熊孩子》并未侵害文字作品《追气球的熊孩子》的改编权、摄制权。

2. 案涉图片属于摄影作品。

本案中，虽然案涉视频的拍摄为自动拍摄，但在拍摄的过程中，仍然体现了人工干预和选择，所以拍摄结果仍然具有一定的独创性，不应基于视频截图的产生背景、原始环境等原因而否认其成为摄影作品的可能性。对于那些体现了人工干预、选择并带有明确目的的拍摄，即使主要由机器或程序技术自动完成，但只要满足了一定的艺术性和创造性，就不能否认其可以构成受《著作权法》保护的作品。本案中，案涉图片在拍摄、形成过程中，均有充分的人工干预，体现了原告的智力选择和编排，具有独创性，符合摄影作品的要求。此外，其在处理过程中充分体现了人为因素的选择和编排，体现了原告的智力创作和审美追求。案涉图片从拍摄过程到最后美化处理的形成过程中，均有人为因素的参与，体现了原告的智力选择和安排，符合摄影作品中关于独创性的要求，故案涉图片构成摄影作品。

3. 广告《追气球的熊孩子》侵害了案涉图片的署名权、修改权、摄制权和信息网络传播权。

在本案中，优酷公司、陌陌公司、全土豆公司和金色视族公司在未经案涉图片作者高某许可的情况下，在广告《追气球的熊孩子》中经裁剪后使用案涉图片且未注明来源与作者，并以类似摄制电影的方法将案涉图片固定在载体上，将包含案涉图片在内的广告《追气球的熊孩子》通过信息网络进行传播，使公众可以在其个人选定的时间和地点获得案涉图片，侵害了原告就案涉图片享有的署名权、修改权、摄制权和信息网络传播权。

相关法条

《中华人民共和国著作权法》（2020 年修正）第 3 条、第 10 条、第 17 条

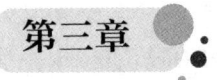

第三章

音乐、演出产业法

第一节　音乐产业

一、歌曲改编

编曲人著作权侵权纠纷案

编曲人在音乐作品中的独创性贡献可以使其被认定为曲作者

作为音乐创作中的核心环节，编曲对于一首音乐作品的完整性和吸引力具有决定性的影响。然而，"编曲"这一术语却缺乏一个统一且明确的定义，不仅给编曲者的工作带来了困扰，更在某种程度上影响了他们的权益。不充分的保护对编曲者的积极性和创作热情、对整个音乐行业的健康发展将构成一定的威胁。与编曲不同，作曲者因为创作了原创的旋律，对这首曲子的曲调享有原始的著作权，权利人有权保护自己的作品免受未经授权的复制、分发或公开表演等行为的侵害。而编曲的法律保护则相对复杂，如果编曲工作仅仅是简单地对原曲进行音效、歌词的添加，而没有产生具有独创性的新作品，那么它可能不会被视为独立的著作权作品。但是，如果编曲工作具有足够的独创性，产生了独立于原作品的成果，那么便可以寻求著作权法的保护。由于每个编曲人进行"编曲"的程度有所不同，在这样的背景下，法律纠纷和权益争议时有发生。

本案原告之一的苏某某作为编曲者以音乐作品作者的身份主张权利，最终法院认定案涉音乐作品的编曲具有独创性，该原告享有案涉音乐作品的著作权。本案的创新意义在于，通过法律判决明确了编曲人在音乐作品中的独创性贡献可以使其被认定为曲作者，它凸显了编曲在音乐创作中的核心价值，也为今后类似案件的审理和编曲者权益的保障提供了重要的参考和借鉴。这一案件也提醒我们，应更加重视和明确"编曲"等音乐创作相关术语的法律定义。作词、作曲以及编曲的每个环节的创作者都应当得到尊重，要确保每一位音乐创作者的劳动成果都能得到应有的法律保护。

案例来源

"北京互联网法院发布9个演艺类涉网著作权纠纷典型案例"之二，参见《4·26特辑丨北京互联网法院演艺类涉网著作权纠纷典型案例》，载微信公众号"北京互联网法院"2024 年 04 月 19 日，https://mp.weixin.qq.com/s/qAmHCDOe_ pHzOuAvehZ1xw，最后访问日期：2025 年 3 月 31 日。

案情简介

案涉音乐作品由原告 A 清唱歌词后交由原告 B（前文苏某某）进行编曲创作。被告 C 公司是某综艺节目的出品公司，在该综艺节目的某期中，被告未经二原告许可，且未支付任何报酬的情况下，擅自使用二原告作品作为舞蹈背景音乐。二原告认为被告的行为侵害其对案涉音乐作品享有的署名权、表演权、信息网络传播权以及对录音制品享有的信息网络传播权，要求被告赔偿二原告经济损失 200 000 元，合理费用 20 000 元。

被告 C 辩称，原告 B 作为编曲者，不属于案涉音乐作品的著作权人。被告 C 已与中国音乐著作权协会达成一揽子合作协议，由中国音乐著作权协会负责联系音乐作品权利人并代为支付著作权使用费，并无侵权故意。案涉节目使用案涉音乐作品作为背景音乐，时长较短，未侵犯原告所谓的表演权；歌曲知名度较低，且存在捆绑销售情形，原告主张赔偿金额畸高，不具有事实与法律依据。

一审法院判令被告 C 公司赔偿原告 A、B 经济损失 50 000 元及合理开支 5000 元，并在案涉综艺节目官方社交媒体账号发表声明向原告 A、B 致歉，致歉内容须经法院审核，持续时间不少于 24 小时；如逾期未履行上述判决义务，则由法院选择确定一家全国公开发行的报刊刊登本案判决书主要内容，刊登费用由被告 C 公司承担。一审判决作出后，被告 C 公司提起上诉。二审法院驳回上诉，维持原判。

关键词

音乐作品；编曲；著作权

争议焦点

1. 原告 B 是否享有案涉音乐作品的著作权？
2. 被告是否构成侵权及应承担民事责任？

裁判观点

1. 原告 B 享有案涉音乐作品的著作权。

根据《著作权法》的规定，音乐作品的作者包括词作者和曲作者。原告 B 在原告 A 的人声基础上，进行了编曲创作并配乐，形成了案涉音乐作品。对于该作品而言，原告 B 的编曲内容具有独创性，是该作品不可或缺的组成部分，可以认定其为案涉音乐作品的创作者之一，可以与原告 A 作为权利人共同主张权利。二原告共同创作录制了案涉音乐作品，对该录音制品享有权利。

2. 被告构成侵权并应承担民事责任。

被告 C 公司在未取得原告授权、未支付报酬的情况下，在案涉综艺节目片段中使用了案涉音乐作品、录音制品的片段作为背景音乐，并向公众提供了当期节目的网络点播服务。案涉综艺节目播出后，节目组人员虽曾与原告沟通，但最终未取得原告的追认授权。

因此，被告 C 公司的行为侵犯了二原告作为案涉音乐作品著作权人及录音制品制作者的信息网络传播权。对于二原告主张的署名权一项，根据二原告提交的被诉侵权视频内容可以看出，歌曲信息中未以合理、适当的方式对二原告词、曲作者的身份进行署名，侵犯了二原告署名权。对于二原告主张的表演权一项，案涉音乐作品作为舞蹈表演的背景音乐进行播放，在案涉综艺节目的录制过程中，现场有大量的参赛选手和观众，被诉侵权行为属于对案涉音乐作品进行现场表演的行为，构成对二原告享有的案涉作品表演权的侵害。

> **相关法条**

《中华人民共和国著作权法》(2020 年修正) 第 3 条、第 17 条、第 31 条、第 53 条

《五环之歌》改编权纠纷案

没有利用原歌曲歌词的主题、独创性表达等基本内容的，不构成歌词改编

知名相声艺术家岳云鹏在 2011 年 4 月的一场表演中，以幽默诙谐的手法，在相声作品《学歌曲》中即兴演绎了一段关于北京交通状况的歌曲。起初这段歌曲并未被赋予特定名称，直至后来，观众自发地将其称为《五环之歌》，而岳云鹏也在后续的相声演出中多次献唱此曲。随着时间的推移，《五环之歌》不仅深入人心，更被选为电影《煎饼侠》的背景音乐，并在电影推广曲 MV（Music Video，音乐短片）中得以呈现，进一步扩大了其影响力。

本案争议焦点便是《五环之歌》的改编问题。法院的判决体现了对著作权法中合作作品保护原则及改编权行使边界的准确理解。

> **案例来源**

（2019）津 03 知民终 6 号

> **案情简介**

歌曲《牡丹之歌》创作于 1980 年，由乔某 1 作词，吕某、唐某作曲，蒋某某演唱，是电影《红牡丹》的主题曲。该歌曲的歌词为"啊牡丹百花丛中最鲜艳啊牡丹众香国里最壮观有人说你娇媚娇媚的生命哪有这样丰满有人说你富贵哪知道你历尽贫寒啊牡丹啊牡丹百花丛中最鲜艳啊牡丹百花丛中最壮观冰封大地的时候你正蕴育着生机一片春风吹来的时候你把美丽带给人间"。

电影《煎饼侠》上映于 2015 年 7 月 17 日，出品公司为万达影视传媒有限公司（本部分简称"万达公司"）、天津金狐文化传播有限公司（本部分简称"金狐公司"）、新丽传媒集团有限公司（本部分简称"新丽公司"）。作为电影《煎饼侠》推广曲的《五环之歌》，演唱者为岳云鹏、MCHotdog，由岳云鹏、MCHotdog 填词，吕某、唐某作曲，姚某编曲，发行时间为 2015 年 6 月 16 日，所属专辑为《煎饼侠电影原声带》。歌曲《五环之歌》的歌词为"MCHotdog：我把车子开上五环我把车子开上五环快点把车子开上五环什么都

不管我就是要上五环；岳：啊五环你比四环多一环（fifthRing）啊五环你比六环少一环（I'mdrivingonthefifthring）终于有一天你会修到七环修到七环怎么办你比五环多两环；MCHotdog：车一直塞表情痴呆早就习惯漫无目的一直开那五环依然那么自在它一直在腐烂的喇叭声苦难的师傅一直唉北京的 style 在上下班车子一直排为了生活为了梦想为了放假单或许有天我们必须要去那八环 Restinpeace 北京的交通我为你放花篮；岳：啊五环你比四环多一环（fifthRing）啊五环你比六环少一环（I'mdrivingonthefifthring）终于有一天你会修到七环修到七环怎么办你比五环多两环；MCHotdog：多少人明知山有虎却偏向虎山行我明明知道五环堵这条回家路祸不单行要塞啊就塞啊哼我不担心一辈子没有洗过车我车子不干净这烟抽的看起来多淡定这边苦苦的笑容呢吐出了叹气你还想看什么戏在车上乖乖吃着你的煎饼快点上五环因为或许先上先赢我把车子开上五环我把车子开上五环快点把车子开上五环什么都不管我就是要上五环五环五环五环五环这是五环五环什么都不管我现在就上五环"。

另查明，《牡丹之歌》词作者乔某 1 授权乔某 2、乔某 2 再授权北京众得文化传播有限公司（本部分简称"众得公司"）的授权书均载明，乔某 1 将包括案涉音乐作品《牡丹之歌》(合作作品) 著作权共有权中的财产权利之改编权、信息网络传播权、表演权、复制权以独占排他的方式不可撤销地授予众得公司。

众得公司诉至法院，要求判令万达公司、新丽公司、金狐公司、岳某某（艺名岳云鹏）停止使用电影《煎饼侠》第 46 分钟至第 51 分钟有关《五环之歌》的背景音乐，停止《五环之歌》宣传 MV 的互联网传播，并要求赔偿损失及支出的合理费用。一审法院驳回众得公司的上述诉讼请求，二审法院予以维持。

关键词

合作作品；改编权；著作权

争议焦点

1. 众得公司是否对音乐作品《牡丹之歌》享有改编权？
2. 被诉《五环之歌》歌词是否构成对歌曲《牡丹之歌》歌词的改编？

裁判观点

1. 众得公司不享有音乐作品《牡丹之歌》的改编权。

首先，应当界定音乐作品《牡丹之歌》是否属于合作作品。音乐作品是指歌曲、交响乐等能够演唱或者演奏的带词或者不带词的作品。案涉《牡丹之歌》属于带词的音乐作品，且词和曲分别由不同的作者创作完成。认定是否是合作作品，应当看词作者与曲作者是否是基于合意而创作的音乐作品。案涉音乐作品《牡丹之歌》创作于 20 世纪 80 年代初，是电影《红牡丹》的主题曲。该音乐作品的创作过程是：电影《红牡丹》的导演先邀请乔某 1 为电影主题曲创作歌词，之后导演又邀请吕某、唐某为电影《红牡丹》主题曲进行谱曲，形成了音乐作品《牡丹之歌》。虽然乔某 1 与吕某、唐某在形式上分别创作完成了《牡丹之歌》的词和曲，但他们基于共同的创作意图进行了创作，即词作者和曲作者的创作目的是相同的，词和曲表达的主题也是一致的。况且在当时情况下，词、曲作者分别接受邀请共同为影视剧创作主题曲或插曲也是一种较为常见的现象。因此，应认定音乐作品《牡丹之歌》是具有共同合意而创作的合作作品。

其次，关于众得公司的授权。《著作权法》第13条第1款（现《著作权法》第14条第1款）规定，两人以上合作创作的作品，著作权由合作作者共同享有；没有参加创作的人，不能成为合作作者。音乐作品《牡丹之歌》是词、曲作者共同创作的合作作品，其著作权归属词作者乔某1及曲作者吕某、唐某共同享有。在没有特别约定的情况下，该合作作品的著作权应由合作作者共同行使，各个合作作者不能单独行使著作权。本案中，乔某1授权乔某2、乔某2再授权众得公司的授权书均载明，乔某1将包括案涉音乐作品《牡丹之歌》（合作作品）著作权共有权之财产权利之改编权、信息网络传播权、表演权、复制权以独占排他的方式不可撤销地授予众得公司。可见，众得公司作为被授权人，对于音乐作品《牡丹之歌》著作权属于合作作者共有，词作者乔某1仅为著作权共有人之一应属明知。众得公司在未获得其他共有人，即曲作者一方授权的情况下，仅凭共有人之一乔某1的授权就主张获得了音乐作品《牡丹之歌》的改编权，缺乏事实和法律依据。故众得公司关于其享有音乐作品《牡丹之歌》改编权的主张，不能成立。

2.《五环之歌》歌词不构成对歌曲《牡丹之歌》歌词的改编。

关于众得公司是否有权提起本案诉讼问题。音乐作品《牡丹之歌》属于带词的音乐作品，根据该作品的特点，其歌词部分可以单独成为文字作品，其歌曲旋律亦可独立呈现，故音乐作品《牡丹之歌》属于可分割的合作作品，词和曲可以分割使用。《著作权法》第13条第2款（现《著作权法》第14条第3款）规定，合作作品可以分割使用的，作者对各自创作的部分可以单独享有著作权，但行使著作权时不得侵犯合作作品整体的著作权。《牡丹之歌》的歌词作为可分割使用的部分，其著作权归作者乔某1单独享有。众得公司作为《牡丹之歌》词作者的被授权人，享有《牡丹之歌》歌词文字作品授权范围内的相关权利，包括改编权。因此，众得公司虽不享有音乐作品《牡丹之歌》的改编权，但其经词作者一方授权，有权就其享有的词作品改编权提起民事诉讼。

关于众得公司提出的四被告侵害《牡丹之歌》词作品改编权的主张是否成立问题。因众得公司未取得音乐作品《牡丹之歌》包括改编权在内的相关权利，故其关于四被告侵害音乐作品《牡丹之歌》改编权的主张，不能成立。但众得公司经词作者一方的授权取得了《牡丹之歌》歌词的改编权，故对于四被告就《五环之歌》是否侵害《牡丹之歌》歌词的改编权，仍需分析。改编权是指改变作品，创作出具有独创性的新作品的权利。改编虽是一种再创作，但通常应当是利用了原有作品包括主题、独创性表达等在内的基本内容，创作空间受到限制。因此，《五环之歌》是否构成对《牡丹之歌》歌词的改编，应当取决于其是否利用了原有作品主题、独创性表达等基本内容。将上述两首歌的歌词进行比较：首先，两首歌歌词的立意不同。作为电影《红牡丹》的主题曲，《牡丹之歌》的歌词通过赞美牡丹的美丽、顽强，借花喻人，歌颂电影主人公；而《五环之歌》作为电影《煎饼侠》的插曲，延续了电影的喜剧风格，以戏谑的方式反映了北京的城市道路和交通状况。其次，两首歌的歌词内容除了语气词"啊"字相同外，其余文字表述完全不同。由此可见，《五环之歌》与《牡丹之歌》的歌词作品从立意到内容均不相同，《五环之歌》歌词构成了全新的作品。因此，《五环之歌》没有利用《牡丹之歌》歌词的主题、独创性表达等基本内容，不构成对《牡丹之歌》歌词的改编，四被告也未侵害《牡丹之歌》歌词的改编权。

 相关法条

《中华人民共和国著作权法》（2020 年修正）第 10 条、第 14 条

《听我说谢谢你》改编权纠纷案

并未形成新作品的部分修改，不侵犯改编权

在商业推广当中，很多商家通过改编流行歌曲歌词并融入商品元素的方式推广自己经营的产品，将改编后的歌曲通过社交媒体、音乐平台、短视频平台等多渠道发布，以此扩大产品曝光度和传播范围。但是，这种改编方式很可能侵犯原歌曲作者的改编权。将改编后的歌词用于商业推广时，除了可能侵犯著作权外，还可能涉及不正当竞争等法律问题。如果改编后的歌词误导了消费者或损害了原作者的商业利益，还可能面临其他法律责任的追究。

本案纠纷便是由商家在商业产品推广中改编流行歌曲的歌词引起。本案裁判观点明晰了改编的尺度，具有很强的指导意义，即，并未形成新作品的部分修改不侵犯改编权。

案例来源

（2022）京 0491 民初 31093 号

案情简介

被告某有限公司为抖音账号"某某"的运营主体。

某发展有限公司通过"取证宝"APP 进行取证：在应用商店中搜索"抖音"APP 并下载后进入"抖音"APP 页面，搜索"外星人别划走一定要听完"后，页面显示抖音用户"某某"（认证主体为某有限公司）于 2022 年 4 月 22 日发布一条视频，文案为"别划走！一定要听完外星人版本的听我说谢谢你手势舞！"视频中，桌上摆放有两瓶外星人电解质水，有两名男子唱歌，歌词为："听我说谢谢你，因为有你，我不会放弃。谢谢你，感谢有你，补充了电力。我要谢谢你，因为有你，电解质补齐。谢谢你，感谢有你，运动更美丽。"点击进入该用户店铺中，店名为"某某官方旗舰店"，有多款某某电解质水在售。

某发展有限公司认为上述行为侵犯了案涉歌曲《听我说谢谢你》歌词的改编权、复制权、信息网络传播权。关于改编权，被告抗辩称，上述行为仅仅是对歌词的部分修改，并未独立形成新的作品，因此并未侵害原词作品的改编权，对此法院予以支持。但根据《著作权法》，某有限公司的行为侵害了某发展有限公司就《听我说谢谢你》享有的复制权和信息网络传播权。因此，法院判决被告某有限公司赔偿原告某发展有限公司经济损失 2500 元，并驳回原告某发展有限公司的其他诉讼请求。

关键词

改编权；复制权；信息网络传播权

争议焦点

某有限公司是否实施了侵害《听我说谢谢你》的词作品的改编权的行为？

裁判观点

某有限公司并未实施侵害《听我说谢谢你》的词作品的改编权的行为。

《著作权法》第 10 条第 1 款第 14 项规定，改编权，即改变作品，创作出具有独创性的新作品的权利。根据查明的事实，某有限公司在其运营的抖音账号中推广商品时上传的视频中，两男子清唱的歌词系在《听我说谢谢你》的词作品的基础上进行简单的修改，与原词的创作思想没有本质区别，不具有独创性，并不构成新的作品，因此并未侵害原词作品的改编权。

相关法条

《中华人民共和国著作权法》(2020 年修正) 第 10 条

舞台剧《丝路秀》改编权纠纷案

保留音乐作品词曲基本内容的情况下对作品进行改编，构成侵害原作品改编权

改编权是著作权人享有的一项重要权利，未经许可的改编行为，即使是以创新或再创作的形式出现，也侵犯了原作者的合法权益。创作者对于任何涉及改编已有音乐作品的行为都应当谨慎行事，确保自己拥有合法的权利基础，避免侵犯原作者的改编权。本案的判决对于维护著作权人的合法权益、打击侵权行为具有重要意义。它向公众传递了一个明确的信号——任何未经许可擅自使用他人享有著作权的作品进行商业活动的行为都将受到法律的制裁。

案例来源

(2020) 新民终 86 号

案情简介

已故人民音乐家王某 1 被誉为"西部歌王"，长期从事新疆少数民族民歌收集、整理、记录工作。依其遗嘱，王某 1 著作权中的财产权利由王某 2、王某 3、王某 4 继承；依王某 3 遗嘱，其继受的相关权利由王某 5 继承。本案中，继承人王某 4、王某 5 发现新疆君邦投资有限公司（本部分简称"君邦公司"）、新疆丝路秀文化产业投资有限公司（本部分简称"丝路秀公司"）未经许可将王某 1 的 4 首歌曲《阿拉木汗》《达坂城的姑娘》《半

个月亮爬上来》《都达尔与玛利亚》改编成舞台剧《丝路秀》进行商业演出，随后向乌鲁木齐亚心公证处申请对乌鲁木齐君邦天山饭店内"丝路秀大剧院"未经权利人授权许可，擅自在公开表演中使用王某1音乐作品的事实进行证据保全，并向当地法院起诉维权。法院认为，君邦公司、丝路秀公司侵害了王某1案涉作品的改编权，判决二被告赔偿王某4、王某5、王某2经济损失30 000元，在其出品的《丝路秀》中停止使用案涉王某1享有著作权的《阿拉木汗》《达坂城的姑娘》《半个月亮爬上来》《都达尔与玛利亚》4首歌曲。

关键词

舞台剧；表演者权

争议焦点

1. 王某1对案涉4首歌曲《阿拉木汗》《达坂城的姑娘》《半个月亮爬上来》《都达尔与玛利亚》是否享有著作权？

2. 君邦公司、丝路秀公司在《丝路秀》歌舞剧中使用的歌曲是否侵犯了王某1的著作权？

裁判观点

1. 王某1对案涉4首歌曲《阿拉木汗》《达坂城的姑娘》《半个月亮爬上来》《都达尔与玛利亚》享有著作权。

民歌一般具有世代相传、没有特定作者的特点，民歌被创作和流传时不是表现为简谱形式，歌手可能以不清晰的词语、不同甚至模糊的音调进行演唱。以简谱形式表达民歌，需要确定简谱的音调、节奏、速度等，并确定歌词的明确含义。因此，一般情况下，对民歌的"记谱配词"需要对民歌进行整理、加工，是有创造性的智力劳动，具有一定的独创性。

具体到本案，庭审中王某4、王某5与君邦公司、丝路秀公司均提交了包含有案涉歌曲在内的合法出版物，虽然出版物上的署名方式有差异，但均可证明王某1是案涉民歌的收集整理者，而且现有流行版本主要是王某1整理的版本，在没有相反证据的情况下，应当认定王某1是案涉歌曲的改编词作者，享有相应的权利。王某1去世后，王某2、王某3、王某4依法继承了其音乐作品的词曲著作财产权，王某3去世后，王某5继承了其遗产，因此三原告作为本案诉讼主体合法。

2. 君邦公司、丝路秀公司在《丝路秀》歌舞剧中使用的歌曲侵犯了王某1的著作权。

对案涉4首歌曲王某1享有改编后的歌曲的词曲著作权，君邦公司、丝路秀公司出品的《丝路秀》在未取得权利人许可的情况下，使用了案涉4首歌曲的部分片段，侵犯了王某2、王某4、王某5对上述作品享有的财产权。

庭审中，王某4、王某5提出申请，请求法院委托鉴定机构对被控侵权作品与案涉歌曲进行比对，以确认是否构成侵权，君邦公司、丝路秀公司亦表示同意，同时君邦公司、丝路秀公司提交了来源于网络的6首曲子，君邦公司、丝路秀公司陈述6首曲子是案涉歌曲的原始曲调，被控侵权作品改编自这6首曲子，要求将被控侵权作品与6首原始曲子进行比对。法院认为，首先，将被控侵权作品中使用的4首案涉曲目与王某4、王某5提交的出版物记载的 4 首歌曲进行比对，词、曲中均有一致的地方；其次，君邦公司、丝路秀公司认为自己提交的 6 首曲子是原始民间音乐曲调，因无法确认形成时间、原始出处，对其真实性法院无法确认，不能作为比对对象。综上，法院认为本案无鉴定必要，对双方鉴定请求，法院不予支持。

相关法条

《中华人民共和国著作权法》（2020 年修正）第 12 条、第 13 条、第 21 条

二、著作权集体管理活动

"酷狗音乐"诉"看见网络"非法进行著作权集体管理纠纷案

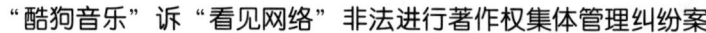

不能仅凭行为人获得多个权利人多个作品的授权，
便认定其非法从事著作权集体管理活动

随着数字化浪潮的推进，在线音乐服务平台的普及极大地促进了公众通过手机应用程序享受音乐的便捷性。某些在线音乐服务平台在未经音乐著作权人或表演者明确授权的情况下，擅自将音乐作品及录音制品上传至网络并传播，实际上是在未经许可的情况下行使了著作权人和表演者的信息网络传播权。

本案中，广州酷狗计算机科技有限公司（本部分简称"酷狗公司"）提出了一项新颖的抗辩策略，质疑原告因同时与多位音乐人建立版权合作关系并管理相关版权事宜，可能涉嫌非法涉足著作权集体管理领域。尽管这一主张最终未获司法支持，但它促使我们深入审视著作权集体管理活动的界定及其背后的法律逻辑。《著作权集体管理条例》明确界定了从事此类活动的合法主体范围，强调除依法设立的著作权集体管理组织外，任何未经许可的组织或个人均不得擅自涉足，违规者将面临法律制裁，包括取缔、没收违法所得乃至追究刑事责任。

当前，音乐产业版权意识的显著提升促使版权交易活动日益频繁，出现了行为人可能同时从多个音乐人处获得版权授权，并据此行使包括诉讼在内的多项权利的新现象。这一现象引发了关于其性质界定的争议——是合法授权的正当行使，还是变相的著作权集体管理活动？对于这一问题，不能单纯依据行为人获得的授权数量或范围来判定其是否构成著作权集体管理活动，以避免对著作权人依法享有的授权与转让权利造成不合理的限制。需全面考量行为人的具体行为模式、目的及影响，确保法律适用的公正与合理。对于在线音乐服务平台而言，尊重和保护知识产权是其应尽的社会责任和法律义务。平台应该建立完善的版权审核机制，确保上传的音乐作品已经获得了合法的授权。

案例来源

（2017）沪 73 民终 203 号

姚某某是音乐专辑《幸福时光》的表演者。我国台湾地区 ISRC（International Standard Recording Code，国际标准录音制品编码）系统显示，名为《幸福时光》的专辑由姚某某担任表演者、作曲者及编曲者，于 2014 年 1 月正式发行，属于个人演奏专辑类别，并于 2016 年 1 月 1 日进行了资料送存。

姚某某与本案原告看见网络科技（上海）有限公司（本部分简称"看见网络公司"）订立了《授权书》，主要内容为姚某某（授权人）将其音乐类作品的信息网络传播权及非交互式的信息网络播放权专有许可给看见网络公司（被授权人），看见网络公司有权以自己的名义制止、打击侵权和盗版行为。

看见网络公司表示酷狗公司通过其开发的"酷狗音乐"APP 向公众提供了案涉乐曲的在线播放及下载，侵犯了看见网络公司享有的表演者权中的信息网络传播权，构成直接侵权。酷狗公司确认案涉"酷狗音乐"APP 系其开发且提供了案涉音频的在线播放及下载。双方当事人一致确认，"酷狗音乐"APP 的用户界面中未显示案涉音频的上传时间及播放、下载次数。

一审法院认定酷狗公司侵犯了原告的信息网络传播权，并判决被告赔偿原告经济损失 10 000 元人民币（其中包含因制止侵权行为而产生的合理费用 5000 元人民币）。被告对此判决不服，遂提起上诉。其主要上诉理由为：看见网络公司的经营和诉讼行为实质上是在行使著作权集体管理组织的职能和权力，这违反了《著作权集体管理条例》中关于非著作权集体管理组织不得从事相关集体管理活动的禁止性规定，因此看见网络公司以自身名义提起诉讼缺乏法律依据，不应受到法律保护。二审法院并未采纳酷狗公司的上诉理由，维持了一审法院的判决。

表演者权；信息网络传播权；著作权集体管理组织

1. 姚某某是否为案涉作品的表演者？
2. 看见网络公司是否非法从事了著作权集体管理活动，其是否有权提起诉讼？

1. 根据本案证据，姚某某确为案涉作品的表演者。

根据《著作权法实施条例》第 6 条规定，著作权自作品创作完成之日起产生。《最高人民法院关于审理著作权民事纠纷案件适用法律若干问题的解释》第 7 条规定，当事人提供的涉及著作权的底稿、原件、合法出版物、著作权登记证书、认证机构出具的证明、取得权利的合同等，可以作为证据。在作品或者制品上署名的自然人、法人或者其他组织视为著作权、与著作权有关权益的权利人，但有相反证明的除外。

案涉作品的未混音版本可视为案涉作品的底稿，我国台湾地区 ISRC 系统的查询结果可作为确认案涉作品表演者的初步证据。虽然《未混音的原始版本音档、用于母带制作的分轨版本音档、混音后的母带版本音档》显示，案涉《幸福时光》专辑的 12 首歌曲中，有 5 首歌曲曲目显示"唱片艺术家"为"淼蘭"，9 首歌曲曲目显示"作曲者"为"淼蘭"，但上述标注系由于录音软件设置的原因而形成的，并非著作权法意义上的署名行为，酷狗公司以此作为否认姚某某为案涉作品表演者的相反证明，不予采信。此外，虽然案涉 12 首歌曲中《诉说》曲目用于母带制作的分轨版音档显示修改时间为 2017 年 1 月 3 日至 2017 年 1 月 24 日，但未混音版本显示的修改时间为 2013 年 9 月 13 日，法院认为，分轨版音档显示的修改时间不足以否认该音乐作品的完成时间，酷狗公司有关《诉说》作品完成时间的主张，法院不予采信。关于酷狗公司提出，看见网络公司曾在一审庭审中陈述，案涉作品可能由姚某某与他人共同完成表演。根据一审判决比对情况，未发现两人共同演奏的情况，案涉作品是姚某某的个人钢琴演奏曲。综上，在无相反证据的情况下，应认定姚某某为案涉作品的表演者。

2. 看见网络公司并未履行著作权集体管理组织的职能，其合法享有案涉作品的独占性授权，有权提起诉讼。

被告酷狗公司提交证据证明，看见网络公司除与本案姚某某存在合同关系之外，还与李某某、卢某某等其他音乐人相继签订了《全球数字音乐发行服务协议》，看见网络公司的行为实际构成非法从事著作权集体管理活动。对此，法院认为，根据《著作权集体管理条例》的相关规定，著作权集体管理，是指著作权集体管理组织经权利人授权，集中行使权利人的有关权利并以自己的名义进行的下列活动：①与使用者订立著作权或者与著作权有关的权利许可使用合同；②向使用者收取使用费；③向权利人转付使用费；④进行涉及著作权或者与著作权有关的权利的诉讼、仲裁等。除依照《著作权集体管理条例》规定设立的著作权集体管理组织外，任何组织和个人不得从事著作权集体管理活动。

法院指出，著作权人可以转让或许可他人行使著作财产权，并依照约定或者著作权法有关规定获得报酬。这种转让或许可的自由，既是合同法中的契约自由原则在著作权行使当中的直接体现，也是著作权法鼓励作品传播、促进文化发展与繁荣的应有之义。根据上述法律及行政法规的规定，认定行为人是合法获得授权或受让权利，还是违法从事著作权集体管理活动，应综合行为人的行为进行判断，不能因行为人获得多个权利人多个作品的授权，便认定其从事了著作权集体管理活动，否则著作权人所享有的对著作财产权的依法授权与转让，并基于此获得相应对价的权利将被不合理地限制。本案中，看见网络公司从多个权利人处获得了通过信息网络向公众传播授权作品的权利，而非该等作品著作权的管理权，故酷狗公司对看见网络公司实际履行了著作权集体管理组织职能的主张与事实不符。综上，对酷狗公司提出的看见网络公司实际上从事了著作权集体管理活动的主张不予采纳。看见网络公司并未履行著作权集体管理组织的职能，其合法享有案涉作品的独占性授权，有权提起诉讼。

相关法条

《中华人民共和国著作权法》(2020 年修正) 第 39 条、第 54 条

"音集协"诉"同一首歌"著作权侵权纠纷案

未经授权对音乐电视作品进行 KTV 经营将承担侵权责任

当前，音乐播放的形式日益多样化与在线化，加之行业内对知识产权保护意识的显著提升，导致了一系列因未经授权擅自传播音乐电视（MTV，Music Television）作品而引发的法律诉讼激增。为了减轻诉讼负担，众多大型音乐公司选择将其持有的音乐及音乐电视作品版权委托给著作权集体管理组织进行专业管理。例如，中国音像著作权集体管理协会（本部分简称"音集协"）成立于 2008 年，是经国家版权局批准、民政部注册登记的著作权集体管理组织。

著作权集体管理组织，一旦从权利人处获得授权，即具备以自身名义提起诉讼的法定权利。具体而言，音集协作为一个依法构建的音像著作权集体管理机构，通过与著作权人签订正式的音像著作权信托管理合同取得对特定音乐电视作品放映权的信托管理权限。基于此，音集协拥有合法权利，能够代表著作权人，对任何侵犯这些音乐电视作品放映权的行为主体提起法律诉讼，以维护权利人的合法权益。

案例来源

（2016）京 73 民终 337 号

案情简介

广东音像出版社有限公司发行了名为《我是传奇——原创流行金曲精选——MTV 卡拉 OK》的专辑，其中收录了由孔雀廊娱乐唱片有限公司（本部分简称"孔雀廊公司"）所拥有版权的众多音乐电视作品。2013 年，中国唱片总公司则推出了由音集协负责监制的《流行歌曲经典——中国音像著作权集体管理协会会员作品精选集（第三辑）》，此专辑共计包含 10 张光盘，内含来自北京华谊兄弟音乐有限公司（本部分简称"华谊兄弟公司"）、北京当然文化传播有限公司（本部分简称"当然文化公司"）、北京乐华圆娱文化传播有限公司（本部分简称"乐华圆娱公司"）、北京红创文化传播有限公司（本部分简称"红创文化公司"）、北京海蝶音乐有限公司（本部分简称"海蝶音乐公司"）等多家知名音乐公司所享有版权的音乐电视作品集。

2008 年 7 月 28 日至 2013 年 11 月 11 日，音集协先后与孔雀廊公司、华谊兄弟公司、乐华圆娱公司、当然文化公司、红创文化公司、海蝶音乐公司签订了《音像著作权授权合同》。根据上述合同的约定，音集协以信托的方式获得了上述公司对案涉作品的放映权；孔雀廊公司、华谊兄弟公司、乐华圆娱公司、当然文化公司、红创文化公司、海蝶音乐公司不得自己行使或委托第三人代其行使在本合同有效期内约定的由音集协行使的权利；音集协有权以自己的名义向侵权使用者提起诉讼；合同自签订之日起生效，有效期为 3 年，期满前 60 日孔雀廊公司、华谊兄弟公司、乐华圆娱公司、当然文化公司、红创文化公司、海蝶音乐公司未以书面形式提出异议，本合同自动续展 3 年，之后亦照此办理。

2015 年 7 月 6 日，音集协的代理人到北京世贸同一首歌餐饮娱乐有限公司（本部分简称"世贸同一首歌公司")的经营场所,以普通消费者身份使用点歌机点播了上述案涉的《光芒》等116首案涉作品,并对上述播放过程进行了录像,当场消费385元,并现场取得世贸同一首歌公司出具的发票一张。北京市长安公证处对上述过程进行了公证保全。通过将《流行歌曲经典——中国音像著作权集体管理协会会员作品精选集(第三辑)》《我是传奇——原创流行金曲精选——MTV卡拉OK》光盘中收录的《光芒》等116首案涉作品与公证书所附光盘中相关歌曲的录像进行比对,二者的影像、声音、词曲等与权利光盘的相关作品一致。

由于世贸同一首歌公司未经授权且未支付任何报酬,擅自在其KTV经营场所的点歌系统中使用了案涉的音乐电视作品,此行为已构成对版权的侵犯。因此,音集协依法将其诉至法院,要求其承担立即停止侵权行为、赔偿经济损失以及因维权产生的合理费用的法律责任。经法院审理,最终判决支持了音集协的全部诉讼请求,判定世贸同一首歌公司需向音集协赔偿经济损失共计69 600元,并另行赔付音集协为制止侵权行为而支出的合理费用4000元。二审法院驳回上诉,维持原判。

关键词

著作权侵权;音像著作权集体管理;音乐电视作品放映权

争议焦点

1. 世贸同一首歌公司播放音乐电视作品的行为是否侵犯了音集协的著作权?
2. 世贸同一首歌公司主张的《我的路》等18部案涉音乐电视是否构成著作权法意义上的作品?
3. 判决世贸同一首歌公司应承担的合理费用中包含律师费是否合法恰当?

裁判观点

1. 世贸同一首歌公司播放音乐电视作品的行为侵犯了音集协的著作权。

著作权集体管理组织,经权利人授权有权以自己的名义进行诉讼。音集协是依法成立的音像著作权集体管理组织,通过与著作权人所签《音像著作权授权合同》取得了以信托方式管理案涉音乐电视作品的放映权的权利,其有权以自己的名义向侵害案涉音乐电视作品放映权的侵权人提起诉讼。对于世贸同一首歌公司提出的音集协取得的授权合同大多超过有效期的主张,在音集协已经提交授权合同证明其取得相关权利人授权,且世贸同一首歌公司没有证据证明相关权利人对合同自动续展提出书面异议的情况下,对该主张不予认可。

世贸同一首歌公司在点歌机中使用案涉音乐电视作品进行KTV经营,但未征得许可,也未支付报酬,构成侵权,应当承担停止侵权、赔偿损失及合理费用的责任。关于世贸同一首歌公司主张其购买点唱设备时所支付对价已经包括曲库放映权授权费,不存在主观侵权过错的抗辩,法院认为,世贸同一首歌公司并未提交证据证明案涉歌曲系点唱设备供应商提供,即便案涉歌曲系其提供,世贸同一首歌公司作为实际使用者,亦应对歌曲的来源和授权情况进行审查,但其并未就此提供证据。因此,世贸同一首歌公司使用案涉作品在主观上存在过错,故法院对其辩称不予支持。

2. 《我的路》等18部案涉音乐电视具有独创性，构成作品，受《著作权法》保护。

世贸同一首歌公司提出，《我的路》等18部案涉音乐电视或是机械录制演唱会、推介会等现场表演画面，或是对影视作品的片段剪辑后与音乐本身简单合成，均不具有独创性，不构成作品，音集协对前述18部音乐电视不能主张放映权。

判断音乐电视是否构成类电作品的关键在于音乐电视是否符合独创性的要求。就本案而言，《我的路》等18部案涉音乐电视并非对于演唱会、推介活动的机械记录，或者对于电影画面的单纯剪辑，而是在情节设置、歌手或演员表演、拍摄角度、光线等方面体现了一定的独创性，因此该18部音乐电视符合作品的构成要件，属于我国著作权法所规定的类电作品，是受到我国著作权法保护的一种作品形式。

3. 一审法院判决世贸同一首歌公司应承担的合理费用中包含律师费合法恰当。

世贸同一首歌公司在二审上诉时提出，一审判决其应承担的合理费用包含律师费，但律师费并无相应凭证，因此不应予以认可。根据《最高人民法院关于审理著作权民事纠纷案件适用法律若干问题的解释》第26条的规定，制止侵权行为所支付的合理开支，包括权利人或者委托代理人对侵权行为进行调查、取证的合理费用。人民法院根据当事人的诉讼请求和具体案情，可以将符合国家有关部门规定的律师费用计算在赔偿范围内。本案中，音集协虽未提交律师费已经支付的凭证，但考虑其确实有委托律师参加诉讼等实际维权情况，其律师费系通常会发生的费用，故一审法院将音集协主张的律师费纳入合理费用的赔偿范围并无不当。

相关法条

《中华人民共和国著作权法》（2020年修正）第8条、第53条、第54条

"音集协"诉"天合集团"等合同纠纷案

著作权集体管理权的规范化

近年来，商业公司行使音像作品著作权集体管理的市场乱象频发，损害了权利人和使用者、消费者的利益，给著作权集体管理活动造成了重大损害。

本案是音乐版权行业的亿元大案，同时也是"北京法院知识产权专业化审判三十年典型案例（1993—2023）"之一。本案判决对促进著作权集体管理组织充分发挥职能作用、进一步完善著作权集体管理制度具有积极意义。本案终审判决意味着著作权集体管理业务将从被商业公司控制回归到中国音像著作权集体管理协会，音像作品的著作权集体管理规范化，有利于降低版权使用费、维护音乐权利人的权益，有利于推动我国音乐产业的进一步发展。

案例来源

（2021）京民终929号

案情简介

2007 年 12 月 27 日，中国音像著作权集体管理协会（本部分简称"音集协"）与天合文化集团有限公司（本部分简称"天合集团"）签订《服务协议》，音集协委托天合集团组建卡拉 OK 版权交易服务机构，代音集协向全国各地的卡拉 OK 经营者收取著作权许可使用费。后双方又签订了系列补充协议。天合集团为此成立了各省子公司共同执行著作权许可使用费的收取、转付等工作。双方合同履行过程中，音集协陆续发现天合集团及其子公司存在多项违约行为，故将天合集团及其 20 家子公司诉至法院，天合集团提出反诉请求。

一审法院认为，《服务协议》及相关补充协议约定了双方实行许可使用费快速分配机制，结算周期为 3 个月，天合集团及其子公司无正当理由延迟支付许可使用费。天合集团未兑现其在补充协议中的"三统一"承诺，且部分天合集团子公司存在许可使用费不入共管账户、侵占许可使用费等行为，天合集团及其子公司构成违约，故判决解除案涉 9 份协议，天合集团向音集协支付许可使用费 9530 余万元及相应利息，天合集团支付 2016 年第四季度至 2018 年第一季度延迟支付许可使用费利息 410 余万元，天合集团及其部分子公司赔偿音集协损失 33 万余元等，同时驳回天合集团的反诉请求。天合集团不服提起上诉。二审法院驳回上诉，维持原判。

关键词

许可使用；著作权集体管理；违约行为

争议焦点

1. 天合集团及天合子公司是否存在根本性违约行为？
2. 音集协是否存在违约行为，是否应承担责任？

裁判观点

1. 天合集团及天合子公司存在根本性违约行为。

天合集团及天合子公司在案涉合同履行期间，存在不兑现"三统一"承诺、连续故意延迟结算、利用收取版权费独家执行方的便利截留版权费等多种持续性的违约违规行为，且主观上存在过错，客观上给音集协造成了合同目的无法实现的严重后果。因此，天合集团及其子公司的行为构成根本性违约，音集协因此提出解除案涉合同的主张具有事实和法律依据，法院认定音集协既享有约定解除权、同时也享有法定解除权。

2. 音集协不存在违约行为，不应承担相应的责任。

法院认为音集协作为著作权集体管理组织，具有法定的著作权集体管理职权，与天合集团签订的系列协议不应成为其履行著作权集体管理职责的障碍。音集协授权 VOD（Video On Demand，视频点播）运营商曲库复制权与委托天合集团及其子公司代理放映权许可并收取使用费属于不同的权利范畴，音集协相关行为不构成违约。

相关法条

《中华人民共和国民法典》（2021年施行）第67条、第509条、第562条、第565条

三、冒名洗歌

"洗歌"行为侵权纠纷案

数字时代"冒名洗歌"式侵权的审查认定

在数字化时代背景下，音乐创作者享有前所未有的自由来孕育新颖且个性化的音乐作品，然而，科技发展也带来了一定程度上音乐创作追求快速流量变现的"快餐化"趋势，其中"洗歌"现象——从标题至内容全面复制模仿——尤为显著。洗歌行为在音乐产业中具体表现为：其他竞争平台推出与某原版歌曲同名的"山寨"歌曲，并通过混淆歌手名、歌词内容、歌曲整体核心表达、歌曲调式、速度、编曲配置、旋律动机、曲调结构等多种方式，恶意误导音乐平台用户将假冒歌曲误认为原版歌曲。探讨"冒名洗歌"行为是否构成侵权，需深刻剖析其背后的成因、社会经济效应，精准界定版权保护与创新传播激励、避免创意过度集中控制的微妙平衡。实践中，在分析"冒名洗歌"侵权与否时，既要结合当下侵权模式的生成原因、所造成的影响，准确把握权利保护与鼓励传播、防止创意垄断的边界，也要打破客观专业壁垒，探索更为有效的侵权比对认定方式，及时有效规制侵权行为。

本案通过集成技术辅助解析、歌曲多维度特征分析（包括元数据、风格标识等）、精确乐句曲谱比对以及融合听觉感受的综合性评估流程，创新性地提出了针对数字音乐平台间"洗歌"行为的识别策略。此举旨在净化音乐创作生态，激发原创活力，促进数字音乐产业在健康轨道上持续繁荣，进而为我国经济社会的全面进步与文化软实力的提升贡献积极力量。

案例来源

（2022）浙01民终8272号

案情简介

杭州某科技公司是A音乐平台运营主体，取得案涉歌曲完整著作权。杭州某科技公司发现，2021年B音乐平台上线被诉歌曲，与案涉歌曲名称完全相同、表演者名称高度相似，词、曲、编曲等亦高度近似，构成实质性相似，故提起诉讼。

B音乐平台的运营方甲科技（深圳）公司、深圳某科技公司、乙科技（深圳）公司辩称：首先，甲科技（深圳）公司、深圳某科技公司、乙科技（深圳）公司系经北京某文化公司授权取得被诉歌曲信息网络传播权，且已尽基本的审慎注意义务，北京某文化公司承诺对于所授权歌曲出现的涉诉责任均由其自行承担；其次，案涉两首歌曲从作品表达、独创性均不一致，甲科技（深圳）公司、深圳某科技公司、乙科技（深圳）公司作

为音乐平台运营方，无法判定相似性是否成立；最后，未收到杭州某科技公司的有效通知，其不是适格被告。北京某文化公司辩称，两首歌曲不构成实质性相似。

一审判令甲科技（深圳）公司、深圳某科技公司、北京某文化公司立即停止侵犯杭州某科技公司著作权的行为，并赔偿经济损失和合理开支共 8 万元。宣判后，甲科技（深圳）公司、深圳某科技公司、北京某文化公司提出上诉，后均撤回上诉，二审法院裁定准许，本案一审判决已生效。

关键词

冒名洗歌；著作权

争议焦点

被告是否存在著作权侵权行为？

裁判观点

被告存在著作权侵权行为。

其一，二者从总体感觉而言，因为旋律、节奏、和声及歌词的相似性，尤其是"删了吧"作为歌曲名称和副歌的重要内容，加之表演者名称和演唱音色，会使人误认二者为派生关系；其二，从具体比对而言，二者选用了类似的主要旋律和节奏走向，除个别音符不同外，构成主旋律的主要音符几乎完全相同，同是两首歌曲的第 3、13、17、18、19 小节的音符中大多数音符相同，在旋律和节奏上的创作空间开阔，如果是独立创作，在旋律和节奏上不可能如此高度的相似；其三，案涉两首歌曲的首句、起句、关键句在音值、音高上基本一致，该些句子的重要性不言而喻，当整体旋律、节奏如此相似的情况下，会产生歌曲音乐形象相同或类似的感觉，虽然听觉感受仅限于感性的知觉范畴，但对音乐作品的受众，尤其是流行音乐的受众来说，会对于歌曲的赏析和判断起到关键作用；其四，从歌词比对、演唱者名称、标题、演唱音色而言，二者具有相似性，虽部分内容不受著作权法表征，但该些元素集中表现在一首歌曲时，会致使公众混淆，故案涉两首歌曲部分段落构成实质性相似。遂判令甲科技（深圳）公司、深圳某科技公司、北京某文化公司立即停止侵犯杭州某科技公司著作权的行为，并赔偿经济损失和合理开支共 8 万元。

相关法条

《中华人民共和国著作权法》（2020 年修正）第 3 条

四、合理使用

《加速度》广播权纠纷案

广播他人已发表作品不适用表演权的合理使用事由

广播他人已发表的作品，通常涉及对作品表演权的行使。除非法律有特别规定，否则广播行为应当取得著作权人的许可，并支付相应的报酬。而广播行为往往具有广泛的传播性和商业性，因此很难直接适用表演权的合理使用事由。

《加速度》是由王某某作词、杨某作曲的著名歌曲，后王某某将该音乐作品的公开表演权、广播权和录制发行权授权中国音乐著作权协会（本部分简称"音著协"）以信托的方式管理。本案的争议缘起于，苏州广播电视总台（本部分简称"苏州广电台"）在未经歌曲《加速度》作者同意的情况下，在节目中使用了该歌曲。音著协认为，该行为侵犯了作者的广播权。苏州广电台则认为，《加速度》歌曲的原唱是瞿某，丁某某系瞿某母亲，丁某某在节目中为了揭示其真实身份而自编自唱《加速度》中的一小节；并且，苏州广电台广播的是主持人大赛，该主持人大赛完全是公益性质，非歌曲演唱会或商业性演出，未向表演者支付报酬也未向观众收取任何费用，丁某某在主持人大赛中只是临场使用了《加速度》歌曲的一个小节，并非使用整首歌曲，其表演歌曲的行为属于法律所规定的合理使用，故苏州广电台的广播行为合法，未侵犯案涉作品广播权，因此无需支付任何报酬。法院审理认为，苏州广电台的抗辩理由只是针对表演权的合理限制，并不适用于本案所争议的广播权，即苏州广电台的广播行为构成侵权。

案例来源

（2016）苏 05 民终 673 号

案情简介

由中信文化体育产业有限公司出品的唱片《+速度》（ISRCCN-A23-03-476-00/A. J6）中收录了包括《加速度》等音乐作品在内的多部作品，在唱片的内附页面上，载明有《加速度》的曲作者为杨某，词作者为王某某，并有该音乐作品的相关歌词，光盘中有《加速度》音乐作品的内容。

1998 年 12 月 17 日，王某某与音著协签订了《音乐著作权合同》，同意将其音乐作品的公开表演权、广播权和录制发行权授权音著协以信托的方式管理，上述音乐作品包括王某某现有和今后将有的作品，合同约定音著协为有效管理王某某的权利，有权以自己的名义向侵权者提起诉讼。合同有效期为 3 年，双方约定至期满前 60 天王某某未提出书面异议，本合同自动续展 3 年，之后亦照此办理。2005 年 12 月 14 日，杨某与音著协签订了《音乐著作权合同》，同意将其音乐作品的公开表演权、广播权和录制发行权授权音著协以信托的方式管理，上述音乐作品包括杨某现有和今后将有的作品，音著协为有效管理杨某的权利，有权以自己的名义向侵权者提起诉讼。合同有效期为 3 年，双方约定至期满前 60 天杨某未提出书面异议，本合同自动续展 3 年，之后亦照此办理。

2015 年 5 月 12 日，音著协向北京市东方公证处申请保全证据公证。公证主要内容如下：进入 http：//csztv. cn 网站，页面显示为"苏州广播电视总台"，点击页面中的"广电资讯"后的"MORE"按键，在页面中点击"［广电动态］主持人大赛第三季炫彩开启"标题，进入相关页面后点击"视频播报"栏目标题后的"更多"，在页面上点击"主持人大赛第二期全程"的标题，开始进行播放并同步进行录像。公证处后将上述过程刻录成光盘，并于 2015 年 5 月 26 日出具了（2015）京东方内民证字第 5103 号公证书。经核对，在该节目中有一个演唱者演唱了《加速度》歌曲的一部分，曲调、歌词与光盘中的《加速度》音乐作品基本相同。

音著协诉至法院，认为苏州广电台在未支付相关著作权使用费的情况下，在其苏州社会经济频道播出的《2015苏州广电传媒华语主持人（全国）选拔大赛（第三季）》第二期节目中使用了音著协管理的案涉音乐作品，其该行为侵犯了案涉音乐作品作者的广播权。苏州广电台抗辩称，苏州广电台使用该歌曲是属于法律规定的合理使用情形，可以不经著作权人的许可，不支付报酬。一审法院认定苏州广电台的播放行为侵害了音著协对案涉作品享有的广播权，二审法院予以维持。

关键词

广播权；表演权；合理使用

争议焦点

苏州广电台的播放行为是否侵害了音著协对案涉作品享有的广播权？

裁判观点

苏州广电台的播放行为侵害了音著协对案涉作品享有的广播权。

音著协以苏州广电台未经许可，播放其享有广播权的案涉音乐作品为由提起本案诉讼。而认定苏州广电台是否构成侵权的依据亦在于判断其行为是否落入了《著作权法》设定的广播权的保护范围之内。根据《著作权法》第10条第1款第11项规定，广播权，即以无线方式公开广播或者传播作品，以有线传播或者转播的方式向公众传播广播的作品，以及通过扩音器或者其他传送符号、声音、图像的类似工具向公众传播广播的作品的权利。本案中，苏州广电台以无线方式广播了包含有案涉音乐作品片段在内的节目，其行为显然已落入案涉作品广播权的保护范围之中。

同时，依据《著作权法》第43条（现《著作权法》第46条）的规定，广播电台、电视台播放他人已发表的作品，可以不经著作权人许可，但应当支付报酬。案涉《加速度》音乐作品属于已发表作品，苏州广电台在未支付报酬的情况下即行广播该作品，侵犯了音著协对该作品所享有的广播权。至于苏州广电台主张本案应适用《著作权法》第22条第1款第9项（现《著作权法》第24条第1款第9项）合理使用的规定的抗辩意见，法院认为，该规定应系针对表演权的合理限制，而并不适用于本案所争议的广播权，对其该项抗辩不予支持。故驳回上诉，维持原判决。

相关法条

《中华人民共和国著作权法》（2020年修正）第10条、第46条

第二节　演出产业

一、表演者权

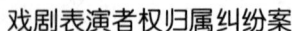

戏剧表演者权归属纠纷案

演员对于整台戏剧并不享有表演者权

著作权争议之所以错综复杂，根源之一在于其权利主体与客体的广泛性与多元性。戏剧演出录像制品的出版过程交织着多重权利关系，不仅涉及剧本版权的原始持有人，还涵盖了音乐作品的著作权人、直接参与演出的演员、负责整体演出的组织方，以及最终将演出转化为录像制品的录音录像制作者。每一方都在这一复杂的权利网络中占据一席之地，各自拥有独特的专有权益。参与方之间的版权和著作权授权是否合法且有效？这种多元化的权利结构无疑增加了权利归属问题的复杂性。

在接受委托复制相关录像制品时，务必严格审查委托人是否已合法获得所有相关权利主体——包括作者、表演者及录像制品原始制作者——的有效授权，以免因疏忽而陷入共同侵权的法律风险之中，从而确保自身业务活动的合法合规。本案通过详细的证据分析和法律适用，明确了各参与方的权利义务关系，并依法认定了侵权行为及责任承担。终审判决不仅维护了权利人的合法权益，也为类似案件的处理提供了有益的参考。

案例来源

（2008）民三终字第5号

案情简介

1998年1月18日，河北百灵音像出版社（本部分简称"百灵音像出版社"）出具授权书，授权广东唱金影音有限公司（本部分简称"唱金公司"）代表该社向拥有著作权人授权的文艺团体或个人求购节目，用于出版VCD等音像制品，所购节目经审查合格后，纳入该社出版计划。2003年4月21日、2004年12月6日，百灵音像出版社（甲方）与唱金公司（乙方）签订协议，约定双方合作出版、发行音像制品，由乙方组织节目源，甲方出版，乙方对甲方出版的音像制品享有永久发行权。2000年9月11日、2001年10月9日、2004年5月21日、2006年12月1日，唱金公司根据与河北省河北梆子剧院（本部分简称"河北省梆子剧院"）签订的多份合同，及河北省梆子剧院出具的授权书，取得了出版、发行该院演出的《双错遗恨》、《打金砖》、《三打陶三春》、《蝴蝶杯》（上、下部）、《陈三两》等剧目音像制品的专有使用权。2001年4月2日，石家庄市河北梆子剧团（甲方）与唱金公司（乙方）签订协议，约定由乙方录制甲方演出的《清风亭》等演出剧目，录制完成后一次性给付甲方使用费2万元，乙方对该演出剧目享有专有音像出版、发行权。2001年9月29日，保定市河北梆子剧团（甲方）出具授权书，将出版、发行《血染双梅》等演出剧目音像制品的专有使用权授予唱金公司。2001年10月3日，衡水市河北梆子剧团（甲方）与唱金公司（乙方）签订《音像出版合同》，约定甲方将出版、发行演出剧目《春草闯堂》音像制品的专有使用权授予乙方。

唱金公司发行的上述演出剧目音像制品中，《蝴蝶杯》（上、下部）剧本文字整理人为河北省梆子剧院职工张某1和王某1，音乐整理人为河北省梆子剧院职工张某2。1999年10月29日，百灵音像出版社向张某1的继承人张某3支付使用费100元。2005年8月10日，王某1的继承人王某2许可百灵音像出版社、唱金公司使用《蝴蝶杯》（上、下部）剧本，并出版、发行该演出剧目的音像制品。《陈三两》剧本由河北省梆子剧院原职工王某3整理，1998年3月12日、2005年8月8日，王某3的继承人王某4（甲方）与百灵音像出版社、唱金公司（乙方）签订协议，约定甲方许可乙方使用《陈三两》剧本，并出版、发行该演出剧目的音像制品。《双错遗恨》的剧本文字部分由河北省梆子剧院外聘尚某某整理，音乐部分由该院职工张某2整理。2000年12月21日，张某2收到唱金公司支付的使用费4000元。《清风亭》的剧本是由石家庄市河北梆子剧团外聘尚某某整理。2002年7月尚某某出具授权书，许可百灵音像出版社使用《双错遗恨》《清风亭》剧本，并出版、发行音像制品。

上述音像制品中，《双错遗恨》《清风亭》为唱金公司录制；《蝴蝶杯》（上、下部）、《陈三两》为河北电视台录制；《血染双梅》是1997年拍摄的实景戏曲电影，制片者和表演单位均为保定市河北梆子剧团。百灵音像出版社、唱金公司获得了河北电视台、保定市河北梆子剧团授予的出版、发行《蝴蝶杯》（上、下部）、《陈三两》、《血染双梅》演出剧目音像制品的权利。《打金砖》的剧本文字及音乐整理人分别为河北省梆子剧院职工赵某某、马某某。《三打陶三春》的剧本文字部分由河北省梆子剧院外聘吴某1整理，音乐部分由该院职工徐某某整理。唱金公司未获得《打金砖》《三打陶三春》剧本文字及音乐整理人的授权。《春草闯堂》仅获得演出单位和剧本整理人的授权，未获得音像制品制作者授权。

2006年1月4日，河北电视台总编室（甲方）与河北省梆子剧院（乙方）签订协议，双方确认由甲方录制、乙方演出的河北梆子戏剧的表演者权为乙方所有，甲方为音像制品制作者；甲方不得将其录制、乙方的演出剧目授权第三方复制、出版、发行音像制品；甲方许可乙方复制、出版、发行该音像制品专有使用权。

中国文联音像出版社（本部分简称"文联音像出版社"）、天津天宝光碟有限公司（本部分简称"天宝光碟公司"）及天津天宝文化发展有限公司（本部分简称"天宝文化公司"）出版、复制并发行的《双错遗恨》、《清风亭》、《蝴蝶杯》（上、下部）、《陈三两》、《血染双梅》5个演出剧目音像制品中，《蝴蝶杯》（上、下部）与唱金公司发行的音像制品同版，取得了张某4等6名主要演员的授权；《陈三两》、《双错遗恨》、《清风亭》和《血染双梅》与唱金公司发行的音像制品版本不同，分别属于同一演出单位不同场次的演出。《陈三两》演出剧目由河北电视台录制，取得了主要演员张某4、田某某的授权；《双错遗恨》由河北新艺影视制作中心录制，取得了主要演员张某4的授权；《清风亭》由河北新艺影视制作中心录制，取得了主要演员雷某某、李某某的授权。2004年6月1日，尚某某（甲方）与河北新艺影视制作中心、天宝文化公司（乙方）签订合同，甲方将《双错遗恨》《清风亭》剧本授予乙方专有使用。《血染双梅》是对舞台表演版本的录制，文联音像出版社、天宝光碟公司及天宝文化公司称该演出由河北电视台组织，其取得了剧本音乐整理人刘某和及吴某 2 等 4 名主要演员的授权。

唱金公司向人民法院起诉，称自 2000 年起分别从河北省梆子剧院、衡水市河北梆子剧团、石家庄市河北梆子剧团、保定市河北梆子剧团处获得授权，独家出版、发行《蝴蝶杯》(上、下部)、《陈三两》、《三打陶三春》、《双错遗恨》、《打金砖》、《春草闯堂》、《清风亭》和《血染双梅》等 8 个河北梆子演出剧目的音像制品。2004 年末，唱金公司发现由文联音像出版社出版、天宝光碟公司复制、天宝文化公司发行及河北音像人音像制品批销有限公司（本部分简称"音像人公司"）销售的上述音像制品，侵犯了唱金公司的合法权益，请求判令上述侵权人停止侵权、销毁侵权产品并赔偿唱金公司损失 45 万元。

文联音像出版社、天宝文化公司以及天宝光碟公司认为，享有录像制品制作者权的基础是录像制品是由其制作，而他们发行的《陈三两》《双错遗恨》《清风亭》《血染双梅》剧目为不同场次录像版本，并非唱金公司制作，因此唱金公司不能对该版本主张权利。另，天宝光碟公司还认为，其已经充分履行了《音像制品管理条例》所规定的验证义务，验证了案涉剧目主要演员的授权，因此，即使其复制了侵犯他人合法权利的录像制品，由于主观上无过错，也不应承担任何法律责任。

一审法院判决文联音像出版社、天宝光碟公司及天宝文化公司立即停止出版、复制及发行案涉《蝴蝶杯》(上、下部)、《陈三两》、《双错遗恨》、《清风亭》和《血染双梅》的音像制品，并销毁未出售的上述剧目的音像制品（一审法院认为唱金公司未针对《打金砖》《三打陶三春》《春草闯堂》取得完整授权，且唱金公司未对此提出上诉）；音像人公司立即停止销售上述音像制品，并销毁未出售的上述剧目的音像制品；文联音像出版社、天宝光碟公司及天宝文化公司于判决生效之日起 10 日内连带赔偿唱金公司经济损失 30 万元；驳回唱金公司的其他诉讼请求。一审判决过后，文联音像出版社及天宝文化公司不服原审判决，提起上诉。二审法院认为原审判决认定事实正确，判决结果正确，应予维持。

▶ 关键词

演出单位；表演者；录音录像制品；录音录像制作者

▶ 争议焦点

1. 唱金公司对《蝴蝶杯》(上、下部)、《陈三两》、《双错遗恨》、《清风亭》、《血染双梅》5 部剧目享有何种权利？

2. 本案被告（文联音像出版社、天宝文化公司及天宝光碟公司）是否侵犯唱金公司的权利并应承担相应侵权责任？

▶ 裁判观点

1. 唱金公司对于《蝴蝶杯》(上、下部)、《陈三两》、《双错遗恨》、《清风亭》、《血染双梅》享有独家出版、发行录有这些剧目表演的录像制品的权利。

戏剧类作品演出的筹备、组织、排练等均由剧院或剧团等演出单位主持，演出所需投入亦由演出单位承担，演出体现的是演出单位的意志，故对于整台戏剧的演出，演出单位是著作权法意义上的表演者，有权许可他人从现场直播或录音录像、复制发行录音录像制品等，在没有特别约定的情况下，演员个人不享有上述权利。

河北电视台总编室以自己名义与河北省梆子剧院签订的合同，虽然在主体资格上存在瑕疵，但因河北电视台对此予以确认，故不影响该合同的效力，河北省梆子剧院有权据此许可唱金公司出版、发行河北电视台录制的录像制品。

唱金公司发行了《蝴蝶杯》（上、下部）、《陈三两》、《双错遗恨》、《清风亭》及《血染双梅》的录像制品。对于上述音像制品，其获得了河北省梆子剧院等作为表演者的演出单位的许可，获得了录像制作者的授权或者其本身为录像制作者，在存在剧本、唱腔著作权人的情况下亦获得了著作权人的许可。其发行的上述录像制品符合我国《著作权法》第 39 条、第 40 条（现《著作权法》第 42 条、第 43 条）的规定，对于该合法制作的录像制品，唱金公司享有我国《著作权法》第 41 条（现《著作权法》第 44 条）规定的各项权利，包括发行权。

唱金公司分别与河北省梆子剧院、石家庄市河北梆子剧团、保定市河北梆子剧团签订协议，取得独家出版发行案涉剧目录像制品的权利。唱金公司与保定市河北梆子剧团签订的合同中更明确规定：剧团不再为其他单位录制和授权该剧目。唱金公司据此享有独家出版、发行录有相关剧目表演的录像制品的权利。他人未经许可亦不得侵犯。

2. 文联音像出版社、天宝文化公司侵犯唱金公司的权利，天宝光碟公司未履行应尽的注意义务，三者承担共同侵权责任。

文联音像出版社出版、天宝文化公司发行的案涉剧目光盘中，《蝴蝶杯》（上、下部）与唱金公司发行的录像制品系来源于同一次录制过程，由于唱金公司对该录像制品享有独家发行权，文联音像出版社、天宝文化公司出版发行的录像制品虽然进行了不同的编辑和取舍，仍然侵犯了唱金公司的权利。其二者关于唱金公司对《蝴蝶杯》（上、下部）未取得完整授权、其未侵权的上诉主张没有事实和法律依据，二审法院不予支持。

关于《陈三两》、《双错遗恨》、《清风亭》和《血染双梅》剧目，唱金公司发行的版本与文联音像出版社、天宝文化公司出版、发行的版本不同，并非来自同一个录像过程。根据《著作权法》第 41 条（现《著作权法》第 44 条）的规定，录像制作者的权利仅限于禁止他人未经许可复制、发行其制作的录像制品，对于非其制作的，其无权禁止。文联音像出版社、天宝文化公司对此提出的上诉理由正确，予以支持。原审判决仅以文联音像出版社、天宝文化公司未获得完整授权为由即认定其侵犯唱金公司的录像制品独家发行权，判决理由不当，二审法院予以纠正。但是，唱金公司除对其发行的录像制品享有独家发行权外，对相关剧目还享有独家出版、发行录像制品的权利。文联音像出版社、天宝文化公司未经许可，亦未经相关表演者许可，出版、发行相关剧目的录像制品，侵犯了唱金公司上述权利，同样应承担停止侵权、赔偿损失的民事责任。原审判决虽然理由不当，但其结论正确，二审法院予以维持。

《音像制品管理条例》第 23 条规定，音像复制单位接受委托复制音像制品的，应当按照国家有关规定，验证盖章的音像制品复制委托书及著作权人的授权书。据此，如果音像复制单位未能充分履行上述行政法规规定的验证义务，复制了侵犯他人合法权利的音像制品，应当与侵权音像制品的制作者、出版者等承担共同侵权责任。本案中，天宝光碟公司仅验证了案涉剧目主要演员的授权，显然未满足上述条例规定的注意义务，故一审法院判令其与文联音像出版社、天宝文化公司共同承担侵权责任并无不当。其与文联音像出版社签订的《录音录像制品复制委托书》虽有关于责任承担的约定，但该约定仅对双方当事人有效，不能以此对抗权利受侵犯的第三人。天宝光碟公司关于《音像制品管理条例》中规定的注意义务过高、《复制委托书》不仅仅是当事人之间的合同等上诉理由缺乏法律依据，二审法院不予支持。

 相关法条

《中华人民共和国著作权法》（2020 年修正）第 39 条、第 42 条、第 59 条
《音像制品管理条例》（2024 年修订）第 23 条

真人秀节目背景音乐表演者权纠纷案

未经授权许可在综艺节目中使用歌曲片段并在平台上播放侵犯表演者权

户外竞技真人秀节目是近年来广受欢迎的电视节目类型，它以大型户外场地为环境主体，通过体力运动的方式完成游戏任务，并如实记录参与者的表现和游戏过程，后期进行艺术加工后呈现给观众。将歌曲作为真人秀节目背景音乐使用是节目制作的通常做法，恰当的背景音乐可以增强节目氛围、增强情感共鸣、营造特定情绪。

然而，在未经歌曲版权人（包括词曲作者、表演者、录音制作者等）明确授权的情况下，将歌曲作为真人秀节目的背景音乐使用，构成对版权的直接侵犯。节目制作方应高度重视版权问题，严格遵守相关法律法规，确保在节目中使用的音乐作品等素材已获得合法授权。这既是对版权人的尊重和保护，也是维护节目自身形象和品牌信誉的重要举措。本案裁判提示媒体和娱乐产业从业者，任何创意作品都是创作者的心血结晶，应当得到应有的尊重和报酬。

案例来源

（2022）京 73 民终 317 号

案情简介

案涉综艺节目是浙江卫视推出的户外竞技真人秀节目，由浙江卫视节目中心制作，2018 年 4 月 13 日起每周五晚 20：50 在浙江卫视首播，腾讯视频、爱奇艺联合独播，2018 年 6 月 29 日收官，含有案涉歌曲的第 11 期播出于 2018 年 6 月 22 日。原告提交的可信时间戳取证内容载明：打开"优酷视频"APP 后，搜索"奔跑吧第二季"，点击视频可正常播放，视频左上角显示"浙江卫视"标志。案涉歌曲的片段被作为案涉综艺节目第 11 期撕名牌环节的背景音乐使用，节目名称为"年中歌友会特辑"，时长约为 15 秒。经比对，案涉综艺节目中该部分音乐片段演唱者与案涉歌曲演唱者一致。

原告北京众得文化传播有限公司（本部分简称"众得公司"）向法院提出诉讼请求，主张原告经原作者沈某授权依法享有歌曲《战舞》的表演者权。被告未经原告授权许可、未支付任何著作权使用费，擅自以营利为目的，在其制作并播出的《奔跑吧》第二季（本部分简称"案涉综艺节目"）第 11 期中使用了案涉歌曲作为背景音乐，该案涉综艺

节目在"优酷视频"平台播出，获取了巨大商业利益，该行为严重侵害了原告的表演者权，主观恶意十分明显，应依法承担相应的侵权责任。

被告浙江广播电视集团（本部分简称"浙江广电集团"）辩称：①原告没有真实地取得案涉歌曲的表演者权。原告提交的证据书存在授权期限的瑕疵，从出具时间和内容来看，原告并未享有该项权利；②原告针对同一行为拆分不同案由进行起诉，构成重复起诉，不同的演出组织、演出单位造成了表演者权的来源有很大不确定；③被告并未侵害原告相应权利，原告也从未行使过相应权利，原告自2021年2月1日起就不能享有相应权利，更未有损失；④即便构成侵权，原告要求赔偿数额也过高，案涉综艺节目仅仅使用了15秒案涉歌曲，对原告影响微乎其微。

一审法院判决被告浙江广电集团于判决生效之日起10日内赔偿原告众得公司经济损失800元，并驳回原告众得公司的其他诉讼请求。浙江广电集团不服，提起上诉。二审法院认为浙江广电集团的上诉请求不能成立，应予驳回；一审判决认定事实清楚，适用法律正确，应予维持。

关键词

真人秀；表演者权

争议焦点

1. 众得公司是否对案涉歌曲的表演享有信息网络传播权？
2. 浙江广电集团的案涉行为是否构成侵权？

裁判观点

1. 众得公司对案涉歌曲的表演享有信息网络传播权。

著作权法鼓励在文学、艺术和科学领域内创作、传播具有独创性并能以某种有形形式复制的智力成果。案涉歌曲在词、曲内容上均能够体现作者的选择、安排和处理，属于具有独创性的音乐作品，应受法律保护。

众得公司提供了案涉歌曲的网页署名信息、视频截图等证据，可以认定案涉歌曲的词、曲作者和表演者均为案外人沈某。在浙江广电集团未提交相反证据的情况下，法院认定案外人沈某为案涉歌曲的作者和表演者，依法对案涉歌曲享有著作权和表演者权。众得公司提交了音乐版权授权书、公证核验材料等，在无相反证据的情况下，可以认定众得公司经授权，独占性取得案涉歌曲的表演者权，享有通过信息网络向公众传播案涉歌曲表演的权利。

2. 浙江广电集团的案涉行为构成侵权。

浙江广电集团在未经原告授权许可、未支付著作权使用费的情况下，在案涉综艺节目中使用案涉歌曲片段并在"优酷视频"平台上播放，使不特定公众在个人选定的时间和地点可以获取表演者演唱的上述案涉歌曲片段，侵犯了众得公司对案涉歌曲享有的表演者权，应当承担赔偿损失的法律责任。

关于浙江广电集团主张众得公司本案为重复起诉的意见，本案中，众得公司系针对不同侵权端口、不同著作权项分别提起诉讼，不构成重复起诉，故对浙江广电集团的相关辩解法院不予采纳。

 相关法条

《中华人民共和国著作权法》（2020 年修正）第 11 条、第 38 条、第 39 条

《最高人民法院关于审理著作权民事纠纷案件适用法律若干问题的解释》（2020 年修正）第 7 条

二、演出合同

艺人演出合同纠纷案

活动邀请方未按合同约定及时支付款项，艺人方公司不提供演出相关资料供其申报批准不构成违约

艺人演出类型多样，包括演唱会、音乐会、舞台剧、话剧、音乐剧、相声小品、脱口秀、舞蹈表演等。艺人演出合同是甲方（通常为演出主办方或承办方）与乙方（艺人或其代理人）之间就艺人参加特定演出活动所订立的法律文件。企业和艺人或其所属公司所签订的艺人演出合同中，可能蕴含着合同履行、法律责任、权益保障等多个方面的风险点。合同履行过程中，艺人方公司是否构成违约，取决于合同中的具体条款以及双方的实际行为。

本案中，活动邀请方因未按期足额支付第一期款项且缺乏举办营业性演出的资质而构成违约，导致合同解除。艺人方公司在对方违约的情况下行使了抗辩权，其行为不构成违约。因此，法院最终判决艺人方公司返还预付款及利息损失，无需返还定金。这一判决既维护了合同的严肃性，也保障了守约方的合法权益。

案例来源

（2015）皖民二终字第 00312 号

案情简介

2013 年 6 月 3 日，蚌埠淮河情文化传播有限公司（本部分简称"淮河情公司"）、蚌埠诺亚投资管理有限公司（本部分简称"诺亚公司"）共同组成联合体与北京羽佳翱文化传播有限公司（本部分简称"羽佳翱公司"）签订《演出合同》，由羽佳翱公司安排艺人参加由联合体承办的特别节目"星光大道走进蚌埠"（暂定名）演出，合同约定：演出艺人为凤凰传奇、阿宝、金美儿、青花瓷组合等；演出地点安徽财经大学体育场（蚌埠）；演出时间 2013 年 9 月 12 日；演出酬金为演出劳务费 180 万元；付款方式为联合体于合同签订 7 个工作日内支付羽佳翱公司演出劳务费 50% 即 90 万元作为演出的定金，演出前 3 天支付余款 90 万元，如演出前联合体未按合同付清演出余款，羽佳翱公司有权拒绝演出，所造成一切后果由联合体负责，羽佳翱公司不退还已收定金；联合体负有提供艺人在演出地期间的住宿不低于四星级酒店、提供艺人在演出地期间的餐饮，及确保交通安全、保证

艺人在演出期间的人身安全等责任，羽佳翱公司负有确保艺人在 2013 年 9 月 11 日下午前到达演出城市、及时提供艺人相关演出资料、保证艺人按时到达演出地点参加彩排和演出等责任。合同还约定：合同签署后，联合体如未按约定支付第一期款项，则双方同意合同自动终止失效，羽佳翱公司有权自行决定不再履行合同且不被视为违约，不承担任何法律及经济责任，由此引起的相关责任概由联合体自行承担；因联合体原因，无故取消本次演出（不可抗拒的原因除外），联合体必须按演出费的 100% 支付给羽佳翱公司，如因联合体原因演出延期超过 3 个月的，则联合体必须按演出费的 50% 支付给羽佳翱公司，并与羽佳翱公司协调好档期安排；如因羽佳翱公司原因导致演出无法正常进行（不可抗拒的原因除外），羽佳翱公司必须无条件退还联合体所支付的演出款，并支付演出酬金的 100% 作为违约金。合同盖有各方公章并由法定代表人签字，并记载了翟某某的银行账号。

《演出合同》签订前，淮河情公司法定代表人陈某从诺亚公司领取 10 万元，并将其中的 5 万元支付给翟某某。《演出合同》签订后，诺亚公司于 2013 年 6 月 3 日、2013 年 6 月 9 日通过张某某账户向翟某某账户分别付款 52 万元、28 万元，以上共计 85 万元，仍缺少 5 万元款项未付齐。后羽佳翱公司未向联合体提供艺人演出相关资料，亦未安排艺人前往演出。其间，联合体曾向羽佳翱公司发出催告函，并于 2013 年 9 月 4 日向羽佳翱公司发出解除合同通知书。

诺亚公司向法院提起诉讼，称羽佳翱公司未向诺亚公司所属联合体履行合同，致使演出不能进行，给诺亚公司造成了经济损失，请求判令双方签订的《演出合同》于 2013 年 8 月 8 日解除；羽佳翱公司、翟某某返还合同定金 85 万元、违约金 85 万元、利息 51 000 元，共计 1 751 000 元（利息按中国人民银行贷款利率标准计算，暂从 2013 年 6 月 10 日计算至 2014 年 6 月 10 日，此后利息计算至付清时止）。法院最终判决：2013 年 6 月 3 日诺亚公司、淮河情公司与羽佳翱公司签订的《演出合同》于 2013 年 9 月 7 日解除；羽佳翱公司于判决生效之日起 10 日内返还诺亚公司预付款 49 万元及利息损失（计算至 2013 年 11 月 28 日为 36 505 元，此后以 49 万元为基数按中国人民银行同期同类贷款基准利率计算至给付之日止）。

关键词

艺人；演出合同；违约责任

争议焦点

1. 合同履行中诺亚公司、淮河情公司及羽佳翱公司是否存在违约行为？
2. 案涉《演出合同》解除的时间及原因为何？

裁判观点

1. 诺亚公司、淮河情公司未依约足额支付第一期款项，构成违约；羽佳翱公司未履行提供艺人相关演出资料的义务，系依法行使抗辩权，不构成违约。

依据《演出合同》的约定，诺亚公司、淮河情公司应于合同签订 7 个工作日内支付 90 万元作为"定金"（因端午节放假调休，该 90 万元的付款期限应于 2013 年 6 月 13 日届满）。根据查明的事实，淮河情公司法定代表人陈某于合同签订前向羽佳翱公司支付 5 万元，诺亚公司于 2013 年 6 月 3 日、6 月 9 日向合同指定的翟某某账户支付 80 万元，前述款项共计 85 万元。此后诺亚公司、淮河情公司未再向羽佳翱公司付款。故应当认定，诺亚公司、淮河情公司未按约向羽佳翱公司足额支付合同约定的第一期款项 90 万元。原《担保法》第 91 条（现《民法典》第 586 条）规定，合同定金不得超过主合同标的额的 20%。案涉《演出合同》的标的额为 180 万元，故定金数额不得超出 36 万元。因此，应认定诺亚公司、淮河情公司已付的 85 万元中 36 万元为合同定金性质，余款 49 万元为演出劳务费的预付款。但诉讼中人民法院对于合同约定的 90 万元"定金"性质的认定，并不意味着合同履行中诺亚公司、淮河情公司只需支付 36 万元即符合合同约定的付款义务。诺亚公司、淮河情公司仍需按照合同约定的金额和期限支付第一期款项。诺亚公司、淮河情公司未依约足额支付第一期款项，构成违约。在诺亚公司、淮河情公司未按约履行先合同义务的情况下，羽佳翱公司可拒绝履行合同义务。因此，羽佳翱公司未履行提供艺人相关演出资料的义务，系依法行使抗辩权，不构成违约。

2. 案涉《演出合同》的解除时间为诺亚公司发出的《解除合同通知书》到达羽佳翱公司的合理时间；案涉《演出合同》的解除应认定为系因诺亚公司、淮河情公司的违约行为所致。

诺亚公司、羽佳翱公司均认为案涉《演出合同》已在履行过程中解除，双方争议的是该合同解除的时间及原因。羽佳翱公司认为，依据《演出合同》第 10.1 条的约定，诺亚公司、淮河情公司未能按约支付第一期款项时，合同自动失效，羽佳翱公司有权决定终止合同，故《演出合同》已于 2013 年 6 月 12 日解除。诺亚公司认为，羽佳翱公司未按合同约定及时提供艺人演出相关资料供其申报批准，致演出无法按期进行，构成违约，其于 2013 年 9 月 4 日发出解除合同通知后，合同解除。依据原《合同法》第 45 条（现《民法典》第 158 条）规定，附解除条件的合同，条件成就时即自动失效，当事人无需履行通知义务。本案中，案涉《演出合同》第 10.1 条约定，合同签署后联合体如未按约支付第一期款项，则双方同意合同自动失效，羽佳翱公司有权自行决定不再履行合同且不被视为违约。该条中"联合体如未按约支付第一期款项，则双方同意合同自动失效"的约定属于合同解除的条件，该条件成就，合同即自动失效；"联合体如未按约支付第一期款项，羽佳翱公司有权自行决定不再履行合同且不被视为违约"的约定属于合同解除权的约定，出现约定的事由时，羽佳翱公司有权解除合同，但需要通知对方当事人，合同自通知到达时解除。该条将同一事由既约定为合同解除的条件，又约定为当事人一方享有的合同解除权，显然矛盾。由于双方对于该条的理解不一致，因此，应结合当事人的履行行为对当事人的真实意思进行认定。根据翟某某在庭审中的陈述，在诺亚公司、淮河情公司未按期全额支付第一期款项后，其仍多次催促淮河情公司补齐 5 万元首期款项；同时，羽佳翱公司提交的证据反映，在约定的第一期款项的付款期限届满后，其仍与第三人签订相关合同以履行案涉《演出合同》。羽佳翱公司的上述行为与其关于《演出合同》已于 2013 年 6 月 12 日即自动失效的主张相矛盾。故该条约定不应认定为合同解除的条件，而是合同解除权。即羽佳翱公司行使合同解除权应当通知诺亚公司。该条约定虽赋予了羽佳翱公司合同解除权，但并无证据表明其后羽佳翱公司通知淮河情公司、诺亚公司解除合同，行使了解除权。故不能认定案涉《演出合同》于 90 万元首期款项支付期限届满即自动失效，亦不能认定该合同在此后因羽佳翱公司行使合同解除权而解除。2013 年 9 月 4 日，诺亚公司以羽佳翱公司违约为由发出《解除合同通知书》，要求解除合同，羽佳翱公司并未提出异议，且诉讼中各方当事人均认为《演出合同》已经解除，故判决认定案涉《演出合同》于《解除合同通知书》到达羽佳翱公司的合理时间，即 2013 年 9 月 7 日起解除。

关于合同解除的原因，诺亚公司系以羽佳翱公司未及时提供艺人演出相关资料致其不能按期办理审批手续构成违约为由，通知羽佳翱公司解除合同，如前所述，诺亚公司、淮河情公司未按约支付第一期款项构成违约，羽佳翱公司未提供艺人演出相关资料并不构成违约，因此案涉《演出合同》的解除应认定为系因诺亚公司、淮河情公司的违约行为所致。另，依据《营业性演出管理条例》及相关规定，营业性演出举办者应具备相应资质，取得《营业性演出许可证》，并提供包括艺人演出的相关资料等材料报政府主管部门审批。诺亚公司、淮河情公司均无《营业性演出许可证》，不具备举办营业性演出的资质；诺亚公司虽称其可以与有资质的第三人合作举办案涉演出，但其并未提供诺亚公司或淮河情公司与第三人签订的合作举办案涉演出的合同，且《演出合同》履行中其发函要求羽佳翱公司提供《营业性演出许可证》供其办理审批手续。故案涉演出未能申报审批亦不排除因诺亚公司、淮河情公司均无举办营业性演出资质而又不能及时找到具备资质的合作方所致。

相关法条

《中华人民共和国民法典》(2021 年施行) 第 490 条、第 577 条、第 586 条

防弹少年团服务合同纠纷案

艺人生病导致演出曲目更改，意外事件不应苛责

文旅机构所颁发的"演出许可证"及其相关文件是举办音乐会、演唱会等文化体育活动不可或缺的预审行政程序。鉴于实际操作中的复杂多变，活动的执行过程中往往需面对场地适应性、参与人员规模调控、天气状况等多元因素，这往往导致实际呈现的演出内容相较于初期通过行政审批的规划内容不完全相同，展现出灵活调整的特性。

从消费者权益保护的角度出发，观众作为服务的直接接受者，其权益应严格依据双方签署的合同条款以及现场实际发生的演出状况来界定。观众所享受的服务内容与质量，应以合同中的明确约定为基准，并结合实际演出中的具体情况进行综合评判，确保观众的合理期待与权益得到充分尊重与保障。这样不仅符合法律精神的本质要求，也体现了文化体育活动管理中对公众利益的高度重视与细致考量。

本案中，演出团体中一名成员突发疾病导致部分曲目不能继续演出，该事件的发生对于主办方而言具有不可预见性，事件发生后主办方及时解释致歉，且重新调配人员、编排节目，完成了大部分演出。由此可见，主办方对案涉合同履行过程中发生的突发性意外事件不存在过错，不应对此承担违约责任。

案例来源

(2017) 京 01 民终 6513 号

案情简介

2016 年 7 月 23 日晚，由北京市演出有限责任公司（本部分简称"北京演出公司"）主办的韩国艺人团体防弹少年团"2016BTSLIVE<花样年华 onstage：epilogue>演唱会·北京站"在北京首都体育馆举办。但演唱 7 首歌后，由于防弹少年团成员 RM 出现暂时性呼吸困难症状而不能继续表演，后半段演出改由其他 6 名成员表演。主办方在现场及时作出解释并致歉。演唱会恢复后，RM 未再参演，其余 6 名艺人继续演出至结束，共计演唱曲目 15 首（演唱会原定演唱曲目 26 首，中途穿插艺人与观众互动环节）。事后，主办方通过官网等渠道公开说明致歉，并对通过正规渠道购票的观众给予纪念品补偿。

原告吕某某主张，依据北京市文化局向举办单位北京演出公司出具的京演〔2016〕0271 号《北京市营业性演出准予许可决定（涉外营业性演出）》（本部分简称《文化局准予许可决定》）内容所示，案涉演唱会应演出 26 首曲目，实际仅演出 15 首曲目，故北京演出公司未能依约提供服务，应就其违约行为退还部分票款并支付相应违约金。北京演出公司对吕某某该项主张不予认可，并主张该《文化局准予许可决定》仅系案涉演唱会得以举办而必经的前置行政审批程序，公司方并未对外公示该文件内容，亦未以此作为对观众承诺的演出内容，故该许可决定不属于双方合同约定的内容；案涉演唱会中艺人因病不能演出系意外事件，无法预料且不可避免，主办方在事件发生时及时向观众披露实情并致歉，后又以邮寄纪念品等方式采取补救措施，故北京演出公司在案涉合同履行过程中不存在过错，亦无违约行为，不应承担违约责任；北京演出公司对其上述主张提交补偿纪念品实物、快递及邮寄清单予以证明，吕某某对该组证据的真实性予以认可，但否认自己收到纪念品补偿，亦不认可纪念品补偿可替代对方违约责任的承担。庭审期间，主办方辩称，RM 在演出中突发疾病，属于意外事件，主办方并无过错。

一审法院认为，北京演出公司对案涉合同履行过程中的突发性意外事件不存在过错，不应对此承担违约责任。一审过后，吕某某提起上诉，二审法院驳回上诉，维持原判。

关键词

演出服务合同；行政审批程序；意外事件

争议焦点

1. 《文化局准予许可决定》是否应视为双方之间合同约定的内容？
2. 艺人突发疾病造成演唱会中断事件是否构成主办方之违约责任？

裁判观点

1. 《文化局准予许可决定》不应直接视为双方之间合同约定的内容。

《文化局准予许可决定》系案涉演唱会得以举办而必经的前置行政审批程序，然而基于现实情况考量，此类演唱会在实际演出过程中可能受到场地、人员及气候等多种客观因素影响，实际演出内容较之演出前行政审批内容而言通常具有一定的变通性，观众作为服务接受方亦应对此怀有必要限度的容忍；具体到本案中，吕某某未能提供充分有效的证据证明主办方将该《文化局准予许可决定》予以公示宣传并作为对观众的履约承诺，亦未能提供充分有效的证据证明双方约定的合同内容即为实际演出 26 首曲目。综上，在本案中完全将《文化局准予许可决定》所载内容确定为双方合同约定内容，并据以判断违约与否有违常理、过于苛责，故法院对吕某某的该项主张不予支持。

2. 艺人突发疾病造成演唱会中断属于意外事件，主办方不应对此承担违约责任。

意外事件是指行为人虽然造成了损害结果，但行为人不是出于故意或者过失，而是由于不可预见的原因造成的。在合同法项下，发生特殊情形时意外事件可作为合同履行的免责事由，但需受到一定限制，不可进行扩大解释；即意外事件不能当然免责，在行为人存在过错的情形下，一般不能免责，在不可预见的原因引起损害结果且行为人不存在过错的情形下，其可以免责。

具体到本案中：其一，防弹少年团作为一个整体团队进行演出，在演出前必然需要根据团队整体及部分成员特点进行相应的演出规划及编排，在案涉演唱会按既定规划进行之时，团队中一名成员因突发疾病而不能继续演出，此事件的发生对于主办方及演出者而言具有不可预见性，在案涉服务关系成立时服务提供方及接受方对该事件发生及损害后果亦均无法预见，因此该事件应属突发性意外事件。其二，主办方在因突发性意外事件导致演唱会中断时，及时向观众披露了实情并致歉。其三，防弹少年团在突然缺位一名演出成员的情形下，其并未终止演出，而是暂停演出重新调配人员、编排节目后，由防弹少年团其他成员继续完成演出，并保证了演出的基本成效和顺利进行。鉴于此，法院认为北京演出公司对案涉合同履行过程中发生的突发性意外事件不存在过错，不应对此承担违约责任。

至于吕某某否认收到北京演出公司事后邮寄的纪念品一节，该行为系演出方向广大歌迷表达歉意及诚意的意思表示，应当予以正面评价，但该行为是否履行、吕某某是否收到纪念品，均不影响本案上述定性。故驳回吕某某全部诉讼请求。

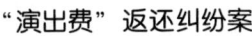

相关法条

《中华人民共和国民法典》（2021 年施行）第 465 条

"演出费"返还纠纷案

根据合同约定可视为演出完成便无需返还演出费

在演出合同中，双方都非常重视演出人的演出时间。原因在于，一旦演出人为某场演出预留了演出时间，便会相应地在该演出时间失去其他的演出机会。并且，演出人的日程安排往往非常紧密，频繁变更事先确定的演出档期，必然会对演出人的其他档期安排造成冲突，从而导致演出人遭受经济损失。

本案中，主办方与演出人的经纪公司达成演出合同，但由于主办方的原因，演出人的演出时间被频繁更改。尽管演出人并未实际参加演出，但如果未能如期参加演出是由主办方原因导致的，演出人有权依据合同主张演出已经完成。正因如此，一审和二审法院均驳回了主办方要求返还演出费的诉讼请求。

案例来源

（2018）京 03 民终 11700 号

案情简介

根据主办方宜春广视可达传媒有限公司（本部分简称"广视公司"）与艺音（北京）科技发展有限公司（本部分简称"艺音公司"）签订的《演出合同书》及补充协议之约定，演出人周某某的演出活动时间自 2016 年 5 月 28 日变更为 2016 年 8 月 28 日。但是，在双方签订补充协议之后，广视公司又要求将演出时间变更为 9 月 24 日，艺音公司与周某某沟通后取得其同意。

但此前的广视公司又以湘西州抗洪，政府不支持举办演出活动为由，再次要求将演出活动时间变更为 10 月 22 日。艺音公司对此次变更未予同意，并在微信记录中要求继续按 9 月 24 日的时间履行。此前的补充协议约定：本场演出已经两次因为广视公司原因违约改期，造成艺音公司艺人经济损失，本着合作愉快目的，艺音公司同意二次改期，因此广视公司承诺无论任何原因（艺音公司原因除外），包括不可抗力因素导致取消演出，广视公司都同意此演出已经完成。

本案中周某某最终未能实际参加演出，广视公司主张艺音公司艺人未参加案涉演出导致合同目的无法实现，向法院提出解除案涉《演出合同书》及补充协议的诉讼请求，并要求艺音公司返还已支付的演出费。但鉴于系广视公司多次变更演出时间才导致艺音公司艺人未能最终参加演出活动的事实，一审和二审法院均未支持广视公司的上述诉讼请求。

关键词

演出合同；解除权；违约；演出费

争议焦点

周某某未能参加演出的责任如何认定？

裁判观点

广视公司频繁变更演出时间导致周某某不能参加演出的责任应当由广视公司承担。

《演出合同书》约定周某某应参演时间为 2016 年 5 月 28 日晚上；后签订的《演出合同补充协议》约定，因广视公司要求延期举办，周某某演出时间变更为 2016 年 8 月 28 日；后通过广视公司与艺音公司的微信聊天记录显示艺音公司再次同意将演出时间改为 2016 年 9 月 24 日；最终广视公司将演出时间调整为 2016 年 10 月 22 日，但未获艺音公司同意。从以上演出时间变更的过程中看，变更演出时间均系广视公司提出，因变更演出时间导致周某某不能参加演出的责任应当由广视公司承担。根据《演出合同补充协议》的约定："因广视公司为更好商业运作，违约要求改期，艺音公司说服艺人友情配合，给艺音公司艺人造成实际经济损失，作为补偿本次改期后不得再行改期，任何原因导致需要再行延期不作为不可抗力因素，艺音公司将不予配合，并视为广视公司违约。"按照上述合同的约定，广视公司多次变更演出时间，导致艺音公司艺人不能参加演出，视为广视公司违约。且根据证据显示周某某已先后多次为案涉演出预留了档期，多次变更演出时间确会造成周某某丧失其他演艺机会，从而产生经济损失，故法院对广视公司关于返还演出费并支付利息的请求不予支持。一审判决认定事实清楚，适用法律正确，二审法院予以维持。

相关法条

《中华人民共和国民法典》（2021 年施行）第 465 条、第 563 条

第四章

游戏产业法

第一节　游戏组成元素

一、游戏名称

《魔域》商标纠纷案

商标具有描述性含义不代表可以被轻易描述性使用

在游戏行业，部分作品已成为拥有一定 IP 知名度的优质游戏，游戏厂商已通过不断更新迭代，打造出一整套游戏 IP 产业链。商标品牌作为游戏 IP 形式载体承载了玩家用户对游戏 IP 的认同和情感，是网络游戏保护不可或缺的一部分。为描述商品或服务的内容、性质、质量以及特征，使用了他人注册商标中公有领域的内容，而不是作为商标使用，属于商标的合理使用。对一些起到描述性或指示性作用的使用形式，如其系对相关标识用语或其他内容的描述性使用或指示性使用，并不会产生商品或服务来源的联想，则认定其并不构成商标意义上的使用，自然也不会存在"混淆"及之后的商标侵权。商标的合理使用应当具备以下要件：不是作为商标使用，使用的目的只是说明或者描述自己的商品，使用出于善意，使用不会造成相关公众的混淆、误认。由于游戏行业的营利模式与传统线下产业差别较大，游戏行业的商标性使用的判定标准具有一定的特殊性。本案入选"2018 年福建法院知识产权司法保护十大案例"，其判决为游戏行业厘清了知识产权边界，体现了法院对涉网知识产权保护的强大力度。

案例来源

（2018）闽民终 371 号

案情简介

原告福建网龙计算机网络信息技术有限公司（本部分简称"网龙公司"）是大型魔幻题材网络游戏"魔域"的研发运营主体，该游戏自 2007 年推出以来一直受到广大游戏玩家的喜爱，具有较高的知名度。网龙公司依法享有"魔域""魔域Ⅱ""域魔""新魔域""口袋魔域"等系列注册商标的专用权，系列商标均具有极高的显著性、知名度和美誉度。然而，网龙公司发现厦门极致互动网络技术股份有限公司（本部分简称"极致互动公司"）未经许可，在域名为"jzmy.jzyx.com/home"的网页中运营一款名为"决战魔域"的 H5 游戏，且将游戏名称"决战魔域"置于网站首页的显眼位置，刻意突出网龙公司的"魔域"品牌热点，极易导致游戏玩家误认为是原告开发的游戏，明显属于"搭便车""傍名牌"行为。

因此，网龙公司诉至法院称极致互动公司侵害了其注册商标专用权，要求被告停止侵权，赔礼道歉，赔偿损失共计 500 万元。一审法院认定侵权事实，要求被告极致互动公司赔偿 50 万元，原被告不服均提起上诉，二审法院驳回上诉，维持原判。

关键词

网络游戏；注册商标专用权；描述性使用

争议焦点

极致互动公司是否侵害了网龙公司的注册商标专用权？

裁判观点

极致互动公司侵害了网龙公司的注册商标专用权。

注册商标专用权作为一种标识类权利，它的作用主要体现在区分商品或服务的来源。一般来说，注册商标的知名度越高或者显著性越强，它的识别功能就越强。

（1）"魔域"游戏是游戏市场具有高知名度的服务，足以令相关消费者建立起标识与服务提供者之间的稳定联系。网龙公司持有核心标识为"魔域"文字的系列注册商标，并将"魔域"商标持续使用于在线游戏，从网龙公司提交的著作权自愿登记证书可以看出，网龙公司持续地对"魔域"游戏进行升级换代，在长达十年的时间内持续地向网络用户提供"魔域"游戏服务；从公开的宣传报道可知，"魔域"游戏具有高额的营收和广大的用户群体，获得了巨大的商业成功。当输入"魔域"进行搜索时，位于搜索结果第一位的是网龙公司提供的"魔域"游戏或者"魔域口袋版"游戏，恰恰说明了"魔域"标识与网龙公司之间的稳定联系。

（2）"魔域"商标具有显著性，不属于通用名称。极致互动公司提交的在网络小说中存在大量使用"魔域"文字作为小说标题及内容设定，在其他第 41 类服务上存在许多包含"魔域"文字的注册商标以及在内容分发平台上存在的一些包含"魔域"文字的游戏名称等的证据，不足以削弱"魔域"标识与网龙公司之间的联系；在网络小说领域使用"魔域"文字作为标题，并不具有指代作品来源出处的含义，只是作为作品内容的凝练概括，不能破坏"魔域"商标的显著性；注册于第 41 类服务上的包含"魔域"文字的商标或者获得注册公告的商标，其申请注册时间均在网龙公司持有的注册商标获准注册之后，也在网龙公司实际使用"魔域"商标的时间之后，网龙公司已经对部分商标提出了商标异议或无效宣告程序，极致互动公司也没有提交上述商标实际使用的证据，因此，上述标识的存在不能证明"魔域"是第 41 类在线游戏服务项目上的通用名称。

（3）极致互动公司对"魔域"标识的使用不属于对标识的描述性使用。网龙公司持有的"魔域"注册商标中的核心标识"魔域"文字本身，极致互动公司并无证据证明其为汉语的固有词汇，尽管该词汇本身具有"魔怪众多的区域"含义，但并非约定俗成地用以描述此类含义的必不可少的文字组合。对于标识的描述性使用的前提是标识本身有描述性的含义，他人在描述商品服务的功能、用途、内容等要素时无可避免地需要使用标识本身，在此情况下，对标识的使用是对其描述性含义的使用，而非对标识的商标含义的使用。

具体到本案，极致互动公司在该公司提供的在线游戏上使用"决战魔域"名称，完整地包含了"魔域"标识，并将其游戏场景命名为"魔域"，由于该在线游戏服务项目与网龙公司持有的"魔域"注册商标核定使用的服务项目相同，且网龙公司的"魔域"商标具有较高知名度的情况下，从诚信的经营者角度出发，极致互动公司应当合理避让他人的商业标识；作为服务名称使用的"决战魔域"，除了可以表明服务的内容性质，但同时也具有指明服务提供者的功能，对于使用在线游戏服务的普通网络用户而言，当见到作为游戏名称使用的"决战魔域"时，基于"魔域"商标的知名度和影响力，会认为两个服务的来源存在关联。由于作为游戏名称使用的"决战魔域"在文字构成、呼叫及含义方面与网龙公司持有的"魔域"注册商标构成近似，在相同服务上使用时容易误导公众，因此，极致互动公司在网络游戏上使用"决战魔域"名称的行为侵害了网龙公司的注册商标专用权。

▷ 相关法条 ▷

《中华人民共和国商标法》(2019 年修正) 第 57 条
《中华人民共和国商标法实施条例》(2014 年修订) 第 76 条

《古剑奇谭》关键词广告纠纷案

擅自将他人已注册为商标的文字设置为搜索关键词侵害商标权

游戏名称是否构成商标侵权，要遵循商标侵权的具体判断规则。本案中，被告擅自使用竞品游戏名称作为关键词在搜索网站中投放广告，使得被告的网站链接在搜索结果中占据排名靠前位置的行为，已经足以使得消费者识别商品或服务的来源，并使消费者误以为案涉网站中的游戏是由原告公司提供、运营或与其相关，考虑到原告公司具有一定市场知名度，容易造成市场混淆和误认，构成对原告商标专用权的侵犯。此外，提供搜索结果排名服务的网站运营商应当在合理的范围内承担注意义务。随着游戏产业的发展，游戏产品质量不断提高，但也面临着新的被侵权风险。侵权者会采用更加隐蔽、正当性与非正当性区分界线更加模糊的技术手段进行侵权，本案判决很好地厘清了游戏知识产权保护边界，体现了人民法院依法保护涉游戏知识产权的决心。

▷ 案例来源 ▷

(2021) 京 73 民终 4917 号

上海烛龙信息科技有限公司（本部分简称"烛龙公司"）于 2015 年、2018 年注册包含"古剑 OL""古剑"的案涉文字商标 5 枚，核定使用商品、核定使用服务项目包括"计算机游戏软件""在计算机网络上提供在线游戏"等，且均在有效期内。该公司于多个平台持续宣传《古剑奇谭》系列游戏，获得了多项荣誉和奖项，具备了一定的知名度。此外，烛龙公司的全资母公司北京网元圣唐娱乐科技有限公司还将《古剑奇谭》《古剑奇谭二》授权第三人进行影视改编。而北京奇虎科技有限公司（本部分简称"奇虎公司"）的主要业务是通过"360 搜索"网站及其"360 点睛平台""360 审核"等配套后台管理系统为广告主提供关键词竞价排名服务。在 2019 年 8 月期间，网址为"www. so. com"的"360 搜索"网站上出现了与"古剑 OL"和"古剑"相关的侵权链接，由成都玖壹玩网络科技有限公司（本部分简称"玖壹玩公司"）运营。被诉侵权行为中，该公司将"古剑 OL"和"古剑"设置为关键词进行竞价排名，并提供与《古剑奇谭》无关的手游排行榜和下载服务。

一审法院认定玖壹玩公司侵害烛龙公司商标专用权，应当赔偿烛龙公司经济损失 8 万元以及合理费用 1 万元，但奇虎公司已经尽到合理注意义务，主观上不具有过错，不应承担法律责任。被告不服，提出上诉。二审法院驳回上诉，维持原判。

关键词推广；商标性使用；合理注意义务

1. 玖壹玩公司的被诉行为是否构成对烛龙公司商标权的侵害？
2. 如果构成商标权侵权，玖壹玩公司所应承担的法律责任？
3. 奇虎公司是否应当承担法律责任？

1. 玖壹玩公司的行为构成对烛龙公司商标权的侵害。

关于玖壹玩公司的行为认定。本案中，被诉侵权行为包括玖壹玩公司将"古剑 OL""古剑"设置为搜索关键词，以及在其推广的链接标题中使用"古剑 OL""古剑"。玖壹玩公司在"360 点睛平台"中将"古剑 OL""古剑"设置为搜索关键词，该关键词不会被相关消费者所识别，该种使用方式属于一种隐性使用，无法起到区分商品或服务来源的作用，不属于商标性使用。玖壹玩公司将被诉侵权链接标题设置为"2019 古剑 OL 最新人气手游排行""2019 古剑最新人气手游排行"，该链接标题中对"古剑 OL""古剑"的使用，容易使相关公众认为被诉侵权网站提供的游戏与"古剑 OL""古剑"商标所标识的游戏具有相同的来源，或者认为被诉侵权网站经营者与烛龙公司具有关联关系，起到了识别商品或服务来源的作用，属于商标性使用。

玖壹玩公司未经许可在类似服务上使用上述商标，容易导致相关公众误认为被诉侵权网站中的游戏是由烛龙公司提供或被诉侵权网站的开办者与烛龙公司存在关联关系，尤其在烛龙公司对案涉商标具有一定知名度的情况下，更容易造成市场混淆与误认，故玖壹玩公司上述行为违反了《商标法》第 57 条第 2 项之规定，侵害了烛龙公司对上述商标享有的专用权。

2. 玖壹玩公司对其商标权侵权行为应承担赔偿经济损失的民事责任。

本案中，烛龙公司遭受的实际损失、玖壹玩公司获得的利益、案涉注册商标许可使用费均难以确定，故一审法院考虑到如下因素酌情确定赔偿数额为 80 000 元：其一，案涉注册商标经烛龙公司的使用以及宣传推广具有较高知名度；其二，案涉侵权行为从 2019 年 5 月 15 日持续至 2020 年 2 月 11 日；其三，被诉侵权网站排名靠前的手游下载人数从一百多万到四百多万不等，被诉侵权网站访问量较大；其四，玖壹玩公司主观上具有攀附"古剑""古剑 OL"商标商誉的意图。

关于维权合理开支，虽然烛龙公司未提交律师代理协议及律师费发票、公证费发票等证据，但其委托律师出庭参加了诉讼，也进行了公证证据保全，必然会产生律师费、公证费，其主张律师费、公证费数额也属于合理范围，故对于烛龙公司主张的律师费、公证费予以全额支持。

3. 奇虎公司不应承担法律责任。

搜索引擎服务提供者是否构成侵权，应当考察其在提供竞价排名服务过程中是否具有主观过错。对于主观过错的判断，应当结合竞价排名服务的经营方式等判断其是否尽到了合理的注意义务。竞价排名服务虽然属于一种广告，但与传统广告相比，搜索引擎服务提供者无法时时刻刻监控客户提交的关键词，不具备对客户提交的关键词进行事先审查的能力，故不能仅因客户设置了侵犯他人权利的关键词即认定搜索引擎服务提供者具有主观过错。

本案中，"古剑 OL""古剑"是由玖壹玩公司自行在被诉侵权链接标题中设置，奇虎公司并未直接实施案涉侵权行为。为避免客户利用其提供的竞价排名服务侵害他人民事权益，奇虎公司事前公示了侵权投诉渠道和有效的联系方式。在收到本案起诉状后，奇虎公司及时检索了"古剑""古剑 OL"关键词，确保被诉侵权链接已经下线。同时，奇虎公司及时在"360 审核"系统中将"古剑""古之剑"设置为"限制对象"，限制全行业将"古剑""古之剑"设置为关键词以及在链接标题、描述中使用。虽然网元圣唐公司于2015 年前曾就"古剑奇侠"游戏名称侵害"古剑奇谭""古剑"系列商标专用权，向奇虎公司提起过侵害商标权的诉讼，但该案并非基于关键词竞价排名而引起，奇虎公司当时未在"360 审核"系统中对"古剑"采取保护措施不能证明奇虎公司在本案中具有主观过错。综上，奇虎公司已经尽到合理注意义务，主观上不具有过错，不应承担法律责任。

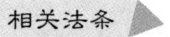 相关法条

《中华人民共和国商标法》(2019 年修正) 第 57 条、第 63 条

二、角色设置和情节设置

《四大名捕》游戏改编权纠纷案

未经许可改变原作品中体现作者独创性表达的部分内容亦属于侵害改编权

在当前的泛娱乐化时代，IP 具有核心价值，一部优秀的小说可能被改编成电影、电视剧、舞台剧乃至网络游戏。随着网络游戏的种类变多、市场份额扩大、复杂程度加深，网络游戏的侵权纠纷已不仅仅发生在网络游戏权利人之间，而是越来越多地发生在网络游戏权利人与小说、动漫、影视剧等其他作品权利人之间。网络游戏开发商为吸引更多玩家，在设计游戏之时常常加入小说、动漫中出彩的人物形象、情节桥段，由此可能引发改编权争议纠纷。本案即是知名武侠小说作者温某某提起网络游戏侵害其作品改编权的典型案例。

本案入选"2016 年度北京市法院知识产权司法保护十大典型案例"。其典型意义在于，明确了改编权所涉及的"改变原作品"，不意味着必须改变完整的原作品，改变原作品中能体现作者创作思想的独创性表达部分，亦构成对原作品的改编，属于改编权的范畴。网络游戏界面以图文形式显示相关人物身世、性格、外貌、武功、人物关系等特征，能充分还原小说人物，属于对小说独创性人物表达的改编。网络游戏开发经营者未经许可改编小说独创性人物表达，且用于商业运营，应认定为侵害了小说著作权人所享有的改编权。

案例来源

（2015）海民（知）初字第 32202 号

案情简介

温某某系"四大名捕"系列武侠小说作者，该系列包括《四大名捕斗将军》《四大名捕会京师》等 100 多部作品。"四大名捕"是贯穿上述系列小说中的灵魂人物，即朝廷中正义力量"诸葛正我"各怀绝技的 4 个徒弟，分别是轻功暗器高手"无情"、内功高手"铁手"、腿功惊人的"追命"和剑法一流的"冷血"。"诸葛正我"又名"诸葛神侯"。

北京玩蟹科技有限公司（本部分简称"玩蟹公司"）开发的卡牌手机网络游戏"大掌门"于 2012 年 10 月上线，趁 2014 年 8 月由温某某作品改编的电影《四大名捕大结局》上映之际，玩蟹公司将"无情"、"铁手"、"追命"、"冷血"和"诸葛正我"人物改编成"大掌门"游戏人物，并在游戏中使用与温某某的知名作品名称"四大名捕"近似的名称"四大神捕"，玩蟹公司还将"四大名捕"作为噱头广为宣传，吸引玩家。温某某认为，玩蟹公司未经许可擅自将其文学作品中的人物改编成游戏人物，侵害了其所享有的作品改编权。此外，玩蟹公司的行为同时构成擅自使用温某某知名作品特有名称"四大名捕"。故温某某请求法院判令玩蟹公司停止侵权、赔礼道歉、消除影响、赔偿损失及合理费用共计 500 万元。

玩蟹公司对此辩称：温某某对其小说中的 5 个人物并不单独享有著作权。玩蟹公司在"大掌门"游戏中仅使用了案涉 5 个人物名称、人物特点，并未展现温某某小说的基本内容、核心情节，因此并未侵害温某某的作品改编权。此外，温某某作为自然人非市场经营主体，与玩蟹公司亦不存在市场竞争关系，温某某也不能证明"四大名捕"四字已成为其知名小说的特有名称，因而玩蟹公司并不构成不正当竞争。

法院经审理认为，玩蟹公司开发经营的《大掌门》游戏，表现了温某某"四大名捕"系列小说人物"无情"、"铁手"、"追命"、"冷血"及"诸葛先生"的形象，是以卡牌类网络游戏的方式表达了温某某小说中的独创性武侠人物。该行为侵害了温某某对其作品所享有的改编权。但是玩蟹公司在《大掌门》游戏中仅对 4 个案涉人物"无情"、"铁手"、"追命"和"冷血"卡牌中标注"四大神捕"，未以显著性字体予以展示，此标注不会使用户将网络游戏误认为"四大名捕"小说。故对于温某某提出玩蟹公司构成仿冒行为的主张，不予支持。最终，法院判决：玩蟹公司赔偿温某某经济损失及合理费用 80 万元并消除影响。

关键词

武侠小说；网络游戏；改编权；不正当竞争

争议焦点

1. 玩蟹公司在开发经营的《大掌门》游戏中使用"无情"等 5 个人物，是否侵犯温某某创作的"四大名捕"系列小说的改编权？

2. 玩蟹公司在《大掌门》游戏中使用"四大神捕"是否属于仿冒温某某"四大名捕"系列知名小说的特有名称，玩蟹公司是否对温某某构成不正当竞争？

裁判观点

1. 玩蟹公司在开发经营的《大掌门》游戏中使用"无情"等 5 个人物，侵犯了温某某对其作品所享有的改编权。

"四大名捕"系列小说中，"无情"、"铁手"、"追命"、"冷血"及"诸葛先生"是贯穿始终的灵魂人物，他们不只是人物名称，更是经温某某精心设计安排，有着离奇的身世背景、独特的武功套路、鲜明的性格特点，以及与众不同的外貌形象的重要小说人物。这 5 个人物，构成了"四大名捕"系列小说的基石，为温某某小说中独创性程度较高的组成部分，承载了"温派"武侠思想的重要表达。温某某对其小说所享有的著作权，亦应体现为对其中独创性表达部分所享有的著作权。

玩蟹公司《大掌门》游戏对案涉 5 个人物的身份、武功、性格等信息的介绍，相关人物形象的描绘及其组合都能与温某某"四大名捕"系列小说中对应人物的表达相符。多篇为《大掌门》游戏作宣传推广的文章都将"无情"等案涉卡牌人物与温某某"四大名捕"系列小说中对应人物相联系。因此，《大掌门》游戏中的"神捕无情"、"神捕铁手"、"神捕追命"、"神捕冷血"及"诸葛先生"5 个人物即为温某某"四大名捕"系列小说中的"无情"、"铁手"、"追命"、"冷血"及"诸葛先生"5 个人物。

根据我国《著作权法》的规定，改编权，即改变作品，创作出具有独创性的新作品的权利。理解改编权，需要考虑以下三个方面：一是改编权的行使应以原作品为基础；二是改编行为是进行独创性修改而创作出新作品的行为；三是改编涉及的独创性修改可以是与原表达相同方式的再创作，也可以是与原表达不同方式的再创作。

本案中，玩蟹公司开发经营的《大掌门》游戏，通过游戏界面信息、卡牌人物特征、文字介绍和人物关系，表现了温某某"四大名捕"系列小说人物"无情"、"铁手"、"追命"、"冷血"及"诸葛先生"的形象，是以卡牌类网络游戏的方式表达了温某某小说中的独创性武侠人物，满足以上三个方面的要求。因此，玩蟹公司的行为，属于对温某某作品中独创性人物表达的改编，该行为未经温某某许可且用于游戏商业性运营活动，侵害了温某某对其作品所享有的改编权。

2. 玩蟹公司在《大掌门》游戏中使用"四大神捕"不构成仿冒温某某"四大名捕"系列知名小说的特有名称，故不构成不正当竞争。

根据我国《反不正当竞争法》第5条第2项（现《反不正当竞争法》第6条第1项）的规定，经营者不得擅自使用他人知名商品特有名称、包装、装潢，或者使用与知名商品近似的名称、包装、装潢，造成和他人的知名商品相混淆，使购买者误认为是该知名商品的行为。

由于《大掌门》游戏中的4个案涉人物名称为"神捕无情"、"神捕铁手"、"神捕追命"和"神捕冷血"，且对应温某某小说的"四大名捕"人物，因此，玩蟹公司仅在这些人物卡牌中标注"四大神捕"，但未以显著性字体予以展示，只是对这四个卡牌人物身份所作的描述性使用。此标注会使用户对这四个卡牌人物与温某某小说中对应的四个人物发生联想，但不会使用户将网络游戏误认为"四大名捕"小说。因此对于温某某提出玩蟹公司构成仿冒行为的主张，不予支持。

> **相关法条**

《中华人民共和国著作权法》(2020年修正) 第10条、第13条
《中华人民共和国反不正当竞争法》(2019年修正) 第6条

《后宫甄嬛传》著作权侵权纠纷案

未经许可擅自将小说改编为游戏的行为构成著作权侵权

IP概念大热后，大家都看到了IP的巨大力量，纷纷进行热门IP的周边开发，游戏领域也并不例外。例如，改编自《倚天屠龙记》《笑傲江湖》《鬼吹灯》等高知名度、广传播范围IP的游戏产品层出不穷。本案被告在未经权利人授权的情况下，将案涉作品改编成网游，侵犯了权利人的著作权，法院最终判决其承担相应赔偿责任。值得一提的是，本案案情比较复杂，涉及知识产权出资的性质、合同条款解释、阴阳合同效力认定、共同侵权赔偿责任范围等诸多民法问题，读者可在现有裁判基础上作更进一步的理论研究。

案例来源

（2015）海民（知）初字第 6153 号

案情简介

浙江文艺出版社于 2012 年 1 月出版作品《后宫甄嬛传》（本部分简称"案涉作品"），吴某某是该作品的著作权人。

吴某某（甲方）与陈某某（乙方）于 2012 年 11 月 27 日签订《合作协议书》，约定：甲方同意将案涉作品的电脑（网络）游戏改编权（独占专有使用权）授予乙方，乙方负责电脑（网络）游戏的开发以及运营；在许可期内甲方自身不得行使该权利亦不得授权第三方行使该权利，乙方若转授权任意第三方行使上述授权须提前获得甲方书面确认书。此后，二人续签订了《补充协议》，据此协议自 2013 年 8 月 27 日起案涉作品的游戏改编权回归于吴某某所有。

北京紫光顺风投资有限公司（本部分简称"紫光公司"）2012 年成立网络游戏研发部门，业务聚焦页游和手游市场，主打产品为《甄嬛传》系列游戏。紫光公司（甲方）与陈某某（乙方）于 2013 年 2 月 12 日签订《合作协议》，约定：甲、乙双方就乙方所持有的案涉作品改编电脑（网络）游戏项目合作参股甲公司事宜签订该协议；乙方以其独占权利的案涉作品改编电脑（网络）游戏项目入股甲公司，享有甲公司 16% 的股权。

2013 年 10 月，网络游戏《后宫甄嬛传》（本部分简称"案涉游戏"）正式上线。吴某某认为紫光公司未获得作品的游戏改编权，将其改编成网络游戏侵犯了其著作权，故而起诉至法院要求赔偿损失。最终法院判决紫光公司赔偿原告吴某某经济损失 50 万元及合理支出 2000 元。

关键词

游戏改编；不正当竞争；赔偿损失

争议焦点

1. 吴某某是否享有案涉作品的游戏改编权？
2. 案涉游戏是否侵犯原告对案涉作品享有的改编权？

裁判观点

1. 吴某某享有案涉作品的游戏改编权。

吴某某与陈某某签订《合作协议书》，将案涉作品的专有独占性游戏改编权授予陈某某，且约定"乙方若转授权任意第三方行使上述授权须提前获得甲方书面确认书"，即陈某某在未经吴某某书面确认的情况下无单独转授权。后，陈某某与紫光公司签订《合作协议》，名为合作入股，实为游戏改编权的转授权，其实质是陈某某将游戏改编权作为对价，换取公司股权，且约定开发完成的游戏著作权归紫光公司，与吴某某和陈某某于《合作协议书》中的相应约定明显冲突，不符合吴某某签约的原意。因此，未经吴某某本人书面确认的转授权为无效授权，紫光公司并未获得改编游戏的合法授权。

吴某某与陈某某后续签订了《补充协议》，协议双方均认可其法律效力，且协议中的约定并未违反法律、法规的强制性规定，该协议合法有效。协议双方依据约定，确认自2013年8月27日起案涉作品的游戏改编权回归于吴某某所有。因此，吴某某仍享有案涉作品的游戏改编权，有权作为原告提起本案诉讼，向侵权者主张侵权责任。

2. 案涉游戏侵犯了原告对案涉作品享有的改编权。

根据现有证据，案涉游戏与案涉作品同名，且大量使用了案涉作品中的人物名称、对话和故事情节，吴某某主张案涉游戏侵犯案涉作品的改编权。改编权是指改变作品，创作出具有独创性的新作品的权利，其中的"改变"和"创作"，应系指以原作的基本内容为基础，使用其具有独创性的部分，进而加之改编者的独创性创作，形成新作品的过程，而原作与新作之间应体现出一定的渊源关系。案涉作品为长篇小说，其通过对小说人物形象的饱满刻画、个性化人物对话的设置、具体故事情节的铺陈与安排，塑造了丰满的小说角色，并令其交织在复杂的人物关系、错综的情节脉络之中，构成具体、完整的表达，故小说人物及其对话、故事情节等要素构成案涉作品的独创性部分。而案涉游戏不仅与案涉作品同名，其还大量使用案涉作品的人物名称、对话及故事情节，系以案涉作品的基本内容为基础的具体表现，实为使用案涉作品的独创性部分，体现了二者之间的渊源关系，因此，案涉游戏改编自案涉作品，在未经案涉作品著作权人许可的情况下，侵犯其对作品享有的改编权。

紫光公司辩称其并不知道吴某某与陈某某签订了《补充协议》，吴某某和陈某某均未曾告知其《合作协议书》解除之事，则其不存在侵权的主观过错。对此法院认为，紫光公司与陈某某签订的《合作协议》中，提及陈某某独有的案涉作品改编电脑（网络）游戏项目，且紫光公司于其向深圳市腾讯计算机系统有限公司发送的电子邮件中附上了吴某某和陈某某签订的《合作协议书》，则其于签订《合作协议》时，应系知晓《合作协议书》的内容及陈某某无单独转授权之事，但其仍与陈某某签约合作，则主观上并非善意。因此，紫光公司即使不知晓后续签订的《补充协议》的存在，亦不足以推证案涉游戏系经合法授权，法院对紫光公司的此辩称不予采信，其具有侵权的主观过错，应承担侵权责任。

相关法条

《中华人民共和国著作权法》（2020年修正）第10条、第52条、第54条

《蓝月》电影诉《热血传奇》游戏著作权侵权纠纷案

判定视听作品相似性的核心要素是连续动态画面，应当剔除单幅静态画面、故事情节等"非连续动态画面"因素干扰

近年来，为了争夺网络游戏市场的巨大利益，网络游戏厂商之间的竞争愈演愈烈，因游戏"换皮"[1]导致的纠纷不断。不同于网络游戏产业中的维权常态，将游戏与电影这

---

〔1〕　"换皮"是指游戏开发者抄袭他人在先游戏作品的玩法规则、数值体系等游戏关键元素，只更换游戏背景、角色形象、音效等游戏文字、美术、音乐元素，从而达到与在先游戏虽外观上有明显区别，但互动性、操作体验实质相似的效果。

两种蕴含不同娱乐底层逻辑的创作产品形态进行比较并诉诸法院，成为一种全新的博弈方式。涉诉的网络游戏和电影之间是否存在"剪不断理还乱"的关系，从本案中可以得到答案。本案判决为判断网络游戏和电影之间是否存在改编关系提供了审理思路——在对视听作品进行相同或实质性相似的判定时，关注的核心要素为连续动态画面本身，应剔除单幅静态画面、故事情节等"非连续动态画面"因素干扰。此外，在后创作的作品如果仅参考吸收在先作品的主题、构思等，但具体表达已脱离或不同于在先作品，则不构成侵权。本案判决厘清了视听作品的比对思路，提供了类案指引，对于科技视野下特效与艺术结合的文娱产品著作权规制路径具有重要的行业启示意义和理论研究价值。

案例来源

（2023）浙 01 民终 453 号

案情简介

《热血传奇》（早期又称"传奇 2"）是一款大型多人在线角色扮演游戏，于 2001 年在我国推出。《蓝月》电影是一部魔幻题材类电影，于 2020 年 3 月起在腾讯平台上线独播。《热血传奇》游戏权利方株式会社传奇 IP（ChuanQi IP Co., Ltd.，本部分简称"传奇IP"）认为该电影侵犯其游戏著作权，向平台发函要求停止发行该电影。浙江盛和网络科技有限公司与其他电影出品方向传奇 IP 发出催告函，但传奇 IP 仍认为《蓝月》电影侵犯《热血传奇》游戏知识产权，再次发函平台要求下架案涉电影。电影上线后，浙江盛和网络科技有限公司作为电影著作权人以该电影不侵害上述游戏著作权为由诉至法院，请求确认不侵权。传奇 IP 后向其他法院提起著作权侵权诉讼等，收到移送案件后，杭州互联网法院对两案进行合并审理。

杭州互联网法院认为《蓝月》电影不侵害《热血传奇》游戏作为视听作品的改编权、信息网络传播权，传奇 IP 应赔偿浙江盛和网络科技公司维权合理费用人民币 20 万元。传奇 IP 不服提起上诉，二审法院判决驳回上诉，维持原判。

关键词

网络游戏；电影；视听作品；改编权；信息网络传播权

争议焦点

《蓝月》电影是否侵害《热血传奇》游戏的改编权、信息网络传播权？

裁判观点

《蓝月》电影不侵害《热血传奇》游戏作为视听作品的改编权、信息网络传播权。

判断改编行为、改编来源关系是否存在，关键在于电影是否使用游戏相关独创性内容。从传奇 IP 所主张的 6 个方面的核心内容来看，其部分内容或不具有视听画面的比对基础，或不构成相同或实质性相似，或虽有个别内容存在相似但并非案涉游戏应受著作权法保护的属于视听作品的独创性表达，在作品中所占的比例和重要程度也较低。从整体视听画面来看，《热血传奇》和《蓝月》在画面构成、画面流畅度、镜头体验感、视听效果等方面均截然不同，两者在选择、取舍和安排视听画面中的具体创作要素中存在实质性区别，表达效果有明显差异，不构成相同或实质性相似。即使《蓝月》电影参考吸收《热血传奇》游戏中的主题、情感、构思等归结于思想层面的基础上再进行独创性表达，仅就视听作品而言，该具体表达也脱离于或不同于被借鉴作品，成为具有独创性的新表达。故《蓝月》电影不侵害《热血传奇》游戏作为视听作品的改编权、信息网络传播权。

需要指出，虽然电影和游戏都可以作为视听作品进行整体保护，但二者在创作方式、摄制手法、核心要素、艺术表现力上存在差异性。审查两者之间是否存在改编关系，应着眼于视听作品的独创性表达层面。从电影自身特点来看，观众与电影之间一般不具有交互效果，观众无法亲自置身和实际参与电影所建构的虚拟世界。将电影作为视听作品进行审查认定时，其独创性表达应着重于电影画面而非故事情节，不应将两者混为一谈。反观角色扮演类游戏，玩家需要创建、扮演虚构角色，通过控制角色进行许多游戏已预先设定的游戏任务和互动娱乐，进入不同的地图场景（包含怪物、NPC 和建筑物等要素），必须不断"打怪升级"进行角色养成，具有较强的角色代入感和多玩家交互性。一部网络游戏的制作，还涉及若干元素在创作过程中所呈现的不同形态载体，根据游戏内元素的不同，一般可以拆分为剧本、美术形象、音乐等，此时应按照《著作权法》规定的不同类型的作品构成要件进行逐一评判，而不能不加区分地均按视听作品进行保护。一旦选择以视听作品对游戏进行保护时，其权利边界应以"画面"评价为中心，其著作权保护范围应当限于连续动态画面本身或其组合，以及对故事情节加以展示的视觉效果。

相关法条

《中华人民共和国著作权法》（2020 年修正）第 3 条、第 10 条、第 52 条

《琅琊榜》著作权侵权及不正当竞争纠纷案

未经许可改编他人作品为 RPG 密室游戏剧本，并反复提供给顾客用于角色扮演游戏的行为构成改编权侵权

近两年来，"剧本杀"作为一种新兴的互动娱乐形式深受年轻一代喜爱，并逐渐发展成为一个产业，助力我国文化经济发展。与此同时，剧本杀经营中涉及的版权保护问题也引发了各界关注。本案系我国首例沉浸式剧本密室游戏被诉改编权侵权案件，本案法院首次对涉及 RPG（Role-Playing Game，沉浸式角色扮演游戏）密室主题的剧情结构进行法律剖析并确认了被告存在改编权侵权，对我国同类型角色扮演游戏被诉侵权案件审理有一定参考意义，同时对我国未来剧本杀行业的发展有着指导意义。

案例来源

（2021）沪 0110 民初 17435 号

　　原告东阳正午阳光影视有限公司（本部分简称"正午阳光公司"）经《琅琊榜》小说作者授权，独家享有对《琅琊榜》小说改编、摄制和利用小说内容开发桌面游戏及衍生品等权利。被告北京叁零壹文化传播有限公司（本部分简称"叁零壹公司"）为"301·沉浸式超级密室轰趴馆"的经营者，梁某某为叁零壹公司法定代表人及股东，该轰趴室有一款名为"琅琊榜之权谋天下"的密室游戏，被告上海汉涛信息咨询有限公司（本部分简称"汉涛公司"）为大众点评和美团平台的经营者。

　　原告认为，被告叁零壹公司在经营中的"琅琊榜之权谋天下"密室游戏中，故事背景、人物名称、人物关系、主要故事情节等均与《琅琊榜》小说高度近似，同时密室中的牌匾、道具以及宣传内容中大量使用了"琅琊榜"标识，同时其通过汉涛公司经营的大众点评和美团平台进行宣传和销售该游戏。原告主张三被告共同侵犯了正午阳光公司的著作权，同时实施了不正当竞争行为。

　　被告叁零壹公司、梁某某共同辩称：其经营的密室游戏本质为游戏，与《琅琊榜》小说不同，主要体现为游戏特别的玩法和机制，并非改编行为，不构成改编权侵权；该游戏仅在名称上使用了"琅琊榜"文字，与原告的图文商标存在明显区别，且双方身处不同的产业领域，不能构成不正当竞争。

　　被告汉涛公司辩称：其仅为一个提供交易平台的公司，平台上的商品内容均由商家自行上传，经营内容与自己无关；叁零壹公司经营的游戏并未在平台上构成高度影响的商品，不具有"红旗"属性；平台已设置侵权投诉渠道，原告并未事先进行投诉，自己作为平台经营者无法得知侵权行为，在涉诉后汉涛公司已经及时删除相关链接，因此其与叁零壹公司不构成共同侵权。

　　法院认为，被告叁零壹公司、梁某某经营"琅琊榜之权谋天下"密室主题游戏行为构成对《琅琊榜》小说改编权的侵害且构成不正当竞争，应当停止侵害并赔偿100万元，被告汉涛公司不存在侵权行为。

　　剧本杀（沉浸式角色扮演游戏）；改编权；不正当竞争

　　1. 被告叁零壹公司是否构成对原告的改编权侵权？

　　2. 被告叁零壹公司是否构成不正当竞争？

　　3. 三被告是否构成共同侵权？

　　1. 叁零壹公司构成原告主张的著作权侵权。

　　根据《著作权法》的规定，改编权是指改变作品，创作出具有独创性的新作品的权利。根据著作权法保护表达而不保护抽象思想的原则，只有在保留原作品基本表达的情况下对原作品进行演绎再创造，才是著作权法意义上的改编行为。但这并不意味着仅有完全抄袭或者照搬原作品的文字表达才能构成改编，如果新作品所使用的人物关系、故事安排、情节推进等具体到一定程度，足以构成原作品的独创性的表达时，即便两者体现的文字内容表现形式不同，亦构成对于原作品的改编。

本案中，案涉密室游戏是实景类项目体验活动，主要体现为玩家依据不同身份、任务和不断发现的线索逐步推进剧情演绎的过程，因此在比对时应结合密室的故事背景、人物身份、任务介绍以及道具信息内容等综合考虑。法院将案涉密室主题与《琅琊榜》小说进行整体比对后，认为案涉密室的故事情节与《琅琊榜》小说的核心故事主线都是：赤焰军少帅林殊因火寒之毒而容貌大易，化身江左盟宗主梅长苏，扶持能帮助平反赤焰冤案的皇子登上皇位，最终冤案得以昭雪。该具体情节已不属于"皇宫内谋士辅佐皇子夺嫡"的思想范畴所自主延伸的剧情，而已上升到《琅琊榜》小说高度独创的核心情节，因此案涉密室游戏构成对《琅琊榜》小说改编权的侵害。

2. 被告叁零壹公司构成不正当竞争。

本案中，原告经授权有权使用《琅琊榜》小说拍摄电影电视剧，使用小说名称开发终端游戏及衍生品等。在案证据显示，《琅琊榜》小说以及原告参与摄制的《琅琊榜》电视剧在国内文娱市场获得多项荣誉，"琅琊榜"名称经原告的开发、利用和宣传，在文娱行业已具有较高的知名度和美誉度，构成具有一定影响的商品名称。案涉大众点评店铺在案涉密室主题产品名称、宣传海报，案涉门店在密室实景牌匾、卷轴道具上使用"琅琊榜"字样，会使消费者误认为案涉密室系由原告开设或原告授权开设，且案涉密室亦是通过"琅琊榜"主题吸引消费者实际体验密室内容，攀附故意明显，用户评论中也已经大量出现"借用了琅琊榜的故事情节""基本是按照琅琊榜剧情演绎而来""剧情就是依据琅琊榜衍生的""主题背景就是以琅琊榜为原型""对琅琊榜有情结的朋友值得一来"等混淆内容。因此，案涉密室对"琅琊榜"名称的使用构成擅自使用他人有一定影响的商品名称的不正当竞争行为，法院对于原告的该项主张予以支持。

3. 三被告不构成共同侵权。

对于是否构成共同侵权问题。首先，案涉门店及案涉大众点评店铺的经营者均为被告叁零壹公司，其当然属于侵权主体。但被告梁某某虽原系该公司的唯一股东及法定代表人，但未有证据证明其以个人意志与被告叁零壹公司共同实施了被诉侵权行为，或存在教唆或帮助侵权的情形，故对原告关于被告叁零壹公司、梁某某构成共同侵权的主张法院不予支持。其次，根据本案查明的事实，被告汉涛公司系"大众点评"和"美团"网络平台的经营者，不参与商家的任何实际经营活动。被告汉涛公司在平台上公示了"侵权投诉须知"等内容，本案审理中亦提供了案涉密室主题的销售数据及商户备案信息等，本案亦无证据证明被告汉涛公司存在明知案涉密室主题侵权仍实施帮助宣传推广等行为的情形，故被告汉涛公司亦不构成共同侵权。

相关法条

《中华人民共和国著作权法》（2020年修正）第10条
《中华人民共和国反不正当竞争法》（2019年修正）第2条、第6条

三、游戏地图

 《王者荣耀》诉《英雄血战》游戏地图侵权纠纷案

游戏地图构成独立作品，"换皮复制"侵犯场景地图的著作权

游戏地图作为游戏的底层设计决定着整个游戏的平衡性，一款成熟的游戏地图从设计到最终制作完成的过程非常复杂，需要投入很多精力和成本。受制于思想与表达的二分法，长期以来游戏玩法不被著作权法所保护，而游戏地图的设计高度依赖于游戏玩法，这导致相似游戏玩法的游戏地图大体相同，大量的通用设计或在先设计极易直接排除游戏地图的独创性。本案法院创新性地认定游戏地图构成独立作品，并为游戏地图侵权案件中如何认定游戏地图构成作品，如何判断游戏地图实质性相似等问题做出了指引，为游戏地图维权提供一个明确的方向。

案例来源

（2019）粤 73 民终 8110 号

案情简介

深圳市腾讯计算机系统有限公司（本部分简称"腾讯公司"）系《王者荣耀》游戏的运营方，该游戏系腾讯公司基于合法授权对《英雄联盟》游戏进行的改编，腾讯公司享有游戏整体及其游戏元素所含著作权在全球范围内的著作权许可使用权。本案中，腾讯公司认为被告广州爱九游信息技术有限公司（本部分简称"爱九游公司"）、上海敬游软件科技有限公司（本部分简称"敬游公司"）研发、运营的《英雄血战》游戏涉嫌通过"换皮复制"的手段直接照搬《王者荣耀》游戏地图的野区、野怪等增益资源，草丛及各条路径的布局规划及路线、布局和游戏地图的其他细节设计，青岛魔伴科技有限公司（本部分简称"魔伴公司"）作为经营者对该游戏进行相关宣传推广，前述行为涉嫌构成著作权侵权和不正当竞争。据此，腾讯公司诉请被告停止侵权及不正当竞争行为并赔偿 1000 万元经济损失。

一审法院认为《王者荣耀》《英雄血战》同属 MOBA（Multiplayer Online Battle Arena，多人在线战术竞技游戏）类游戏，其中《王者荣耀》缩略地图整体色彩搭配，对线路与河道的线条、形状设计，野区内障碍物的形状与布局，野怪、水晶门牙塔、防御塔的形状等，体现了作者有个性化的选择和判断，具有一定的独创性；同时，其场景在整体造型及内部构成的色彩、形状、布局上具有审美意义，属于受法律保护的美术表达。而《英雄血战》与《王者荣耀》游戏相比较，两款游戏缩略图构成实质性相似，场景地图部分构成实质性相似。一审法院认为，敬游公司、魔伴公司系分工合作关系，共同侵害了腾讯公司就案涉作品、美术作品所享有的复制权、信息网络传播权；爱九游公司侵害了腾讯公司就案涉图形作品、美术作品所享有的信息网络传播权；魔伴公司、敬游公司、爱九游公司案涉侵权行为并未改变作品或创作出具有独创性的新作品，未侵害腾讯公司主张的改编权。故法院判令三被告停止侵权行为，魔伴公司、敬游公司连带赔偿腾讯公司经济损失及为制

止侵权所支付的合理开支共计 200 万元，爱九游公司就其中 50 万元承担连带责任。

原被告均不服判决，提起上诉，二审法院经审理认为一审法院认定敬游公司实施了侵害案涉作品复制权、信息网络传播权的行为事实依据不足，但魔伴公司、爱九游公司实施侵权行为的认定并无不当，故判令魔伴公司赔偿腾讯公司经济损失及为制止侵权所支付的合理开支共计 200 万元，爱九游公司就其中 50 万元承担连带责任。

关键词

美术作品；游戏地图；著作权侵权

争议焦点

1. 游戏地图缩略图、场景地图是否构成作品？
2. 如何认定游戏地图缩略图、场景地图实质性相似？

裁判观点

1. 游戏地图缩略图、场景地图具备创造性和审美意义，构成著作权法意义上的美术作品。

法院认为，游戏地图缩略图类似于"鸟瞰图"，呈现的是游戏地图的整体结构和布局，该种形态的游戏地图通常表现为平面 2D 画面，一般由点、线条、各种几何图形、不同色彩搭配及背景色彩组合而成，不同地图制作者对线条、图形、色彩及背景的选择不同。《英雄联盟》游戏地图缩略图与在先 DOTA（Defense of the Ancients，一般译作"守护遗迹"）、MOBA 类游戏差异明显，反映了缩略图制作者一系列有个性化的智力选择和判断，已具有独创性，应认定为图形作品。游戏场景地图是玩家在游戏中展现于其面前的游戏地图中的某一具体场景图，表现为 3D 动态画面，是游戏地图制作者为实现个性化的游戏战斗环境而创作的虚拟三维场景空间，在整体造型及内部构成元素的色彩、形状、布局上具有审美意义。《英雄联盟》36 幅游戏场景地图在元素的运用及外形、位置的设计、色彩搭配、整体构图上均具有独创性，应认定其为著作权法意义上的美术作品。《王者荣耀》游戏地图缩略图、场景地图是在《英雄联盟》游戏地图缩略图、场景地图基础上进行的创作，为改编作品。

2. 游戏地图缩略图、场景地图是否构成实质性相似应当在排除公有领域的表达或通用元素设计后，重点关注案涉作品之间在整体构图轮廓及内部构成要素结构、布局方面的异同。

法院认为，《王者荣耀》与《英雄血战》的游戏地图缩略图均位于游戏运行画面的左上方，排除属于公有领域"三条线路、中路与河道十字交叉"的设计后，经比对，两幅缩略图背景颜色均偏向深蓝色，以扇形表示的蓝方高地和红方高地、野区、障碍物以及防御塔等的色彩搭配选择基本相同，除个别不规则几何图形代表的障碍物形状、大小龙的外形、防御塔的造型存在一定差异外，障碍物的开口方向、形状、数量、相对位置，防御塔的数量和位置，以及大小龙的位置基本相同，上述比对相同部分已包含《王者荣耀》独创性部分，应认定二者构成实质性相似。《英雄血战》进行过多次版本升级，其中 0.1.64、0.0.49.50、0.1.73（0.1.74）版本的场景地图基本一致，1.7.2 版本的场景地图与上述版本则存在一定差异，经对比，一审法院认定《英雄血战》0.1.64、0.0.49.50、0.1.73（0.1.74）版相应场景地图与《王者荣耀》案涉 36 幅场景地图不构成实质性相似，《英雄血战》1.7.2 版本场景地图与《王者荣耀》18 幅场景地图构成实质性相似。

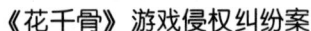

相关法条

《中华人民共和国著作权法》（2020 年修正）第 3 条

《中华人民共和国反不正当竞争法》（2019 年修正）第 2 条

《中华人民共和国著作权法实施条例》（2013 年修订）第 4 条

四、游戏玩法规则

《花千骨》游戏侵权纠纷案

游戏玩法规则的特定呈现方式可被认定为属于著作权法保护的具有独创性的"表达"范畴

现有游戏种类层出不穷，相同类似的操作规则也在所难免。一款成功的电子游戏的背后，精心设计并富有创意的游戏玩法规则必不可少。与此同时，电子游戏玩法规则很容易通过运行游戏而被感知，直接挪用在先游戏玩法规则并辅以重新设计的美术形象和动画效果的"换皮"游戏已屡见不鲜。游戏玩法规则的著作权保护已成为游戏开发商的核心需求。但游戏玩法规则通常被认为属于"思想表达"二分法中的"思想"范畴，不构成作品或者作品的组成部分。早在 2014 年"《炉石传说》案"[1]中当事人就对游戏玩法规则提出了保护，但在该案中相关主张并未得到法院支持，此后关于游戏玩法规则的著作权保护就很难得到实现。

本案例中，法院通过区分抽象的游戏题材与具体的玩法，将具有独创性的游戏玩法规则的表达，即游戏界面中表现规则的独特设计部分，纳入了著作权法保护的范围，同时将不具有独创性的表达部分、有限表达和公有领域的表达内容过滤出保护范围。本案判决对网络游戏知识产权保护作了有益研究与探索，是对当前网络游戏技术发展的积极回应，对推动网络游戏产业的健康发展具有重要意义。但对于是否将游戏玩法规则作为著作权客体进行保护，司法实践仍存争议。

案例来源

（2015）苏中知民初字第 201 号

案情简介

2015 年 6 月，苏州蜗牛数字科技股份有限公司（本部分简称"蜗牛公司"）发现成都天象互动科技有限公司（本部分简称"天象公司"）推出的手机游戏《花千骨》存在

---

〔1〕 参见《上海市第一中级人民法院（2014）沪一中民五（知）初字第 23 号民事判决书》。

大量与蜗牛公司独立研发的《太极熊猫》相似的元素，经比对，该款游戏全面抄袭和使用了《太极熊猫》中的游戏界面及装潢设计和其他游戏元素，包括《太极熊猫》游戏的核心元素——游戏玩法规则，两款游戏构成实质性相似。《花千骨》游戏由北京爱奇艺科技有限公司（本部分简称"爱奇艺公司"）进行运营。蜗牛公司遂起诉至法院称，《太极熊猫》和《花千骨》同为手机游戏，其发布平台、玩家均存在重叠。两被告天象公司和爱奇艺公司通过对蜗牛公司投入大量人力、物力、财力开发的游戏以简单的模仿、抄袭方式，将原告创造的智力成果占为己有，侵害了蜗牛公司的著作权，要求两被告停止侵权、赔礼道歉并赔偿损失3000万元。

一审法院经审理认为，两被告行为侵害了原告就原作品享有的改编权，判令两被告停止侵权并连带赔偿3000万元。两被告不服，提起上诉。二审法院驳回上诉，维持原判。

关键词

游戏整体画面；游戏玩法规则；改编权

争议焦点

1. 游戏玩法规则是否构成著作权法保护的客体？
2. 《花千骨》游戏是否侵犯《太极熊猫》游戏的改编权？

裁判观点

1. 《太极熊猫》游戏整体画面中游戏玩法规则的特定呈现方式构成著作权法保护的客体。

首先，著作权法只保护对思想的具体表达。区分游戏作品中相应的玩法规则属于思想还是表达，应当要看这些玩法规则是属于概括的、一般性的描述，还是具体到了一定程度足以产生感知特定作品来源的特有玩赏体验，如果具体到了这一程度，可作为表达。具体而言，案涉《太极熊猫》游戏玩法系统设计中包括对战、成长、扩展和投放系统4个部分，在对每个系统进行描述时均可使用该系统主要实现何种玩法功能这样的方式，前述内容都应属于游戏玩法规则的思想部分，不应由作品作者垄断独享。但当进一步具体到前述系统中每一个具体游戏玩法设置及其所依托的游戏界面设计时，则须作出审慎判断。法院认为，游戏设计师通过游戏连续动态图像中的游戏界面，将单个游戏系统的具体玩法规则或通过界面内直白的文字形式或通过连续游戏操作界面对外叙述表达，使玩家在操作游戏过程中清晰感知并据此开展交互操作，具有表达性。可以说，以游戏界面设计体现的详细游戏玩法规则，构成了对游戏玩法规则的特定呈现方式，是一种被充分描述的结构，构成作品的表达。

其次，案涉《太极熊猫》游戏玩法规则的特定呈现方式绝大部分具有独创性。从行业现状来看，一款新游戏整体玩法系统的开发与设计往往不会从零开始，而是基于现有成熟的单个游戏玩法系统的基础上，进行玩法系统或模块的选择、组合或部分新玩法系统的开发创新，并在此基础上设计具体的游戏界面和游戏数值，故《太极熊猫》并不能就某个玩法系统规则本身享有垄断权。但本案中，经法院查明，原告在《太极熊猫》游戏中主张权利的前述游戏玩法规则之特定呈现方式，产生著作权。另外，在确定著作权保护范围时，须将不具有独创性的表达部分、有限表达和公有领域的表达内容过滤出保护范围内。

2.《花千骨》游戏侵犯了《太极熊猫》游戏的改编权。

案涉《太极熊猫》游戏远早于《花千骨》游戏软件著作权登记时间，且从其登记文档内容亦可知，两被告在创作《花千骨》游戏前已完全接触《太极熊猫》游戏作品内容。本案中，通过蜗牛公司提交的取证视频进行比对，《花千骨》游戏结构 39 个玩法系统中，共计 20 个玩法系统在玩法主要界面及次级界面的基本布局与《太极熊猫》相同或者近似，界面传递的详细游戏玩法信息及通过操作游戏所得的玩法规则高度相似，两游戏在主界面上核心区域的七大主要玩法均实质性相似、具有一一对应关系。另外，两游戏在主界面、战役（历练）界面、历练（修行）界面均做了大部分相似的玩法入口的整合安排。法院认为，依据在案举证足以判断，《花千骨》游戏在游戏玩法规则的设计开发和实现过程中，并非仅仅是对《太极熊猫》游戏相关玩法进行借鉴或参考，或以其为基础进行创新、再设计，而是对《太极熊猫》整体游戏玩法规则的表达内容不加辨别地整体照搬和复制，远远超出了合理使用范畴，构成著作权侵权。

本案中，《花千骨》游戏的 IP 来自《花千骨》同名电视剧，从其游戏整体运行动态画面中看到，其剧情动画、对应剧情设计的关卡名称和美术场景、玩家扮演角色、剧情场景、音效设计、剧情文字等设计均与《太极熊猫》不同，该部分内容和要素系基于同名电视剧及小说作品《花千骨》而创作，故玩家从外观上可一定程度识别与原作品的区别。前述创作行为系在利用了《太极熊猫》游戏玩法规则基本表达的基础上实施的，就现行法律规定来看，该行为更似改编权控制范围内的行为，故法院认定两被告的行为侵害了蜗牛公司就《太极熊猫》游戏作品享有的改编权。

相关法条

《中华人民共和国著作权法》（2020 年修正）第 3 条、第 10 条
《中华人民共和国著作权法实施条例》（2013 年修订）第 2 条

《我的世界》诉《迷你世界》著作权侵权与不正当竞争纠纷案

抄袭游戏玩法规则构成不正当竞争而非著作权侵权

与上一案"《花千骨》游戏侵权案"中，法院认为抄袭游戏玩法规则可构成著作权法侵权不同，本案法院回归传统"思想表达"二分法，认为案涉两款游戏整体画面构成《著作权法》（2010 年修正）的类电作品，但其著作权保护范围不包括玩法规则层面的游戏元素设计，不能以游戏元素的相似性直接推定游戏画面构成实质性相似。两游戏在玩法规则上高度相似，已经超出合理借鉴的界限。被告通过抄袭游戏元素设计的方式，攫取了他人智力成果的个性化商业价值，构成不正当竞争。本案法院判令被告赔偿 5000 万元，创造了国内游戏侵权纠纷案件中的最高判赔数额纪录。

此外，本案法院综合考虑了沙盒类游戏特点、侵权内容比例等因素，着重考虑玩家在游戏中可能享有的作品权利，基于平衡双方当事人利益和保护玩家群体利益角度出发，没

有惯性地判决侵权游戏停止运营，是游戏诉讼领域适用比例原则的典范。

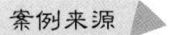
案例来源

（2021）粤民终 1035 号

案情简介

《我的世界》是一款由瑞典游戏开发商最初于 2009 年发行的沙盒类游戏，也是世界上销量最高的电子游戏之一。2016 年 5 月，广州网易计算机系统有限公司及其关联公司上海网之易吾世界网络科技有限公司（本部分合称"网易公司"）经授权获得该游戏中国区域独家运营权，并有权就任何侵害游戏知识产权行为和不正当竞争行为进行维权。同月，深圳市迷你玩科技有限公司（本部分简称"迷你玩公司"）上线与《我的世界》玩法和设计高度雷同的《迷你世界》Android 版，至 2021 年 6 月，该游戏在各 Android 渠道累计下载量超过 33 亿次，并拥有 4 亿注册用户，获利巨大。2019 年，网易公司提起本案诉讼，指控《迷你世界》多个核心、基本游戏元素抄袭《我的世界》，两者游戏整体画面高度相似，构成著作权侵权及不正当竞争，诉请法院判令迷你玩公司停止侵权、消除影响、赔偿 5000 万元等。

一审法院经审理后判定被告构成著作权侵权及不正当竞争，并判处被告赔偿 2100 余万元。二审法院认为被告不构成著作权侵权，仅构成不正当竞争，改判赔偿额为 5000 万元。

关键词

游戏元素；游戏玩法规则；著作权；不正当竞争

争议焦点

1. 迷你玩公司是否侵犯了网易公司的著作权？
2. 迷你玩公司的被诉行为是否构成不正当竞争？

裁判观点

1. 迷你玩公司的被诉行为不构成著作权侵犯。

根据双方当事人诉辩主张，二审法院认为，该争议焦点的核心在于判断游戏玩法规则等非画面内容能否涵盖于游戏画面著作权保护范围。本案所涉的游戏元素及其组合设计属于游戏玩法规则的某种特定呈现方式，著作权法保护的不是游戏玩法规则本身，而是对游戏玩法规则的具体表达，在本案中可表现为游戏元素及其组合设计中具有独创性的表达部分。

本案将案涉《我的世界》游戏认定为类电作品，因此要根据类电作品之独创性来确定其著作权保护的范围：对类电作品的著作权保护要限于画面表达，而不能延伸至非画面内容，否则将偏离类电作品独创性表达之所在。由于案涉《我的世界》和《迷你世界》两款游戏的相似之处在于游戏元素设计而非游戏画面，因此迷你玩公司的被诉行为不构成著作权侵权。

2. 迷你玩公司的被诉行为构成不正当竞争。

案涉两款游戏以游戏元素及其组合设计呈现玩法规则，故分析玩法规则的相似性，不能孤立看待单一游戏元素或其某一方面的属性设计来进行比对，否则将割裂由多个游戏元素组合所形成的玩法要素系统。具体比对时，不仅要综合考虑游戏元素的名称叫法、美术形象、功能用途、获得方式、合成规则、数值属性（如有）等方面设计，也要考虑游戏元素之间的关联及耦合关系（即游戏元素组合体系）。

迷你玩公司运营的《迷你世界》中多达 230 个基础、核心游戏元素与《我的世界》相应的游戏元素一一对应且相似，游戏元素组合所形成的多个要素系统高度相似甚至完全一致，且多项数值体系设计相同，玩家以此为基础的游戏体验也基本相同，已经远远超过了合理模仿借鉴的限度，故可认定《迷你世界》整体抄袭了《我的世界》游戏玩法规则。

在反不正当竞争法的框架下，迷你玩公司并不构成原告所称的《反不正当竞争法》第 6 条规定的混淆行为：虽然两款游戏中存在大量相似游戏元素，给予玩家的游戏体验亦相似，但两款游戏画面差异明显，且《迷你世界》明确标注来源于迷你玩公司而非网易公司，玩家等消费者群体能够识别出两款游戏源自两个不同主体，未造成混淆结果。但是，迷你玩公司的被诉行为有悖于诚信原则和商业道德，扰乱游戏市场竞争秩序，损害网易公司合法利益，构成《反不正当竞争法》第 2 条规定的不正当竞争行为。

综上，二审法院认为《迷你世界》大量使用《我的世界》游戏核心资源、元素开发运营游戏，造成两游戏体验上高度相似，认定构成不正当竞争。

相关法条

《中华人民共和国著作权法》（2020 年修正）第 3 条
《中华人民共和国反不正当竞争法》（2019 年修正）第 2 条、第 6 条
《中华人民共和国著作权法实施条例》（2013 年修订）第 4 条

五、游戏软件

《三国志 13》著作权侵权纠纷案

破解版游戏侵害原版游戏计算机软件著作权

"三大妈"（3DMGAME，本部分简称"3DM"）是单机游戏迷们熟知的中文游戏论坛，早期以提供游戏汉化和破解资源闻名。本案中，法院认为，将破解后的软件发行公司享有著作权的游戏软件置于互联网上，使不特定公众可以自由下载并免费使用该游戏软件的行为，侵犯了正版公司对其游戏软件作品享有的信息网络传播权。本案有助于进一步规范国内游戏市场，引导游戏玩家树立版权意识，也对未来相近的涉外游戏版权案件具有重要的指导意义。

案例来源

（2018）京民终 178 号

案情简介

原告株式会社光荣特库摩游戏是《三国志13》游戏软件（本部分简称"正版游戏软件"）的著作权人，并对正版游戏软件采取了相应的技术保护措施，消费者只有在同意原告就该游戏设置的使用许可协议并支付相应价款后，才能获得原告授权许可使用该游戏。被告北京三鼎梦软件服务有限公司未经授权，通过破坏原告为保护该软件采取的技术措施，对原告的正版游戏进行破解，并将相应的中文和日文破解版本上传到被告运营的3DM网站上供游戏用户免费下载，侵害了原告对其正版游戏软件享有的信息网络传播权。因被告的侵权行为，原告丧失了正版游戏软件销售本应享有的市场份额，遭受了巨大的经济损失，遂诉至法院，要求被告立即停止侵权行为、赔礼道歉、赔偿经济损失及合理费用共计215万元。一审法院认定被告存在侵权行为，要求被告赔偿原告经济损失及合理费用共计65万元。被告不服，提出上诉。二审法院驳回上诉，维持原判。

关键词

单机游戏；计算机软件著作权；信息网络传播权

争议焦点

被告是否侵犯原告的正版游戏软件的信息网络传播权？

裁判观点

被告行为侵犯了原告关于正版游戏软件的信息网络传播权。

（1）被告存在获取到正版游戏软件的可能性。原告的正版游戏软件于2016年1月28日正式公开发售，虽然该款游戏软件并未同步在中国大陆地区销售，但由于计算机软件的无形性和在互联网上的易传播性，被告完全可以通过其他公开渠道获取该款游戏软件。被告的自然人股东之一宿某某在2016年1月28日的微博中明确表示"《三国志13》已经解锁，游戏正在上传"，表明被告存在获取到正版游戏软件的可能性。

（2）被告侵犯原告正版游戏软件的信息网络传播权。被告在其经营管理的3DM网站中单独设置《三国志13 3DM免安装中日文正式版》游戏软件的主题网页，明确承认《三国志13 3DM免安装中日文正式版》游戏软件系其制作，而"下载说明"中记载该游戏制作和发行均为KOEI TECMO GAMES CO. LTD，即本案原告。点击3DM网站提供的链接下载得到的文件大小与被告网站中的记载相一致，且解压后的文件夹及文件均以3DM的名称命名。经实际运行游戏软件进行比对，确认《三国志13 3DM免安装中日文正式版》即为原告享有著作权的正版游戏软件的破解版。另外，被告3DM网站关于《三国志13 3DM免安装中日文正式版》"下载须知"中亦明确记载"若对游戏有任何问题欢迎大家到3DMGAME游戏论坛的相关专区进行讨论"。

综上，虽然在案证据不能确认《三国志13 3DM免安装中日文正式版》游戏软件存储在被告的服务器上，但足以证明被告未经许可通过信息网络上传了原告享有著作权的游戏软件，使公众可以在其个人选定的时间和地点获得该作品，侵害了原告对其作品所享有的信息网络传播权。

相关法条

《中华人民共和国著作权法》（2020 年修正）第 2 条、第 53 条

《计算机软件保护条例》(2013 年修订) 第 8 条、第 9 条

《最高人民法院关于审理著作权民事纠纷案件适用法律若干问题的解释》（2020 年修正）第 7 条

六、游戏账号

《梦幻西游》侵权责任纠纷案

游戏运营商可对违规玩家采取合理处罚措施

游戏玩家在自愿接受游戏公司"用户协议"等约定的前提下，利用游戏内的 BUG 在短期内进行超出普通玩家的多次转服和交易行为，是明显违反"用户协议"和"玩家守则"等的违规行为，在此基础上，游戏公司对其进行封停账号的行为，实质上是与该特定玩家解除了服务合同关系，因此对其名下的所有账号进行封禁具有合理性。本案中，根据服务条款，合同解除后游戏内道具归游戏公司所有。本案判决对于认定网络游戏运营过程中运营商对违规行为采取处罚措施的合理性以及网络虚拟财产归属争议具有指导意义，有助于引导玩家合理玩游戏、杜绝违规违法行为，及时保护运营方的合法权益。

案例来源

（2022）粤 01 民终 14603 号

案情简介

原告楼某系网游《梦幻西游》的游戏用户，实名注册有案涉 15 个游戏账号。被告广州网易计算机系统有限公司（本部分简称"网易公司"）系网游《梦幻西游》的运营主体，《梦幻西游口袋版》为该款游戏的移动设备端版本。原告楼某主张，被告网易公司未明确告知封禁游戏账号的具体依据和理由，未量化处罚标准，不加区分地对楼某名下 15 个游戏账号采取处罚措施，违反了法定的明确告知程序和义务，处罚行为明显错误，其封停账号的行为不具有合法性和合理性，侵犯了原告的合法权益，请求网易公司恢复原状或者折价赔偿。

一审法院经审理后认为，原告楼某的行为超过普通玩家进行游戏体验的范畴，行为具有明显的牟利性，已经违反被告制定、原告同意遵守的游戏《玩家守则》《服务条款》。网易公司封停楼某游戏账号并不存在任何违约行为和过错，不存在侵害楼某虚拟财产的行为，原告要求被告停止侵权、赔偿损失的诉讼请求，缺乏依据，理由不充分，法院不予支持。原告不服，提出上诉，二审法院驳回上诉，维持原判。

关键词

网络游戏运营商；违规行为处罚；封停账号；虚拟财产归属

争议焦点

1. 网易公司是否有权对楼某在案涉游戏中的行为进行处罚？
2. 网易公司作出的处罚是否合理？

裁判观点

1. 网易公司有权对楼某在案涉游戏中的行为进行处罚。

（1）关于楼某在案涉游戏中行为的定性。根据在案证据显示，楼某在参与案涉游戏和藏宝阁交易前需要同意《最终用户使用许可协议》《服务条款》《玩家守则》，上述协议经一审法院认定合法有效，可以作为案件审理的依据。据网易公司提交数据及楼某本人确认，楼某在 2021 年 3 月至 9 月期间购买游戏角色 44 次、转服 236 次、《梦幻西游》内交易 26 383 次、《梦幻西游口袋版》自我交易 4037 次、出售游戏道具 635 次的一系列行为已经超出普通玩家体验游戏的范畴，是明显的利用游戏内 BUG 进行牟利的违规行为。

（2）关于网易公司是否可以对楼某在案涉游戏中的交易行为进行处罚。法院认为，楼某在游玩案涉游戏前，自主选择接受《最终用户使用许可协议》、《服务条款》和《玩家守则》等协议约定，自愿与网易公司建立案涉游戏服务合同关系，理应受其约束。网易公司根据《服务条款》第 7 条第 8 款约定，以游戏程序中的监测数据认定楼某存在利用游戏 BUG 进行多次游戏内交易行为。同时，《玩家守则》第 7 条第 1 项约定："严禁直接或间接利用游戏 BUG、程序漏洞等获利或扰乱游戏秩序，或者利用 BUG、漏洞以达到个人目的。如果玩家有该等行为，一经查实，玩家可能会受到如下处罚措施：…… 7. 封停账号；8. 删除档案；9. 承担法律责任。"《玩家守则》第 1 条第 7 项约定："封停账号：暂停或永久终止违规玩家网易邮箱账号登录游戏的权利。"

楼某虽对网易公司提交的数据有异议，但并不否认其的确存在多次转服和游戏交易的行为。楼某的行为远超普通玩家进行游戏体验的范畴，属于作弊行为，具有明显的牟利性，是《服务条款》和《玩家守则》均明确禁止的违规交易行为，网易公司在发现上述行为后进行处罚，是履行游戏运营商管理维护职责的行为，有合同依据。同时，网易公司的处罚行为，从合同法角度评价，是在案涉游戏账户多次利用游戏 BUG，使双方约定的解除合同的事由发生时，依据《民法典》第 562 条的规定，行使合同解除权解除了与楼某之间的服务合同，于法有据。合同解除后，网易公司无需继续履行案涉网络服务合同，楼某要求网易公司解封账号理据不足，法院对此不予支持。

2. 网易公司作出的处罚合理。

二审法院认为，楼某在案涉游戏中注册了 15 个游戏账号，创建了 242 个游戏角色，在数月之内转服数百次，交易数万次，成交价总计更高达数千万，不仅背离参与游戏的目的，使自身不正当地获得优势，损害其他用户的合法权益，而且影响了游戏的正常运行和系统经济的平衡，严重破坏了游戏的公平性和游戏生态。网易公司根据楼某交易行为的违规性和严重性，根据《玩家守则》规定作出封停账号的处罚，与违规交易的行为模式和危害后果相适应，体现了网易公司作为互联网平台管理者对网络空间进行治理的有效性和威慑力，具有充分合理性，并未明显不当。就楼某提出因其名下不同账号持有时间和登录频率不同，未加区分采取同一处罚不具有合理性的异议及相关证据，法院认为根据《玩家守则》的明确约定，封停账号是指停止违规玩家登录游戏的权利，即规范的是玩家行为，若只允许对同一玩家的部分账号进行处罚，则将失去处罚的有效性和威慑力，故楼某的异议不成立，法院对其证据和主张不予采纳。

此外，对于楼某关于网易公司侵犯自身虚拟财产的主张，法院认为，根据网易公司《服务条款》第 3 条明确约定："游戏道具包括但不限于游戏币、装备、武器、坐骑、宠物、召唤兽等，其所有权归网易公司所有，用户只能在合乎法律规定和游戏规则的情况下使用"，楼某自身违反了协议约定，破坏了游戏生态，损害公共利益，要求网易公司恢复其游戏道具，于法无据。

综上，二审法院确认，网易公司根据双方之间的服务合同协议，封停楼某游戏账号并不存在任何违约行为和过错，不存在侵害楼某虚拟财产的行为，楼某要求网易公司承担侵权责任的理据不足，一审法院的判决合法合理。

▶ **相关法条**

《中华人民共和国民法典》（2021 年施行）第 562 条

◢ **《英雄联盟》等游戏账号出租不正当竞争纠纷案** ───────────●

平台提供游戏账号租赁服务构成不正当竞争

随着网络游戏产业的兴起和发展，为获得多样丰富游戏服务的体验，游戏用户租赁账号的需求不断增强，游戏账号的出租现象愈发普遍，搭设交易平台集中提供热门游戏账号出租服务的现象也随之出现。本案系涉游戏账号出租的典型不正当竞争纠纷案件。

本案中，尽管双方均系与网络游戏相关的经营者而非普通消费者，但与以往不正当竞争纠纷的审理思路有所不同：本案判决从游戏账号出租行为对实名制和未成年人防沉迷系统、对案涉游戏的正常运营、对其他案涉游戏用户的影响等角度出发，聚焦于作为市场经营主体的原被告之间的利害关系，综合分析认定被告行为构成不正当竞争行为。本案判决通过对市场中租号中介服务行为予以司法评价，引导网络游戏市场中各经营者规范自身行为，维护网络游戏市场竞争秩序，为网络环境下实名制、未成年人防沉迷等政策规定的落实和用户的合法权益保护贡献司法力量。

▶ **案例来源**

（2022）京 73 民终 3270 号

▶ **案情简介**

深圳市腾讯计算机系统有限公司（本部分简称"腾讯公司"）系《英雄联盟》《王者

荣耀》《穿越火线》《穿越火线：枪战王者》《和平精英》(本部分合称"案涉游戏") 的经营者。四川众聚云购电子商务有限公司（本部分简称"众聚云购公司"）在其运营的"租号网"（www.zuhao.com）网站以及 Android 版"租号网"APP、iOS 版"嗨享号"APP（本部分合称"租号网平台"）上组织、宣传他人出租或租赁案涉游戏账号。北京卓易讯畅科技有限公司（本部分简称"卓易公司"）提供了案涉 APP 的下载服务。腾讯公司认为：众聚云购公司违反商业道德，并在租号网平台中使用案涉游戏名称和角色形象，引人误认为其与腾讯公司存在特定联系，造成混淆，构成不正当竞争行为。卓易公司明知、应知众聚云购公司在租号网平台中组织、诱导他人出租案涉游戏账号，仍在其运营的移动应用商店中提供案涉 APP 的下载服务，扩大了损害后果。

　　一审法院经审理认为，众聚云购公司提供租号中介服务的行为构成不正当竞争，但其提供上号器的行为未违反《反不正当竞争法》第 12 条的规定，使用案涉游戏名称和角色形象图片的行为仅仅起到介绍指示作用，不构成混淆或误认。卓易公司作为网络服务提供者并未参与被诉行为的实施，且及时停止了提供下载服务，不构成不正当竞争。故判令众聚云购公司立即停止不正当竞争行为、刊登声明、消除影响、赔偿经济损失 150 万元及合理开支 117 400 元。众聚云购公司不服一审判决，提起上诉。二审法院判决驳回上诉，维持原判。

关键词

　　游戏账号租赁；著作权；不正当竞争

争议焦点

　　众聚云购公司通过租号网平台所提供的租号服务是否构成不正当竞争？

裁判观点

　　众聚云购公司通过租号网平台所提供的租号服务构成不正当竞争。

　　首先，租号网平台案涉行为违背了诚实信用原则和商业道德，直接损害了网络游戏经营者的正当经营利益。当前网络游戏行业存在着"一人一号"和账号禁止转租、转借的通行商业惯例，租号网平台案涉行为违反了这一行业惯例，导致普通用户无需注册即可获得游戏资源，不仅减少案涉游戏注册用户的数量、降低用户使用黏性，而且破坏了腾讯公司游戏网站的运营模式，严重影响相关增值服务等交易收入。另外，该行为也使腾讯公司无法准确掌握游戏玩家的真实身份和注册数量，影响了算法精确度及优化，被不当地增加了运营难度和成本。

　　其次，案涉租号行为干扰了实名认证机制，影响了未成年人防沉迷系统的有效实施：落实实名制以及未成年人防沉迷系统是对网络游戏经营者的必然要求，而游戏账号仅限注册用户自行使用也已成为行业共识。众聚云购公司在明知应知上述要求和行业惯例情况下，仍然提供中介服务，甚至诱导未成年人进行租赁账号，严重损害了未成年人防沉迷系统的实施意义。虽然租号网平台也设置了实名认证和未成年人防沉迷规则，但仅要求用户进行一次性实名登记，而且其未成年人防沉迷系统规则在时段、时长等方面的限制均不符合《国家新闻出版署关于防止未成年人沉迷网络游戏的通知》的要求，也未对未成年人的充值进行任何限制。

最后，案涉租号行为还对正常用户的游戏体验和合法权益造成了影响和损害。其通过干扰实名认证机制，破坏了案涉游戏的匹配机制，影响了其他游戏玩家的合理游戏体验和权益。

因此，案涉行为属于扰乱市场竞争秩序、损害其他经营者和消费者合法权益且有损社会公共利益的行为，依据《反不正当竞争法》第 2 条之规定，应当被认定为不正当竞争行为。此外，法院依法认定案涉租号中介服务构成不正当竞争并予以制止，亦不会不合理地限制案涉游戏用户对自身账号所享有的合法权益。

相关法条

《中华人民共和国反不正当竞争法》（2019 年修正）第 2 条、第 17 条

《王者荣耀》"代练"纠纷案

游戏代练交易服务损害游戏经营者的游戏运营业务及竞争权益，构成不正当竞争

代练平台试图撮合游戏玩家和代练者在看似平等、自愿的基础上进行交易：对于游戏玩家而言，他们可以通过支付一定的费用，让代练者为自己提升游戏等级、获取更好的游戏装备或者在竞技比赛中取得更高的排名；而对于代练者而言，他们可以利用自己的游戏技能赚取报酬。

然而，这种表面上的"双赢"局面背后，却隐藏着诸多深层次的问题。代练行为对游戏产业的多个方面都带来了巨大的冲击。代练本质上与被广大玩家所诟病的"外挂"一样，都是破坏游戏公平性的作弊机制。玩家通过代练平台聘人代练，实际上就是通过金钱手段买到了无法通过正常的游戏竞技获取的竞争优势。这种不公平的行为会极大地破坏游戏的竞技平衡。当一部分玩家通过代练获得不正当的优势时，会使其他用户觉得游戏缺乏公平性。他们在游戏中可能会遭遇实力与自己实际水平不相符的对手，从而导致游戏体验大打折扣。这种不良的游戏体验可能会促使他们离开游戏，或者在无奈之下也被迫请人代练，进一步加剧了游戏环境的恶化，损害游戏运营平台的合法权益。

对此，本案法院准确把握反不正当竞争法的精神，利用《反不正当竞争法》的一般条款，认定代练平台经营行为构成不正当竞争。本案判决对于维护游戏市场的公平竞争和促进游戏市场的繁荣发展具有积极意义。

案例来源

（2023）苏民终 280 号

案情简介

《王者荣耀》游戏是原告于 2015 年 7 月 15 日自主研发的一款公平竞技类网络游戏。《王者荣耀》游戏账号严格采用实名制并配有完备的防沉迷措施，未成年人仅能在《国家

新闻出版署关于进一步严格管理切实防止未成年人沉迷网络游戏的通知》所规定的时间段内登录《王者荣耀》进行游戏。被告运营的"电竞帮大神端"APP通过设立《王者荣耀》游戏代练专区、招募游戏代练"打手"、收取代练保证金等方式，引诱、组织、鼓励包括未成年人在内的用户通过该平台进行《王者荣耀》游戏代练交易并从代练交易中获得收益，将《王者荣耀》游戏代练交易商业化、规模化，致使代练交易的规模和效率得到极大的提升。通过被告运营的"电竞帮大神端"APP，未成年用户不仅可接单代练，获得他人的《王者荣耀》游戏账号和密码、绕开防沉迷措施不受时段限制进入游戏，还可以通过玩游戏赚钱。原告认为，被告商业化、规模化的宣传并组织游戏代练交易的行为构成不正当竞争。

一审法院经审理认为提供游戏代练交易服务的主体与游戏经营者基于相同游戏用户、相同游戏产品开展经营活动，两者业务相互关联，存在事实上的竞争关系。游戏代练交易服务直接针对游戏经营者运营的游戏产品，影响用户对游戏经营者所运营游戏的真实体验，损害了游戏经营者的游戏运营业务及竞争权益，构成不正当竞争。故判令被告停止侵权行为、赔礼道歉、消除影响并赔偿原告经济损失及合理开支共60万元。被告不服，提出上诉。二审法院驳回上诉，维持原判。

关键词

网络游戏；游戏代练；未成年人；不正当竞争

争议焦点

提供游戏代练交易服务是否构成不正当竞争？

裁判观点

提供游戏代练交易服务违反业内规范以及商业道德，严重破坏游戏产业公平竞争机制，损害游戏运营公司利益，构成不正当竞争。

第一，被告与原告之间具有竞争关系。两公司作为互联网游戏服务行业的经营者，基于相同游戏用户开展经营活动。被告提供的代练交易服务直接针对《王者荣耀》游戏，影响原告的游戏运营业务及竞争权益，并从中获益。两者业务相互关联，具有竞争关系。

第二，被告的行为违反了业内行为规范及商业道德。被告提供《王者荣耀》游戏代练交易服务，推动包括未成年人在内的"打手"以他人账号实施代练行为，导致游戏的实际参与者与注册人不符，未成年人可以使用成年用户账号无限制地参与游戏，违反了网络游戏实名注册账号、禁止代练、防沉迷等网络游戏业内公认的、应当遵守的行业规范和商业道德。

第三，被告的行为严重破坏了游戏产业公平竞争机制。被告提供的代练交易服务实质是为游戏用户作弊提供帮助，并从中获取巨大收益，其必然导致网络游戏产业自愿、平等、公平、公正、诚信竞争机制落空，扰乱了网络游戏市场正常的竞争秩序。

第四，被告的行为损害了原告和游戏用户的合法权益。被告提供的代练交易服务导致正常参与《王者荣耀》游戏的用户获得虚假的游戏体验，对游戏的公平竞技性产生质疑，减少参与次数，离开游戏甚至也请人代练，既对原告的商业信誉产生负面影响，也妨碍了该游戏正常运营。

第五，被告的行为损害了社会公共利益。被告的行为导致"未成年人防沉迷"保护机制形同虚设，亦可能引发诸多道德、法律风险和不稳定因素，对社会公共利益造成危害。

 相关法条

《中华人民共和国反不正当竞争法》（2019 年修正）第 2 条、第 17 条

第二节　游戏整体画面

《梦幻西游 2》游戏直播侵权纠纷案

游戏画面构成视听作品，未经许可直播游戏构成著作权侵权

我国《著作权法》上的"作品"指"文学、艺术和科学领域内具有独创性并能以一定形式表现的智力成果"，《著作权法》第 3 条列举了若干常见的作品表现形式。从定义可知，"作品"需满足以下要件：一是自己的创作；二是属于文学、艺术和科学技术范围内；三是具有一定的表现形式；四是不违反法律、法规的禁止性规定。但随着科学技术的迅速发展，特别是网络信息技术的更新迭代，人类的智力成果不断以全新的表现形式和表现手法呈现出来。若囿于字面表义拒斥新的阐释，创新无以为继；但超脱法律体系恣意扩张类推，自由反受其害。

网络游戏是近年来快速发展的数字文化娱乐类智力产品，开发商在开发、运营游戏的过程中，需要创作大量素材、编写大量模块以保证游戏的趣味性。然而相当数量的投机者为了追求利润，直接模仿市场上已经存在的游戏模式和玩法，仅对游戏中的人物形象和场景设置进行细微改变，导致"山寨"游戏横行。早期的判例或者将游戏分解为不同种类的作品分别寻求保护，或者诉诸《反不正当竞争法》第 2 条"诚信原则"予以保护。然而前者易忽略游戏的整体性，后者则可能产生尺度不一的弊病。

本案是全国首例游戏直播著作权侵权纠纷案件，关系到游戏直播行业竞争格局，受到各界高度关注，其公开开庭被评为"第二届全国法院'百场优秀庭审'"。本案判决中，法院开拓性地将网络游戏呈现画面认定为类电作品，认定直播游戏行为构成"其他侵犯著作权"的行为。本案是侵害游戏著作权案件中的典型个案，彰显了司法保护知识产权的力度和决心，对于游戏直播产业具有标杆意义和指引作用。

案例来源

（2018）粤民终 137 号

案情简介

广州网易计算机系统有限公司（本部分简称"网易公司"）拥有"梦幻西游"网络游戏的计算机软件著作权。在国内外同类直播平台直播游戏需经游戏公司授权许可并付

费，已是成熟的商业模式。从 2012 年起，广州华多网络科技有限公司（本部分简称"华多公司"）在其经营的"YY""虎牙直播"平台上进行"梦幻西游"游戏内容直播、录播或者转播服务。原告网易公司认为，被告华多公司提供游戏直播的工具和平台，以利益分成的方式召集、签约主播进行该款游戏内容直播，并以此牟利，侵害了网易公司的著作权并构成不正当竞争。

一审法院经审理认为，"梦幻西游"画面属于"类电作品"，属于《著作权法》的保护范围。案涉直播内容为游戏操作画面，是由一系列有伴音或者无伴音的画面组成，符合《著作权法》第 3 条第 6 项对于"以类似摄制电影的方法创作的作品"的定义，其著作权属于网易公司，应受到《著作权法》保护。未经网易公司允许，游戏直播属于侵权行为，不属于著作权法意义上的合理使用，华多公司应当承担侵权责任，故判令华多公司停止侵权、赔偿网易公司 2000 万元。网易公司、华多公司均不服，提出上诉。二审法院驳回上诉，维持原判。

关键词

网络游戏；游戏直播；类电作品；著作权

争议焦点

1. 游戏连续动态画面是否构成著作权法保护的作品？
2. 直播游戏画面是否构成著作权侵权？

裁判观点

1. 游戏连续动态画面构成著作权法中的类电作品，游戏软件的权利人是著作权人，用户操作游戏画面不属于法律意义上的劳动创作。

案涉游戏画面以文学作品《西游记》中的情节梗概和角色为引，展示天地间芸芸众生"人""仙""魔"三大种族之间发生的"门派学艺""斩妖除魔"等情节、角色和场景，具有丰富的故事情节、鲜明的人物形象和独特的作品风格，表达了创作者独特的思想个性，且能以有形形式复制，与电影作品的表现形式相同。考察这种游戏的创作过程，是在游戏策划人员对故事情节、游戏规则等进行整体设计，以及美工对游戏原画、场景、角色等素材进行设计后，程序员根据需要实现的功能进行具体代码编写后形成的。此创作过程综合了角色、剧本、美工、音乐、服装设计、道具等多种手段，与"摄制电影"的方法类似。因此，案涉电子游戏在终端设备上运行呈现的连续画面可认定为类电作品。

需要指出的是，案涉电子游戏在用户登录运行过程中呈现的连续画面，与传统电影作品或者类电作品的明显差异是，前者具有双向互动性，不同用户（玩家）操控案涉电子游戏或者同一用户以不同玩法操控游戏，会呈现不同的动态画面，尤其是在多人参与的情况下，呈现的结果往往难以穷尽。然而，著作权法中对类电作品的认定要件并无限定连续画面的单向性。而且，游戏系统的开发者已预设了游戏的角色、场景、人物、音乐及其不同组合，包括人物之间的关系、情节推演关系，不同的动态画面只是不同用户在预设系统中的不同操作产生的不同操作/选择之呈现结果，用户在动态画面的形成过程中无著作权法意义上的创作劳动。此外，在预设的游戏系统中，通过视觉感受机械对比后得出的画面不同，如具体的场景或人物动作的变化等，并不妨碍游戏任务主线和整体画面呈现的一致性。因此，尽管游戏连续画面是用户参与互动的呈现结果，但仍可将其整体画面认定为类电作品。

作为"综合体"的案涉电子游戏，其存在的基本形式是计算机软件。考虑到案涉电子游戏如上文所述的创作过程，以及对于案涉电子游戏在终端设备上运行呈现的类电作品，用户在其形成过程中无著作权法意义上的创作劳动，该类电作品的"制片者"应归属于游戏软件的权利人。在案证据足以证实网易公司享有案涉电子游戏计算机软件著作权。基于此，案涉电子游戏运行呈现画面形成的类电作品之著作权为网易公司所享有。

2. 直播游戏画面属于"其他侵犯著作权"的行为，游戏直播行为不属著作权法的合理使用范畴。

从华多公司经营的直播平台上对案涉游戏运行的显示情形看，直播窗口主要是显示游戏的连续动态画面，基于用户操作游戏所需，间或显示游戏过程中的功能设置和选择页面、有的还以小图形式在显示屏边角显示主播人员。可见，案涉游戏在被用户操作、运行过程中呈现的连续动态画面通过信息网络实时播放出来，为网页的观看者所感知。这种行为侵害了网易公司对其电子游戏呈现画面作为类电作品的著作权。

首先，《著作权法》第10条规定了著作权包含的复制权、发行权……以及应当由著作权人享有的其他权利，具体而言，与本案可能相关联的是放映权、广播权和信息网络传播权：其一，此种行为是用户在线参与游戏系统操作后呈现画面的传播，不属于通过放映机、幻灯机等技术设备公开再现类电作品范畴，即不属于放映权调整的范围。其二，此种行为是通过信息网络实时传播，不属于以无线方式公开广播或传播、以有线传播或转播方式向公众传播广播、以扩音器或类似工具向公众传播广播，即不属于广播权调整的范围。其三，此种行为通过实时的信息流传播作品，公众无法在其个人任意选定的时间获得作品，即不属于信息网络传播权调整的范围。因此，原告在本案中所应享有的权利不属于《著作权法》所列举的"有名"之权利，可归入"应当由著作权人享有的其他权利"。与此相对应，被诉侵权行为是信息网络环境中针对在线网页浏览者的新类型作品传播行为，也不属于《著作权法》所列举的"有名"之侵权行为，可归入"其他侵犯著作权"的行为。

其次，诸如案涉游戏之大型、多人参与互动的网络游戏，其创作凝聚了开发者的心血，游戏画面作为网络游戏这个"综合体"的组成部分也不例外。如不保护创作者对其作品进行许可传播或不许可传播的排他性权利，不利于对开发者形成权利激励，从而不利于在全社会促进智慧产品的产出，不符合《著作权法》规定的"鼓励有益于社会主义精神文明、物质文明建设的作品的创作"立法宗旨。况且，作为著作权人，网易公司对案涉游戏及其呈现画面的播放享有许可或者不许可的权利，其已在案涉游戏登录的入口进行了权利宣告，在该游戏的《玩家守则》中明确告知这种行为须经事先书面许可。

最后，游戏画面的播放，是用户登录后操作的显示结果。作为一款在线的多人参与的游戏，其运行本身需要信息网络的环境，网络环境能提供条件促进不同用户的在线交流。对于用户（玩家）和观看者而言，其体验可能来自感知连续动态画面，以及追求游戏中预设的"过关"或者"升级"等操作结果这两方面。在后者体验活动中，游戏画面的存在价值似乎发生转换，但是，即使在这种情况下，游戏画面的播放仍是作为前提的存在，是不可避免的;"过关"或者"升级"的操作结果可以视为游戏呈现画面在此基础上的递进追求,其与呈现画面共同体现了电子游戏的多元价值。因此,从法理上讲,即使游戏画面被作为游戏工具进行使用,也是关注、分析角度不同使然,并不因而导致游戏画面价值的丧失;而且,从法律的适用上讲,其不属于《著作权法》第 22 条(现《著作权法》第 24 条)规定的任何一种权利限制情形,华多公司据此提出的合理使用抗辩不成立。

综上所述,华多公司在其网络平台上开设直播窗口、组织主播人员进行案涉游戏直播,侵害了网易公司对其游戏画面作为类电作品享有的"其他权利",属于《著作权法》第 47 条第 11 项(现《著作权法》第 52 条第 11 项)规定的"其他侵犯著作权"的行为,应承担侵权责任。

相关法条

《中华人民共和国著作权法》(2020 年修正)第 3 条、第 24 条、第 52 条

《王者荣耀》信息网络传播权侵权及不正当竞争纠纷案

用户不享有游戏整体画面的著作权,未经许可传播包含游戏画面的短视频构成信息网络传播权侵权

随着互联网信息技术的发展和人们生活娱乐方式的改变,网络游戏成为新兴行业,市场规模高达数千亿元,由此带来的一系列知识产权问题也引起了社会和相关公众的广泛关注,游戏短视频更是近年来知识产权保护的热门话题。游戏整体画面在著作权法下的作品性质和权利归属的界定这一重大司法问题,以及未经授权的游戏短视频传播是否构成合理使用、是否还存在不正当竞争等问题在法律学界仍存争议,且十分复杂。未经许可将包含游戏画面的短视频以公之于众的方式展示在开放性的、任何人均可浏览的视频平台上,使公众可以在其个人选定的时间和地点获得游戏画面,该行为有可能构成对信息网络传播权的侵害。

本案是网络游戏录播短视频引发的侵权纠纷,是国内首个认定多人在线竞技网络游戏(MOBA)短视频构成类电作品的判决,对游戏短视频独创性认定、著作权归属等问题均作了厘清,同时对短视频平台是否构成直接或间接侵权作了有益的探索。该裁判结果对通过法治规范游戏产业、直播产业、短视频产业等新兴版权产业之间的利益冲突和平衡具有重要意义。

案例来源

(2020)粤 73 民终 574—589 号

案情简介

运城市阳光文化传媒有限公司(本部分简称"阳光文化公司")在其运营的某视频平台游戏专栏下,开设《王者荣耀》专区,通过显著位置主动推荐《王者荣耀》游戏短

视频，并与数名游戏用户签订《游戏类视频节目合作协议》共享收益。公众可以通过广州优视网络科技有限公司（本部分简称"优视公司"）运营的某应用助手下载案涉视频平台。

享有运营《王者荣耀》游戏及维权权利的深圳市腾讯计算机系统有限公司（本部分简称"腾讯公司"）认为，《王者荣耀》游戏整体画面构成类电作品，阳光文化公司的上述行为侵害其作品信息网络传播权。同时，由于腾讯公司亦运营《王者荣耀》游戏短视频业务，阳光文化公司通过引诱用户上传侵权视频，获得了巨大的商业利益，对腾讯公司短视频市场的运营造成重大损失，构成不正当竞争。同时，优视公司提供某视频平台的分发、下载服务，扩大了侵权行为的影响力，构成共同侵权。

腾讯公司将阳光文化公司、优视公司诉至广州互联网法院。

阳光文化公司辩称：①案涉游戏画面不构成类电作品，原告不享有著作权；②即便认为案涉游戏画面构成类电作品，那么其著作权应当归属于创作该短视频的游戏用户；③阳光文化公司的行为不会对原告造成任何损失，不构成对原告的不正当竞争；④案涉短视频构成对原告游戏的合理使用；⑤案涉短视频系由用户自行上传发布，案涉视频平台未实施引诱、怂恿用户等行为，不构成共同侵权。优视公司则认为自己仅为应用商店，只是被动地提供分发服务，与案涉纠纷没有直接的法律关系，作为被告主体不适格。

诉讼过程中，根据腾讯公司的行为保全申请，广州互联网法院作出裁定：责令阳光文化公司删除了案涉视频平台上存有包含《王者荣耀》游戏画面的视频共 329 832 条。一审法院认为阳光文化公司的行为构成对腾讯公司信息网络传播权的侵害，判令其停止侵权行为并赔偿腾讯公司 480 万元及合理费用 16 万元，优视公司则不存在侵权行为。阳光文化公司不服一审判决，提出上诉。二审法院驳回上诉，维持原判。

关键词

游戏画面；类电作品；信息网络传播权；不正当竞争

争议焦点

1. 《王者荣耀》游戏整体画面是否构成作品，如构成作品，属于何种作品？
2. 阳光文化公司是否侵害了原告对于《王者荣耀》游戏整体画面的信息网络传播权？
3. 优视公司是否侵害了原告对于《王者荣耀》游戏整体画面的信息网络传播权，是否构成不正当竞争？

裁判观点

1. 《王者荣耀》运行过程中形成的连续画面构成类电作品。

网络游戏由计算机程序、文字、美术、音乐及其他游戏元素共同组成，权利人既可以主张他人侵害网络游戏整体内容的相关权益，也可以主张他人侵害网络游戏特定部分或游戏元素的相关权益。本案中，腾讯公司主张原审被告侵害了案涉游戏运行过程中形成的连续画面所构成类电作品的著作权。

《著作权法实施条例》第 2 条规定，著作权法所称作品，是指文学、艺术和科学领域内具有独创性并能以某种有形形式复制的智力成果；第 4 条第 11 项规定，电影作品和类电作品，是指摄制在一定介质上，由一系列有伴音或者无伴音的画面组成，并且借助适当装置放映或者以其他方式传播的作品。判断游戏运行过程中形成的连续画面是否符合类电作品构成要件，一般综合考虑以下因素：①是否具有独创性；②是否可借助技术设备复制；③是否由有伴音或无伴音的连续动态画面构成；④因人机互动而呈现在游戏画面中的视听表达是否属于游戏预设范围。

案涉游戏《王者荣耀》是一款多人参与的大型在线网络游戏。此类游戏的创作，通常是游戏策划创作人员对游戏背景、主线情节、游戏规则等进行整体设计，美术设计人员对游戏场景、角色形象、动画特效等进行设计，程序员根据游戏需要实现的功能进行具体代码编写。游戏的创作综合了策划、美术、程序、音频等多种岗位的分工合作，与电影创作过程中需综合编剧、导演、摄影、美工、音乐、造型设计等的工作非常类似，是受著作权法保护的多种作品的复合体。案涉游戏《王者荣耀》运行过程中，用户登录后按照游戏的规则进行操作，在终端设备上呈现出"一系列有伴音或者无伴音的画面"组成的连续画面。该连续画面中呈现的游戏背景、战斗主题、场景画面、角色形象、特效、道具、武器、音乐等均由游戏创作者预设，前述内容的取舍、选择、安排、设计均体现了创作者独特的思想个性，具有独创性，且能以某种有形形式复制。

虽然案涉游戏《王者荣耀》的故事情节性较弱，但故事情节并不是类电作品的必要条件。比如《朗德海花园场景》《工厂大门》《火车进站》等早期默片均是日常生活场景片段的再现，没有故事情节，但这并不影响其在电影史上的地位。而部分写实类纪录片也没有明显的故事情节。电影是一门综合视觉与听觉的现代艺术，随着产业技术、行业理念的发展，电影的创作方法及表现手法不断推陈出新，电影类型也日益多样化。由早期的黑白、默片到彩色、有声，由 2D 到 3D，由摄像机拍摄到计算机绘制、合成。而法律规定相对滞后，因此对于电影作品及类电作品的界定不应过于狭窄，应回到"活动影像"（motion picture）这一本源，围绕是否具备"一系列有伴音或者无伴音的画面"这一核心特征进行判定。综上，案涉游戏《王者荣耀》运行过程中形成的连续画面符合前述判断标准，可以认定为类电作品，其著作权应由游戏开发者腾讯公司享有。

2. 阳光文化公司侵害了原告对于《王者荣耀》游戏整体画面的信息网络传播权，既构成直接侵权，又构成间接侵权。

随着技术的发展与商业理念、模式的变化，大型网络公司在经营中往往存在混合经营情况。比如网络购物平台，其既有第三方经营网店，也可能有自营的店铺。而不少门户网站既是内容提供商也是网络服务提供商。网络平台公司可能既构成直接侵权，又构成间接侵权，需要根据具体情况具体分析此时平台公司的身份与法律地位。

本案中，腾讯公司诉称阳光文化公司的侵权行为可以分为两类：其一，阳光文化公司与游戏用户签订《游戏类视频节目合作协议》，游戏用户上传游戏视频，阳光文化公司进行商业推广后与游戏用户共享收益。其二，阳光文化公司在案涉视频平台中的"游戏"专栏下设"王者荣耀"专区，主动推荐大量《王者荣耀》游戏短视频；主动邀请知名用户成为金 V 认证用户，并通过招募"案涉视频游戏达人团"成员的方式鼓励、引诱游戏用户大量上传《王者荣耀》游戏短视频。

根据《著作权法》第 10 条第 1 款第 12 项规定，信息网络传播权，即以有线或者无线方式向公众提供作品，使公众可以在其个人选定的时间和地点获得作品的权利。虽然阳光文化公司不是视频上传者，但是阳光文化公司与游戏用户签订《游戏类视频节目合作协议》约定，一方负责制作视频，一方负责商业运营，双方共享收益。显然，阳光文化公司与上传视频的游戏用户属于以分工合作的方式共同提供案涉视频。此时，阳光文化公司构成直接侵权。

本案中，作为网络服务提供者的阳光文化公司，明知《王者荣耀》游戏是一款现象级的高热度游戏，仍然通过奖金、流量扶持等方式诱导、鼓励网络用户上传《王者荣耀》游戏视频，同时对用户上传的《王者荣耀》游戏视频进行选择、编辑和推荐。作为网络服务提供者，阳光文化公司虽然对平台上的内容没有主动审查义务，但此时其行为已经超出一般网络服务的范畴，属于教唆、帮助行为，构成间接侵权。

此外，腾讯公司确认其针对阳光文化公司的同一被诉侵权行为既主张侵犯了著作权又主张构成不正当竞争。鉴于针对阳光文化公司被诉侵权行为的诉讼主张已经依据著作权法得到支持，故法院对阳光文化公司的同一被诉行为是否构成不正当竞争不再进行审查。

3. 优视公司未侵害了原告对于《王者荣耀》游戏整体画面的信息网络传播权，亦不构成不正当竞争。

优视公司作为应用商店，系信息网络空间服务提供者，为案涉视频的分发平台，其分发行为仅是被动地提供分发服务，并非案涉侵权内容所在应用的开发者、运营者。腾讯公司无证据证明优视公司参与了《王者荣耀》游戏画面的传播，亦无证据证明优视公司因此直接获益，故原审法院认定优视公司未侵害腾讯公司对于《王者荣耀》游戏整体画面的信息网络传播权，亦不构成不正当竞争。

相关法条

《中华人民共和国著作权法》（2020 年修正）第 2 条
《中华人民共和国著作权法实施条例》（2013 年修订）第 2 条

《热血江湖》诉《热血神剑》著作权侵权及不正当竞争纠纷案

近似网络游戏擅自使用竞品游戏视频广告同时构成著作权侵权及不正当竞争

网络游戏作为一种复合型产品，具有交互性、开放性、多样性和不可分割性等特点。基于这些特点，既可以将网络游戏作为整体给予保护，亦可以对其中具有独创性的元素予以拆分保护，如其中包含的美术、文字、音乐、视频等要素，均受到著作权法保护。

本案为同类网络游戏擅自使用竞品游戏视频广告著作权侵权及不正当竞争纠纷典型案例。被告《热血神剑》与原告《热血江湖》名称高度相似，且被告在游戏下载广告页面中使用原告视频为自己的游戏宣传推广，一方面侵犯了原告的著作权，另一方面也构成不正当竞争行为。

案例来源

（2021）京 73 民终 4446 号

案情简介

原告北京中清龙图网络技术有限公司（本部分简称"中清龙图公司"）系《热血江湖》游戏（本部分简称"案涉游戏"）运营方，同时其对"《热血江湖》手游投放视频""《热血江湖》手游广告视频—照片扫脸匹配角色""《热血江湖》手游投放视频—火龙刀""《热血江湖》手游投放视频—月卡改成一块""《热血江湖》手游广告视频—热江战斗激爽战斗"5条宣传推广视频（本部分简称"案涉视频"）享有著作权。被告广州四三九九信息科技有限公司（本部分简称"四三九九公司"）、厦门纯游互动科技有限公司（本部分简称"纯游公司"）为游戏《热血神剑》的著作权人和运营方。四三九九公司、纯游公司在案涉平台使用案涉侵权视频对其开发的《热血神剑》游戏进行宣传推广。其中案涉侵权视频一、二、三、五系四三九九公司投放，案涉侵权视频四系广州爱游之城信息科技有限公司（本部分简称"爱游之城公司"，《热血神创》游戏另一运营方）为推广该游戏所投放。

原告中清龙图公司主张，被告四三九九公司、纯游公司擅自在Android版和iOS版"抖音短视频""今日头条"平台（本部分简称"案涉平台"）使用案涉视频对其开发、经营的《热血神剑》游戏进行宣传推广的行为，侵害了中清龙图公司就案涉视频享有的著作权，同时还违反了《反不正当竞争法》第2条及第6条第4项的规定，构成不正当竞争，应承担相应的法律责任。原告遂向一审法院提出诉讼请求：①判令四三九九公司、纯游公司在《法制日报》（现《法治日报》）、《中国青年报》、《人民法院报》第1版显著位置及4399sy.com网站首页显著位置连续30日刊登声明，为中清龙图公司消除影响；②判令四三九九公司、纯游公司共同赔偿中清龙图公司经济损失489万元和合理开支11万元（含公证费1万元、律师费10万元）。

一审法院认为侵权视频构成对中清龙图公司著作权侵害，同时构成不正当竞争，判令四三九九公司、纯游公司共同在四三九九公司官方网站（4399sy.com）首页显著位置持续10日发布声明，就案涉侵害著作权和不正当竞争行为为中清龙图公司消除影响。四三九九公司、纯游公司就被诉侵权视频一、二、三、五侵害中清龙图公司著作权及不正当竞争行为向中清龙图公司赔偿10万元及合理开支2万元，纯游公司就被诉侵权视频四侵害中清龙图公司著作权及不正当竞争行为向中清龙图公司赔偿4万元。被告不服，提出上诉。二审法院驳回上诉，维持原判。

关键词

网络游戏；游戏视频广告；著作权；不正当竞争

争议焦点

1. 案涉视频是否构成作品以及中清龙图公司是否对案涉视频均享有著作权？

2. 被诉行为是否侵害案涉视频的信息网络传播权？是否构成不正当竞争？

3. 如被诉行为构成著作权侵权或不正当竞争，四三九九公司、纯游公司应承担何种法律责任？

1. 案涉视频构成作品，中清龙图公司对案涉视频享有著作权。

本案中，结合案涉视频的形式、内容，案涉视频的创作原始素材，著作权、肖像权授权证书，案涉视频的著作权登记证书，案涉视频的发布记录，案涉视频结尾显示的"热血江湖手游"字样，以及中清龙图公司系案涉游戏运营商等事实，在无相反证据的情况下，可以认定案涉视频构成作品，中清龙图公司对案涉视频享有著作权，有权就侵害案涉视频著作权的行为提起诉讼。

2. 被诉行为侵害案涉视频的信息网络传播权，并构成不正当竞争。

（1）被诉行为侵害案涉视频的信息网络传播权。《著作权法》第 10 条第 1 款第 12 项规定，信息网络传播权，即以有线或者无线方式向公众提供作品，使公众可以在其个人选定的时间和地点获得作品的权利。本案中，根据在案证据显示，被诉侵权视频系使用于《热血神剑》游戏在案涉平台中的信息流广告中。虽信息流广告系由平台根据广告投放主体的需求，在特定的期间内，基于个性化算法向用户进行的精准投放，但此类广告系由广告主自行制作、上传信息流视频并通过平台申请发布，即广告主对其发布的内容、时间等均具有掌控能力，也能实际决定其信息流广告的具体展示期间；此外，即使并非所有案涉平台用户均能浏览到特定信息流广告，但对于特定范围的用户而言，其亦可在该特定期间内，随时随地接收案涉信息流广告从而获得被诉侵权视频，或选择跳过信息流广告而不观看被诉侵权视频，亦即对于该部分用户而言，其可在该特定期间内，根据其选定的时间和地点获取案涉视频；因此，被诉行为属于信息网络传播权调整的范围。

（2）被诉行为构成不正当竞争。首先，案涉游戏和《热血神剑》游戏均属于网络游戏，游戏名称近似，且用户群体高度重合；其次，案涉视频中存在大量来自案涉游戏的画面、任务角色和游戏装备，且视频内容中明确提及案涉游戏，部分视频片尾亦出现案涉游戏 Logo，即案涉视频与案涉游戏之间建立了指向性关系。因此，在《热血神剑》的游戏下载广告页面中使用案涉视频用于游戏的宣传推广，易使消费者对两款游戏的来源产生混淆误认，或误以为《热血神剑》游戏与中清龙图公司运营的案涉游戏存在特定联系，违反了《反不正当竞争法》第 6 条第 4 项，构成不正当竞争行为。此外，因本案已适用《反不正当竞争法》第 6 条对被诉行为进行评判，故对中清龙图公司主张被诉行为同时违反该法第 2 条的诉讼请求，法院不再支持。

3. 四三九九公司、纯游公司应承担消除影响、赔偿损失的法律责任。

关于二被告的责任分配。法院指出，首先，被诉侵权视频一、二、三、五均为《热血神剑》游戏运营方四三九九公司为推广该游戏所投放，而纯游公司系该游戏著作权人，故四三九九公司、纯游公司均系该部分案涉推广行为的获益者；其次，虽然《热血神剑》游戏开发商系厦门游戏之家科技有限公司，但该公司系纯游公司全资子公司，在无相反证据的情况下，两公司对《热血神剑》游戏及其运营收益应存在密切联系；最后，被诉侵权视频四投放主体系爱游之城公司，纯游公司认可其授权爱游之城公司同时运营《热血神剑》游戏，故该视频的推广获益对象为爱游之城公司和纯游公司。因此，二审法院认为，四三九九公司、纯游公司应当就被诉侵权视频一、二、三、五承担共同责任，而纯游公司还应当就被诉侵权视频四承担法律责任。

关于消除影响。因被诉侵权视频使用于《热血神剑》游戏的广告中导致相关消费者混淆，必然对中清龙图公司造成一定的负面影响，故一审法院对中清龙图公司该项诉讼请求予以支持。二审法院对此予以确认。

关于赔偿损失。由于中清龙图公司未举证其因被诉行为产生的实际损失或四三九九公司、纯游公司由此获得的非法获利，一审法院结合如下因素酌定四三九九公司、纯游公司应予赔偿的数额：其一，案涉游戏经中清龙图公司长期宣传推广，具有一定知名度和影响力；其二，案涉视频系中清龙图公司为宣传推广案涉游戏专门创作，给用户留下较为深刻的观影印象；其三，四三九九公司、纯游公司将被诉侵权视频用于其游戏的广告投放中；其四，被诉侵权视频与案涉视频完全一致或几乎一致，其利用案涉游戏的知名度吸引玩家下载《热血神剑》游戏的意图明显，具有明显的主观恶意；其五，被诉侵权视频在 Android 版和 iOS 版案涉平台进行投放，且根据在案证据，在一年内就同一视频进行多次投放；其六，案涉视频时长较短，且独创性有限；其七，现有证据未证明被诉侵权视频在案涉平台中投放的持续时间较长。综合考虑前述因素，一审法院酌定四三九九公司、纯游公司就被诉侵权视频一、二、三、五侵害中清龙图公司著作权及不正当竞争行为向中清龙图公司赔偿 10 万，纯游公司就被诉侵权视频四侵害中清龙图公司著作权及不正当竞争行为向中清龙图公司赔偿 4 万元。中清龙图公司关于经济损失的主张过高，一审法院不予全部支持。关于中清龙图公司为本案所付开支中的合理部分，虽未提交相应票据，鉴于确有代理人参与诉讼，故四三九九公司、纯游公司应当一并进行赔偿。二审法院对赔偿数额予以确认。

相关法条

《中华人民共和国著作权法》(2020 年修正) 第 10 条
《中华人民共和国反不正当竞争法》(2019 年修正) 第 6 条

《大话西游》《梦幻西游》著作权侵权及不正当竞争纠纷案

网络游戏的独创性可以依据不同类型的作品构成要件对其所设计的若干元素分别进行评价和保护

《大话西游》《梦幻西游》这两款游戏是许多"00 后"及"90 后"的童年回忆，其以《西游记》为剧情背景，设定了不同的人物以及技能，通过任务触发、NPC 指引以及场景变幻等方式推动情节走向，曾在年轻群体中风靡一时。但与此同时，这两款游戏的热度也给其招致了抄袭隐患，某些游戏公司存在抄袭其剧情设定、美术作品、文字作品等要素并加以私自使用的现象。本案即为《大话西游》手游、《梦幻西游》手游诉《西游女儿国》手游著作权侵权纠纷案，属于"换皮"游戏案件中美术、文字作品著作权侵权及不正当竞争纠纷典型案例。此案件的独特之处在于，在原告并未将案涉手游作为一个整体即视听作品主张保护时，法院也没有径直将该游戏作为视听作品予以认定，而是将案涉游戏中的各个单独元素——美术作品、文字作品等分别作为对象进行检验、判断和保护。

案例来源

（2020）粤 73 民终 805 号

案情简介

原告杭州网易雷火科技有限公司（本部分简称"网易雷火公司"）为《梦幻西游》手游和《大话西游》手游的运营方，并已通过签订《独占许可协议》的方式从两游戏软件的开发者、原始著作权人网易（杭州）网络有限公司（本部分简称"网易杭州公司"）处取得《梦幻西游》手游和《大话西游》手游的游戏软件及所属美术资源及文字作品等全部著作权中的著作财产权，并有权以自己的名义对侵权行为采取法律行动并获得相应赔偿等。

被告广州尚游网络科技有限公司（本部分简称"尚游公司"）系《西游女儿国》手游的研发者、原始著作权人；被告上海游族信息技术有限公司（本部分简称"游族公司"）系经尚游公司授权的《西游女儿国》手游的发行方和运营者。

原告网易雷火公司主张，两被告开发、运营的《西游女儿国》手游抄袭了原告运营的《梦幻西游》手游中的 37 幅美术作品和 88 条文字作品，侵犯了原告对这些作品享有的复制权和信息网络传播权。此外，二被告还实施了针对原告的不正当竞争行为，具体包括：一是在被告开发、运营的《西游女儿国》手游中整体抄袭《梦幻西游》手游的游戏设计与核心玩法，违反了诚实信用原则；二是在搜索引擎网站设置足以使用户对《大话西游》手游、《梦幻西游》手游和《西游女儿国》手游产生误认、混淆的关键词推广链接，客观上增加了《西游女儿国》手游的获利机会，并减少了《梦幻西游》手游、《大话西游》手游的交易机会，损害了网易雷火公司的竞争利益。网易雷火公司遂向一审法院提出诉讼请求：一是判令尚游公司、游族公司立即停止对网易雷火公司知名游戏《梦幻西游》手游所述美术作品及文字作品的著作权侵权行为（立即停止对网易雷火公司游戏所述美术作品和文字作品的复制及信息网络传播行为，立即删除《西游女儿国》手游及官网中的上述全部侵权内容）；二是判令尚游公司、游族公司立即停止对网易雷火公司的不正当竞争行为（包括立即停止使用与《梦幻西游》手游和《大话西游》手游相同或近似的商品特有名称，停止使用"大话西游手游""梦幻手游""梦幻西游手游""大话手游""梦幻西游游戏""大话西游游戏"作为推广关键字；停止对《梦幻西游》手游核心元素的整体抄袭行为，删除上述全部侵权内容并停止运营《西游女儿国》手游）；三是判令尚游公司、游族公司赔偿网易雷火公司经济损失及公证费用的维权支出共计 2000 万元；四是判令尚游公司、游族公司连续 10 天在游族公司官网（www.youzu.com）、尚游公司官网（www.nomoga.com）及《西游女儿国》游戏官网（xxy.youzu.com）首页醒目位置刊登声明，以消除侵权及不正当竞争行为给网易雷火公司带来的不利影响。

一审法院认为：《西游女儿国》相关美术作品、文字作品侵害了网易雷火公司享有的复制权、信息网络传播权。尚游公司、游族公司的行为构成著作权侵权，另，游族公司设置的关键词推广链接同时构成不正当竞争。故判令被告两公司停止侵权行为，就其著作权侵权行为连带赔偿网易雷火公司 82 万元，游族公司就其不正当竞争侵权行为赔偿 401 万元。原被告均不服，提出上诉。二审法院认为一审法院认定事实基本清楚，实体处理适当，予以维持；关于法律适用问题，本案应当适用 2019 年修正的《反不正当竞争法》，二审法院予以纠正。

关键词

手机游戏；美术作品；文字作品；著作权

争议焦点

1. 网易雷火公司主张权利的美术作品能否获得著作权法的保护？
2. 网易雷火公司主张权利的文字作品能否获得著作权法的保护？
3. 被告的被诉行为是否构成不正当竞争？

裁判观点

1. 网易雷火公司主张权利的美术作品受著作权法保护。

首先，关于网易雷火公司是否为本案适格原告。根据在案证据显示，网易雷火公司已从网易杭州公司处获得独占许可，获得了包括《梦幻西游》手游、《大话西游》手游在内的游戏软件及其所属美术资源及文字作品等全部著作权中的财产权。因此，有权以自己的名义提起本案诉讼，系本案适格原告。

其次，关于案涉游戏中的美术作品的认定及权属。根据《著作权法实施条例》第 4 条的规定，美术作品是指绘画、书法、雕塑等以线条、色彩或者其他方式构成的有审美意义的平面或者立体的造型艺术作品。本案中，网易雷火公司主张权利的 37 幅美术作品虽有部分基于自然现象、生活用品或真实动物形象，但其并非对其简单临摹，而是通过对线条、色彩的独特选择，形成整体统一的、较为可爱的风格，具备美术作品要求的独创性，构成著作权法保护的作品。同时，尽管部分案涉美术作品与在《梦幻西游》端游中出现的对应作品表现了相同的主题，但在表现手法和创作细节上仍有明显差异，故《梦幻西游》端游中的在先表达并不影响网易雷火公司就该部分案涉美术作品主张权利。

最后，关于《西游女儿国》手游与《梦幻西游》手游的游戏技能图标之间是否构成实质性相似。经一审法院逐一比对审查，认定《西游女儿国》中的 6 个图标分别与网易雷火公司主张权利的 6 幅美术作品在线条、画面构成、元素构成等方面实质性相似，上述认定具有事实依据，二审法院对此予以维持。

2. 网易雷火公司主张权利的文字作品受著作权法保护。

首先，如前所述，网易雷火公司经网易杭州公司授权，已获得《梦幻西游》手游游戏软件中文字作品的著作财产权，有权以自己的名义提起诉讼。

其次，关于案涉游戏中的文字作品的认定与权属。根据《著作权法实施条例》第 4 条的规定，文字作品是指小说、诗词、散文、论文等以文字形式表现的作品。本案中，网易雷火公司主张权利的文字作品系对《梦幻西游》手游的部分宠物资质和属性、宠物和伙伴技能法术等的描述。虽然上述案涉文字就单个来看往往难以达到著作权法所要求的独创性，但是从整体来看，案涉文字通过创作者个性化的设计、编排、选取，将原不相干的内容整合成逻辑自洽，形成适用于部分游戏内容的一个整体，具备文字作品应具有的独创性，属于著作权法保护的作品。同时，尽管部分案涉文字作品在《梦幻西游》端游中已有基本一致的在先表达，但是考虑到《梦幻西游》手游系由《梦幻西游》端游改编而来，并且《梦幻西游》端游的著作权人广州网易计算机系统软件公司于二审期间出具声明，对网易雷火公司于本案中主张上述文字作品著作权利予以认可，因此《梦幻西游》端游中的在先表达并不影响网易雷火公司就部分案涉文字作品主张权利。

最后，关于《西游女儿国》手游与《梦幻西游》手游的游戏文字描述之间是否构成实质性相似。经一审法院逐一比对审查，认定《梦幻西游》手游中共有 50 个文字作品与《西游女儿国》手游中相应文字描述实质性相似，上述认定具有事实依据，二审法院对此予以维持。

综上所述，尚游公司作为《西游女儿国》手游的开发者、原始著作权人，在未经合法授权的情况下使用了《梦幻西游》手游中的美术作品、文字作品，并授权游族公司在运营过程中通过信息网络向公众提供上述作品，尚游公司、游族公司的行为侵害了网易雷火公司就案涉作品享有的复制权和信息网络传播权，依法应当承担停止侵权、赔偿损失的侵权责任。

3. 被告使用《梦幻西游》手游、《大话西游》手游相同或近似的商品名称作为推广关键字的行为构成不正当竞争。

由于本案中，原告主张被告分别实施了两个不正当竞争行为，法院对此分别论述如下：

（1）关于被告使用《梦幻西游》手游、《大话西游》手游相同或近似的商品名称作为推广关键字的行为。本案一审法院认为，鉴于《梦幻西游》手游、《大话西游》游戏在手游行业内的知名度，游族公司在运营游戏《西游女儿国》手游时理应合理避让，但其设置的关键词（包括与"梦幻西游""大话西游"相同或近似的"大话西游手游""梦幻西游手游""梦幻西游游戏""大话西游游戏""梦幻手游""大话手游"）在客观上起到了混淆被诉侵权游戏与权利游戏之间关系的效果，并导致相关公众在百度搜索引擎中搜索游戏名称时找到推介、宣传《西游女儿国》手游的网站链接，进而误导相关公众进入《西游女儿国》游戏网站，可能使相关公众误认为侵权游戏与权利游戏存在某种联系，从而增加了下载、注册、运行《西游女儿国》手游并从中获利的机会，减少了权利游戏手游的交易机会，损害了网易雷火公司的交易机会，构成不正当竞争行为。二审法院对此予以确认。

（2）关于被告抄袭《梦幻西游》手游游戏核心元素（玩法设计）的行为。对此法院认为：一方面，经逐一比对原告主张的 257 处游戏核心元素与《西游女儿国》手游中的对应游戏元素可知，如人物设计、帮派设计、宠物设计、装备设计等大多属于回合制游戏的通用设定，同时二游戏都以《西游记》作为剧情背景，因此不宜据此认定《西游女儿国》手游抄袭《梦幻西游》手游该部分的元素设计。此外，尽管二游戏在玩法设计方面有所相似，但是在剧情设定、人物形象、游戏画面、技能法术设置等方面均有所区别，二者的相似性还不足以达到使人产生混淆的程度，故二审法院对原告认为被告抄袭上述游戏元素的主张不予支持。另一方面，鉴于上述被诉行为不属于我国《反不正当竞争法》第二章列举的类型化不正当竞争行为，故可以适用《反不正当竞争法》第 2 条对被诉行为进行调整。即便如此，本案现有证据亦尚不足以证明被诉行为具有不正当性，或违反网游行业的商业道德，或损害原告游戏的竞争优势，或损害市场竞争机制。因此，一审法院认定上述被诉行为未超出游戏行业竞争者之间正当的借鉴和模仿并无不当，二审法院予以维持。

相关法条

《中华人民共和国著作权法》（2020 年修正）第 3 条、第 10 条

《中华人民共和国反不正当竞争法》（2019 年修正）第 2 条、第 6 条

《中华人民共和国著作权法实施条例》（2013 年修订）第 4 条

第三节　游戏直播平台与主播

斗鱼"炉石传说"解说不正当竞争纠纷案

平台恶意"挖走"合约期内主播构成不正当竞争

游戏直播行业的快速发展，催生了大量专注于游戏解说的主播。而头部游戏主播具有较强的平台引流作用，是平台吸引观众获得流量的核心资源，甚至可能是直播平台的生存基础。因此各大直播平台往往通过与大量头部主播签约，以确保平台的竞争优势。因此，网络直播行业的竞争，实际上就是对平台主播资源的竞争。恶意使用他人签约主播，实质上就是直接攫取他人的竞争果实——不仅包括平台花费大量"人财物"所培养的优质主播资源，也包括了平台通过激烈竞争和长期经营所积累的观众及流量。本案诉诸反不正当竞争法作为维权途径，可为相关平台公司提供维权思路。

案例来源

（2017）鄂 01 民终 4950 号

案情简介

2015 年 9 月 1 日，朱某和原告武汉鱼趣网络科技有限公司（本部分简称"鱼趣公司"）签订《游戏解说合作协议》，约定 2015 年 9 月 1 日至 2020 年 8 月 31 日期间，朱某在"斗鱼 TV"平台进行"炉石传说"游戏解说，游戏解说视频、音频的各项权利、权益（包括但不限于著作权、商标权等知识产权）自产生之日起即属于鱼趣公司独家所有。此后朱某在"斗鱼 TV"的"炉石传说"直播受到广大网民的喜爱，一跃成为"百万主播"。

2016 年 5 月，鱼趣公司发现朱某在"斗鱼 TV"之外的直播平台"全民 TV"进行游戏解说，上海炫魔网络科技有限公司（本部分简称"炫魔公司"）和上海脉淼信息科技有限公司（本部分简称"脉淼公司"）是该游戏平台的共同经营者。鱼趣公司认为，被告炫魔公司和脉淼公司侵犯了其对朱某游戏解说享有的著作权，同时该行为构成不正当竞争，故诉至法院要求停止侵权，赔偿损失。

一审法院认定鱼趣公司对朱某在双方合约期内在"斗鱼 TV"平台进行游戏解说产生的作品享有著作权，不过，由于没有证据证明"全民 TV"平台播放了朱某在"斗鱼 TV"平台解说游戏的视频、音频，因此鱼趣公司关于炫魔公司、脉淼公司侵犯鱼趣公司著作权的主张不能成立。但是炫魔公司、脉淼公司恶意"挖角"知名主播到自己平台的行为构成

不正当竞争。因此，一审法院判决被告两公司和朱某连带承担 90 万元的赔偿；原被告不服均上诉。二审法院对原审著作权部分不予认定，对被告的行为构成不正当竞争进行了确定。

关键词

网络游戏直播；游戏解说；游戏画面；口述作品；著作权；不正当竞争

争议焦点

1. 朱某"炉石传说"游戏解说视频、音频是否构成作品？
2. 鱼趣公司对朱某在不同平台游戏解说视频、音频是否享有著作权？
3. 炫魔公司、脉淼公司的行为是否构成不正当竞争？

裁判观点

1. 朱某"炉石传说"游戏解说视频、音频不构成作品。

游戏解说主要为口头表达，视频、音频整体上是由系列有伴音的画面组成，在技术层面上符合口述作品以及类电作品之形式要求；但能否构成口述作品以及类电作品，还需要对独创性进行判定。由于网络游戏主播个人录制的游戏视频、音频，核心部分为游戏画面和主播解说，再由平台系统录制通过网络传播，录制本身并无太多个性化选择。独创性评判的核心对象即为游戏操作形成的动态画面及主播之解说：

（1）关于游戏操作形成的案涉动态画面。网络游戏作品系由计算机程序以及可被调用的其他游戏内容（以代码形式存在的各种文字、音乐、美术、影视作品及素材等）构成。网络游戏画面，实质上是根据玩家的操作或游戏程序的自主运行，由计算机执行代码化指令序列调用游戏内容，形成的不断变化的连续画面。不可否认，玩家对游戏动态画面的形成具有一定贡献，但该贡献能否构成著作权法意义上的创作，还需判定该动态画面是否为区别于网络游戏作品本身的新作品，若其仅系游戏作品本身预设画面的一种展现，则并不具备可版权性。游戏类型及游戏操作中所预留的创作空间系重要考虑因素。

具体到本案，"炉石传说"系一款策略类卡牌游戏，玩家通过不同的卡牌组合及使用，使对手游戏生命值减少直至归零，从而获得游戏胜利，系竞技类游戏。对于玩家操作游戏形成的动态画面是否具有独创性，能否构成作品，法院认为：其一，玩家虽有既定规则内的选择，但其选择仍然是网络游戏作品开发时所预设的各种可能性方案的实现，并未给作品添加新的表达，或形成区别于原作品的新作品；其二，玩家的选择是基于实用或效率性赢得比赛的选择，而非基于美学或表达性目的所作的个性化选择，展现的也是玩家游戏技巧的高低，而非独创性的表达；其三，该游戏可为人机对战或不同玩家联网对战，游戏画面的形成一般并无剧本之类的事先设计，比赛过程具有随机性，结果具有不确定性，并非单一玩家可控制；其四，著作权的保护仅延伸至表达方式，而不延伸至思想、程序、操作方法或数学概念本身，玩家的技巧和策略既不属于表达范畴，也不宜由玩家垄断；其五，如前所述，"炉石传说"对战时展现的游戏画面并非单一玩家操作所形成，因此，若形成新作品，著作权的归属及其权利分配、行使也存在障碍，而类似案件审理时，可能也将面临需频繁追加未知原告的尴尬局面。

综上，案涉游戏的操作过程，仅为对游戏策略和技巧高低的展现，而非创作作品的行为。

（2）关于案涉游戏解说。法院认为：一方面，游戏主播的解说，有构成作品的可能性。游戏主播的解说形式，通常是边操作游戏边进行解说，包括对网络游戏的介绍、游戏技巧、策略的讲解以及对进行中游戏的分析等，为吸引观众，主播通常还会与观众互动，以及讲述趣味性的话题。解说系主播的即兴口头表达，通常结合了个人游戏及生活经验和感悟，会在一定程度上体现主播之个性和解说风格，从而吸引不同的观众。解说风格和精彩程度之不同，也往往直接影响观众数量的高低。由此，在特定情形时，解说可能符合独创性的要求从而构成作品。但另一方面，游戏主播的解说，并非在任何情形下均直接构成作品，仍需具备一定程度的独创性。口头表达不等于口述作品，如果表达过于简单、简短或为生活中长期重复的表达，则不符合独创性的要求，不能成为作品。

综上，游戏解说具备构成作品的可能性，但应根据具体解说内容进行个案判定。然而，本案中，鱼趣公司并未提交诉争的特定解说及展示具体解说内容，从而无法判定其解说是否符合独创性要求，以及是否构成作品。

2. 鱼趣公司对朱某在不同平台的游戏解说视频、音频均不享有著作权。

（1）关于朱某在"斗鱼TV"平台的游戏解说。著作权为法定权利，解说要构成作品必须符合法定要件，合同约定并不足以使所有解说直接上升为受著作权法保护之作品。本案中，鱼趣公司并未提交具体解说内容，缺乏判定朱某在"斗鱼TV"平台"炉石传说"游戏解说是否构成作品的事实基础。

（2）关于朱某在"全民TV"平台或其他平台的游戏解说。法院认为：其一，鱼趣公司明确，其主张的朱某游戏解说作品为基于雇佣关系的职务作品。根据双方合同约定，鱼趣公司委派了朱某在"斗鱼TV"平台进行解说，合同中的协议游戏解说视频、音频应是指在"斗鱼TV"平台上进行解说的视频、音频；鱼趣公司从未委派朱某到"全民TV"平台或其他平台工作，因而不能将约定权利归属之作品范围扩展至上述直播平台。其二，合同具有相对性，虽然鱼趣公司和朱某有权约定作品的权利归属，甚至于约定朱某自行录制的解说作品的权利归属，但无权以双方的合同限制第三人利益或为第三人设定义务，本案中，朱某在"全民TV"平台进行的解说，仅有朱某基于"全民TV"平台上的操作系统进行直播并由系统自行录制完成的，在炫魔公司、脉淼公司未参加并同意的情形下，即便合同约定朱某在"全民TV"进行解说产生的权利归鱼趣公司，也不应直接对炫魔公司、脉淼公司产生效力。

综上，法院认定，鱼趣公司对朱某在所有直播平台的游戏解说视频、音频均不享有著作权。

3. 炫魔公司、脉淼公司的行为构成不正当竞争。

市场竞争是一种争夺市场机会的行为，正是由于市场机会和经营资源的稀缺性，才有竞争的必要。竞争必有损害，正当竞争的损害是被允许的，法律旨在使竞争者免受不正当竞争之害。对于是否属于不正当竞争行为，应从四点认定：

（1）对行业效率的影响。竞争者的竞争行为，应当促进行业发展，而不得通过损害他人、扭曲竞争秩序来提升自己的竞争能力。网络直播行业中，特别是"炉石传说"等游戏直播，因其系基于特定游戏平台进行，录制和传播方式大同小异，平台的更换并不会带来实质的改变和提升，观众的用户体验和选择机会并不会增加。炫魔公司、脉淼公司也并未举证证明朱某更换至"全民 TV"平台将带来积极影响。

（2）对竞争对手的损害程度。传统行业中的"挖角"和"跳槽"行为，将通过影响企业产品和服务的品质而最终降低企业竞争力，导致客户流失。相比而言，主播资源是企业的竞争资源，也是企业的竞争成果，主播的流失将直接导致观众的流失。本案中，案涉主播为鱼趣公司自行培养，鱼趣公司对该主播资源的获取付出了巨大的劳动。在该种情形下，炫魔公司、脉淼公司擅自使用主播的行为实质上是直接取代了鱼趣公司本应拥有的竞争优势，造成了实质性的损害。

（3）对竞争秩序及行业发展的影响。在正常的产业生态下，平台培养主播，通过线上线下活动提升观众与主播及平台的黏性，竞争的着力点在于做大市场、活跃市场。而炫魔公司、脉淼公司直接使用他人培养并独家签约的知名主播资源的行为，若得到认可，将会改变产业生态和竞争秩序。如果不加节制地允许市场主体任意使用他人通过巨大投入所培养的主播，以及放任主播的随意更换平台，竞争主体将着力于直接攫取主播资源及其所附带的观众和流量，而不再对优质主播资源的培养和产生进行投入，又或者哄抬主播身份，增加行业的负担和成本，而鉴于主播资源系直播平台的生存资源，被损害者要么成为牺牲品，要么不得不参与"挖角"与"被挖角"的恶性循环式竞争，最终导致无序及无效竞争，以及整个行业的发展放缓。

（4）对消费者福利的影响。如前所述，主播平台的更换并不会增加消费者的选择，反而是若主播的培养者和资源投入者的利益不能得到保护，无序竞争的放任，将可能导致投入的减少和行业发展的减缓，消费者的利益最终将受到损害。

因此，炫魔公司、脉淼公司的行为损害了鱼趣公司的利益，违反了行业公认的商业道德，构成不正当竞争。

相关法条

《中华人民共和国著作权法》（2020 年修正）第 2 条
《中华人民共和国反不正当竞争法》（2019 年修正）第 2 条

游戏主播"圣光"跳槽"虎牙"不正当竞争纠纷案

主播跳槽违反与原平台约定的竞业限制，主播与第三方平台均不构成不正当竞争

游戏主播是平台的核心竞争优势，各大平台为了提升自身的竞争优势往往给予跳槽主播丰厚的报酬以高薪"挖角"，因此主播违约跳槽的情形时有发生，主播和原平台对簿公堂的案件也随之涌现。主播和原平台之间往往存在着不得在其他平台直播的约定，此时诉诸合同法规定是原平台寻求救济的基本途径。在合同法规定之外，跳槽主播和第三方平台的行为能否适用反不正当竞争法予以规制，是司法实践中的难点问题。主播违约跳槽是否是一种不正当竞争行为以及第三方平台在知情情况下高薪"挖走"原平台的主播资源行为是否可以适用《反不正当竞争法》第 2 条予以规制，都需要法院在个案中予以回应。前述

"炉石传说案"与本案都对反不正当竞争法的适用应秉持审慎、谦抑的原则予以认可，也都查明竞争行为损害了经营者权益，但在"挖角"行为是否违反商业道德以及反不正当竞争法介入是否有必要的问题上存在分歧，最终得出了截然不同的结论。

作为首例主播跳槽纠纷中主播与第三方平台方均被认定为不构成不正当竞争的案件，本案明确了直播行业市场以"自由竞争"为原则，以"反不正当竞争的规制"为例外的司法意见。同时，判决考虑到各方利益的平衡以及救济手段，分析了个人道德与商业伦理的区别，强调了反不正当竞争法适用应该秉持的"审慎、谦抑"原则，重申了自由市场充分竞争的价值，具有典型意义。

案例来源

（2020）浙民终 515 号

案情简介

"触手"平台系杭州开迅科技有限公司（本部分简称"开迅公司"）运营的在线游戏解说平台。2015 年 8 月开始，李某陆续与开迅公司指定的经纪公司上海伊恬文化传播中心（本部分简称"伊恬中心"）等签订主播独家合作协议，约定经纪公司指派李某在"触手"平台进行独家游戏解说，不得为其他平台提供服务，李某的推广用名为"圣光"。

2018 年 9 月 1 日，在前述合同的有效期内，李某以"触手圣光转虎牙"为昵称在"虎牙"平台进行直播首秀。此时，李某已与广州虎牙信息科技有限公司（本部分简称"虎牙公司"）签订合同，并收取首付款 45 万元，但未将相关情况通知开迅公司。开迅公司接到通知后对李某的账号进行了临时封禁。同月 3 日，李某又重新和伊恬中心签订《签约主播独家合作协议》，回归"触手"平台重启独家直播解说。

2019 年 3 月 1 日，李某在"触手"平台直播 267 分钟后，又于当晚 6 时转至"虎牙"平台进行直播首秀，开迅公司接到伊恬中心通知后对李某的账号进行了封禁。李某后续仍使用原"圣光"昵称及原头像在"虎牙"平台上进行直播。

开迅公司认为虎牙公司有意使用其培育的主播，利用主播与用户的黏性，通过使用相同昵称、头像等影响力因素，与李某共同实施了窃取用户及流量的行为，构成不正当竞争，遂向法院提起诉讼，要求李某、虎牙公司赔偿损失 1319.5 万元及合理维权费用 20 万元。

一审法院经审理后认为李某和虎牙公司的行为均不构成不正当竞争，判决驳回原告开迅公司的诉讼请求。原告开迅公司提起上诉，二审法院经审理后认为一审判决认定事实清楚，适用法律正确，应予维持，驳回上诉，维持原判。

关键词

游戏主播；主播跳槽；竞业限制；不正当竞争

争议焦点

1. 《反不正当竞争法》能否适用于本案？
2. 如能够适用，李某、虎牙公司的行为是否构成不正当竞争？

1.《反不正当竞争法》能够适用于本案。

本案同时涉及主播与直播平台之间的法律关系以及直播平台之间的法律关系，是否适用《反不正当竞争法》的问题首先应当区分不同的法律关系分别进行分析。

（1）关于原告开迅公司和被告李某之间。开迅公司主张的李某的不正当竞争行为可分为两类：一是与虎牙公司的签约行为、收取预付款的行为及在"虎牙"平台上进行直播的行为；二是通过原昵称、头像等用户导流行为。对于第一类行为，均系李某违反合同约定的竞业限制义务，在合同履行期内与和开迅公司具有竞争关系的虎牙公司进行签约、履约的相关行为，上述行为均可通过合同约定和相关的法律规定进行规制；对于第二类行为，开迅公司、伊恬中心对原昵称、头像并不享有著作权，而是通过合同约定享有相关权益，亦属于可由合同法进行规制的行为。上述被诉侵权行为均可能涉及对合同义务的违反，但并未损害公共政策所保护的其他利益，如在合同约定的违约责任之外，另行要求李某承担其他侵权责任，亦超出了其在合同订立时可合理预见到的损失。因此，法院认为，对于开迅公司与李某之间的法律关系，不应再适用《反不正当竞争法》进行调整。

（2）关于直播平台之间。开迅公司、虎牙公司之间并不存在合同法律关系，显然不能通过合同法进行调整。反不正当竞争法调整的是经营者之间的市场竞争行为，市场竞争行为是一种争夺交易机会或谋取竞争优势的行为，互联网领域的市场竞争行为更是对用户注意力和流量的竞争。开迅公司、虎牙公司均为游戏直播平台的经营者，两者具有同业竞争关系。李某作为"触手"平台签约多年的游戏主播，系具有一定知名度和影响力的头部主播。根据上海艾媒市场咨询股份有限公司和广州艾媒数聚信息咨询股份有限公司的研究报告，主播作为直播内容生产和呈现的载体，是直播平台的核心竞争力，尤其头部游戏主播具有较强的平台引流作用，是平台的主要收入支撑。虎牙公司使用李某从事主播业务等被诉侵权行为，目的在于吸引相关用户选择"虎牙"平台收看直播，以获取现实或潜在的商业利益，同时也会导致"触手"平台的用户、流量在一定程度上的流失，从而对开迅公司的竞争优势和商业利益造成损失，两者存在着对于用户群体及相应商业机会、竞争优势的争夺。故虎牙公司的行为属于市场竞争行为，开迅公司有权依据《反不正当竞争法》来主张相应的合法权益。

2. 李某、虎牙公司的行为不构成不正当竞争。

（1）关于李某案涉被诉行为。鉴于开迅公司与李某之间的法律关系不应适用《反不正当竞争法》进行调整，故李某案涉被诉行为不构成不正当竞争。

（2）关于虎牙公司案涉被诉行为。对虎牙公司实施的案涉被诉行为是否构成不正当竞争，应视其是否有违诚信原则和商业道德，是否扰乱了正常的市场竞争秩序，是否不当损害了其他经营者和消费者的合法权益，综合作出评判。

商业道德是诚实信用原则在反不正当竞争法中的体现，应正确把握诚实信用原则和商业道德的评判标准，以特定商业领域普遍认同和接受的经济人伦理为尺度，避免把诚信原则和商业道德简单等同于个人道德或者社会公德。虎牙公司在李某尚在"触手"平台进行直播时，即与之进行了接触和商谈，在李某于2018年9月1日首次在"虎牙"平台进行直播之前，已与其签订了合同并支付了首付款45万元，通过高薪"挖角"拓展夯实自身的手游业务，削弱开迅公司的竞争优势。但高薪是争夺人才的常见市场竞争方式，也在一定程度上体现了人才的价值，李某亦认可系出于自身发展考虑进行直播平台的转换。此种吸引人才的方式在一个竞争充分的市场中当属常态，不应认定有悖于商业道德。在李某于2018年9月3日回归"触手"平台后，虎牙公司拒绝其解除合同、退还首付款的请求，而要求其继续履约，否则要求其承担违约责任的行为，亦属市场竞争主体的正当举措，难谓胁迫之举。后李某主张其对"触手"平台的推广资源投入、收入提成、被强加礼物打赏任务等不满，于2019年3月1日主动重新转投"虎牙"平台，开迅公司同样未能证明"虎牙"公司此时存在恶意诱导，未能证明虎牙公司借助李某转换平台进行专门的大规模宣传引流行为，或以其他不当行为削弱"触手"平台的竞争优势。综上，虎牙公司的行为客观上虽然在一定程度上损害了开迅公司的竞争利益，但竞争本身就意味着对交易机会的争夺，一方竞争获利往往意味着相对方的受损，在案证据不能证明虎牙公司系采取了有违商业道德的恶意诱导手段或其他不当举措来进行商业竞争。

关于虎牙公司的案涉被诉行为是否扰乱了市场竞争秩序，是否损害了消费者合法权益的问题。法院认为，凭资金优势以较高的薪酬吸引优秀主播加入，形成人才的正常流动，充分调动人才创新创业的积极性，有利于市场充分竞争。同时，游戏直播行业并非事关国计民生，可被给予充分的竞争自由和完全市场化的运营环境，司法应充分尊重相关行业的发展规律。鉴于主播在游戏直播行业中的重要性，相关行业可能会形成一些自律规范，但自律规范的形成过程势必存在多方利益的充分博弈，需要市场发展的积淀，司法不宜过度介入。此外，随着行业发展，行业资源向头部企业集聚是一种普遍的经济现象，从现有证据和市场运行状况判断，主播跳槽行为并未导致行业陷入无序竞争的混乱局面，相关企业会根据自身经营策略和经济状况作出经营选择，经济规律仍在继续发挥有效作用，并能调整市场竞争者的行为，使其趋于理性，进而达到市场的整体平衡。同时，虽然主播跳槽对用户的平台选择存在较大影响，可能导致行业竞争的加剧，但不同平台能够通过及时调整自身的经营策略、拓展精品游戏资源、创新服务形式和更新营销举措等方式，提供更多和更高质量的服务项目，以吸引用户。主播的跳槽不影响消费者自主选择平台和主播的自由。故虎牙公司的被诉行为未扭曲市场竞争秩序也未损害消费者合法权益。

综上，李某、虎牙公司的案涉被诉行为并不构成不正当竞争，无需承担相应的民事责任。

相关法条

《中华人民共和国反不正当竞争法》（2019年修正）第2条、第6条

第四节　游戏产业相关合同

"Hero 久竞" 王者荣耀战队俱乐部赞助事宜合同纠纷案

赞助事宜合同目的难以实现时违约方也可请求解除合同，但需承担相应的违约责任

当合同难以得到全面履行时，一方当事人可诉请法院解除合同，从而使得双方获得退出合同的机会，但是要注意双方利益的平衡。本案系首例涉及电竞俱乐部赞助事宜的合同纠纷，赞助商能否诚信履约关乎电竞俱乐部的生存和发展，如容许赞助商通过较低的违约成本换取退出合同的机会，将极大损害电子竞技行业的发展，因此赞助商提前解除合同应当承担相应的违约责任。

案例来源

（2020）沪 01 民终 11337 号

案情简介

2019 年 4 月，上海鱼泡泡信息科技有限公司（本部分简称"鱼泡泡公司"）、南京竞灵文化创意有限公司（本部分简称"竞灵公司"）签署《赞助及代言合同》，约定鱼泡泡公司赞助竞灵公司的"Hero 久竞"电子竞技俱乐部，并聘请竞灵公司旗下 Hero 久竞王者荣耀战队作为代言人以推广鱼泡泡公司下属"比心"APP 及关联 APP。合同履行期间，竞灵公司的所有选手在以 Hero 久竞身份参加各类电竞赛事时，将穿着印有鱼泡泡公司品牌标识的队服，并且完成直播、水友赛、平面宣传及广告拍摄等约定工作。合同签订后，鱼泡泡公司按约分期支付了赞助费用，但是竞灵公司及 Hero 久竞所属选手并没有按照合同约定全面履行义务，经鱼泡泡公司多次催告，仍未纠正。鱼泡泡公司签署合同的宣传目的难以实现，遂诉请法院解除双方的《赞助及代言合同》，请求竞灵公司退还因违约应当扣除的赞助费，并支付违约金和其他损失。对此，竞灵公司认为鱼泡泡公司提前解除合同构成违约，提起反诉。

一审法院经审理判决：确认《赞助及代言合同》解除，但鱼泡泡公司提前解除合同构成违约，需支付竞灵公司赞助及代言费 280 874.37 元，违约金 500 000 元，律师费 100 000 元。原被告均不服一审判决，提出上诉。二审法院驳回上诉，维持原判。

关键词

无名合同；合同僵局；违约责任

争议焦点

1. 案涉合同可否解除？

2. 合同解除的法律后果是什么，以及当事方是否应当承担违约责任？

裁判观点

1. 本案中合同僵局导致合同目的无法实现，案涉合同应予解除。

《赞助及代言合同》本质上是竞灵公司作为 Hero 久竞俱乐部及王者荣耀分部战队的代理人与鱼泡泡公司签署的有偿商业推广合同。其推广形式及内容具有一定的复合性和特殊性，无法为我国合同法列举的有名合同所直接涵盖，因此，属于无名合同。因履行该合同所产生的纠纷，以其他合同纠纷定性更为恰当。

法院认为，案涉《赞助及代言合同》中对于合同解除约定了"严重违反合同"的特定条件，比对权益列表，竞灵公司的违约行为虽然存在，但尚不足以构成"严重违反合同"。因此鱼泡泡公司可以行使合同约定解除权的单方合同解除条件并不成就。

然而，鱼泡泡公司签署合同的目的是推广其运营的软件，虽然 Hero 久竞王者荣耀战队成员的变动不构成竞灵公司违约，但合同履行过程中战队成员的调整及相应赛绩的变化已经在一定程度上影响了代言推广的效果。鱼泡泡公司要求解除合同，是出于理性的商业考量，且其提出解约的同时，已完整支付前一年的赞助费用系在一定程度上考虑了竞灵公司的利益，故鱼泡泡公司并非恶意解约。

鉴于案涉合同权益列表中所涉权益有相当一部分内容系需要双方互动配合履行的内容，在鱼泡泡公司坚持要求解除合同并拒绝履行非金钱类合同义务的情形下，该类权益在客观上无法得到有效推进和落实，进而将影响整个《赞助及代言合同》的履行效果，案涉合同继续存续不但会发生客观履行不充分的问题，而且还会陷入事实上不能履行的僵局，此与互利、双赢的合同目的明显背道而驰，合同目的必然落空，据此，案涉《赞助及代言合同》因非金钱债务的履行不能而应予解除。

2. 在合同解除后，鱼泡泡公司应支付竞灵公司截至合同解除之日的赞助费，并承担违约责任。

关于合同解除的法律后果。合同解除后，尚未履行的终止履行，已经履行的，根据履行情况和合同性质，可以要求恢复原状、采取其他补救措施，或者赔偿损失。合同解除的，不影响合同中结算和清理条款的效力。因案涉合同解除的最终原因系双方丧失继续履行合同的信赖，且在合同履行期内，鱼泡泡公司并未对竞灵公司的协议履行不当提出书面异议，故应视为鱼泡泡公司已经接受了竞灵公司的弥补方案。因此，关于鱼泡泡公司要求竞灵公司返还 2019 年 9 月赞助费的诉讼请求，法院不予支持。对于合同解除前的赞助费，鱼泡泡公司仍应当正常支付，合同于 2020 年 3 月 6 日解除，故鱼泡泡公司应当支付竞灵公司截止至 2020 年 3 月 6 日的赞助费。

关于合同解除后违约责任承担的问题。法院认为，当事人一方不履行合同义务或者履行合同义务不符合约定的，应当承担赔偿损失等违约责任。虽然竞灵公司对案涉协议的履行存在瑕疵，但是其行为并不足以使得鱼泡泡公司依法享有解除权，故鱼泡泡公司要求提前解除合同，构成违约，应当承担违约责任。由于竞灵公司直至 2020 年 1 月 15 日才将 2020 年 1 月以后的赞助费发票首次交付鱼泡泡公司，而截至鱼泡泡公司送达解除通知之时，其拖欠的仅为 2020 年 1 月、2 月分期履行的赞助费，而 2020 年 1 月以后直至法庭当庭释明解除后果之前，竞灵公司实际也未积极执行合同约定事务，故在综合考虑双方对协议的实际履行情况、竞灵公司的损失、违约金属性等多重因素后，一审法院酌定，鱼泡泡公司应支付竞灵公司违约金 500 000 元。二审法院认为，对于鱼泡泡公司认为竞灵公司主张的违约金过高的答辩意见，综合合同履行程度及双方在合同履行中的过错程度、竞灵公司对其实际损失构成的举证情况、Hero 久竞王者荣耀战队另觅同质赞助商所需合理时间等因素，以 3 个月的赞助及代言费为考量基础，一审法院酌定 50 万元违约金具备合理依据，二审法院予以认同。

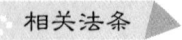 相关法条

《中华人民共和国民法典》（2021 年施行）第 566 条、第 577 条、第 580 条

第五章

网络视听产业法

第一节　网络视频

一、视频不当传播行为

《破冰行动》《偶像练习生》等著作权侵权纠纷案

利用境外服务器提供实质性相似的在线点播服务构成侵犯信息网络传播权

随着文娱全球交流，影视作品海外侵权现象愈发多发，本案涉及知名网络平台知名影视作品的境外网络盗版问题，体现了我国在全球化背景下积极应对著作权跨境保护的态度。本案通过厘清境外证据的合法性和真实性，认定境外网站提供实质性相似的在线点播服务构成侵犯信息网络传播权，有效地规制了境外侵犯信息网络传播权的行为，有利于服务和保障高水平对外开放、支持文娱企业出海发展，维护我国的海外利益。

案例来源

（2020）粤 0192 民初 44585-44591 号

案情简介

原告北京爱奇艺科技有限公司（本部分简称"爱奇艺公司"）诉称其是《破冰行动》《偶像练习生》等 7 部热播电视剧、综艺节目的独家信息网络传播权权利人，被告广州市晴光文化传播有限责任公司（本部分简称"晴光公司"）为网站"jiqimao.tv"的运营者，该网站于中国境内外被访问时会呈现不同内容，于境内访问时发布影视资讯，于境外访问时提供视频点播。原告认为，被告未经授权，在该网站提供案涉影视、综艺节目在线播放的行为侵害了原告的信息网络传播权，故诉至法院，请求判令晴光公司赔偿其七案损失共190 万元。

被告晴光公司辩称：首先，其营运的案涉网站是交流评论型网站，为海外华人介绍国内大众较受欢迎的电影作品及综艺节目，而非视频点播网站，并未实施侵权行为。其次，被告宣传的范围并未与作品的正常使用产生利益冲突，没有侵犯原告的合法权益。被告也不存在侵权的主观故意，案涉网站用户均是海外群体，而案涉作品并无海外传播渠道，由于网站的用户群与这些作品的主要传播市场毫无重叠，即便存在侵权，造成的损害也非常小。故被告请求驳回原告的全部诉讼请求。

法院审理后做出如下判决：①被告晴光公司于本判决发生法律效力之日起 10 日内赔偿原告爱奇艺公司每案 30 000 元，七案共 210 000 元；②驳回原告爱奇艺公司其他诉讼请求。

关键词

境外网站；在线点播；信息网络传播权

争议焦点

被告的行为是否侵害了原告作品的信息网络传播权？

裁判观点

被告的行为侵害了原告作品的信息网络传播权。

对于在境外访问被告网站用户时，被告是否存在提供涉侵权视频在线点播的情况，原告提供了如下证据：①（2020）沪浦证经字第 661 号公证书，拟证明被告通过"Team-Viewer"软件跨境远程控制位于新西兰的电脑访问涉侵权网站的情况；②可信时间戳认证证书，拟证明通过 VPN 访问"互联网档案馆"获取涉侵权网站的历史镜像网页。被告质证认为：①公证书所载取证过程手段违法，域外证据未经公证认证；②设备未清洁、取证人员存在瑕疵等；③涉侵权网站的历史镜像网页是通过"翻墙"的非法手段获取，不确认真实性、合法性、关联性。

对此法院认为：

（1）关于证据合法性：首先，虽然该证据是通过非正常渠道突破网络管制措施获得的，但仅违反了行政性管理规定《计算机信息网络国际联网管理暂行规定》第 6 条，并未违反《最高人民法院关于适用〈中华人民共和国民事诉讼法〉的解释》第 106 条所规定的实质形式要求。其次，整个取证过程是于境内操作电脑并形成录屏文件予以固定，故该公证书及附件不宜认定为域外形成，即便认为远程操作的部分录屏文件须借助境外电脑配合而形成于域外，但该内容并非《最高人民法院关于民事诉讼证据的若干规定》第 16 条第 2 款规定的应当经域外公证机关证明或经使领馆认证的公文书证、涉及身份关系的证据，因此该证据具有合法性。

（2）关于证据真实性：被告认为原告公证取证时存在未核实远程控制的境外电脑控制者身份，未对境外电脑进行"清洁"，境外取证未经公证人员监督等瑕疵，实质上是认为该取证违反电子证据取证规范，以此质疑电子数据载体及数据本身的真实性。根据《最高人民法院关于互联网法院审理案件若干问题的规定》第 11 条和《最高人民法院关于民事诉讼证据的若干规定》第 88 条的规定，审判人员对案件的全部证据，应当从各证据与案件事实的关联程度、各证据之间的联系等方面进行综合审查判断。因此即便公证书所载取证流程确有瑕疵，但取证所反映网页内容与被告自行提交的"机器猫 TV"官网（jiqimao.tv）主页内容均可对应，同时原告补充的《机器猫案件情况说明》等均可对应公证书取证内容。相反，被告作为涉侵权网站运营者，对于是否提供涉侵权视频点播仅表示不清楚而未举任何反证，故其对原告证据真实性的质疑仅是一种单方陈述。原告前述公证、时间戳认证证据与其他在案证据互相印证，真实性已达到高度盖然性，不应以取证瑕疵排除。

根据提供证据，法院认为被告在其运营的网站"机器猫 TV"（jiqimao.tv）向境外访问者提供与案涉剧集、综艺节目实质性相似的视频在线点播，但境内无法以正常渠道访问点播视频。虽然境内无法以正常渠道访问点播视频，但我国《著作权法》及相关司法解释的规定中，信息网络传播权并未限制传播的范围仅及于境内网络，在"境内无法以正常渠道访问"并未作为侵犯信息网络传播权的例外情形。故被告未经许可擅自将案涉作品以"公之于众"的方式展示在开放性的、不特定人均可浏览的网络平台上，应认定侵犯了原告的信息网络传播权。

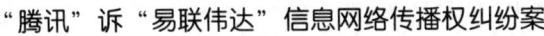

相关法条

《中华人民共和国著作权法》（2020 年修正）第 12 条

《中华人民共和国著作权法实施条例》（2013 年修订）第 2 条、第 4 条

《中华人民共和国计算机信息网络国际联网管理暂行规定》（2024 年修正）第 6 条

《最高人民法院关于适用〈中华人民共和国民事诉讼法〉的解释》（2022 年修正）第 106 条

《最高人民法院关于民事诉讼证据的若干规定》（2019 年修正）第 16 条、第 88 条

《最高人民法院关于互联网法院审理案件若干问题的规定》（2018 年施行）第 11 条

"腾讯"诉"易联伟达"信息网络传播权纠纷案

信息网络传播行为的认定应当采取服务器标准，据此深层链接行为不构成侵犯信息网络传播权

信息网络传播行为认定标准的确定并非著作权案件中的新问题，自 2001 年《著作权法》中新增信息网络传播权的规定后，该问题在著作权案件中便一直存在，亦一直存有争议，且基本上集中于深层链接行为的性质认定上。因深层链接行为而产生的信息网络传播权纠纷早在 2003 年便已出现。但早期的争论主要存在于服务器标准与用户感知标准之间，近两年则出现了实质性替代标准。这一新观点的出现看似是由深层链接技术发展所导致，但实质原因却在于利益关系的变化，尤其是影视作品专有信息网络传播权人对回收其高额许可费的强烈需求。

本案对于深层链接行为是否侵犯信息网络传播权作出明确界定。二审法院否定了一审法院的实质性替代标准，确认应采取服务器标准来认定被诉行为是否构成信息网络传播权侵权。据此，由于深层链接行为并不涉及将作品放置于向公众开放的服务器中，因此并不侵犯信息网络传播权，但可能构成破坏技术措施、不正当竞争等违法行为，为国内日益频发的信息网络传播权侵权案件起到重要指导作用。

保护著作权人利益是著作权法的重要制度价值之一，但应强调的是，利益平衡同样是著作权法所追求的制度价值。在网络环境下的利益平衡，应当平衡兼顾权利人、网络服务提供者和社会公众三者之间的利益关系，不能不适当地限制互联网产业的创新和发展，应保障社会公众享受公共信息资源的充分自由。

案例来源

（2016）京 73 民终 143 号

案情简介

电视剧《宫锁连城》的信息网络传播权由原告深圳市腾讯计算机系统有限公司（本部分简称"腾讯公司"）独家所有，随后腾讯公司将其案涉作品非独家授权给乐视网信息技术（北京）股份有限公司（本部分简称"乐视网公司"）使用，但播出范围仅限于在乐视网公司自有平台"乐视网"播放，乐视网公司不得超出范围传播作品。

被告北京易联伟达科技有限公司（本部分简称"易联伟达公司"）所属的"快看影视"APP 未经授权，在点击搜索框输入"宫锁连城"后，即可进入相关页面进行电视剧播放，显示播放来源为"乐视网"，并有 44 集的剧集排列分类。

乐视网公司曾采取反盗版和防盗链等技术措施，并在其官网发布明确的版权声明，禁止任何第三方对其进行视频盗链，否则将依法追究相关法律责任。易联伟达公司破坏乐视网公司的技术保护措施，设置深层链接，直接跳转到"乐视网"网站页面进行电视剧播放的行为引发纠纷，本案争议焦点在于此行为是否侵犯了腾讯公司的信息网络传播权。

一审法院采取实质性替代标准，认定"快看影视"APP 的具体服务提供方式，扩大了作品的域名渠道、可接触用户群体等网络传播范围，分流了相关获得合法授权视频网站的流量和收益，客观上发挥了在聚合平台上向用户"提供"视频内容的作用，产生了实质性替代效果，却未向权利人支付获取分销授权的成本支出，故构成对原告信息网络传播权的侵权。

二审法院否定了一审法院的实质性替代标准，确认应采取服务器标准来认定是否构成信息网络传播权侵权，据此，被告的深层链接行为并不涉及将作品放置于向公众开放的服务器中，因此并不侵犯原告的信息网络传播权，腾讯公司可另行选择救济方式。

关键词

信息网络传播权；服务器标准；实质性替代标准；用户感知标准；不正当竞争；深层链接

争议焦点

1. 信息网络传播行为应采用何种认定标准？
2. 易联伟达公司的被诉行为是否构成对腾讯公司信息网络传播权的侵犯？

裁判观点

1. 信息网络传播行为的认定标准应当采取服务器标准，而非实质性替代标准或用户感知标准。

我国《著作权法》第 10 条第 1 款第 12 项对于信息网络传播权的规定决定了信息网络传播行为必然是一种对作品的传输行为，且该传输行为足以使用户获得该作品。在网络环境下，这一传播行为的对象是作品的数据形式。在信息网络传播过程可能涉及的各种行为中，只有初始上传行为符合上述要求，因此，信息网络传播行为应指向的是初始上传行为。因任何上传行为均需以作品的存储为前提，未被存储的作品不可能在网络中传播，而该存储介质即为服务器标准中所称"服务器"。因此，服务器标准作为信息网络传播行为的认定标准最具合理性。

按照服务器标准，信息网络传播行为的认定标准实际需要满足三大要件：

第一，信息网络传播行为是对作品的传输行为，该传输行为足以使用户获得作品。

第二，对作品的传输行为系指初始上传作品的行为。正是因为这一行为的存在才使得公众可以最终获得作品，除初始上传行为之外的其他行为虽亦会对作品的传输起到帮助作用（如链接行为提供作品的网络地址，传输服务为作品的传输提供通道等），但却均非对作品数据形式的直接传输行为。就本案所涉链接行为而言，链接行为的本质决定了无论是普通链接，还是深层链接行为，其均不涉及对作品任何数据形式的传输，而仅仅提供了某一作品的网络地址。用户是否可以获得作品完全取决于被链接网站，如果被链接网站删除了作品，即使该链接地址仍然存在，网络用户仍不可能获得作品。

第三，任何对作品的初始上传行为均需以存储行为为前提，其存储介质即为服务器标准中所称"服务器"。需要特别指明的是，此处的"服务器"系广义概念，泛指一切可存储信息的硬件介质，既包括通常意义上的网站服务器，亦包括个人电脑、手机等现有以及将来可能出现的任何存储介质。

此外，对于争议较大的用户感知标准和实质性替代标准，应当予以否定：用户感知标准从用户感性认知的角度出发来判断是否侵权，具有较强的主观色彩和不确定性，与信息网络传播行为的客观事实属性相距甚远。信息网络传播行为与复制、发行、表演等其他行为一样，是一种客观行为，对该行为的认定属于对客观事实的认定，应具有客观性及确定性。但用户感知标准却难以符合上述要求。该标准强调"看起来"是，而非"实际上"是谁在实施提供行为，这一特点使得该标准天然缺乏客观性。不仅如此，该标准以用户的认知为判断依据，但不同用户可能具有不同的网络认知程度，很可能使得即便在案件证据完全相同的情况下，针对同一事实，不同用户亦很有可能得出不同结论，由此可见，该标准不仅不具有客观性，亦无法确保客观事实认定的确定性，从而与信息网络传播行为所具有的客观事实的特性并不契合。实质性替代标准的含义可概括为：因选择、编辑、整理等行为、破坏技术措施行为及深层链接行为对著作权人所造成的损害及为行为人所带来的利益与直接向用户提供作品的行为并无实质差别，由此产生实质性替代效果。

一审法院有关实质性替代观点的核心在于将获益或损害因素作为判断深层链接行为是否构成信息网络传播行为的必要条件。也就是说，被诉行为构成信息网络传播行为的根本原因在于被诉行为使得著作权人利益受到了损害，而链接行为人却因此而获益。可见，一审判决认为损失及获益因素与信息网络传播行为的认定之间具有因果关系，其中，获益或损害是"因"，信息网络传播行为是"果"。这一因果关系的认定显然有违实际，亦不符合著作权案件的审理思路而采用了竞争案件的审理思路。

2. 按照服务器标准，易联伟达公司的被诉行为并不构成对腾讯公司信息网络传播权的侵犯。

本案中，被告易联伟达公司向用户提供"快看影视"APP，虽然用户在该APP界面下即可以实现对案涉作品的在线观看，但由公证书可看出，其内容播放页面中显示了乐视网公司相应页面的地址，且点击该地址可进入"乐视网"页面。上述事实说明，将案涉内容置于网络中传播的是乐视网公司，而非被告，被告仅提供了指向"乐视网"中案涉内容的链接。

在被告未实施将案涉作品置于向公众开放的服务器中的行为的情况下，其虽然实施了破坏技术措施的行为，但该行为并不构成对案涉作品信息网络传播权的直接侵犯。

 相关法条

《中华人民共和国著作权法》（2020年修正）第10条、第53条

《最高人民法院关于审理侵害信息网络传播权民事纠纷案件适用法律若干问题的规定》（2020年修正）第3条、第4条、第6条

《信息网络传播权保护条例》（2013年修订）第4条

"爱奇艺"诉"微光"不正当竞争纠纷案

容许分享行为与链式传播行为构成不正当竞争

本案系涉在线视频投屏异地分享平台不正当竞争纠纷的典型案例。本案法院首先将案涉行为进行拆解整合，分为投屏建房行为、容许分享行为和链式传播行为，以进行更为精准具体的法律分析与论证。对于投屏建房行为，法院指出该行为不仅与原告公司提供的类似服务不同，而且并未突破DLNA（Digital Living Network Alliance，数字生活联网）协议的理论规则，也没有损害原告公司的相应利益。从满足消费者需求、促进技术创新等角度出发，法院认为应审慎限制此类行为，为其留出探索空间，因而认定其不存在不正当性。而对于容许分享行为和链式传播行为，法院则以其攫取原告公司用户流量、损害其服务投入积极性等为由，认定被告侵害了原告公司的竞争性利益，构成不正当竞争行为。本案判决再次强调，对于新型的互联网竞争行为的正当性判断，法院需要综合时代背景、技术原理、用户需求、各方利益、行为后果等因素，秉持包容审慎的态度作出认定，在维护竞争秩序和推动技术发展间取得合理平衡。

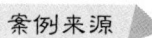 **案例来源**

（2023）沪73民终544号

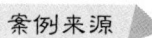 **案情简介**

原告北京爱奇艺科技有限公司（本部分简称"爱奇艺公司"）系互联网视听平台"爱奇艺"平台（iqiyi.com）及"爱奇艺"APP的经营者。被告北京清奇科技有限公司（本部分简称"清奇公司"）系案涉"微光"APP的运营者。被告上海二三四五网络科技

有限公司（本部分简称"二三四五公司"）系案涉"2345 手机助手"APP 和网页平台的运营者。

原告爱奇艺公司指出，被告清奇公司在其经营的"微光"APP 上推出所谓"同步看片"功能，其 APP 内的专门视频观看房间中，设有"APP 投屏"栏目。用户可以选择"爱奇艺"按钮，进入"爱奇艺"APP 内点选视频，利用 DLNA 协议在"微光"APP 房间内投屏观看。该房间最多可供 20 名"微光"用户同时收看，且在房主退出后，第一个用户将成为新房主，进而可以持续拉入新房客观看，形成内容的链式传播。综上，原告主张：被告的行为违反《反不正当竞争法》第 12 条第 2 款第 4 项的规定，构成互联网专条规定的其他妨碍、破坏其他经营者合法提供的网络产品或者服务正常运行的不正当竞争行为；若不构成，则被告行为依据《反不正当竞争法》第 2 条构成其他违反诚实信用原则的不正当竞争行为，并应承担相应法律责任。同时，被告二三四五公司在其经营的应用市场内提供被诉"微光"APP 的下载安装服务，亦应承担相应法律责任。

一审法院经审理认为：被告清奇公司在"微光"APP 房间内提供邀请多人异地同步观看的服务并从中获取网络用户关注度的行为，及原房主退出后其他用户可持续观看的链式传播行为，构成不正当竞争。"微光"APP 依据投屏技术获取视频地址后通过"微光"APP 房间进行播放的后续利用行为，对其他经营者、用户和社会公共利益所造成的损害，将会超越投屏技术创新所带来的市场增量收益，故而违反了诚实信用和公平竞争原则，不利于良好竞争秩序的形成。就被告二三四五公司而言，其已尽合理注意义务，且在收到本案诉讼材料后、第一次庭审前已将案涉 APP 从应用市场中下架，故其无须就本案被诉行为承担连带赔偿责任。被告清奇公司不服一审判决提起上诉，二审法院维持原判。

关键词

投屏；容许分享；链式传播；不正当竞争

争议焦点

1. 清奇公司的被诉行为是否构成不正当竞争？
2. 如构成不正当竞争，则清奇公司应承担何种民事责任？
3. 二三四五公司是否应就被诉行为承担连带责任？

裁判观点

1. 清奇公司的被诉行为构成不正当竞争。

互联网领域不正当竞争行为根据行为本质属性，可区分为属于传统不正当竞争行为在互联网上的延伸，以及利用互联网领域特有技术手段进行的不正当竞争行为；前者可以通过《反不正当竞争法》其他条款予以规制，而后者即互联网专条所规定的不正当竞争行为。为判断利用新技术的竞争行为是否构成不正当竞争，则需先判断该行为是否属于市场竞争中获取市场利益的竞争行为，以及依据《反不正当竞争法》第 2 条规定的违反诚实信用原则和互联网行业公认的商业道德这一判断标准，衡量竞争行为是否构成不正当竞争。因此，法院从如下角度进行论述：

（1）爱奇艺公司与清奇公司之间存在可能的现实竞争利益。互联网经济作为流量经济，吸引并维持用户是互联网企业经营业务的最重要基础。爱奇艺公司经营的"爱奇艺"APP 通过提供海量在线视频节目吸引网络用户观看，采用提供不同分类服务收取相应等级会员费用以及吸引广告商在其网页和视频播放过程中投放广告等两种主要渠道获得相应收益。而清奇公司开发的"微光"APP，其提供的异地同步看片的主要功能也是为了能够最大限度吸引网络用户使用该 APP，并通过分享和打赏加强用户黏性，获取更多流量收益。

因此，扩大用户数量、维护用户黏性对同为互联网企业的本案当事人而言，均意味着赢得市场交易机会，并从中获取交易利润。现清奇公司提供的"同步看片"功能将爱奇艺公司"爱奇艺"APP 视频投放至其"微光"APP 房间，存在影响爱奇艺公司的交易机会和广告收益的可能。因此，即便两款 APP 在定位、运营目的及用户范围均不相同，仍可能在互联网领域存在现实的竞争利益。

（2）本案中部分被诉竞争行为构成不正当竞争。结合案情与各方陈述基础上，本案清奇公司的被诉行为可概括为：①利用 DLNA 协议将"爱奇艺"APP 中的视频内容投屏至其"微光"APP"同步看片"房间内的投屏行为；②允许前述房间房主同时邀请最多 19 位其他用户使用其他设备的"微光"APP 在前述房间内观看"爱奇艺"APP 视频内容的传播行为；③允许在前述房主退出房间后第一个进入房间的用户成为新房主，并可持续拉入不限人数的其他用户观看"爱奇艺"APP 视频内容的链式传播行为。

法院认为，需以是否有利于建立符合消费者的一般利益和社会公共利益的有序公平竞争秩序来衡量竞争行为，从而判断被诉行为是否违反了诚实信用原则和互联网行业公认的商业道德，进而厘清所涉竞争行为正当与否的具体边界。据此，法院对清奇公司上述的三个行为分别分析如下：

第一，清奇公司利用 DLNA 协议在"微光"APP 房间内投屏不构成不正当竞争。首先，从投屏内容看，将"爱奇艺"APP 视频投屏至"微光"APP 房间与"爱奇艺"APP 自身投屏至另一台智能电视或投影仪设备，在投屏过程、显示结果和操作设备方面均有不同；而从技术框架看，将"爱奇艺"APP 视频投屏至"微光"APP 房间的行为在某种程度上突破了现有利用 DLNA 协议的运用场景和方式，且其运行功能与"爱奇艺"APP 投屏的通常运行模式存在不同。其次，关于被诉行为是否具有不正当性的判断。法院认为，就投屏的要求和效果来看，在"微光"APP 中进行"爱奇艺"APP 视频投屏的房间房主必须是具有投屏资格的"爱奇艺"VIP 会员，且房主无法在投放后而未邀请他人一同观看前直接观看，故该行为并未损害爱奇艺公司的相应利益；就 DLNA 协议的理论规则来看，虽然被诉投屏行为与"爱奇艺"APP 视频支持智能电视等实际投屏情况不同，但其并未突破 DLNA 协议原有的应用技术框架；从消费者的现实需求来看，案涉投屏行为是为应对用户存在异地看片这一现实需求，故而前述投屏方式为实现不同空间的跨地域视频共享提供了某种解决路径；而从技术创新等公共利益出发，被诉投屏行为本质上是提供了一种不同的视频投屏方式，其一定程度上满足了用户对网络服务的不同需求，提高了用户上网体验，是网络技术发展与服务模式创新的尝试。综上所述，仅就被诉投屏行为，在无后续播放等利用行为的情况下，在案事实无法证明前述被诉投屏行为存在不正当性。

第二，清奇公司允许房主通过"微光"APP 房间投屏向其他用户传播"爱奇艺"APP 视频的行为构成不正当竞争。首先，该行为符合《反不正当竞争法》第 12 条规定的"利用技术手段"要件。该传播行为及其影响效果均发生在互联网领域，是利用 DLNA 协议框架从"爱奇艺"APP 处获得视频地址并投屏至同一手机的"微光"APP 房间内，从而使得用户能够邀请他人通过"微光"APP 一同观看前述"爱奇艺"APP 视频。其次，该行为扰乱了正常的市场秩序并损害了爱奇艺公司作为经营者及其视频用户作为消费者的合法权益。一方面，爱奇艺公司作为提供视频的专业网站，经过多年的投入与经营，吸引了大量用户，对其平台上通过长期经营获取的海量视频资源具有竞争性权益。另一方面，对于清奇公司在"微光"APP 房间内提供邀请多人异地同步观看的服务并从中获取网络用户的关注度之被诉行为，其不正当性体现在：①影响爱奇艺公司交易机会和广告推送机制，干扰"爱奇艺"APP 建立的通过授权或自制方式向用户提供视频的运营机制，攫取了爱奇艺公司的流量收益，损害爱奇艺公司作为经营者的商业利益和竞争优势；②破坏了视频投放和创作机制，影响了爱奇艺公司采购优质版权资源、优化爱奇艺视频服务以及维持高额创造投入的能力和积极性，从长远来看将损害用户的消费体验和合法权益。

第三，清奇公司允许原房主退出后的其他用户继续观看"爱奇艺"APP 视频的链式传播行为构成不正当竞争。被诉链式传播行为所基于的被诉竞争行为即投屏后在"微光"APP 房间内同步传播"爱奇艺"APP 视频构成不正当竞争，对所获取的"爱奇艺"APP 视频扩大观看和传播范围的链式传播行为是在原有利用行为基础上的进一步利用行为，其对整个社会福祉的不利影响较前述被诉传播行为更甚，因而对前述不正当竞争行为的进一步传播利用行为同样构成不正当竞争。综上所述，"微光"APP 依据投屏技术获取视频地址后通过"微光"APP 房间进行播放的后续利用行为，对其他经营者、消费者和社会公共利益所造成的损害，将会超越投屏技术创新所带来的市场增量收益，不利于良好竞争秩序的形成，构成不正当竞争。

2. 清奇公司应就被诉不正当竞争行为应承担相应民事责任。

如前所述，清奇公司的行为已构成不正当竞争，给他人造成损害，应承担停止侵权行为、赔偿损失等民事责任。

关于停止侵权。鉴于被诉竞争行为在第一次庭审时已经停止，爱奇艺公司于审理中撤回停止侵害的诉讼请求，于法不悖，一审法院予以准许。

关于赔偿损失。鉴于爱奇艺公司因清奇公司的不正当竞争行为遭受的实际损失以及清奇公司因实施不正当竞争行为的获利均无证据证明，而在清奇公司未提交任何证据证明爱奇艺公司提供的相关基础数据明显不合理或超出正常范畴的情况下，法院决定参考爱奇艺公司计算的基础数据和计算方法，并综合考虑被诉行为持续时间和场景需求、"爱奇艺"APP 和"微光"APP 的用户规模与日活情况、爱奇艺公司的营利模式与用户流失情况、清奇公司的商业模式与相关诉讼竞合情况等因素，确定清奇公司应当赔偿爱奇艺公司经济损失以及维权支出费用共 2 000 000 元。

3. 二三四五公司无需就被诉行为承担连带赔偿责任。

法院结合《民法典》第 1195 条的规定指出：一方面，二三四五公司在其"2345 手机助手"官网上明确告知其服务的具体内容以及平台维权通知的具体方式，履行了事前告知、提醒义务并提供了事后救济的方法和途径；另一方面，本案涉及新型网络不正当竞争行为，不属于现有《反不正当竞争法》互联网专条所列举的具体不正当竞争行为，故作为软件下载平台的二三四五公司在本案审理前无法明知或应知被诉行为是否构成不正当竞争。本案中，爱奇艺公司在本案诉讼前未对二三四五公司进行有效通知，亦未提交证据证明二三四五公司在爱奇艺公司起诉前已知晓案涉不正当竞争行为。此外，在庭审前，爱奇艺公司确认该应用软件链接已经在"2345 手机助手"应用市场中下架。因此，二三四五公司无过错，无须与清奇公司就被诉不正当竞争行为承担连带赔偿责任。

相关法条

《中华人民共和国反不正当竞争法》(2019 年修正) 第 2 条、第 12 条
《中华人民共和国民法典》(2021 年施行) 第 1195 条

二、平台功能破坏行为

"爱奇艺"诉"马上玩"不正当竞争纠纷案

VIP 账号分时出租构成不正当竞争

近年来，"流量红利"见顶、用户增长放缓、获客成本提高，互联网行业竞争来到"下半场"已成共识。在此背景下，互联网企业对流量的争夺愈发激烈，企业也开始通过种种新技术手段和不同的商业模式为自己取得竞争优势，其中也出现了许多新型不正当竞争行为。为此，《反不正当竞争法》设置了"互联网专条"（第 12 条）进行规制。以长视频为例，"爱优腾"为首的长视频网站早已进入付费会员时代，付费会员收入是其商业闭环中的重要环节。但市场中出现的通过出租付费会员账号的牟利方式，就可能对前述商业闭环的实现产生影响；甚至还存在视频网站 VIP 会员利用云流化技术分时出租其 VIP 会员账号的情形，此种情形是否足以适用"互联网专条"，认定其构成不正当竞争？

本案是对网络环境下新型不正当竞争行为进行有效规制的典型案例。本案体现了人民法院对互联网经营者与消费者合法利益的有效保护，同时也体现了人民法院对创新因素的考量。本案明确了网络视频行业中新商业模式的合理边界，彰显了人民法院促进网络平台有序发展、激发社会创新活力，打造公平竞争市场环境的司法导向。

案例来源

(2019) 京 73 民终 3263 号

案情简介

北京爱奇艺科技有限公司（本部分简称"爱奇艺公司"）是"爱奇艺"网站和手机端"爱奇艺"APP 的经营者，用户支付相应对价成为爱奇艺 VIP 会员后，可以享受跳过广告和观看 VIP 视频等会员特权。而杭州龙魂网络科技有限公司（本部分简称"龙魂公司"）在充值大量爱奇艺 VIP 账号后，购买杭州龙境科技有限公司（本部分简称"龙境公司"）的云端产品并安装"爱奇艺"APP，通过龙境公司提供的流化技术在"马上玩"APP（前述云端产品的用户端）中将爱奇艺 VIP 账号分时段出租，使"马上玩"APP 的用户无须向爱奇艺公司支付费用即可享受 VIP 视频服务。此外，龙境公司应龙魂公司的要求，通过技术手段对"爱奇艺"APP 中的部分功能进行限制。

爱奇艺公司认为上述案涉行为一方面通过吸引用户观看视频进行导流，造成"爱奇艺"APP下载量降低；另一方面对"爱奇艺"APP部分功能进行限制，导致用户体验下降。上述行为损害了其合法权益，故将两公司诉至法院，请求法院判令两公司消除影响并连带赔偿其经济损失及合理开支共计300万元。

一审法院经过审理后，认定龙魂公司、龙境公司行为构成不正当竞争行为，判其共同赔偿爱奇艺公司经济损失290.7万元及合理开支9.3万元。被告不服，提起上诉。二审法院驳回上诉，维持原判。

关键词

视频平台；VIP账号；分时段出租；不正当竞争

争议焦点

分时出租视频VIP账号是否构成不正当竞争行为？

裁判观点

分时出租视频VIP账号构成不正当竞争行为。

法院主要从"原被告是否存在竞争关系"和"被诉行为的正当性"两个角度进行认定。

首先，在对"是否存在竞争关系"进行论证时，法院认为，互联网与行业或产业间的融合，使得流量的争夺由同业经营者间竞争演变成非同业经营者间竞争，故对经营者之间竞争关系的判断应着眼于"双方在具体的经营行为和最终利益方面"是否存在竞争关系，而非限于同行业经营者。此外，"竞争关系非限于同行业经营者"的观点也得到了2022年出台的《最高人民法院关于适用〈中华人民共和国反不正当竞争法〉若干问题的解释》的支持。该解释第2条规定，对于与经营者在生产经营活动中存在可能的争夺交易机会、损害竞争优势等关系的市场主体，人民法院可以认定为《反不正当竞争法》第2条规定的"其他经营者"。

其次，在"被诉行为的正当性"问题上，法院从技术手段、主观过错、行为可责性和不当夺取交易机会或损害其他经营者合法利益四个方面进行讨论：其一，在技术手段上，龙魂公司、龙境公司将流化技术应用到分时段出租行为中，在实际效果上达到了使案涉APP的用户无须向爱奇艺公司充值会员即可享受视频，此种行为本身就是使用正常的技术手段进行非正常的经营活动。其二，主观上不论从案涉APP的运行机制还是爱奇艺公司曾经发过侵权通知的事实进行判断，龙魂公司、龙境公司都不能称为善意。其三，从行为可责性角度，龙魂公司、龙境公司非基于利用网络新技术向社会提供新产品服务，而是违反了爱奇艺平台《用户协议》禁止账户商用的规定分时段出租账户，并且通过技术手段限制"爱奇艺"APP相关功能。其四，龙魂公司、龙境公司的行为一方面引流了爱奇艺公司的流量，一方面由于限制了"爱奇艺"APP的部分功能，使得用户对"爱奇艺"APP的服务评价或用户体验下降，分时段出租视频会员账号的行为不当夺取了爱奇艺公司的交易机会，损害了其合法利益。

相关法条

《中华人民共和国反不正当竞争法》(2019 年修正）第 12 条

《最高人民法院关于适用〈中华人民共和国反不正当竞争法〉若干问题的解释》(2022 年施行）第 2 条

"优酷"诉"租号玩"不正当竞争纠纷案

互联网平台出租视频平台会员账号构成不正当竞争

随着互联网技术的飞速发展，网络视频平台已成为人们日常生活中不可或缺的一部分。这些平台通过提供丰富的视频内容和多样化的会员服务，吸引了大量用户，并形成了独特的商业模式。然而，随着市场竞争的日益激烈，一些不法分子开始利用技术漏洞和用户需求，通过非法手段牟取利益，严重扰乱了市场秩序。其中，互联网平台账号出租现象尤为突出，一些第三方平台，利用技术手段和用户心理，在平台上提供视频平台会员账号的租赁服务。这些第三方平台通过搭建专门的影视租赁专区，吸引用户以较低的成本获取视频平台的会员服务，从而绕过正常的付费渠道，严重破坏了视频平台的会员管理制度和商业模式，成为近年来备受关注的法律问题。在此背景下，"优酷诉'租号玩'案"应运而生。本案不仅涉及互联网平台账号出租这一新兴法律问题的界定，还关乎市场竞争秩序的维护和消费者权益的保护。通过本案的审理和判决，法院明确了互联网平台账号出租行为的法律性质，为类似案件的处理提供了重要参考，促进了网络视频行业的健康有序发展。

案例来源

(2021) 京 73 民终 3955 号

案情简介

原告优酷信息技术（北京）有限公司（本部分简称"优酷公司"）系"优酷网"(www.youku.com) 的运营主体，优酷公司亦是手机端"优酷"APP 的运营方，其在前述平台中提供网络视频服务。优酷公司主张优酷会员管理模式和付费会员模式所获收益是其视频业务的主要收入。根据优酷平台相关用户协议的约定，用户在购买案涉优酷 VIP 会员后仅对会员账号享有使用权，未经优酷公司明示授权，不得销售、转让优酷 VIP 会员资格，否则属于非法销售、非法转让。

被告安徽省刀锋网络科技有限公司（本部分简称"刀锋公司"）系 iPhone 端"刀锋平台"APP、Android 端"租号玩"APP、PC 端"租号玩"平台的运营方。"租号玩"成立于 2015 年，是一家专业为用户提供数字产品交易服务的电子商务平台，其致力于游戏租赁产业，为用户提供账号租赁服务。

原告优酷公司主张，"优酷网"和"优酷"APP 的用户付费后成为优酷会员，会员可以免广告观看视频或观看会员免费视频。会员付费制度是其网站固有的商业模式和维持相关视频业务的经营手段，也是优酷公司主要的收入来源。"优酷网"的服务协议及会员服务协议中均明确约定禁止转租的基本原则。刀锋公司在其运营的 iPhone 端"刀锋平台"、Android 端、PC 端"租号玩"平台（本部分简称"被诉平台"）中的影视专区提供优酷会员账号租赁服务，并从中获取高额利益，前述行为严重破坏了优酷公司的会员管理制度、商业利益及商业模式，给优酷公司造成了巨大的损失，违反了《反不正当竞争法》第2条的规定，构成不正当竞争。原告遂向一审法院提出诉讼请求：刀锋公司赔偿优酷公司经济损失790万元及合理开支10万元（包括律师费9万元、公证费6000元、差旅费4000元）。

一审法院认为，刀锋公司搭建被诉平台、设置影视租赁专区，为视频行业普遍禁止的账号租赁行为提供条件并从中获利的行为，具有不正当性，主观恶意明显，不仅直接侵害了优酷公司的合法权益，还破坏了正常市场竞争秩序和机制，阻碍行业有序发展，根据《反不正当竞争法》第2条规定，构成不正当竞争行为，应承担相应的侵权责任。一审法院遂判决：①于判决生效之日起10日内，刀锋公司赔偿优酷公司经济损失120万元及合理开支3万元；②驳回优酷公司的其他诉讼请求。

原审原告优酷公司、原审被告刀锋公司均不服一审判决，提起上诉。二审法院驳回上诉，维持原判。

关键词

视频平台；VIP 账号；账号出租；不正当竞争

争议焦点

1. 刀锋公司的被诉行为是否具有不正当性？
2. 优酷公司的合法权益是否因被诉行为受到损害？
3. 刀锋公司应承担何种法律责任？

裁判观点

1. 刀锋公司的被诉行为具有不正当性。

首先，刀锋公司违背了视频行业的诚实信用原则和基本的商业道德。根据优酷公司提交的"优酷""爱奇艺""腾讯视频""哔哩哔哩"会员服务协议，可以确认视频网站用户账号一人一号、会员账号禁止转租、转借是现阶段视频行业的基本商业规则，视频网站基于其会员管理制度，进一步辅助其作出资源采购、广告投放等商业决策。刀锋公司的被诉行为，一方面使得意图使用会员权限的用户假借别人之名，使用"优酷网"的会员服务；另一方面，也促使出租方为了扩大租号收益而出现一人利用不同身份注册、囤积多个会员账号的情形。刀锋公司正是借助了优酷公司所具有的广泛会员用户和非会员用户基础，利用部分用户意图通过租赁账号来获取不当利益的心理，使被诉平台获得了大量用户专门从事会员账号租赁并据此牟取高额收益。即使最终的账号租赁由用户实施，但刀锋公司搭建被诉平台、设置影视租赁专区，为视频行业普遍禁止的账号租赁行为提供了条件，显然违背了视频行业的诚实信用原则和基本的商业道德。

其次，刀锋公司具有主观过错。被诉平台均以"租号"为主营业务，其不可能不知晓优酷公司的会员服务以及针对会员账号设置的限制和规则，即会员账号不得租用、借用、转让、分享或售卖，但其仍提供了会员账号租赁的平台。同时，还通过商户、分销商、赔付、保险、限时货架、小喇叭、畅享卡等服务项目，以此提高出租方实现账号租赁的交易机会，上述情形均表明刀锋公司显然具有主观过错。

最后，刀锋公司取得了本不享有的竞争优势。根据案涉公证书，刀锋公司通过在每笔订单中向出租方收取15%—20%的手续费（最低收费为0.35元）以及3%的支付宝提现手续费，可以从账号租赁交易中直接获取经济收益；同时刀锋公司还通过商户、分销商、赔付、保险、限时货架、小喇叭、畅享卡等服务项目，向出租方收取服务费，并通过上述服务扩大交易规模、吸引用户流量，进一步通过流量变现获得收益。故刀锋公司通过优酷会员账号租赁服务，为自己带来直接收益或流量收益，取得了本不享有的竞争优势。

综上所述，从诚信原则与商业道德、主观恶意和获利情况三方面分析，刀锋公司的被诉行为具有反不正当竞争法意义上的不正当性。

2. 优酷公司的合法权益因被诉行为受到损害。

优酷公司享有基于会员制商业模式的合法权益，而刀锋公司的被诉行为对其合法利益进行了侵害。

（1）优酷公司基于会员制而享有应受法律保护的合法权益。法院认为，优酷公司作为互联网视频行业的经营者不仅需要投入高昂费用以获取优质视频资源，同时亦需负担视频存储所需的服务器、带宽等其他成本用于经营。为持续向用户提供高质量的视频资源，优酷公司针对不同类型的用户采取差异化的经营策略。如在案证据显示，优酷公司制定了相应的会员标准和会员规则，成为会员后，会员可享受对应的特权。同时，优酷公司亦通过与用户的服务协议等约定，结合技术手段对相关会员账号的使用范围予以明确限定，如不得出借或分享他人使用；通过任何非优酷官方或授权途径获得的优酷VIP会员服务（包括但不限于购买、租用、借用、分享、受让等方式获得）、恶意利用或破坏优酷VIP会员活动获得的会员服务，均不受相关保护。优酷公司正是通过前述正当经营行为，向用户提供付费会员服务或通过投放广告收取广告费，以获得相关的合法权益。这种合法权益为市场所需，亦符合市场的激励机制，属于反不正当竞争法应予保护的合法权益。

（2）刀锋公司的被诉行为损害了优酷公司的合法权益。法院指出，根据优酷公司案涉服务协议的相关约定，会员用户显然指个人用户，且会员账号以租用、借用、转让、分享或售卖等以商业为目的的使用形式均在禁止范围之内。优酷公司对于会员用户类型、使用场景等进行限制，既是其为经营活动得以顺利、安全开展而进行的必要设置，亦不会对消费人数和消费时间有限的个人用户所获得的在线视频服务产生根本影响。刀锋公司的被诉行为，一方面破坏了优酷公司基于经营自主权对会员账号所做的限制，另一方面亦导致普通用户无需向优酷公司支付会员费用，或以观看广告为代价获取免费视频，而可以通过租赁账号的方式获得优酷公司提供的会员视频资源，不仅破坏了优酷公司视频网站的运营模式和营利方式，也使得优酷公司的交易机会、会员收入及用户流量等受到实质影响，即直接损害了优酷公司基于视频服务所产生的经营收益。从长远来看，被诉行为也将逐步降低市场竞争活力，破坏竞争秩序和机制，阻碍网络视频行业的正常、有序发展，并最终造成消费者福祉的减损。

综上所述，刀锋公司的被诉行为既具有不正当性，又通过损害优酷公司享有的合法权益，使自身获得了本不应有的竞争优势和竞争利益，根据《反不正当竞争法》第 2 条之规定，构成不正当竞争行为。

3. 刀锋公司应承担赔偿损失的法律责任。

针对本案经济损失的具体数额，法院综合考虑刀锋公司的主观恶意程度、侵权时长、营利模式、交易次数、后台交易数据、租赁服务范围以及优酷公司遭受的收入和流量损失等因素，依法酌定赔偿数额为 120 万元，并对合理开支中的 3 万元予以支持。

相关法条

《中华人民共和国反不正当竞争法》（2019 年修正）第 2 条
《最高人民法院关于适用〈中华人民共和国反不正当竞争法〉若干问题的解释》（2022 年施行）第 2 条

屏蔽"青少年模式"纠纷案

擅自屏蔽"青少年模式"的行为构成不正当竞争

本案系关于屏蔽"青少年模式"构成不正当竞争的典型案件，曾入选"2023 年中国法院 10 大知识产权案件"。本案判决肯定了"青少年模式"在维护未成年人网络权益方面的积极作用，通过适用《反不正当竞争法》对擅自屏蔽"青少年模式"的开发行为予以否定性评价，引导网络服务提供者自觉履行保护未成年人的网络义务和社会责任。

案例来源

（2022）津 0319 民初 23977 号

案情简介

深圳市腾讯计算机系统有限公司、腾讯科技（深圳）有限公司、腾讯数码（天津）有限公司（本部分合称"腾讯公司"）在其运营的"腾讯视频"APP 及"腾讯 NOW 直播"APP 中设置了"青少年模式"，打开上述 APP，首页即会弹出弹窗提示，青少年的监护人可据此便捷开启"青少年模式"，该模式下配置了适合青少年的优质内容，限制了充值、打赏、送礼等社交、消费功能，并设置了防沉迷机制。为确保"青少年模式"正常运行，两个 APP 的服务协议均约定，用户不得干涉、破坏软件的正常运行，不得增加、删减、变动软件的功能或运行效果，不得实施任何危害未成年人的行为。

北京爱某科技有限公司运营的"去广告利器"APP，将"青少年模式弹框自动关闭"功能作为"会员尊享特权"，以"限时免费"的方式引导用户开启并使用该功能，导致用户无法通过腾讯公司首页弹出的显著弹窗提示使用"青少年模式"。腾讯公司认为北京爱某科技有限公司的该行为构成不正当竞争，遂诉至法院。

法院认为，北京爱某科技有限公司屏蔽"青少年模式"的行为构成不正当竞争。综合考虑腾讯公司产品在青少年群体中影响较大，北京爱某科技有限公司主观过错较大，屏蔽青少年模式功能覆盖多款应用软件，影响范围较广，下载次数较多，持续时间较长等因素，判令北京爱某科技有限公司赔偿腾讯公司经济损失及合理费用共计300万元。

关键词

　　青少年模式；弹窗；屏蔽；不正当竞争

争议焦点

　　被告北京爱某科技有限公司的行为是否构成不正当竞争？

裁判观点

　　被告北京爱某科技有限公司的行为构成不正当竞争。

　　法院认为，北京爱某科技有限公司屏蔽"青少年模式"的行为实质上是以技术中立为由，为获取经济利益，妨碍、破坏腾讯公司网络产品及服务正常运行的不正当竞争行为，导致该公司保护未成年人的功能设计落空，既破坏了公平竞争的市场秩序和行业生态，也违反了保护未成年人的相关法律法规，阻碍了网络音视频、直播等行业的长期健康发展，构成不正当竞争。

相关法条

　　《中华人民共和国反不正当竞争法》（2019年修正）第2条、第12条

第二节　网络音频

一、音频不当传播行为

"网易云"诉"科大讯飞"不正当竞争纠纷案

互联网内容聚合行为构成不正当竞争

　　本案系互联网内容聚合不正当竞争纠纷典型案例。本案法院指出，被告实施的设链聚合、侵夺流量的行为，属于互联网领域的新型不正当竞争行为，应由《反不正当竞争法》第2条予以规制。法院明确，对此类竞争行为正当性的审查，应当在互联网相关市场场景下，以竞争关系的判断为基础，经过对经营者利益、消费者权益以及市场秩序（社会公益）三者进行"三元叠加"式的利益分析与综合判断，进而得出结论。本案判决在维护互联网平台经营者合法竞争权益，以及细化流量经济时代侵权损害法定赔偿额的认定方法方面，具有重要的司法实践意义。

案例来源

（2023）浙民终 1090 号

案情简介

原告杭州乐读科技有限公司（本部分简称"乐读公司"）系"网易云音乐"网站（music. 163. com）及"网易云音乐"APP（本部分合称"网易云音乐"）的运营者，经授权享有湖南卫视 2020 年度《歌手·当打之年》节目音频（本部分简称"案涉音频"）的信息网络传播权。被告科大讯飞股份有限公司（本部分简称"科大讯飞公司"）系"发条"APP 的开发运营者。

原告主张，被告科大讯飞公司开发运营的"发条"APP 未经授权，通过技术手段设链，使得用户在该 APP 内可以搜索并播放包括案涉音频在内的网易云音乐全曲库歌曲，并全盘复制云音乐歌单、榜单。同时，用户在"发条"APP 内能直接登录网易云音乐账号，直接创建和修改歌单，被诉"发条"APP 实质替代了网易云音乐的大部分功能，造成网易云音乐用户大量流失。被告科大讯飞公司的上述行为已经侵犯了原告享有的著作权，并且构成不正当竞争，应承担相应法律责任。

一审法院经审理后认为，被告科大讯飞公司并未直接向公众提供音乐作品，其行为未侵犯原告乐读公司的信息网络传播权。但是，"发条"APP 首页直接展示了"网易云音乐"APP 相同的歌单、榜单，使得用户只需在"发条"APP 内登录网易云音乐账户就可实现相关功能操作，因此"发条"APP 实质替代了网易云音乐，科大讯飞公司的上述行为具有不正当性，构成不正当竞争行为，应当承担停止侵权及赔偿损失等民事责任。一审法院判决：科大讯飞公司于判决生效之日起 10 日内赔偿乐读公司经济损失及合理维权费用共计 100 000 元；驳回乐读公司其他诉讼请求。

二审法院经审理后认为一审判决认定事实部分不清，实体处理不当，对于二被告开始实施案涉侵权行为的时间跨度问题，二审法院将一审法院认定的 9 天延长至 32 个月，因此判决如下：撤销一审判决，判决科大讯飞公司赔偿乐读公司经济损失及为制止侵权所支付的合理费用共计 800 000 元，驳回乐读公司的其他诉讼请求。

关键词

互联网内容聚合；不正当竞争；著作权

争议焦点

1. 科大讯飞公司的"发条"APP 是否侵犯乐读公司关于案涉音频的著作权？
2. 科大讯飞公司的行为是否构成不正当竞争？
3. 如构成侵权，科大讯飞公司应承担何种民事责任？

裁判观点

1. 科大讯飞公司的"发条"APP 并未侵犯乐读公司对案涉音频的著作权。
根据《著作权法》第 10 条第 1 款"著作权包括下列人身权和财产权：……（十二）

信息网络传播权，即以有线或者无线方式向公众提供作品，使公众可以在其个人选定的时间和地点获得作品的权利"。本案中，从相关事实来看，"发条"APP所提供的音乐作品的播放均明确显示"播放来自于网易云音乐"、网易云音乐地址、"由于版权原因，歌曲不能由发条直接播放，我们将歌曲自动链接到第三方网页为你完成播放，发条仅提供播放控制功能。感谢你的支持与理解"；网易云音乐上仅提供试听的付费歌曲，"发条"APP上亦仅提供试听，相关付费仍然由网易云音乐收取；网易云音乐未取得版权的歌曲，"发条"APP亦显示无版权。由此可知，科大讯飞公司通过技术手段将网易云音乐的音频文件链接到其"发条"APP中实现在线播放，其提供的是网络链接服务，相关作品仍然由网易云音乐提供，传播源仍然是网易云音乐，公众对于相关歌曲播放来源是网易云音乐有直观的感知，故科大讯飞公司并未实施提供作品的行为，乐读公司关于科大讯飞公司侵犯其音乐作品的信息网络传播权的主张，法院不予支持。

2. 科大讯飞公司的行为构成不正当竞争。

根据《反不正当竞争法》第2条规定，经营者在生产经营活动中，应当遵循自愿、平等、公平、诚信的原则，遵守法律和商业道德。不正当竞争行为，是指经营者在生产经营活动中，违反反不正当竞争法规定，扰乱市场竞争秩序，损害其他经营者或者消费者的合法权益的行为。

本案一审过程中，乐读公司明确指控科大讯飞公司在无需支付任何版权成本、带宽成本、服务器成本等的情况下，利用技术手段，实现在"发条"APP内聚合播放网易云音乐全曲库歌曲，复制网易云音乐歌单、榜单，在"发条"APP内能直接登录网易云音乐账号，同步用户创建和收藏的歌单，在"发条"APP内能直接创建和修改网易云音乐歌单的行为构成不正当竞争。

对此，科大讯飞公司作为"发条"APP的开发者与网易云音乐运营者的乐读公司都是数字音乐网络服务的提供者，二者存在竞争关系。对于数字音乐网络服务平台而言，海量、优质的音乐资源是维护其市场地位、保持竞争优势的重要因素，乐读公司耗费大量的时间、精力、财力建立的网易云音乐的曲库、设置相关的榜单、歌单，并形成用户信息，以此吸引用户，从而在用户、音乐作品权利人、广告商、第三方增值服务提供商等市场主体之间搭建平台并从中盈利，乐读公司享有相关的竞争利益。"发条"APP在其首页，无需登录或进行操作下，直接展示与网易云音乐榜单歌曲相同的歌单、榜单。相关用户只需通过"发条"APP登录其在网易云音乐的账户就可以直接进行相关操作，实质上替代了网易云音乐，使得乐读公司的网易云音乐丧失了增加广告曝光度、用户停留、付费用户转化、推荐其他服务等交易机会，降低了乐读公司吸引用户、留住用户可能获得的商业利益，科大讯飞公司的主观过错明显，其行为不具有正当性，构成不正当竞争。

就不正当竞争行为具体类型而言，《反不正当竞争法》第12条规定："经营者利用网络从事生产经营活动，应当遵守本法的各项规定。经营者不得利用技术手段，通过影响用户选择或者其他方式，实施下列妨碍、破坏其他经营者合法提供的网络产品或者服务正常运行的行为：……（四）其他妨碍、破坏其他经营者合法提供的网络产品或者服务正常运行的行为。"本案中，尚无证据显示科大讯飞公司的行为妨碍、破坏乐读公司合法提供的网络产品或者服务正常运行，故乐读公司关于科大讯飞公司构成《反不正当竞争法》第12条规定的不正当竞争行为具体类型的主张不成立，法院不予支持。

二审法院在一审法院认定的事实基础上，从原被告的竞争关系出发，在互联网相关市场的场景下，基于经营者利益、消费者利益、公共利益（市场秩序）作"三元叠加"的利益分析，对被告构成《反不正当竞争法》第 2 条规定的不正当竞争行为作出更为详细的论述：首先，在服务性质上，"发条"APP 最终实现的是通过呈现被链接音乐作品满足用户的欣赏需求，而非获取作品的便利性需求，因此原被告所运营产品的消费者群体高度重叠，存在直接竞争关系。其次，"发条"APP 聚合播放网易云音乐全曲库歌曲，复制网易云音乐歌单、榜单，在"发条"APP 内能直接登录网易云音乐账号，使用户可以直接在"发条"APP 内查看其在网易云音乐上的个性化内容，已构成对网易云音乐核心服务的实质性替代，损害了乐读公司的合法权益。再次，长期来看，不正当地利用他人的曲库谋取自己的商业利益，将导致数字音乐平台不愿更多地向音乐作品权利人支付许可费来获取音乐资源，进而降低音乐原创动能，无法进一步地提供更多的曲库和更好的服务，而被链音乐作品数量和品质的下降也将使"内容+技术"产生的福利成空，最终影响消费者利益。最后，科大讯飞公司开发被诉"发条"APP 设链的行为本质上属于不劳而获的搭便车行为，违反了诚实信用原则，不具有正当性。

综上所述，科大讯飞公司实施的被诉行为违背了诚实信用原则，损害了乐读公司的竞争利益、相关消费者利益，破坏了互联网公平、有序的竞争秩序，构成《反不正当竞争法》第 2 条所规制的不正当竞争行为。

3. 科大讯飞公司应承担赔偿损失的民事责任。

关于停止侵权。本案中，双方确认"发条"APP 已于 2021 年 6 月 24 日下架，一审审理过程中，乐读公司撤回其要求科大讯飞公司停止侵犯乐读公司著作权及不正当竞争的行为的诉讼请求，故一审法院对此不再予以评判。

关于消除影响。本案现无证据显示科大讯飞公司的"发条"APP 造成乐读公司或网易云音乐的商誉受损，故对于乐读公司关于科大讯飞公司刊登声明、消除影响的诉讼请求，一审法院不予支持。

关于赔偿损失。《反不正当竞争法》第 17 条第 4 款规定："经营者违反本法第六条、第九条规定，权利人因被侵权所受到的实际损失、侵权人因侵权所获得的利益难以确定的，由人民法院根据侵权行为的情节判决给予权利人五百万元以下的赔偿。"《最高人民法院关于适用〈中华人民共和国反不正当竞争法〉若干问题的解释》第 23 条规定："对于反不正当竞争法第二条、第八条、第十一条、第十二条规定的不正当竞争行为，权利人因被侵权所受到的实际损失、侵权人因侵权所获得的利益难以确定，当事人主张依据反不正当竞争法第十七条第四款确定赔偿数额的，人民法院应予支持。"本案中，乐读公司未能提供证据证明因被侵权所受到的实际损失、科大讯飞公司因侵权所获得的利益，且主张法定赔偿。一审法院根据本案的案情，考虑各种因素，包括案涉"发条"APP 上架时间、科大讯飞公司不正当竞争行为的性质、发生的范围、不正当竞争行为所造成的影响及主观过错，乐读公司为制止著作权侵权行为及不正当竞争行为所支付的合理费用等因素，在法定赔偿数额范围内，酌定由科大讯飞公司赔偿乐读公司经济损失及合理开支共计100 000 元。

二审中，关于酌定损害赔偿数额的考量因素，二审法院对一审法院认定的仅为 9 天的"发条"APP 侵权时长予以纠正。结合在案证据，二审法院指出，被告早在 2018 年 10 月就已实施在"发条"APP内聚合播放网易云音乐全曲库歌曲的侵权行为，因此，综合考量相关因素，二审法院酌定由科大讯飞公司赔偿乐读公司经济损失及合理费用共计800 000元。

 相关法条

《中华人民共和国著作权法》（2020年修正）第10条

《中华人民共和国反不正当竞争法》（2019年修正）第2条、第12条、第17条

《最高人民法院关于适用〈中华人民共和国反不正当竞争法〉若干问题的解释》（2022年施行）第23条

《三体》音频著作权侵权纠纷案

在线音频平台对平台内主播传播侵权音频的行为应采取必要措施

互联网时代催生了多元化的文化创意产业形态，有声书作为新兴的阅读体验渠道，其兴起推动了在线音频平台行业的快速发展。目前音频产业主要包括两种运营模式：一种是以"荔枝"为代表的UGC（User-Generated Content，用户产生内容）模式，另一种是以"喜马拉雅"为代表的PGC（Professional-Generated Content，专业机构产生内容）模式。在"荔枝"APP的UGC模式之下，平台内全部内容依靠用户创造，平台仅提供展示与推广服务，用户与平台共享打赏赞助，从而实现粉丝经济的变现。自2016年起，"荔枝"又开通了"直播功能"，直播模式的开启，给"荔枝"带来了极大的用户数量增长和营收增长。

然而"荔枝"APP这种低成本投入的运营模式，却带来了后期高成本维护的风险。据统计，截至2021年7月，因为版权侵权以及传播不法内容等问题，"荔枝"APP涉诉案件千余起。本案正是涉及"荔枝"APP的一例音频作品著作权侵权纠纷典型案例。

案例来源

（2021）沪73民终818号

案情简介

原告系深圳市腾讯计算机系统有限公司（本部分简称"腾讯公司"），其（被授权方）从原作者刘某某（授权方）处取得作品《三体》的独占性专有授权，所授权利包括授权期限之内仅被授权方可将授权作品录制成音频作品（即录音制品，下同），以及经录制完成后的音频作品著作权之信息网络传播权，授权期限为2016年5月20日至2020年5月19日。同时，被授权人有权排除授权人及任何第三方按照本授权书的约定使用上述授权作品。被授权方还有权以腾讯公司的名义制止、打击侵权和盗版行为。

被告广州荔支网络技术有限公司（本部分简称"荔支公司"）为网站 www. lizhi. fm 的经营者，也是"荔枝"APP的运营方。

　　原告腾讯公司主张，经过公证，荔支公司"荔枝"APP上有大量用户未经腾讯公司许可复制并上传了《三体》小说的音频，"荔枝直播"还为主播进行《三体》音频作品直播提供直播间，并且"荔枝"APP上的音频内容与实体书《三体》系列的相应内容构成实质性相似。同时，荔支公司在接到腾讯公司发送的侵权通知后未能及时作出删除、屏蔽侵权音频或断开链接等合理的反应。因此，腾讯公司主张，荔支公司侵犯了其对于《三体》作品的改编权、复制权、信息网络传播权以及《著作权法》第10条第1款第17项中的其他权利。

　　原告遂向一审法院提出诉讼请求：①荔支公司立即停止提供《三体》视听节目的在线播放和下载服务，断开案涉侵权音频链接，将案涉侵权音频下架并删除案涉侵权音频；②荔支公司向腾讯公司赔偿经济损失500万元、赔偿合理费用171 481.79元（包含律师费30 000元、鉴定费21 000元、公证费133 000元、音频转换文字稿软件费用4081.79元，共计188 081.79元，在本案中只主张171 481.79元），共计5 171 481.79元；③荔支公司就其侵害作品著作权行为在荔支公司官网（http：//www. lizhi. fm/）首页上端显著位置刊登声明，消除影响，持续时间不少于30个工作日。

　　一审法院认为，被告荔支公司未经原告腾讯公司许可，在其运营的"荔枝"FM网站及应用程序上提供案涉《三体》作品的有声读物，并且在接到腾讯公司发送的侵权通知后，未能及时作出删除、屏蔽侵权音频或断开链接等合理的反应，属于帮助侵权，其行为已侵犯了腾讯公司享有的复制权和信息网络传播权。此外，其在"荔枝直播"中为主播进行《三体》音频作品直播提供直播间的行为，属于未经许可通过网络公开直播腾讯公司享有著作权的作品，直接实施了侵权行为，侵犯了腾讯公司依据《著作权法》规定享有的"其他权利"。荔支公司的上述行为已构成著作权侵权，应当承担相应的民事责任。

　　一审法院遂判决：①荔支公司于判决生效之日起10日内赔偿腾讯公司经济损失500万元；②荔支公司于判决生效之日起10日内赔偿腾讯公司为制止侵权行为所支付的合理开支171 481.79元；③荔支公司于判决生效之日起10日内，就著作权侵权行为在其官网（http：//www. lizhi. fm/）首页连续15日刊登声明，消除影响（声明内容须经法院审核）；如不履行，法院将在相关媒体上公布判决的主要内容，费用由荔支公司承担；④驳回腾讯公司的其余诉讼请求。

　　原审被告荔支公司不服一审判决，提起上诉。二审法院驳回上诉，维持原判。

关键词

　　音频作品；在线音频平台；网络服务提供者；信息网络传播权

争议焦点

　　1. 腾讯公司是否有权提起本案诉讼？

　　2. 荔支公司的案涉行为是否构成著作权侵权？

　　3. 如果案涉行为构成著作权侵权，荔支公司应承担何种民事责任？

裁判观点

1. 腾讯公司有权提起本案诉讼。

根据《著作权法》第 11 条第 4 款（现《著作权法》第 12 条）的规定，如无相反证明，在作品上署名的公民、法人或者其他组织为作者。

本案中，腾讯公司提供的出版物证明案涉作品的作者为刘某某，其有权将该作品的著作权全部或部分许可给他人使用。刘某某与腾讯公司于 2016 年 5 月 27 日签订《独家合作协议》，上述协议合法有效，腾讯公司依据该协议享有相关著作权，其有权提起本案诉讼。腾讯公司系直接与《三体》作品的作者签订许可协议，荔支公司虽对腾讯公司对案涉作品享有的著作权有异议，但其并未能提供足以推翻上述授权协议的相反证据。因此，腾讯公司对案涉作品享有相应的著作权和相关维权权利，可以就本案的著作权侵权之诉主张权利。

2. 荔支公司侵害了腾讯公司的著作权。

首先，关于被控侵权音频的提供者。荔支公司的《服务协议和隐私政策》中明确其提供信息存储空间服务和互联网直播服务；腾讯公司取证的被控侵权音频节目，"荔枝"平台均标明了主播的名称，因此，在无相反证据的情况下，能够认定荔支公司系网络服务提供者，相关音频由网络用户提供。需要注意，网络经营者在提供相关服务时，未根据相关规定要求网络用户提供真实身份信息，其应当根据相关规定承担行政责任，也可能会影响网络服务提供者民事责任的认定。但不能仅凭网络经营者不能提供网络用户的真实身份信息，就认定被控侵权音频由网络经营者提供。

其次，关于荔支公司是否构成著作权侵权。《侵权责任法》第 36 条（现《民法典》第 1194、1195、1197 条）规定，"网络用户、网络服务提供者利用网络侵害他人民事权益的，应当承担侵权责任。网络用户利用网络服务实施侵权行为的，被侵权人有权通知网络服务提供者采取删除、屏蔽、断开链接等必要措施。网络服务提供者接到通知后未及时采取必要措施的，对损害的扩大部分与该网络用户承担连带责任。网络服务提供者知道网络用户利用其网络服务侵害他人民事权益，未采取必要措施的，与该网络用户承担连带责任。"《最高人民法院关于审理侵害信息网络传播权民事纠纷案件适用法律若干问题的规定》第 7 条规定，"网络服务提供者在提供网络服务时教唆或者帮助网络用户实施侵害信息网络传播权行为的，人民法院应当判令其承担侵权责任。网络服务提供者以言语、推介技术支持、奖励积分等方式诱导、鼓励网络用户实施侵害信息网络传播权行为的，人民法院应当认定其构成教唆侵权行为。网络服务提供者明知或者应知网络用户利用网络服务侵害信息网络传播权，未采取删除、屏蔽、断开链接等必要措施，或者提供技术支持等帮助行为的，人民法院应当认定其构成帮助侵权行为。"

就本案而言，首先，案涉作品《三体》是我国最具知名度的科幻小说之一，具有极高的商业价值。荔支公司应当知道，权利人不可能免费许可他人使用该作品。其次，"荔枝"平台有大量《三体》音频，有些音频的标题中有"三体""黑暗森林""死神永生"等字样，且有连续多集，荔支公司容易识别出此类音频是侵权音频。再次，"荔枝"平台有众多主播传播《三体》音频，有的主播系排名靠前的主播，如"竹子竹子"系银牌独家直播主播，"你的迪哥"系独家内容主播、优秀主播等。对于独家主播等有影响力的主播，荔支公司对其播出的内容有更高的注意义务。最后，腾讯公司自 2019 年 4 月 1 日即通过邮件向荔支公司发送侵权通知，并提供了刘某某出具的授权书及侵权音频列表，上述通知已构成有效通知。此后，腾讯公司又多次向荔支公司发送侵权通知。但"荔枝"平台仍有大量侵权音频，包括一些有影响的主播如"竹子竹子""你的迪哥"等，在腾讯公司发出侵权通知后，均持续在"荔枝"平台提供《三体》音频。

因此，荔支公司明知或者应知其平台主播传播侵权音频，但在接到腾讯公司发送的侵权通知后未能及时作出删除、屏蔽侵权音频或断开链接等合理的反应，故荔支公司构成帮助侵权，应对案涉网络用户侵害作品著作权的行为承担侵权责任。

3. 荔支公司应当承担停止侵害、消除影响、赔偿损失的民事责任。

荔支公司主张，即使其构成侵权，一审法院判决确定的赔偿金额过高，其涉及被控侵权音频的分成收益仅有数万元，应在 50 万以内确定赔偿金额。二审法院认为，虽《著作权法》（2010 年修正）规定的法定赔偿最高限额为 50 万元，但一审法院在法定赔偿最高限额之上确定本案赔偿金额并无不当。首先，长篇科幻小说《三体》多次获得各类奖项，具有极高的社会关注度，是我国最具商业价值的作品之一。其次，荔支公司是知名的网络音频平台，有众多的受众。荔支平台有大量侵权音频，虽然荔支公司与网络主播的分成获利有限，但《三体》音频会给荔支公司带来流量，提高荔支公司的商业估值，也可带来更多广告的收益，不能仅以荔支公司与主播的分成认定荔支公司的侵权获益。最后，经腾讯公司发送侵权通知函后，"荔枝"平台仍有大量侵权音频，且持续较长时间，荔支公司主观过错明显。虽然权利人的实际损失、侵权人的违法所得、权利使用费难以计算，但有证据证明前述数额明显超过 50 万元的法定赔偿最高限额，综合全案证据情况，可在法定赔偿最高限额之上酌情确定赔偿数额。一审法院综合考虑案涉作品知名度高、侵权规模大及持续时间较长、主观过错明显等因素，判决荔支公司支付腾讯公司赔偿金 500 万元，并判决荔支公司承担制止侵权的合理费用，一审法院确定的赔偿金额在合理范围内，二审法院予以维持。考虑案涉作品极高的知名度、腾讯公司获独家授权、荔支公司侵权规模及主观过错程度，一审法院判决荔支公司消除影响并无不当，二审法院予以维持。

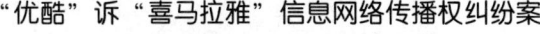 相关法条

《中华人民共和国著作权法》（2020 年修正）第 10 条、第 12 条
《中华人民共和国民法典》（2021 年施行）第 1194 条、第 1195 条、第 1197 条
《最高人民法院关于审理侵害信息网络传播权民事纠纷案件适用法律若干问题的规定》（2020 年修正）第 3 条、第 7 条

"优酷"诉"喜马拉雅"信息网络传播权纠纷案

算法自动推荐用户上传的侵权音频，平台不必然承担侵权责任

对于权利人要求平台承担侵害其信息网络传播权的民事责任的主张，首先应当严格按照《最高人民法院关于审理侵害信息网络传播权民事纠纷案件适用法律若干问题的规定》

对作为网络服务提供者的平台所具有的主观过错，即对其主观上是否明知或应知进行判断。但是，对主观过错的判断，仍然需要遵循相关司法解释所确定的客观标准。对于是否构成明知，应结合平台是否已经接到权利人有效通知进行判断。而对于是否构成应知，则应当从平台是否针对案涉侵权音频进行人工选择、编辑、修改、推荐，案涉内容是否属于可以明显感知的侵权信息，平台是否从侵权内容中获得直接经济利益，平台是否未尽到与其信息管理能力相应的注意义务，平台是否设置便捷程序接收侵权通知并及时作出合理反应，以及平台是否对同一网络用户的重复侵权行为采取合理措施等方面进行综合认定。值得注意的是，算法推荐区别于人工推荐，不能因算法推荐技术的使用而当然推定网络服务提供者信息管理能力的提高，进而要求其对所有推荐内容主动采取防范侵权的措施，这一观点有利于平衡使用算法推荐技术的平台与著作权人之间的利益，减轻平台的主动审查义务，进而在数字经济发展与著作权保护之间取得双赢。

案例来源

（2023）沪 73 民终 287 号

案情简介

原告优酷信息技术（北京）有限公司（本部分简称"优酷公司"）经独家授权享有案涉节目《圆桌派第三季》《圆桌派第四季》的信息网络传播权，并享有相关维权权利。被告上海喜马拉雅科技有限公司（本部分简称"喜马拉雅公司"）系案涉"喜马拉雅"软件平台的运营者。

优酷公司主张，被告喜马拉雅公司的网络用户未经优酷公司许可，擅自向其他不特定的网络用户提供案涉作品《圆桌派第三季》《圆桌派第四季》中的音频内容，使得相关公众可以在自己选定的时间和地点获得案涉作品的部分内容，已构成对优酷公司就案涉作品享有的信息网络传播权的直接侵害。如法院认定其不构成直接侵权，喜马拉雅公司作为案涉平台经营者，对侵权内容进行了编辑、推荐，也构成帮助侵权。同时，喜大（上海）网络科技有限公司（本部分简称"喜大公司"）系案涉"喜马拉雅"软件的开发者，与被告喜马拉雅公司共同实施了侵权行为，应承担连带责任。

一审法院认为，喜马拉雅公司作为网络服务提供者，对用户侵权行为存在应知，承担帮助侵权的责任；喜大公司非平台经营者不承担责任。案涉作品具有较高知名度，部分侵权行为较为明显，喜马拉雅公司对部分侵权内容存在设置行为，应负有较高注意义务。遂判决喜马拉雅公司赔偿优酷公司经济损失 12 万元及合理开支 1 万元。

后喜马拉雅公司提起上诉，二审法院经审理判决撤销一审判决，驳回优酷公司的全部诉讼请求。

关键词

用户上传；算法推荐；网络服务提供者；注意义务

争议焦点

1. 原告优酷公司是否有权提起本案诉讼？

2. 被告喜马拉雅公司是否构成侵权？

裁判观点

1. 原告优酷公司有权提起本案诉讼。

法院指出，案涉节目《圆桌派第三季》《圆桌派第四季》系以类似摄制电影的方法创作，属于《著作权法》规定的视听作品，应受著作权法保护。

根据《最高人民法院关于审理著作权民事纠纷案件适用法律若干问题的解释》，当事人提供的涉及著作权的底稿、原件、合法出版物、著作权登记证书、认证机构出具的证明、取得权利的合同等，可以作为证据；在作品或者制品上署名的自然人、法人或者非法人组织视为著作权、与著作权有关权益的权利人，但有相反证明的除外。本案中，原告提交的证据显示，相关公司签署《优酷土豆与看理想合作节目协议》，开展节目《圆桌派》的合作，并对各自享有的知识产权权利类型进行了约定，其中，甲方公司享有案涉节目的信息网络传播权。此后，双方签署补充协议，约定甲方公司将协议项下的节目署名权授予原告。甲方公司亦向原告出具授权书，将案涉节目《圆桌派第三季》《圆桌派第四季》的信息网络传播权独家授权许可原告使用，原告同时享有维权权利。据此，可以认定原告经授权享有案涉节目的信息网络传播权，并有权提起本案诉讼。

2. 被告喜马拉雅公司并不构成侵权。

本案中，"喜马拉雅"APP中案涉音频专辑项下的音频内容与案涉权利作品《圆桌派第三季》《圆桌派第四季》中的音频一致，可以认定上传相关音频的主播实施了对案涉作品的信息网络传播行为。被告喜马拉雅公司作为网络服务提供者，不构成直接侵权，本案争议主要在于被告喜马拉雅公司是否构成帮助侵权。

根据《最高人民法院关于审理侵害信息网络传播权民事纠纷案件适用法律若干问题的规定》，网络服务提供者在提供网络服务时教唆或者帮助网络用户实施侵害信息网络传播权行为的，人民法院应当判令其承担侵权责任。网络服务提供者明知或者应知网络用户利用网络服务侵害信息网络传播权，未采取删除、屏蔽、断开链接等必要措施，或者提供技术支持等帮助行为的，人民法院应当认定其构成帮助侵权行为。因此，网络服务提供者构成帮助侵权的前提是认定其存在明知或者应知。

（1）被告是否存在明知。根据《最高人民法院关于审理侵害信息网络传播权民事纠纷案件适用法律若干问题的规定》，网络服务提供者接到权利人以书信、传真、电子邮件等方式提交的通知及构成侵权的初步证据，未及时根据初步证据和服务类型采取必要措施的，人民法院应当认定其明知相关侵害信息网络传播权行为。网络服务提供者提供网络服务，对于网络用户在其网络平台上传的海量内容，其主动审查以发现侵权内容的能力有限，因此，网络服务提供者对于网络用户上传的内容并不具有主动审查义务，"通知+必要措施"规则作为起源于网络著作权领域的特殊规则，作为主观过错认定的特殊形式，构建了一种高度形式化的认定网络服务提供者责任的程序，旨在合理分配侵权发现成本的基础上鼓励著作权人和网络服务提供者共同抵制网络侵权，系认定网络服务提供者侵权责任的重要规则。

本案中，原告于2020年12月10日进行侵权公证，发现案涉侵权音频直至2022年5月18日提起本案诉讼前，在超过17个月的时间里，并未向被告发送过侵权通知，亦无其他证据显示被告明知其网络用户在其经营的平台中上传了案涉侵权音频而未采取删除、屏蔽、断开链接等必要措施。在收到一审法院诉讼材料后，被告亦已在合理期限内删除了案涉音频专辑。因此，不能认定被告明知网络用户利用网络服务侵害信息网络传播权，未采取删除、屏蔽、断开链接等必要措施，或者提供技术支持等帮助行为。

（2）被告是否存在应知。法院指出，应知系指虽不存在明知的证据，但根据所应承担的注意义务应当知道侵权行为的存在。应知虽系主观过错认定范畴，但其认定亦应遵循相应的客观标准。根据《最高人民法院关于审理侵害信息网络传播权民事纠纷案件适用法律若干问题的规定》，人民法院应当根据网络用户侵害信息网络传播权的具体事实是否明显，综合考虑以下因素，认定网络服务提供者是否构成应知：基于网络服务提供者提供服务的性质、方式及其引发侵权的可能性大小，应当具备的管理信息的能力；传播的作品、表演、录音录像制品的类型、知名度及侵权信息的明显程度；网络服务提供者是否主动对作品、表演、录音录像制品进行了选择、编辑、修改、推荐等；网络服务提供者是否积极采取了预防侵权的合理措施；网络服务提供者是否设置便捷程序接收侵权通知并及时对侵权通知作出合理的反应；网络服务提供者是否针对同一网络用户的重复侵权行为采取了相应的合理措施；其他相关因素。二审法院对此论述如下：

第一，被告并未针对案涉侵权音频进行人工选择、编辑、修改、推荐。原告公证保全视频显示，"喜马拉雅"APP 公示的《隐私信息保护政策》中明确，平台为用户提供内容推荐展示，自动收集用户的搜索和浏览记录、关注、播放记录、访问量、播放时长等信息作为有关网络日志保存，并基于用户的设备信息和日志信息，提取用户的偏好特征，向用户提供更便捷、更符合用户个性化需求的信息展示、搜索及推送服务。在"喜马拉雅"APP 的用户登录页面亦详细记载了已收集的个人信息清单，用于首页推荐、个性化推送、内容推荐等使用目的。综合在案证据，被告主张案涉音频专辑出现在首页推荐版块的精品栏目中属于平台基于大数据算法自动推荐产生，可予支持。该大数据推荐系基于网络用户在一定时间内的搜索、浏览、关注等历史选择信息通过既定的算法规则来推送符合用户个性化需求的信息。推荐过程涉及特征标签匹配，不考虑内容的具体识别和判断，推荐内容受用户历史选择情况、可选内容源的变化而变化，具有个性化推荐的特点，对于不同用户的推荐内容亦存在差异，区别于网络服务提供者人工对作品进行选择、编辑、修改并统一向所有用户进行推荐的行为。因此，不能基于个性化推荐内容中涉及案涉音频即认定被告主动对案涉音频进行了设置行为。与之同理，主播上传专辑时涉及人文、文化、历史等众多专辑标签的选择，基于平台采用大数据算法推荐技术，被告主张各标签热播榜的形成亦基于大数据算法规则，可予支持。二审法院还注意到，该些标签均系通用分类标签，对于大数据形成的不断变动的榜单，亦区别于网络服务提供者对榜单内容进行人工选择。

第二，案涉侵权音频并不属于可以明显感知的侵权信息。二审法院注意到：首先，案涉权利作品系视听节目，包括画面与音频的组合，每期节目时长近 1 小时；而侵权音频仅涉及权利作品中的音频部分，且系不完整的切片分段音频，表现为具有一个特定主题的几分钟音频，其相较于权利作品本身，增加了内容侵权识别的难度。其次，案涉侵权音频专辑系以"圆桌 π"命名，与权利作品名称"圆桌派"存在文字差异，由汉字到特殊数学符号的转变，一定程度上也增加了侵权识别的难度。相关专辑图片、简介亦均未涉及"圆桌派"文字，也较难通过专辑标题、简介去识别是否属于侵权信息。最后，在案证据显示被诉侵权音频处于公证登录账号的推荐页面，鉴于大数据算法推荐具有个性化特点，不同用户推荐页面并不相同，并不足以证明被诉侵权音频处于案涉 APP 可以被平台经营者明显感知的位置。

第三，被告并未从侵权内容中获得直接经济利益。根据相关司法解释的规定，网络服务提供者从网络用户提供的作品、表演、录音录像制品中直接获得经济利益的，人民法院应当认定其对该网络用户侵害信息网络传播权的行为负有较高的注意义务；网络服务提供者针对特定作品、表演、录音录像制品投放广告获取收益，或者获取与其传播的作品、表演、录音录像制品存在其他特定联系的经济利益，应当认定为前述规定的直接获得经济利益；网络服务提供者因提供网络服务而收取一般性广告费、服务费等，不属于前述规定的情形。可见，直接经济利益系指与特定作品存在直接联系的经济利益，要求网络服务提供者的收入与侵权行为之间存在必然的关联性。本案中，案涉侵权音频可进行免费播放和下载，仅在涉及"超高音质音频下载"功能时需付费成为 VIP 用户。然而，该"超高音质音频下载"服务系 VIP 用户享有的面向平台内所有音频的权益，并非针对案涉侵权音频，"喜马拉雅"APP 内的音频数量众多，VIP 会员服务也不仅限于"超高音质音频下载"，难以认定会员费收入系由案涉侵权音频带来或者案涉侵权音频的存在导致会员费收入的增加，也即会员费收入与被诉行为之间不存在直接的、必然的联系，因此喜马拉雅公司提供的"超高音质下载服务"属于一般性服务，不能据此认定被告从案涉侵权音频中获得直接经济利益。关于流量利益，指基于流量访问而产生的传播利益，系根据网络服务提供者的服务模式而获得的商业利益，与特定作品并无关联，亦不能认定属于直接经济利益。

第四，在案证据尚不能证明被告未尽到与其信息管理能力相应的注意义务。本案中，被告为其网络用户提供信息存储空间服务，并就平台内容向其网络用户进行大数据算法推荐展示，该推荐技术具有高度匹配用户需求、降低信息搜索成本、提升用户体验、增加用户黏性的市场价值，能为被告带来更多的竞争优势，然而当推荐内容涉嫌著作权侵权时，该推荐技术一定程度上亦存在着提高侵权传播效率、扩大侵权传播范围的风险。那么，被告是否因算法推荐技术的采用而应承担更高的注意义务？对此，二审法院认为，根据相关司法解释的规定，网络服务提供者提供服务的性质、方式及其引发侵权的可能性大小，应当具备的管理信息的能力，是否积极采取了预防侵权的合理措施等，均是网络服务提供者是否构成应知的具体考量因素。可见，网络服务提供者的注意义务应当随着经营模式、信息管理能力、所属行业技术发展情况的变化而不断调整，应知的判断标准也应随之调整。对于算法推荐，算法技术的基础是客观数学规律，但具体算法推荐技术的设计和使用则因不同网络服务提供者而存在差异，对于个案反映的网络服务提供者对于用户侵权行为是否属于应知亦应结合个案情况综合判断。需要指出的是，算法推荐区别于人工推荐，不能因算法推荐技术的使用而当然推定网络服务提供者信息管理能力的提高，进而要求其对所有推荐内容主动采取防范侵权的措施，亦不能因算法推荐内容涉及侵权，而当然推定网络服务提供者知悉该内容的存在，进而对该内容是否可能侵权作出判断。当然，算法推荐技术本身并非一成不变，可以也应当被不断改进和完善。虽然并不要求采用算法推荐技术的网络服务提供者在技术采用之初同步采取相应的侵权预防措施，以避免对新技术发展苛以过高法律义务导致对于技术本身的实质否定评价，但采用算法推荐技术的网络服务提供者仍应当定期审核、评估算法模型，在特定算法推荐系统已经引发著作权侵权事实的基础上，尤其当算法推荐技术被用于存在较高著作权侵权风险内容的推送时，网络服务提供者应提高相应的注意义务，采取技术上可行的模型修正方式，或者采取其他预防侵权的合理措施。被告主张本案系其平台因大数据算法推荐内容涉嫌侵权被诉至法院的第一起案件，在案证据显示被告采用算法推荐技术进行个性化推送和通用榜单排序，并无证据显示被告将该技术使用于存在较高著作权侵权风险内容的推送。基于以上考量，本案尚不能认定被告未尽到与其信息管理能力相应的注意义务。

此外，本案证据并未涉及喜马拉雅公司未设置便捷程序接收侵权通知并及时作出合理反应，以及未对同一网络用户的重复侵权行为采取合理措施的问题。故综合在案证据尚不能认定被告应当知道其网络用户在其经营的平台中上传了案涉侵权音频而未采取删除、屏蔽、断开链接等必要措施。

综上，在不能认定被告明知或者应知网络用户利用网络服务侵害信息网络传播权，未采取删除、屏蔽、断开链接等必要措施，或者提供技术支持等帮助行为的情况下，被告并不构成帮助侵权。

相关法条

《中华人民共和国著作权法》（2020 年修正）第 17 条

《最高人民法院关于审理著作权民事纠纷案件适用法律若干问题的解释》（2020 年修正）第 7 条

《最高人民法院关于审理侵害信息网络传播权民事纠纷案件适用法律若干问题的规定》（2020 年修正）第 7 条、第 8 条

二、平台功能破坏行为

"喜马拉雅"诉"易听"不正当竞争纠纷案

提供侵权软件使用户无需下载 APP 或注册/登录账号即可收听音频资源，构成不正当竞争

在数字化时代，音频分享平台已成为人们获取知识、娱乐与放松的重要渠道之一。其中，"喜马拉雅"作为国内领先的音频分享平台，凭借其丰富的音频资源和便捷的用户体验，赢得了广大用户的青睐。然而，随着科学技术的不断进步和市场竞争的日益激烈，音频分享平台也面临着前所未有的挑战，尤其是来自技术侵权和不正当竞争行为的威胁。一些第三方公司开始利用技术手段绕过音频分享平台的技术保护措施，非法获取并传播平台上的音频资源。这种行为不仅侵犯了音频分享平台的合法权益，也扰乱了正常的市场竞争秩序，损害了消费者的合法权益。

本案中，原告公司通过网页端和手机端的技术保护，使得用户无法通过网页端直接获取相应的音频资源，通过手机端下载的音频也必须借助手机 APP 进行播放，而被告公司利用技术手段突破这一限制，该行为妨碍和破坏了原告公司案涉平台的正常运行，损害了原告公司的合法权益，也违背了诚实信用原则和商业道德。本案中涉及的软件和硬件结合

的侵权方式较为新颖，通过本案的审理对此行为给予有效打击，对相关互联网企业之间开展有序竞争具有指导意义。

案例来源

（2020）皖 01 民初 2516 号

案情简介

"喜马拉雅"APP 是原告上海喜马拉雅科技有限公司（本部分简称"喜马拉雅公司"）经营的一款知名音频分享平台，主要向用户提供网站在线收听音频作品、下载收听音频作品等服务。

被告深圳市易听教育科技有限公司（本部分简称"易听公司"）为一家复读机生产销售企业，其主要生产销售"倾听者"系列复读机，合肥市蜀山区丽视音电子产品经营部（本部分简称"丽视音经营部"）为"倾听者"系列复读机的销售商。2020 年 6 月，原告喜马拉雅公司发现被告易听公司在其开发运营的网站及微信公众号上向公众提供侵权软件"自动分句软件"的下载及使用说明。同时，易听公司生产销售的"倾听者"复读机内亦自带该侵权软件。通过该侵权软件，用户可以免费提取"喜马拉雅"平台的音频资源，并在"倾听者"复读机上进行播放。原告认为，被告以非法方式获取"喜马拉雅"平台资源，对其商业利益造成了严重损害。易听公司通过不正当手段吸引用户购买其产品，以此获得巨额经济回报，构成对其的不正当竞争。原告遂起诉至法院，请求：①判令易听公司停止实施针对其的不正当竞争行为，包括但不限于删除在其官网及微信公众号发布的侵权软件下载链接，停止销售含有侵权软件的产品，停止以任何形式发布侵权信息；②判令丽视音经营部停止销售含有侵权软件的产品；③判令易听公司与丽视音经营部共同赔偿其经济损失 3 000 000 元人民币，以及合理费用 30 000 元人民币，共计 3 030 000 元人民币，并承担本案诉讼费用。

法院经审理后认为，易听公司的行为使得喜马拉雅公司可能失去所有用户后续的访问行为带来的流量及其潜在的付费用户，妨碍和破坏了喜马拉雅公司"喜马拉雅"平台的正常运行，遂判令易听公司赔偿喜马拉雅公司损失 10 万元。

关键词

网络音频；技术手段；自动分句软件；不正当竞争

争议焦点

被告易听公司的被诉行为是否构成对原告喜马拉雅公司的不正当竞争？

裁判观点

本案中被告的被诉行为为在其开发运营的网站及微信公众号上向公众提供"自动分句软件"的下载及使用说明，用户通过该软件可以免费提取"喜马拉雅"平台的音频资源，并在被告生产销售的"倾听者"复读机上进行播放。该行为构成对原告喜马拉雅公司的不正当竞争。

首先，反不正当竞争法规定的经营者是指从事商品生产、经营或者提供服务的自然人、法人和非法人组织。被告的经营范围包括网上从事网络技术开发、网上销售外语教育类电子产品，经营电子商务等，就被诉行为涉及的用户群体和具体业务而言，被告与原告的用户和经营范围存在重合，因此，两者具有竞争关系。

其次，根据本案查明的事实，原告通过网页端和手机端的技术保护，使得用户无法通过网页端直接获取相应的音频资源，通过手机端下载的音频也必须借助手机 APP 进行播放。而被告通过技术手段可以突破这一限制，具体表现为用户通过下载安装被告提供的"自动分句软件"到电脑，同时将被告经营的复读机产品连接至电脑，即可使得用户无需下载"喜马拉雅"APP，亦无需注册或登录"喜马拉雅"账号便能批量下载"喜马拉雅"平台上的音频资源，该音频资源通过软件导入被告生产销售的复读机硬件即可反复收听。而被告对如何使用技术手段突破原告禁止下载的限制未作出说明。

最后，用户在"喜马拉雅"用户端只能在线收听相应音频而不能下载到本地，这就导致了用户需要获取"喜马拉雅"音频时必须进入"喜马拉雅"官方网页，而被告的行为导致用户只需要进入一次"喜马拉雅"网页即可获取"喜马拉雅"全网的音频资源。

综合上述分析，被告利用软件和硬件结合的方式下载播放"喜马拉雅"网站的音频资源，该行为使得用户无需下载"喜马拉雅"APP 即可实现无网络脱机反复收听"喜马拉雅"音频作品，会使得"喜马拉雅"公司失去所有用户后续的访问行为带来的流量及其潜在的付费用户，妨碍和破坏了原告"喜马拉雅"平台的正常运行，主观过错明显，根据《反不正当竞争法》第 12 条第 2 款第 4 项的规定，构成不正当竞争。

▶ 相关法条 ◀

《中华人民共和国反不正当竞争法》（2019 年修正）第 2 条、第 12 条

第三节　网络直播

一、主播不正当竞争

主播"雪梨"直播带货商业诋毁案

带货主播对竞争产品的误导性评论构成商业诋毁

网络直播带货作为一种新型商品营销方式，正在日益取得巨大的市场影响力，吸引着越来越多的经营者与消费者参与其中。但是在直播带货的过程中，主播的言行应受到严格规范，遵守《广告法》《反不正当竞争法》等相关法律的规定，不仅不得对自己所售商品做出不实描述和虚假宣传，更不得通过对竞争产品进行误导宣传、恶意抹黑而获取不正当竞争优势，否则将可能构成商业诋毁或虚假宣传，并因此承担相应的法律责任。本案判决提示网络主播在进行直播活动时应当遵守法律和商业道德，对于所售产品以及竞争产品均需进行客观、真实、公允的评价。

案例来源

（2021）沪 0110 民初 11719 号

案情简介

原告金佰利（中国）有限公司（本部分简称"金佰利公司"）系"好奇 Huggies"纸尿裤产品等金佰利旗下知名产品在中国大陆地区的制造和销售商。被告朱某某以"雪梨"为昵称从事淘宝直播业务，账号名为"雪梨_ Cherie"。被告杭州辰范网络科技有限公司（本部分简称"辰范公司"）为前述淘宝直播账号的注册主体以及淘宝店铺"钱夫人家雪梨定制"的经营者，该淘宝店铺为被告朱某某的网络直播提供了访问入口。被告杭州宸帆电子商务有限责任公司（本部分简称"宸帆公司"）为前述淘宝直播账号的实际运营主体。

被告朱某某在 2020 年 11 月 2 日"雪梨双十一母婴超品日"淘宝直播中推销"帮宝适 Pampers"拉拉裤时称："有人说'好奇'便宜，我跟你说'好奇'就是不好……我们对比过……"。原告主张，被告朱某某基于其经营者的身份和网络影响力，在推销"帮宝适"品牌纸尿裤时，将原告产品与之进行直接比对，没有任何根据就声称原告产品纸尿裤"就是不好"，并借"其他的尿布"之名，影射原告产品"渗透性很差的，吸水真的很不好用"，编造、传播虚假、误导性信息，诋毁原告产品的品质，严重损害原告的商品声誉以及商业信誉，明显违反公平、诚信的原则，违反商业道德，构成商业诋毁。此外，被告在同一个直播活动中销售"帮宝适"的产品时做了个实验，用以说明"帮宝适"产品透气性好，属于对比广告，构成对"帮宝适"产品的虚假宣传。原告遂向法院起诉，请求判令：①被告立即删除含有诋毁原告商品声誉、商业信誉内容的淘宝直播视频；②被告在淘宝直播中，以口播及文字形式向原告道歉并消除影响，且直播视频至少保留 60 日（内容需经原告和法院审核）；③被告共同赔偿原告经济损失 1 000 000 元（包括原告因制止不正当竞争行为支出的公证费、差旅费、律师费等合理费用）。审理中，原告确认案涉视频已被删除，故撤回第一项诉讼请求；明确第二项诉讼请求系要求被告通过发布声明，消除对原告的不利影响。

法院经审理后认为，被告的行为构成商业诋毁，判决如下：①被告向原告提交书面声明，由原告自行刊登于新浪微博账号"好奇官方微博"内，消除影响；②被告连带赔偿原告经济损失及为制止侵权行为所支出的合理开支 200 000 元；③驳回原告的其余诉讼请求。

关键词

直播带货；商业诋毁；虚假宣传；不正当竞争

争议焦点

1. 当事人之间是否存在竞争关系？
2. 被告是否实施了商业诋毁、虚假宣传的不正当竞争行为？
3. 若被告实施了不正当竞争行为，应承担何种民事责任？

裁判观点

1. 当事人之间存在竞争关系。

法院首先指出,《反不正当竞争法》的立法目的在于维护合法有序的市场竞争秩序,鼓励和保护公平竞争,制止不正当竞争行为,保护经营者和消费者的合法权益。《反不正当竞争法》规定的经营者,一般指具有相同或类似经营内容,直接或间接存在市场竞争关系,从事商品生产、经营或者提供服务的自然人、法人或非法人组织。

本案中,原告实际经营婴儿纸尿裤产品,被告辰范公司作为淘宝直播账号"雪梨_Cherie"的注册主体、宸帆公司作为该直播账号的实际运营主体,被告朱某某作为该直播账号的主播,该账号在进行直播中涉及对婴儿纸尿裤产品的推介及引导消费者对此类商品消费,故原告与被告均与婴儿纸尿裤商品经营活动产生关联,直接或间接存在市场竞争关系;加之,本案原告主张被诉直播活动中,被告的行为涉及在推介纸尿裤商品时发表的言论对其造成竞争上的不利影响,从而引发原告的损失,也即,根据原告的主张,其与被告存在竞争性利益冲突的关系。据此,法院确认本案可以适用《反不正当竞争法》予以评价。

2. 被告行为构成商业诋毁的不正当竞争行为,但不构成虚假宣传的不正当竞争行为。

(1)被告行为构成商业诋毁的不正当竞争行为。本案中,被告朱某某作为淘宝直播账号"雪梨_ Cherie"的直播人员,在对"帮宝适"拉拉裤商品直播推介过程中,在介绍"帮宝适拉拉裤"的同时,发表言论"有人说'好奇'便宜,我跟你说,'好奇'就是不好",且在其身旁工作人员对其作出捂嘴动作后,表示"对比过""能卖更便宜的尿布,便宜不是唯一的标准,如果你用过'帮宝适'你就知道,真的,我对比过其他的尿布,就是那个渗透性很差,吸水性真的很不好用",上述言论起到对"好奇"品牌加以评价的作用。而从常理看,"不好"一词显然属于负面评价,可以被受众引申理解为质量、品质、体验等方面存在不足。被告虽认为其所指"'好奇'不好"系指向的是"价格不好",但一方面在直播状态下,受众在接收到主播所说"不好"一词后,通常不会仅仅理解为"价格"方面不好,另一方面,直播主播朱某某随后的言论提及"便宜不是唯一标准"以及"比过其他的尿布""渗透性很差",也容易导致观众在一个连续对话场合,将"'好奇'不好"的原因同"渗透性很差、吸水性不好"相联系,也即容易导致观众形成"好奇"品质不好的结论。"雪梨_ Cherie"直播账号的直播人员作为对婴儿纸尿裤进行直播推荐人,在进行有关商业活动中,对竞争产品做出误导性评论,相关言论构成商业诋毁。

被告虽认为在该直播中有其他工作人员,在"'好奇'不好"言论发表后,有对朱某某作出捂嘴动作,以及在同一直播活动中解释"'好奇'不好"是指"价格不好,不是质量不好,是口误",但前述捂嘴动作并非对相关言论的澄清,后续的直播澄清行为发生在被诉言论出现后两个半小时,即在直播临近结束时发布有关澄清言论,该澄清行为既不能阻却商业诋毁行为的构成,亦不足以消除对原告造成的不利影响。

(2)被告行为不构成虚假宣传的不正当竞争行为。原告主张被诉直播账号在为"帮宝适"品牌产品进行直播带货时,为"帮宝适"开展透气性实验,以说明商品透气性,属于对比广告,构成对"帮宝适"品牌的虚假宣传。法院认为,《反不正当竞争法》规定,经营者不得对其商品的性能、功能、质量、销售状况、用户评价、曾获荣誉等作虚假或者引人误解的商业宣传，欺骗、误导消费者。构成虚假宣传的不正当竞争行为，应以经营者宣传的信息虚假或引人误解为前提。现被告朱某某在带货直播过程中，在下方玻璃杯中倒入热水并将尿布覆盖该杯口，随后在尿布上方倒扣一个透明玻璃杯，其后上方玻璃杯内显示有雾气，该行为系通过简易实验方式客观展示有关商品的透气性，即便该实验的严谨、科学性达不到国家质量检测机构的透气性检测程度，但该方式尚未构成对消费者宣传虚假或误导性信息，故就原告主张被告前述行为构成虚假宣传的不正当竞争行为，法院不予支持。

3. 被告应承担停止侵权、赔偿损失、消除影响的民事责任。

法院指出，被告朱某某在直播中的有关言论构成对原告的商业诋毁，故相关责任人应当承担停止侵权、赔偿损失、消除影响的民事法律责任。关于责任人，法院认可案涉直播行为系朱某某履行宸帆公司有关职务时所实施的行为，故就朱某某在直播中发表的商业诋毁行为，应由宸帆公司承担相应的民事责任。被告辰范公司系直播账号"雪梨_ Cherie"的注册人，虽并未实际运营该直播账号，但其应知直播活动存在对他人造成损害的风险，而仍将直播账号交宸帆公司使用，则对于宸帆公司因使用该账号所产生的民事责任，其应承担连带责任。

对于原告所主张的停止侵权的诉讼请求，审理中，原告确认被诉视频已经删除，故撤回相关诉请，此系原告自行处分其民事权利和诉讼权利，法院予以准许。

对于原告所主张的消除影响的诉讼请求，法院综合考虑被告朱某某作为淘宝直播平台的知名带货主播、粉丝量庞大、案涉直播过程中的观看人数超过1450万等因素，可以认定其直播中针对原告商品的言论足以对原告的商品声誉造成不良影响，尽管在同一直播的较晚时间有关直播人员对案涉不当言论有所澄清，但尚不足以消除对原告的不利影响，故对于原告主张责任人发布声明、消除影响的诉讼请求，法院予以支持，被告宸帆公司、辰范公司应承担消除影响的责任，消除影响的范围应当与案涉商业诋毁行为造成的不良影响范围相当。故法院综合考虑原告的具体请求、案涉不当言论的直接发布者系具有较高影响力的主播朱某某等因素，法院确定被告宸帆公司、辰范公司以书面形式向原告递交声明，由原告在其微博"好奇官方微博"处发布该声明，声明应明确指明不当言论的发布者为直播账户"雪梨_ Cherie"的主播朱某某，声明可保留15日，以消除对原告的不利影响。

关于赔偿损失的数额，本案中原告未举证证明其因侵权所受到的实际损失，被告虽明确其就案涉"帮宝适"品牌商品直播仅收取一笔固定"坑位费"，但其并非基于案涉商业诋毁行为而所获收益，该金额与案涉商业诋毁行为所致对原告的不利后果相比，亦显不足以弥补原告损失，故法院综合考虑原告及其商品知名度、案涉言论由知名度高的主播朱某某发表、发表的场合、相关直播活动的观看人数、相关言论的影响范围、案涉直播视频存在的时间、被告的过错程度等因素，依法予以酌定。

关于原告所主张为本案支出的律师费、公证费，原告提交相关发票，法院综合考虑原告代理人的工作量、案件难易程度和相关律师收费标准、费用支出的合理性和必要性等因素，酌定支持。

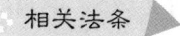 相关法条

《中华人民共和国反不正当竞争法》（2019年修正）第11条、第17条

二、主播解约

主播解约天价违约金纠纷案

对于直播行业中合同约定的巨额违约金，司法裁判中应充分考虑网络直播行业特点予以合理判定及调整

近年来，随着短视频平台的迅猛发展和网络直播行业的快速兴起，越来越多的人加入直播行业，他们创造了无数财富神话，同时也带来一系列法律问题。在涉新经济新业态纠纷中，很多主播与公司签约后一旦解约就面临巨额索赔，一面是新兴行业的主播个人，另一面是攥着签约合同的公司，法院究竟如何认定？

本案合同约定了5000万元的"巨额违约金"，且相关直播平台均为当时业界较大的直播平台，案涉主播亦为知名主播，相关纠纷备受业界关注。本案裁判结果既在合同效力层面落实了尊重当事人意思自治、维护合同效力、促使当事人诚信履约的合同法规则，又基于平台直播业的实际特点，对畸高的违约金进行了合理调整，肯认了司法适当的必要干预，平等保护了直播平台与主播个体的合法权益，有利于引导网络直播行业健康有序发展，营造良好、理性的市场竞争环境。本案对直播行业类合同违约金调整所确立的审理思路和裁判规则，对类似案件具有良好的指导示范意义。

案例来源

（2020）沪02民终562号

案情简介

本案原告为上海熊猫互娱文化有限公司（本部分简称"熊猫公司"），被告李某原为熊猫公司创办的"熊猫直播"平台游戏主播，被告昆山播爱游信息技术有限公司（本部分简称"播爱游公司"）为李某的经纪公司。2018年2月28日，熊猫公司、播爱游公司及李某签订《主播独家合作协议》（本部分简称《合作协议》），约定李某在"熊猫直播"平台独家进行"绝地求生游戏"的第一视角游戏直播和游戏解说。该协议违约条款中约定，协议有效期内，播爱游公司或李某未经熊猫公司同意，擅自终止本协议或在直播竞品平台上进行相同或类似合作，或将已在"熊猫直播"上发布的直播视频授权给任何第三方使用的，构成根本性违约，播爱游公司应向"熊猫直播"平台支付如下赔偿金：①本协议及本协议签订前李某因与"熊猫直播"平台开展直播合作"熊猫公司"累计支付的合作费用；②5000万元人民币；③熊猫公司为李某投入的培训费和推广资源费。主播李某对此向熊猫公司承担连带责任。合同约定的合作期限为一年，从2018年3月1日至2019年2月28日。

2018年6月1日，播爱游公司向熊猫公司发出主播催款单，催讨欠付李某的两个月合作费用。截至2018年6月4日，熊猫公司为李某直播累计支付2017年2月至2018年3月的合作费用1 111 661元。

2018 年 6 月 27 日，李某发布微博称其将带领所在直播团队至"斗鱼直播"平台进行直播，并公布了直播时间及房间号。2018 年 6 月 29 日，李某在"斗鱼直播"平台进行首播。播爱游公司也于官方微信公众号上发布李某在"斗鱼直播"平台的直播间链接。根据"腾讯游戏"微博新闻公开报道："BIU 雷哥（李某）是全国主机游戏直播节目的开创者，也是全国著名网游直播明星主播，此外也是一位优酷游戏频道的原创达人，在优酷视频拥有超过 20 万的粉丝和 5000 万的点击……"。

2018 年 8 月 24 日，熊猫公司向人民法院提起诉讼，请求判令两被告继续履行独家合作协议、立即停止在其他平台的直播活动并支付相应违约金。一审审理中，熊猫公司调整诉讼请求为判令两被告支付原告违约金 300 万元。播爱游公司不同意熊猫公司的请求，并提出反诉请求：①判令确认熊猫公司、播爱游公司、李某三方于 2018 年 2 月 28 日签订的《合作协议》于 2018 年 6 月 28 日解除；②判令熊猫公司向播爱游公司支付 2018 年 4 月至 2018 年 6 月之间的合作费用 224 923.32 元；③判令熊猫公司向播爱游公司支付律师费 20 000 元。

一审法院审理后判决如下：①播爱游公司于判决生效之日起 10 日内支付熊猫公司违约金 2 600 000 元；②李某对播爱游公司上述付款义务承担连带清偿责任；③熊猫公司于判决生效之日起 10 日内支付播爱游公司 2018 年 4 月至 2018 年 6 月的合作费用 186 640.10 元；④驳回播爱游公司其他反诉请求。李某不服一审判决，提起上诉。二审法院驳回上诉，维持原判。

关键词

网络直播；主播解约；劳动关系；违约金

争议焦点

1. 熊猫公司与李某之间是否属于劳动关系，进而导致《合作协议》无效？
2. 播爱游公司、李某可否因熊猫公司的履行瑕疵而享有合同法定解除权？
3. 本案违约金是否过高从而可以适当减少？

裁判观点

1. 熊猫公司与播爱游公司、李某签订的《合作协议》合法有效，熊猫公司与李某不构成劳动关系。

根据本案查明的事实，熊猫公司与播爱游公司、李某签订《合作协议》，自愿建立合同法律关系，《合作协议》系三方真实意思表示，不违反法律法规的强制性规定，应认定为有效，各方理应依约恪守。

2. 熊猫公司虽存在履行瑕疵但并不足以构成根本违约，合同不能据此解除。

熊猫公司虽然存在履行瑕疵但并不足以构成根本违约，播爱游公司、李某并不能以此为由主张解除《合作协议》。且即便从解除的方式来看，合同解除的意思表示也应当按照法定或约定的方式明确无误地向合同相对方发出，李某在微博平台上向不特定对象发布的所谓"官宣"或直接至其他平台直播的行为，均不能认定为向熊猫公司发出明确的合同解除的意思表示。因此，李某、播爱游公司提出因熊猫公司违约而已经行使合同解除权的主张不能成立。

3. 本案中违约金数额可酌情减少。

当事人主张约定的违约金过高请求予以适当减少的，应当以实际损失为基础，兼顾合同的履行情况、当事人的过错程度以及预期利益等综合因素，根据公平原则和诚实信用原则予以衡量。对于公平、诚信原则的适用尺度，与因违约所受损失的准确界定，应当充分考虑网络直播这一新兴行业的特点。网络直播平台是以互联网为必要媒介、以主播为核心资源的企业，在平台运营中通常需要在带宽、主播上投入较多的前期成本，而主播违反合同在第三方平台进行直播的行为给直播平台造成损失的具体金额实际难以量化，如对网络直播平台苛求过重的举证责任，则有违公平原则。故本案违约金的调整应当考虑网络直播平台的特点以及签订合同时对熊猫公司成本及收益的预见性。本案中，考虑主播李某在游戏直播行业中享有较高的人气和知名度的实际情况，结合其收益情况、合同剩余履行期间、双方违约及各自过错大小、熊猫公司能够量化的损失、熊猫公司已对约定违约金作出的减让、熊猫公司平台的现状等因素，根据公平与诚实信用原则以及直播平台与主播个人的利益平衡，法院酌情将违约金调整为 260 万元。

相关法条

《中华人民共和国民法典》（2021 年施行）第 585 条

三、账号归属

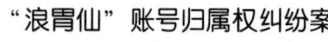
"浪胃仙" 账号归属权纠纷案

**在确定网络直播账号归属时，除考虑网络直播账号名义上的注册人外，
还应考虑账号注册、使用、管理和收益的实际情况**

随着互联网行业的迅猛发展，网络直播已成为一种重要的文化传播和商业变现方式。网络直播账号，作为直播活动的载体，其背后的经济价值日益凸显。然而，账号归属权纠纷也随之频发，尤其是当涉及高知名度的网红账号时，其归属权的判定更为复杂。本案中，"浪胃仙" 作为全国知名的网络直播账号，以其独特的吃播风格吸引了数千万粉丝。然而，随着账号知名度的提升，其背后的归属权纠纷也逐渐浮出水面。这场纠纷不仅涉及账号的归属，还牵扯到多方利益纠葛，引发了广泛关注。本案裁判对于探索网络直播账号的价值本身，以及网络直播账号的权利归属，具有重要的理论意义和实践价值。

案例来源

（2022）渝民终 859 号

案情简介

2018 年 2 月 7 日，重庆天权星文化传媒有限公司（本部分简称 "天权星公司"）经核准设立，游某某为该公司的股东、执行董事、法定代表人、经理。2018 年 7 月，天权星公司与李某某（艺名为"浪胃仙大胃王"）签订《艺人独家经纪合同》，约定由天权星公司全权代理李某某关于网络平台主播、摄影模特、出版等与演艺有关的商业或非商业活动，以及与公众形象有关的活动等，合同期限为 3 年。为便于业务开展，天权星公司决定使用游某某（时任公司法定代表人、执行董事及经理）的个人信息注册抖音、快手等平台的"浪胃仙"账号，并由游某某代表公司管理该账号。该账号经过天权星公司持续经营、管理，逐渐积累了近 3000 万粉丝，成为头部"吃播"账号，为天权星公司带来了巨大经济利益。天权星公司在使用直播账号期间，还申请注册了一系列含有"浪胃仙"字样的商标，但这些商标在诉讼时都处于"撤销/无效宣告申请审查中"。之后，天权星公司与游某某因直播账号的归属和经济利益等问题发生争议。

2020 年 7 月 14 日，天权星公司召开股东会，免去游某某的公司执行董事、法定代表人及经理职务。2020 年 7 月 23 日，艺人李某某向天权星公司发出《关于不再延长艺人经纪合同的函告》，宣称双方签订的艺人经纪合同期限将至，李某某决定不再延长续签艺人经纪合同，即合同到期后双方之间的合作关系终止。同年 8 月 21 日，李某某向天权星公司邮寄了《告知函》，告知天权星公司合作终止，结清款项，并不得以其名义对外承接商业活动、招揽艺人等。

2020 年 7 月 29 日，游某某联合他人成立了浪胃仙（重庆）文化传媒有限公司（本部分简称"浪胃仙公司"），之后浪胃仙公司与李某某签订授权许可协议，浪胃仙公司有权使用李某某的艺名"浪胃仙"进行宣传、使用等。

随后，天权星公司向法院提起诉讼，要求确认"浪胃仙"账号归公司所有，并要求游某某及浪胃仙公司停止不正当竞争行为并赔偿经济损失。一审法院审理后判决账号归天权星公司所有。游某某及浪胃仙公司不服一审判决，提起上诉。二审法院在全面审查案件事实和证据后，维持了一审判决。

关键词

网络直播；账号归属

争议焦点

本案中，案涉抖音、快手账号应归属于哪一方？

裁判观点

本案案涉账号应归属于天权星公司。

账号权属之争，本质上就是账号所代表市场经济价值的归属之争。对于抖音、快手账号而言，注册行为本身并不当然产生市场经济价值，账号只有通过使用而吸引了一定的粉丝和一定的市场影响力，才具有市场价值。对于账号的归属，双方有明确约定则从约定，没有明确约定则综合账号注册的目的和过程、账号运营情况和运营结果等情况，按照诚信原则和公平原则，合理确定账号的归属。

第一，从案涉账号注册过程看，游某某注册案涉账号时，其系天权星公司法定代表人、执行董事，并担任公司经理。天权星公司主张，企业申请抖音账号认证，必须先使用手机号注册，因天权星公司注册相关账号时公司法定代表人、执行董事兼总经理系游某某，故公司决定让游某某使用其手机号注册账号，并由游某某代表公司管理案涉账号。该主张符合情理，且能和双方聊天内容相印证。

第二，从账号使用情况看，在天权星公司与李某某合作期间，前述案涉账号中发布的内容均系李某某的商业或非商业活动的视频，并无游某某的个人生活视频。

第三，从双方交流账号归属和管理情况看，在天权星公司与李某某合作期间，相关聊天记录显示游某某就如何经营账号、如何开展艺人管理工作等问题与天权星公司其他工作人员进行了沟通，并表示李某某的所有账号都属于公司，而相关资料亦显示公司为李某某的抖音直播活动、视频拍摄、粉丝维护等投入了资金和人力。

第四，游某某在一审中举示了《网络平台账号使用权授权协议》，但由于游某某反对对该份协议的形成时间进行鉴定，该份协议的真实性存疑，故该份协议中对游某某有利的内容也自然无法得到确认。

第五，从账号运营的结果看，经过天权星公司的经营，案涉账户积累了数千万粉丝，已经在全国范围内形成了一定知名度，具有非常高的商业价值。

综上，根据现有证明，能够确认游某某对案涉账号的注册、使用、管理，均属于其履行天权星公司经营业务的职务行为，故案涉账号应属于天权星公司的虚拟财产。

相关法条

《中华人民共和国反不正当竞争法》（2019 年修正）第 2 条、第 6 条

《中华人民共和国民法典》（2021 年施行）第 126 条、第 127 条

四、劳动关系认定

主播与卖货商家劳动关系纠纷案

网络主播与用工单位之间具有明显人身与财产从属性的，应认定为劳动关系

近年来，随着网络平台经济的迅速发展，网络主播成为新型职业，其劳动既丰富了人民群众的精神文化生活，也为经济增长提供新动力。不同于传统的劳动关系，网络主播新型用工关系在形式上更加灵活，涉及网络主播、经纪公司、卖货商家、直播平台等多个主体间关系。在保护合法劳动权益的同时，也需依法规范用工单位的用工行为，以促进网络直播行业在法治的轨道上长远健康发展。对于网络主播类人员用工关系的认定，应当从主体资格、人身隶属和经济从属性等方面进行判断，注意综合考虑当事人合意、主播的从业状况、用工单位对主播的管理程度、主播收入分配方式等因素，正确厘定网络主播与用工单位之间的关系。本案判决结合网络主播用工关系特点提出数字平台劳动关系，其认定的具体指标，对于解决认定网络带货主播与平台企业劳动关系的案件具有指导意义。

案例来源

（2022）鲁 11 民终 1556 号

案情简介

日照经济技术开发区海鲜生大成海产品经营部（本部分简称"某海产品经营部"）是一家专门从事初级水产品批发及销售的个体工商户。陈某于 2021 年 4 月起到某海产品经营部通过网络直播方式销售海产品，由某海产品经营部按照陈某每月销售额 2% 的提成比例给陈某支付报酬，另根据陈某的出勤天数每天给予补贴 100 元。陈某加入某海产品经营部的直播工作群，该经营部的负责人罗某某及其妻子王某通过微信群对直播人员、场所、时间进行统一安排，并对各位主播每月销售额进行汇总公示，对于直播期间的产品解说、展示方式以及直播期间不准玩手机、不准全程无交流等均作了明确规定。

后陈某认为某海产品经营部无故降低其销售产品的提成比例，双方因此产生纠纷。陈某提起劳动仲裁，主张确认劳动关系并要求某海产品经营部支付拖欠工资、经济补偿及未签订书面劳动合同二倍工资差额。日照经济技术开发区劳动人事争议仲裁委员会经开庭审理，裁决支持了陈某的申请。某海产品经营部对仲裁裁决不服，认为双方并非劳动关系而是合作关系，遂提起本案诉讼。

一审法院审理后认为，应认定双方存在事实劳动关系。遂判决确认双方存在事实劳动关系，某海产品经营部支付陈某拖欠工资、经济补偿及二倍工资差额。宣判后，某海产品经营部不服，提起上诉。二审法院经审理驳回上诉，维持原判。

关键词

网络主播；卖货商家；用工单位；劳动关系

争议焦点

某海产品经营部与陈某之间是否构成劳动关系？

裁判观点

某海产品经营部与陈某之间符合事实劳动关系的特征，应当认定双方存在劳动关系。

（1）传统用工模式下劳动关系的认定。劳动关系是指用人单位与劳动者在运用劳动能力实现劳动过程中形成的一种社会关系。《劳动和社会保障部关于确立劳动关系有关事项的通知》规定："用人单位招用劳动者未订立书面劳动合同，但同时具备下列情形的，劳动关系成立。（一）用人单位和劳动者符合法律、法规规定的主体资格；（二）用人单位依法制定的各项劳动规章制度适用于劳动者，劳动者受用人单位的劳动管理，从事用人单位安排的有报酬的劳动；（三）劳动者提供的劳动是用人单位业务的组成部分。"可见，劳动关系的双方主体间不仅存在财产关系即经济关系，还存在人身关系，即行政隶属关系。劳动者除提供劳动之外，还要接受用人单位的管理，服从其安排，遵守其规章制度等，成为用人单位的成员。

（2）网络主播用工关系的类型分析。作为一种新型就业形态，目前网络主播主要涉及三种用工模式：一是网络主播以签约或者获得授权的方式在直播平台进行直播，此种类型涉及主播与直播平台之间关系的认定；二是网络主播与经纪公司签订经纪协议，经纪公司对主播提供服务和管理，此种类型涉及主播与经纪公司之间关系的认定；三是网络主播利用商家或自己的账号直播卖货，此种类型涉及主播与卖货商家之间关系的认定，本案即属于此种类型。

（3）网络主播用工中劳动关系的认定要点。网络主播与用工单位之间是否构成劳动关系，应当从主体资格、人身隶属和经济从属性等方面进行判断。本案中，某海产品经营部是依法成立的个体工商户，具有合法的用工主体资格，陈某作为具有完全民事行为能力和劳动能力的自然人，亦具有合法的劳动者主体资格；陈某到某海产品经营部通过网络直播方式销售海产品，直播账户及直播场所、时间均由某海产品经营部所有或确定，某海产品经营部负责人罗某某及其妻子王某通过微信群对陈某的直播工作进行日常管理和安排，双方之间存在管理与被管理的关系；陈某所从事的网络直播销售工作是某海产品经营部销售产品的方式之一，系其经营业务范围的组成部分；某海产品经营部按照陈某销售总额的比例给付陈某提成，并按照陈某出勤天数每日给付 100 元补贴，属于劳动报酬的范围。因此，某海产品经营部与陈某之间符合事实劳动关系的特征，应当认定双方存在劳动关系。

（4）网络主播与所在单位之间的关系认定不能一概而论。随着我国市场经济的发展，就业形态和利益分配方式日趋多样化。网络主播和所在单位双方之间是劳动关系抑或是其他关系，应根据个案具体情况加以认定，不能一概而论。例如，有的网络主播使用自己的账号进行直播带货，直播时间、场所以及直播的内容和方式主播可自行决定和控制，主播并不接受带货公司的考勤、日常管理，不受其规章制度的约束。还有的主播与公司签订经纪合同，收入来源取决于第三方观众的打赏数额。上述情形下，网络主播与所在单位之间的人身隶属及经济从属性相对较弱，一般不宜认定双方构成劳动关系。

　相关法条

《劳动和社会保障部关于确立劳动关系有关事项的通知》（2005 年施行）第 1 条

主播与传媒公司劳动关系纠纷案

网络主播与用人单位之间不具有明显的人身与财产从属性，且未显出明确的建立劳动关系合意的，不能认定存在劳动关系

随着网络主播与各类传媒公司合作模式的多样化，双方之间的法律关系也变得日益复杂，尤其是关于是否存在劳动关系的争议愈发频发。这类争议不仅关乎主播的权益保护，也直接影响到网络直播行业的健康发展。本案的核心争议点在于，原告作为网络主播，与被告传媒公司之间是否存在劳动关系。这一问题的解答，不仅需要对双方签订的合同内容、实际履行情况等进行深入分析，还需要结合网络直播行业的特殊性和相关法律法规进行综合判断。

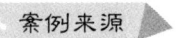　案例来源

（2019）沪 01 民终 4135 号

案情简介

2017年12月27日，王某某作为甲方与上海温石文化传媒有限公司（本部分简称"温石公司"）作为乙方签订"××"协议，协议中主要载有三项内容：一是双方共同经营由温石公司注册的"××"自媒体账号；二是"××"自媒体的收益分成方式以及管理费用；三是对于"××"自媒体双方均不得向第三方机构进行合作或披露有关信息。2017年12月26日至2018年1月11日期间，温石公司相关人员与王某某持续通过微信，就工作总结与计划的提交、发文的时间等进行交流。温石公司为王某某配备了进出办公区域的门禁卡。2017年11月底至同年12月底，王某某将社保与公积金挂靠在温石公司名下。

2018年4月初，双方发生争议，并尝试协商解决，但并未成功。之后王某某于2018年5月2日向上海市浦东新区劳动人事争议仲裁委员会申请仲裁，但未获仲裁支持。因此，王某某起诉至法院，要求确认王某某与温石公司存在劳动关系，并赔偿37 500元。一审法院判决驳回王某某的诉讼请求。

王某某不服提起上诉。二审法院驳回上诉，维持原判。

关键词

劳动关系；自媒体；网络主播；用人单位

争议焦点

本案原、被告之间的法律关系是否为劳动关系？

裁判观点

本案原、被告之间建立不能认定存在劳动关系。

首先，原、被告之间的人身与财产从属性较弱。根据案涉协议第6条与第7条，原告负责自媒体的内容生产、留言回复，而被告负责指导生产内容、涨粉、对接变现资源，并确认收入统一从被告处走账。为履行上述约定，原告需要进出被告办公场所，被告为其配备门禁卡，合乎情理。原告提交工作总结与计划给被告，双方对发文时间等进行交流，也是在履行上述协议。被告确为原告缴纳社保，但系经被告建议、原告同意后的挂靠式代缴，相应费用均由原告负担。协议中对排他性合作、保密义务、竞业限制等的约定，并非劳动关系项下所独有。故从协议的上述约定及履行看，双方的人身从属关系比较松散。案涉协议第2条约定的营收收入分成方式，不同于劳动关系项下的提成工资。第3条对管理费的约定明显有别于劳动关系项下的基本工资。第6条对收款方式及结算的约定，也迥异于用人单位营业收入的收款和对劳动报酬的支付。实际上，原告结算营收的50%，并负担社保的单位与个人负担部分，被告未支付过所谓的管理费。故双方之间财产关系中的从属性也不明显。

其次，双方无明确的建立劳动关系的合意。案涉协议载明双方签订的是合作协议，可见最初并无建立劳动关系的明示合意。从缴纳社保的沟通过程看，双方均不认为被告负有缴纳社保的义务，原告明知社保仅是挂靠在被告名下代缴，由其自行负担所有费用。无论是对工作内容进行交流，还是对营收进行结算，双方均未提出彼此建立的是劳动关系。

2018 年 4 月，双方已发生争议，原告在解除协议书草稿、律师函中，仍认为系"合作关系"。故实际履行的内容也未显示出双方有建立劳动关系的默示合意。

综上，原、被告之间不具有明显的人身与财产从属性，也未显出明确的建立劳动关系合意，故不能认定存在劳动关系。据此，原告基于劳动关系而提出的所有诉请均缺乏依据，法院均不予支持。

相关法条

《劳动和社会保障部关于确立劳动关系有关事项的通知》（2005 年施行）第 1 条

五、平台责任

"爱奇艺"诉"全土豆"信息网络传播权纠纷案

网络直播平台擅播他人节目构成侵权

随着互联网技术的飞速发展，网络直播已成为信息传播与娱乐消费的重要渠道，尤其是体育赛事直播，凭借其即时性、互动性和全球覆盖性，吸引了海量用户群体。然而，这一新兴业态的蓬勃兴起也伴随着版权问题的日益凸显。在数字化时代，如何平衡内容创作者、版权持有者与网络平台之间的利益，保护知识产权免受侵害，成为社会各界关注的焦点。本案是一起典型的视频平台盗播侵权案件，相关判决警示视频平台的经营者应对其提供的视频节目的来源和授权情况进行严格审核，如视频平台未经权利人明确授权播出节目，则面临侵权风险。

案例来源

（2019）沪 73 民终 186 号

案情简介

《昆仑决》是一档搏击类体育赛事节目，由北京昆尚文化传媒有限责任公司（本部分简称"昆尚文化公司"）独立制作，其独家享有《昆仑决》的信息网络传播权。2016 年 1 月 1 日，经昆尚文化公司授权，北京奇艺世纪科技有限公司（本部分简称"奇艺世纪公司"）获得《昆仑决》的独家信息网络传播权及转授权，该授权书列明授权作品的播出平台为江苏卫视，授权使用期限自首期节目首播之日起至全部授权作品上线后满 3 年止。随后，奇艺世纪公司将节目的信息网络传播权授予北京爱奇艺科技有限公司（本部分简称"爱奇艺公司"），授权使用期限和合作区域与奇艺世纪公司享有的权利一致。

爱奇艺公司向一审法院提起诉讼，诉称：上海全土豆文化传播有限公司（本部分简称"全土豆公司"）是"土豆网"（www.tudou.com）的所有者和运营商，为扩大网站流量、吸引广告客户，在未经授权的情况下，在其运营的 Android Pad 客户端擅自播出案涉节目，构成对爱奇艺公司信息网络传播权的严重侵害。为维护自身合法权益，爱奇艺公司请求法院判令全土豆公司赔偿经济损失及合理费用 250 万元。

一审法院认为，全土豆公司系被控侵权视频的提供者，其未经爱奇艺公司授权，提供了案涉《昆仑决 2016》作品的在线播放，使得相关公众可以在其个人选定的时间和地点获得案涉作品，构成对爱奇艺公司信息网络传播权的侵犯，理应承担赔偿损失等民事责任，最终判决全土豆公司赔偿爱奇艺公司经济损失及合理费用合计 250 000 元。

一审判决后，双方当事人均不服，提起上诉。二审法院经审理驳回上诉，维持原判。

关键词

体育赛事节目；网络直播；信息网络传播权

争议焦点

1. 爱奇艺公司是否有权提起本案诉讼？
2. 案涉作品《昆仑决 2016》是否构成著作权法规定的"作品"？

裁判观点

1. 爱奇艺公司有权提起本案诉讼。

根据著作权法的相关规定，电影作品和类电作品的著作权由制片者享有；当事人提供的涉及著作权的底稿、原件、合法出版物、著作权登记证书、认证机构出具的证明、取得权利的合同等，可以作为证据。

本案中，案涉作品片尾标注了"江苏卫视"及"昆尚传媒"的图标，同时载明奇艺世纪公司享有案涉作品的信息网络传播权，爱奇艺公司亦提供了江苏省广播电视总台（集团）电视传媒中心卫视频道及昆尚文化公司出具的《说明》及《授权书》，以及奇艺世纪公司出具的《授权书》及《情况说明》，上述证据形成了较为完整的证据链，全土豆公司虽对权属提出异议，但未提交相应的反驳证据。

因此，在无相反证据的情况下，应认定爱奇艺公司经授权取得了案涉作品的信息网络传播权，其有权提起本案诉讼。

2. 案涉作品《昆仑决 2016》构成著作权法规定的"作品"。

著作权法所称"作品"，是指文学、艺术和科学领域内具有独创性并能以某种有形形式复制的智力成果。而独创性又主要体现为对表达的安排是否体现了作者的选择、判断。

本案中，案涉作品《昆仑决 2016》是一个自由搏击类赛事节目，整个节目的画面是通过多角度镜头摄制，并经过后期剪辑和人工编排而完成的，体现了创作者的选择与构思，具有独创性，应当属于著作权法所规定的"作品"。

综上所述，全土豆公司系被控侵权视频的提供者，其未经爱奇艺公司授权，提供了案涉《昆仑决 2016》作品的在线播放，使得相关公众可以在其个人选定的时间和地点获得案涉作品，构成对爱奇艺公司信息网络传播权的侵犯，理应承担赔偿损失等民事责任，最终法院判决全土豆公司赔偿爱奇艺公司经济损失及合理费用合计 25 万元。

相关法条

《中华人民共和国著作权法》（2020 年修正）第 10 条、第 53 条、第 54 条
《最高人民法院关于审理著作权民事纠纷案件适用法律若干问题的解释》（2020 年修

正）第 7 条、第 25 条、第 26 条

 **"音著协"诉"斗鱼"著作权侵权纠纷案**

网络主播为直播平台制作案涉视频内容并经其许可直接上传，直播平台应对其平台上案涉视频的传播承担相应的侵权责任

互联网的高速发展使得我国网络直播行业迎来了巨大风口。在这个全民可直播的时代，主播在进行直播或创作视频时往往会通过演唱歌曲或插入音乐的方式使得个人表演的展现更具可看性，这也使得音乐作品侵权问题相较于传统音乐作品更为复杂，且难以被定性和察觉。在此背景下，有必要就直播场景下各种类型的音乐使用涉及的版权问题及主播、平台相关责任进行厘清。

本案中，被告公司签约主播在直播时播放了案涉歌曲，并形成了可回看的视频。原告主张被告公司侵害了《女人是老虎》的著作权。被告公司作为直播平台，主张自己仅为网络服务提供商，主播播放音乐制作视频系个人行为，其在收到通知后已及时删去相关侵权视频。然而，本案法院认为直播平台不同于一般网络服务提供商，因为被告公司不仅只作为一个供主播直播的平台，同时它还享有主播直播产生的视频的所有权益，因此虽然主播和直播平台之间并非劳动或劳务关系，但直播平台仍需对主播直播时播放歌曲的侵权行为承担责任。

案例来源

（2019）京 73 民终 2730 号

案情简介

根据河南文艺出版社出版的图书《百名歌星成名曲》所载，案涉歌曲《女人是老虎》词作者为石某某、曲作者为张某某。原告中国音乐著作权协会（本部分简称"音著协"）分别于 2007 年 11 月 8 日、2007 年 9 月 2 日与石某某、张某某签订《音乐著作权合同》，将信息网络传播权等著作权权利以信托方式授权音著协进行集体管理，合同有效期为 3 年，至期满前 60 日石某某/张某某未以书面形式提出异议，合同自动续展 3 年，之后亦照此办理。

被告武汉斗鱼网络科技有限公司（本部分简称"斗鱼公司"）的"斗鱼直播"平台的签约主播冯某某直播过程中播放了案涉歌曲《女人是老虎》，歌曲字幕显示案涉歌曲歌词"小和尚下山去化斋，老和尚有交待，山下的女人是老虎，遇见了千万要躲开……"，案涉歌曲直播时长约 4 分 3 秒。在案涉歌曲播放过程中，主播冯某某与观看直播的用户互动并祝福。直播结束后，此次直播视频被主播制作并保存在"斗鱼直播"平台上，观众可以通过登录"斗鱼直播"平台随时随地进行播放观看和分享。

音著协认为斗鱼公司未经许可，在其平台传播案涉音乐的行为侵害其经授权管理的著作权，遂将斗鱼公司诉至法院，要求停止使用案涉侵权歌曲，并赔偿音著协案涉歌曲著作权使用费及为维权支出的合理费用。一审法院经审理后认为，斗鱼公司应对其平台上案涉

视频的传播承担相应的侵权责任，判决被告斗鱼公司赔偿原告音著协经济损失 2000 元及合理支出 2000 元。斗鱼公司不服提起上诉，二审法院经审理后维持一审判决。

关键词

网络直播；网络平台；网络服务提供者责任

争议焦点

斗鱼公司是否为本案所诉侵权行为的责任主体？

裁判观点

斗鱼公司应对其平台上案涉视频的传播承担相应的侵权责任。

（1）从斗鱼公司与案涉直播主播的关系上来看，凡在"斗鱼直播"平台上进行直播的主播均要与斗鱼公司签订《斗鱼直播协议》，在协议中详细约定双方的权利义务、服务费用结算以及直播方应承担的违约责任，尤其是约定了斗鱼公司虽不参与创作，但直播方在直播期间产生的所有成果均由斗鱼公司享有全部知识产权、所有权和相关权益，可见主播虽然与斗鱼公司之间不存在劳动或劳务关系，但主播实质上系为斗鱼公司创作案涉视频，因此，两者不同于通常意义上的网络服务提供者与不特定的网络用户，而是存在较为深入的合作关系。

（2）从案涉视频的制作过程来看，根据查明的事实，案涉视频系主播在直播平台直播过程的录像，随着直播过程进行而录制，而根据《斗鱼直播协议》的约定，视频录制完成各项权利即属于斗鱼公司所有，并且按照"斗鱼直播"平台的功能设置，直播过程中可能存在观众向主播打赏的情况，对于打赏赠送的虚拟货币可以兑换人民币，因此，案涉视频系斗鱼公司与主播合作的营利活动的直接成果，且最终各项权益均归属于斗鱼公司，显然不同于不特定网络用户随机上传至网络平台的自有内容。

（3）从案涉视频的上传过程来看，根据查明的事实，按照"斗鱼直播"平台的功能设置，案涉视频录制完成后，该视频可自动上传保存于直播平台供公众浏览，可见斗鱼公司作为案涉视频的权利人以及"斗鱼直播"平台的经营者，对于该视频上传保存于直播平台供公众浏览系默许和鼓励的。

综上，根据斗鱼平台的功能设置，案涉视频的制作和上传系一个连续的过程，将该过程进行整体考察，实质上是网络主播为斗鱼公司制作案涉视频内容并经其许可直接上传至直播平台，因此斗鱼公司应对其平台上案涉视频的传播承担相应的侵权责任。

相关法条

《中华人民共和国著作权法》（2020 年修正）第 8 条、第 10 条

《中华人民共和国民法典》（2021 年施行）第 1194 条、第 1195 条、第 1197 条

《信息网络传播权保护条例》（2013 年修订）第 14 条

《最高人民法院关于审理侵害信息网络传播权民事纠纷案件适用法律若干问题的规定》（2020 年修正）第 3 条

"二白机器人"诉"大白机器人"不正当竞争纠纷案

超过模仿自由限度的行为构成不正当竞争

近年来，人工智能的蓬勃发展推动了智能机器人产业的广泛应用，在网络直播领域同样获得了迅速发展。本案作为首例智能机器人网络直播著作权及不正当竞争纠纷案，是人工智能、网络直播等新业态的发展给知识产权保护带来新挑战的具体体现。法院在著作权法与反不正当竞争法的双重适用下，对机器人外观形象与直播场景是否构成著作权法意义上的作品，以及对直播行为是否构成不正当竞争等都进行了详尽的分析说理。本案对于智能机器人直播中如何平衡保护合法利益和鼓励自由竞争的关系具有积极参考价值，对未来智能机器人在文娱领域的应用有较强的借鉴作用。

案例来源

（2022）浙 0192 民初 569 号

案情简介

原告杭州二白互娱科技有限公司（本部分简称"杭州二白公司"）是一家科技公司，经授权享有"二白机器人"的全部知识产权。为推广和宣传"二白机器人"，其在抖音和微博平台分别注册账号，并开发了机器人主持直播的智能程序。观众可以在直播中直接与机器人对话、打赏、互动。通过这一程序，杭州二白公司账号收益效果明显，累积了大量的交互数据和用户资源，由此创设了自己的直播界面与话术系统，形成具有特色的智能机器人直播模式。

被告四川创锐科技有限公司（本部分简称"四川创锐公司"）在其运用的官方抖音号及其发布的教学视频中使用了"二白机器人"的形象，在直播销售"大白机器人智能直播软件"时使用了与原告近似的直播话术、直播界面，并通过佣金形式激励其下线代理商扩大该直播软件的销售渠道。

原告认为其对于二白机器人形象、直播界面、直播话术享有美术作品及文字作品著作权，被告的上述行为侵犯其著作权并构成不正当竞争，故将被告诉至法院，要求其赔偿经济损失 30 万元。被告辩称其智能直播软件仅用于指导用户搭建智能机器人直播间，与原告的直播界面、直播术语并不相似，不构成侵权。

法院经审理后，判决被告四川创锐公司立即停止侵害案涉作品信息网络传播权的行为、立即停止案涉不正当竞争行为，赔偿原告杭州二白公司经济损失及合理费用 7 万元。

关键词

人工智能；网络直播；著作权；不正当竞争

争议焦点

1. 案涉著作权侵权行为是否成立？

2. 案涉不正当竞争行为是否成立?

裁判观点

1. 案涉行为构成对二白机器人形象美术作品的信息网络传播权侵权。

案涉二白机器人形象展现了个性化表达及一定程度的艺术美感,符合著作权法对美术作品独创性及艺术性的要求,构成美术作品。被告在线传播二白机器人形象,侵害原告作品信息网络传播权。

案涉直播话术包括打招呼、聊天互动、介绍功能、祝福用语等直播常用语句,是直播场景中通用、常见的表达,未达到著作权法对独创性的要求,不构成文字作品。案涉直播界面主要体现直播功能性作用,在界面颜色、内容选择及布局编排等方面未能体现独特的构思和审美意义,不构成美术作品。

2. 案涉行为构成不正当竞争。

(1) 被告行为不构成《反不正当竞争法》第6条第4款规制的不正当竞争行为。虽然原告提交其直播间的直播观看人次、播放量、粉丝数、转评赞数等证明案涉直播界面、直播话术的知名度和影响力,但综合考虑相关公众知悉的程度、直播经营的时间、数额和对象、宣传的持续时间和程度,尚不足以认定具有一定的影响,故被诉行为不构成《反不正当竞争法》规制的混淆行为。

(2) 被告行为构成《反不正当竞争法》第2条规制的不正当竞争行为。

首先,原告运营的二白机器人网络直播经过长期的开发优化积累了较多的用户群体及访问流量,其对直播间的设计创意具有一定的新颖性,可以为原告带来商业利益与竞争优势。

其次,被告在直播以及"大白机器人智能直播软件"中使用了与原告相近似的直播界面、直播话术,其直播间的上述设计存在明显的抄袭行为,该行为无疑可以降低被告的开发投入成本,获得原告在长期经营基础上持续优化设计而成的智能机器人直播方案,这种省却自身劳动,不正当地利用他人的劳动成果攫取竞争优势并以此参与市场竞争活动的行为有违公认的商业道德。

最后,被告对外销售推广该智能直播软件,并以佣金形式促使"下线代理商"扩大销售,加速了与原告类似智能机器人直播间的复制与扩散。由于两者在直播间设计上给予用户的体验差异甚微,如果用户使用被告软件进行直播,将在粉丝、点击量、流量等与网络直播行业直接相关的经营利益上,不当攫取原告所应享有的市场关注和商业机会,损害原告的合法权益,扰乱市场竞争秩序。

综上,被告的案涉行为方式和行为结果均已超出了模仿自由的范围,扰乱了市场竞争秩序,损害了其他经营者的合法权益,构成不正当竞争。

相关法条

《中华人民共和国著作权法》(2020年修正) 第3条
《中华人民共和国反不正当竞争法》(2019年修正) 第6条

第四节 网络短视频

一、独创性认定

快手无臂网红短视频著作权侵权纠纷案

具有独创性的短视频应作为视听作品予以保护

随着直播带货行业的迅猛发展，带货视频的可版权性越来越引发行业和社会的关注和重视。实践中，带货视频种类繁多、表达内容多元、拍摄方式多样，有的视频不仅具有经济价值，还因其创作特点兼具文化价值。本案明确了带货视频作为作品保护的认定标准，将具备脚本设计、场景选取、运镜剪辑等制作过程，具有个性化表达的内容认定为作品。与此同时，本案结合技术和产业发展的特点，秉持鼓励短视频创作和促进公众多元化表达的价值取向，对带货视频在著作权法意义上的创新予以保护。

案例来源

（2021）京 0491 民初 9833 号

案情简介

原告杨某诉称，其为无臂残障人士，系"快手"平台网红、带货主播，其在该快手号上已发布数百个原创短视频，对该类短视频以及头像具有著作权。原告认为，被告覃某作为"抖音"平台上的注册用户，未经原告允许，在被告北京微播视界科技有限公司（本部分简称"微播视界公司"）运营的"抖音"平台上，擅自修改并发布原告发布于"快手"平台的短视频并用于商业目的，侵犯了原告著作权，请求法院判令被告微播视界公司停止侵权、赔礼道歉并封禁案涉账号，判令被告覃某赔偿经济损失 10 万元和合理开支 2 万元。被告微播视界公司辩称，其作为平台，已经封禁了案涉账号，案涉内容由用户上传，平台已经履行了通知删除义务。

一审法院经审理后判决如下：①自本判决生效之日起 7 日内，被告覃某赔偿原告杨某经济损失 80 000 元及合理支出律师费 10 000 元、公证费 4540 元；②驳回原告杨某的其他诉讼请求。

关键词

短视频；类电作品；著作权

争议焦点

1. 原告杨某是否享有案涉视频的著作权？
2. 被告覃某、微播视界公司是否构成著作权侵权？

3. 如果构成侵权，被告应当如何承担侵权责任？

裁判观点

1. 案涉视频具备一定的独创性，构成作品，原告杨某享有案涉作品的著作权。

如无相反证据，当事人提供的涉及著作权的著作权登记证书、底稿、公证书、合法出版物、取得权利的合同等，可以作为认定作品著作权的证据。原告杨某提供了"快手"个人主页截屏、杨某本人声明、蚌埠市凯茂商贸有限公司声明及（2020）京精诚内民证字第01705号公证书，被告亦认可上述材料的真实性，故法院认定原告杨某系案涉短视频的作者。

原告杨某主张案涉作品形式是类电作品。根据《著作权法实施条例》第4条第11项规定，电影作品和类电作品，是指摄制在一定介质上，由一系列有伴音或者无伴音的画面组成，并且借助适当装置放映或者以其他方式传播的作品。该条例第5条第3项规定，录像制品，是指电影作品和类电作品以外的任何有伴音或者无伴音的连续相关形象、图像的录制品。相较于录像制品，电影作品和类电作品具有独创性，主要并最终体现在画面的衔接与声音的衔接上，包括画面内容的选择、光线的明暗、角度和色度、镜头的切换，以及对所摄制画面的剪接等方面。能够被认定为电影作品和类电作品，应在画面、声音的衔接等方面反映拍摄者的构思，表达出某种精神内容，具有一定程度的独创性。而以机械方式录制形成的录像制品，在录制过程中对机位的设置、场景的选择、镜头的切换等只进行了简单的调整，或在录制后只对画面、声音进行了简单的剪接等，即缺乏独创性，属于运用通常技能即可完成的成果。

短视频创作具有创作门槛低、录影时间短、创意构思相对简单、社交性和互动性强、便于传播等特点，是一种新型的视频形式。对于新形式视频的可版权性标准，应结合其本身特点、所处的社会环境和行业情况等背景综合予以考察。基于鼓励短视频创作和促进公众多元化表达和文化繁荣的价值取向，对于短视频独创性高度的要求不宜苛求，只要能体现出一定的个性化表达和选取，即可认定其具备独创性。

本案中，根据杨某主张权利的视频内容及制作过程来看，虽为带货视频，但并非固定拍摄角度、缺乏运镜剪辑的简单播报式带货，而是围绕相关主题进行了脚本设计，进行了一定的场景选取、运镜和剪辑，在此过程中对表达内容的编排、选取体现了视频制作者的个性化表达，故案涉视频具备一定的独创性，构成作品。

2. 被告覃某侵犯了杨某对案涉视频享有的信息网络传播权；被告微播视界公司不构成侵权。

关于被告覃某是否构成侵权，法院认为，被告覃某在其抖音账号"×××"中发布的56个抖音短视频与原告杨某的快手账号视频基本相同。覃某未经权利人许可发布案涉视频的行为，侵犯了杨某对案涉视频享有的信息网络传播权。

关于被告微播视界公司是否构成侵权，法院认为，微播视界公司为信息存储空间，并能够提供上传者的用户名、注册IP（Internet Protocol，网际协议）地址、注册时间以及联系方式等证据。因此，微播视界公司提供的证据足以证明案涉作品为真实用户所上传，微播视界公司是提供信息存储服务的网络服务提供者。杨某现有证据不能证明微播视界公司对案涉视频的上传者进行了教唆或者帮助以及两者之间存在分工合作，亦无证据证明微播视界公司对案涉作品进行了选择、编辑、修改、推荐等行为，故微播视界公司对案涉作品存在于其平台的事实不构成明知或者应知。微播视界公司在收到律师函后 7 天内（含工作日）对杨某的投诉进行审核并完成删除侵权链接、封禁侵权账号等处理措施，反馈时间属于合理期间。据此，本案中杨某要求微播视界公司承担侵权责任的主张，没有事实和法律依据，法院不予采纳。

关于本案是否构成不正当竞争的问题，《反不正当竞争法》第 2 条第 1 款、第 2 款规定，经营者在生产经营活动中，应当遵循自愿、平等、公平、诚信的原则，遵守法律和商业道德；该法所称的不正当竞争行为，是指经营者在生产经营活动中，违反该法规定，扰乱市场竞争秩序，损害其他经营者或者消费者的合法权益的行为。反不正当竞争法可以对知识产权专门法起到补充保护的作用，但反不正当竞争法的补充保护作用是有限的，若在知识产权专门法对某一类行为已作出明确规定的情况下，则应通过知识产权专门法来进行调整，不应再适用《反不正当竞争法》原则条款进行调整。本案中，杨某被损害的利益均源于覃某侵犯其信息网络传播权的行为，已经适用《著作权法》进行调整，杨某的利益亦通过著作权法设置的补偿机制予以充分补偿，因此，法院对于杨某关于不正当竞争部分的诉请不予支持。

3. 被告覃某应当承担赔偿损失的民事责任。

原告认为覃某未经权利人许可发布案涉视频的行为，侵犯了杨某对案涉视频享有的信息网络传播权，应当承担停止侵害、消除影响、赔礼道歉、赔偿损失等民事责任。

鉴于案涉视频现已经删除、案涉账户已注销，对于原告主张停止侵权、封禁账号的诉讼请求，法院不再重复支持。关于赔礼道歉的诉讼请求，由于被控侵权行为侵犯的原告信息网络传播权属于财产性权利，故原告要求赔礼道歉等主张缺乏法律依据，法院不予支持。

关于经济损失的赔偿数额，法院结合（2020）京精诚内民证字第 01705 号公证书中载明的案涉抖音号中"抖音橱窗"的销量信息，综合考虑案涉作品独创性、案涉作品的知名度，以及覃某仿冒他人账号、搬迁全部视频，具有主观故意，且侵权视频较多，侵权视频被用于带货等因素，对经济损失数额予以酌定。关于合理支出，杨某主张支出了公证费和律师费并提交了相应票据，法院予以支持；关于交通费部分，杨某未提交票据予以佐证，法院不予支持。

相关法条

《中华人民共和国著作权法》(2020 年修正) 第 10 条、第 53 条、第 54 条

《中华人民共和国反不正当竞争法》(2019 年修正) 第 2 条

《中华人民共和国著作权法实施条例》(2013 年修订) 第 4 条、第 5 条

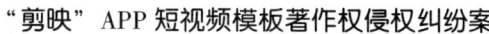

"剪映" APP 短视频模板著作权侵权纠纷案

具有独创性的短视频模板应当受到著作权法保护

基于短视频爆发式增长而产生的短视频模板，属于互联网新产物，为互联网内容产业的价值共创、互动、共享过程提供了便利，加速了互联网共生共融的商业生态进程，但著作权侵权纠纷也随之涌现。本案涉及短视频模板能否得到著作权法保护、给予何种程度保护等新类型法律问题，对司法实践中创作与传播、权利人与网络服务提供者以及社会公众的利益平衡提出了新的挑战。

本案判决充分贯彻合理确定不同领域知识产权的保护范围和保护强度的司法政策，根据著作权在作品特性、创作空间等方面的特点，充分考虑"互联网+"背景下创新的需求和特点，合理确定了短视频模板独创性的判断标准，划分了著作权范围与公共领域的界线，实现了保护知识产权与促进创新，为规范短视频模板的使用方式提供了指引，有助于规范网络传播行为、推动短视频文化产业健康有序发展。

案例来源

（2020）浙 0192 民初 8001 号

案情简介

"剪映" APP 是一款视频编辑软件，为用户提供多种素材、音乐、特效等，协助用户自行对短视频进行编辑，经北京微播视界科技有限公司（本部分简称"微播公司"）授权确认由深圳市脸萌科技有限公司（本部分简称"脸萌公司"）负责运营。2020 年 2 月，制作人"阿宝"在"剪映" APP 上发布了"为爱充电"短视频模板，用户可通过替换模板中的可更换素材形成自己的短视频。脸萌公司、微播公司经制作人授权，取得上述短视频模板的相关著作权权利。

杭州看影科技有限公司（本部分简称"看影公司"）、杭州小影创新科技股份有限公司（本部分简称"小影公司"）在其运营的"Tempo" APP 上传了被控侵权短视频模板供用户播放、下载、编辑及分享，并以售卖会员等方式收费。脸萌公司、微播公司主张看影公司、小影公司侵害其信息网络传播权等，遂诉至法院，请求判令二被告赔偿其经济损失 50 万元，并刊登声明、消除影响。二被告辩称，案涉短视频模板使用的是公开元素，且时长较短、不具有独创性，不构成作品。

法院一审认为：二被告在运营的 APP 上提供侵权短视频模板，构成对二原告的作品信息网络传播权的侵害。判决看影公司、小影公司立即停止侵权行为，并共同赔偿脸萌公司、微播公司经济损失及合理费用合计 4 万元；看影公司赔偿脸萌公司、微播公司经济损失及合理费用 2 万元。

关键词

短视频模板；独创性；作品；著作权；信息网络传播权

争议焦点

案涉短视频模板是否具备著作权法的独创性要求从而构成作品？

裁判观点

案涉短视频模板具备著作权法的独创性要求，属于视听作品。

短视频模板能否得到著作权法保护取决于模板本身是否具备独创性。短视频模板本质上属于短视频，其由创作者对图片、音乐、特效等各类元素进行编排形成短视频框架，并预留出可供用户进行替换的要素，方便用户替换后形成含有个性化元素的短视频。基于著作权人和社会公众之间利益平衡的考虑，在判断其是否具有独创性时，应采取不宜过宽的判断标准，判定案涉短视频模板"独创性"时的具体考量因素主要在以下两方面：一是短视频模板必须由作者独立创作完成，不能复制或剽窃他人作品；二是短视频模板必须是作者创造性的智力成果，是作者思想或情感内容的表达，可以体现作者的个性。基于短视频的创作和传播有助于公众的多元化表达和文化的繁荣，故对于短视频是否符合创作性要求进行判断之时，对于其创作高度不宜苛求，如果能体现出制作者的个性化表达，可以认定达到构成作品所应具备的独创性。

本案中，首先，案涉短视频模板创作过程中选择了"剪映"APP中已有的音乐、贴纸、特效等元素，制作者将上述元素进行选择与编排制作出的短视频模板，与既有各个独立的元素存在明显的客观差异，且在发布前不存在相似的短视频模板，故应当认定其由制作者独立创作完成。其次，在剧情的安排和画面的组合上，制作者根据想要表达的"女生节表达爱意"为主题，奠定风格基调，寻找合适的背景音乐、图片，再根据音乐的节奏点搭配不同的贴纸、特效、滤镜、动画等元素，并结合主观需要协调多种元素的排列方式、大小、顺序和时间，塑造了女生面对追求从面临选择、作出决定、情感积累、恋爱达成后甜蜜温馨的情感故事，整个创作过程存在智力创造空间，具有独特的选择、安排与设计，体现了制作者的个性化表达。因此，案涉短视频模板符合著作权法的独创性要求，属于著作权法意义上的视听作品。

看影公司、小影公司在其运营的 APP 上共同或分别提供被诉侵权短视频，用户可以点击播放该短视频，亦可以替换素材嵌入模板进行编辑、下载及分享。看影公司、小影公司的行为侵害了案涉作品的信息网络传播权、复制权、改编权及汇编权。

相关法条

《中华人民共和国著作权法》（2020 年修正）第 3 条、第 10 条、第 11 条、第 53 条、第 54 条

《最高人民法院关于审理著作权民事纠纷案件适用法律若干问题的解释》（2020 年修正）第 7 条、第 25 条、第 26 条

二、背景音乐使用

公众制作短视频未经许可使用他人音乐作品构成侵权

在数字化时代，短视频已成为人们日常生活中不可或缺的一部分，它以短小精悍、内容丰富的特点迅速占领了人们的娱乐时间。然而，随着短视频的蓬勃发展，一系列与版权相关的问题也逐渐浮出水面，尤其是背景音乐的使用问题越发成为短视频创作者们必须面对的法律挑战。当前，许多"网红"歌曲因其朗朗上口的歌词和轻松愉悦的旋律，被广大短视频创作者广泛使用作为背景音乐，极大地丰富了短视频的表现力。然而，这种看似无害的使用行为，却可能不经意间触及版权雷区，引发著作权侵权纠纷。

网红歌曲《你笑起来真好看》以其欢快的旋律和温馨的歌词赢得了大众的喜爱，不仅在各大音乐平台上广受欢迎，更被无数短视频创作者选为背景音乐，用于各种场景的视频创作中。然而，正是这首广受欢迎的歌曲，却因未经授权被用作短视频背景音乐而引发了多起著作权侵权诉讼，本案便是一例典型代表。这起案件不仅为短视频创作者们敲响了警钟，也再次引发了公众对于短视频背景音乐使用合法性的关注。

案例来源

（2022）浙 0302 民初 7832 号

案情简介

案涉歌曲《你笑起来真好看》是李某 1 演唱的歌曲，由周某作词，李某 2 作曲，于 2019 年 4 月 24 日发行。原告北京乐海飞声文化发展有限公司（本部分简称"文化公司"）经转让享有上述歌曲的著作权以及表演者权，且是该歌曲的录音制作者权利人。

被告温州银行股份有限公司（本部分简称"温州银行"）和温州银行股份有限公司杭州分行（本部分简称"温州银行杭州分行"）在抖音平台上发布的自制时长为 2 分 50 秒的短片中，使用了案涉歌曲原声。具体情形为：二被告将温州银行杭州分行职工趣味运动会录像与案涉歌曲进行影音同步，以歌曲充当背景音乐，突出表现了温州银行杭州分行积极向上的氛围，宣传了其良好形象。短视频于 2020 年 12 月 2 日发布在温州银行"抖音"账号上。原告认为二被告在未经原告任何授权许可、未支付任何著作权使用费的情况下，擅自在抖音平台发布案涉短视频，使用了案涉歌曲原声，侵害了著作权人、录音录像制作者、表演者的复制权、信息网络传播权。要求：①判令二被告删除在其抖音账号中含有《你笑起来真好看》的短视频；②判令二被告赔偿原告经济损失 10 万元。

被告辩称：①案涉视频已经删除，原告第 1 项诉讼请求已经不成立，应予以驳回。②原告未举证证明案涉视频所使用的背景音乐知识产权归属，原告主体不适格。③即使法院经审查认定原告为实际权利人，视频为内部运动会记录，非商业宣传，没有营利目的，没有侵权主观故意。④即使法院认定二被告存在侵权行为，原告未就其损失进行举证，且其诉讼请求严重偏离市场价值，应予以调减。

一审法院经审理后判决如下：①被告温州银行、温州银行杭州分行于本判决生效之日起 10 日内赔偿原告文化公司经济损失及合理开支共计 4500 元；②驳回原告文化公司的其他诉讼请求。

关键词

短视频；背景音乐；著作权；信息网络传播权

争议焦点

1. 原告文化公司是否具有本案诉讼主体资格？

2. 被告温州银行、温州银行杭州分行是否存在侵害案涉音乐作品信息网络传播权的行为？

3. 被告温州银行、温州银行杭州分行应当承担何种民事责任？

裁判观点

1. 原告文化公司是本案的适格主体。

结合中央少年广播合唱团出具权利确认声明以及李某 2 提交的说明，可以确认案涉授权书中提及的《你笑起来真好看》李某 1 独唱版，即为本案争议的音乐作品《你笑起来真好看》（李某 1/中央少年广播合唱团合唱版）。根据原告提供的 ISRC 登记、著作权许可使用协议、表演者授权书、录音制作权授权确认书等授权文件，法院认定原告经授权享有《你笑起来真好看》（李某 1/中央少年广播合唱团合唱版）音乐作品著作权财产权以及表演者、录音录像制品的著作财产权，其有权以自己的名义提起诉讼，原告文化公司主体适格。

2. 二被告侵犯了案涉音乐作品的信息网络传播权。

《著作权法》第 10 条规定，信息网络传播权，是指以有线或者无线方式向公众提供作品，使公众可以在其个人选定的时间和地点获得作品的权利。《最高人民法院关于审理侵害信息网络传播权民事纠纷案件适用法律若干问题的规定》第 3 条规定，网络用户、网络服务提供者未经许可，通过信息网络提供权利人享有信息网络传播权的作品、表演、录音录像制品，除法律、行政法规另有规定外，应当认定其构成侵害信息网络传播权行为。通过上传到网络服务器、设置共享文件或者利用文件分享软件等方式，将作品、表演、录音录像制品置于信息网络中，使公众能够在个人选定的时间和地点以下载、浏览或者其他方式获得的，人民法院应当认定其实施了前述规定的提供行为。本案中，温州银行、温州银行杭州分行未经著作权人许可，将案涉音乐作品《你笑起来真好看》（李某 1/中央少年广播合唱团合唱版）作为"温州银行杭州分行喜庆'11'引杭焕新 2020 年职工趣味运动嘉年华"短视频的背景音乐，并上传至抖音平台，使公众能够在个人选定的时间和地点浏览，该行为侵犯了案涉音乐作品《你笑起来真好看》（李某 1/中央少年广播合唱团合唱版）的信息网络传播权。

3. 二被告应承担赔偿损失的民事责任。

被告温州银行、温州银行杭州分行在其抖音短视频中以案涉音乐作品《你笑起来真好看》为背景音乐，侵犯原告享有的信息网络传播权，应当承担赔偿损失的法律责任。鉴于原告未举证证明其因被侵权所遭受的实际损失，亦未能举证证明温州银行、温州银行杭州分行因侵权行为所获的利益。法院综合考虑案涉作品类型、作品知名度、侵权的时间、侵权行为的性质等因素，酌定温州银行、温州银行杭州分行赔偿原告经济损失及为制止侵权行为所支付的合理开支共计 4500 元。

相关法条

《中华人民共和国著作权法》（2020 年修正）第 3 条、第 10 条、第 11 条、第 12 条、第 53 条、第 54 条

《最高人民法院关于审理侵害信息网络传播权民事纠纷案件适用法律若干问题的规定》（2020 年修正）第 3 条

《最高人民法院关于审理著作权民事纠纷案件适用法律若干问题的解释》（2020 年修正）第 7 条、第 25 条、第 26 条

三、不正当竞争

"海信"诉"TCL"商业诋毁案

在短视频内发布误导性信息构成商业诋毁

在短视频盛行的今天，我国短视频平台的用户规模超十亿人，具有极大的商业价值，商家可以以较低的传播成本宣传商品，还可以与短视频平台、博主合作进行推广，短视频已成为品牌传播和消费者互动的重要渠道。然而，一些商家为了获取更多的曝光量和关注度，不惜在宣传自己商品的时候编造虚假信息、恶意诋毁竞争对手，由于短视频传播速度快、范围广，短时间就会对竞争对手造成严重的损害。这些行为不仅违反了商业道德，还可能违反法律法规，构成不正当竞争。本案就是关于国内电子信息行业两大巨头"海信"与"TCL"之间的商业诋毁纠纷案，涉及短视频内容的不正当竞争，被业内称为"短视频商业诋毁第一案"。

案例来源

（2021）鲁民终 38 号

案情简介

原告海信视像科技股份有限公司（本部分简称"海信公司"）系国内知名电子信息产业集团公司。海信公司于 2015 年推出首款海信激光电视产品。海信公司授权聚好看科技股份有限公司（本部分简称"聚好看公司"）独家运营海信公司及其现有实际控制的下属公司现有及将来所拥有的品牌的电视产品。2018 年，聚好看公司取得美术作品——名称为吉祥物"海小聚"的著作权。海信激光电视主机外观及"海小聚"卡通形象通过海信公司的宣传使用，成为识别海信公司激光电视的重要标识。

TCL 王牌电器（惠州）有限公司（本部分简称"TCL 惠州公司"）在其官方微博、抖音账号上发布并置顶被诉侵权视频，视频内容系对一款激光电视显示效果、噪音及漏光等方面的评论，认为该激光电视存在观看角度小、漏光及噪音大等缺陷，并将该激光电视与 TCL 电视进行了优劣对比，宣称 TCL 电视为 100 分。该激光电视画面中显示有海信激光电视外观及"海小聚"卡通形象。海信公司认为 TCL 惠州公司的上述行为构成商业诋毁，请求法院判令 TCL 惠州公司停止侵权、赔偿经济损失并消除影响。诉讼过程中，被诉侵权视频已删除。

一审法院经审理后认为，TCL 惠州公司作为海信公司的直接竞争对手发布被诉侵权视频的行为构成对海信公司的商业诋毁。海信公司认可被诉侵权视频已经删除，并且没有足够证据支持其关于刊登声明、消除影响的诉讼请求，故判决：①TCL 惠州公司于判决生效之日起 10 日内赔偿海信公司经济损失 50 万元（包含制止侵权行为的合理开支）；②驳回海信公司的其他诉讼请求。

海信公司与 TCL 惠州公司均提起上诉，二审法院经审理后改判 TCL 惠州公司赔偿海信公司经济损失及维权合理开支共计 200 万元；TCL 惠州公司在其官方微博置顶位置连续 15 日刊登声明以消除影响。

关键词

短视频；商业诋毁；不正当竞争

争议焦点

1. TCL 惠州公司的被诉行为是否构成对海信公司的商业诋毁？
2. 若构成商业诋毁，TCL 惠州公司应如何承担民事责任？

裁判观点

1. TCL 惠州公司的被诉行为构成对海信公司的商业诋毁。

本案中，TCL 惠州公司和海信公司同为生产、销售电视等家电产品的经营者，二者存在直接的竞争关系。认定 TCL 惠州公司发布的被诉侵权视频是否构成商业诋毁，关键在于确定其发布的被诉侵权视频相关内容是否存在虚假或误导性信息，是否对海信公司的商业信誉或商品声誉造成了损害。

（1）关于被诉侵权视频内容是否能明确指向海信公司的问题。根据查明事实，可以认定通过海信公司的宣传，上述主机外观及"海小聚"卡通形象已成为识别海信公司电视产品的重要识别标识。被诉侵权视频展示了一款激光电视，包括主机和电视显示屏，电视画面中有一个卡通形象。可以看出该激光电视产品的主机外观与卡通形象均与海信公司 80L5 的主机外观及其使用的"海小聚"卡通形象构成实质性相似。

因此，虽然被诉侵权视频中并未明确说明其中展示的激光电视系海信激光电视，但相关公众通过主机外观和"海小聚"卡通形象完全可以辨认或查询出系海信公司的激光电视产品。并且 TCL 惠州公司电视销售人员明确称其中的激光电视就是海信激光电视，亦进一步证明相关公众完全可以辨认出被诉侵权视频中的激光电视就是海信激光电视。

（2）关于被诉侵权视频的相关内容是否存在虚假或误导性信息，是否构成对海信公司商业诋毁的问题。TCL 惠州公司与海信公司均系生产、销售电视等家电产品的同行业竞争者，且两公司在国内电视行业均具有较高的知名度和影响力，TCL 惠州公司出于宣传、推广自身电视产品的竞争目的，对海信公司的激光电视产品进行评论时理应尽到更加审慎的注意义务，但其发布的被诉侵权视频内容通过对比、夸大、贬损等方式对海信激光电视产品进行了引人误解的描述，明显超出了对产品进行正常评论和介绍的合理限度，足以使相关公众对海信公司的激光电视产品产生错误认识，而 TCL 惠州公司的 TCL 大屏电视则完全没有问题，进而影响消费者的选择意愿和购买决定。TCL 惠州公司的被诉行为明显具有损害海信激光电视的产品声誉，从而提升其 TCL 大屏电视产品竞争优势的主观恶意。

综上所述，TCL 惠州公司的行为损害了海信公司的商业信誉和商品声誉，进而削弱了海信公司的激光电视产品的市场竞争优势，构成对海信公司的商业诋毁。

2. TCL 惠州公司应当承担消除影响、赔偿损失的民事责任。

本案中，TCL 惠州公司的被诉行为构成商业诋毁的不正当竞争行为，依法应当承担相应的民事责任。

（1）关于停止侵权。根据查明事实，被诉侵权视频已经删除，海信公司亦予以认可，故 TCL 惠州公司的被诉侵权行为已经停止，一审法院对海信公司判令 TCL 惠州公司停止侵权的诉讼请求不再支持，并无不当。

（2）关于刊登声明、消除影响。虽然被诉侵权视频已经删除，但 TCL 惠州公司的商业诋毁行为已经损害了海信公司的商业信誉和商品声誉，且根据查明事实，TCL 惠州公司商业诋毁行为的损害后果已经实际产生，对海信公司商业信誉和商品声誉造成的不良影响仍在持续，故 TCL 惠州公司应当承担刊登声明、消除影响的民事责任。二审法院支持海信公司要求 TCL 惠州公司在其官方微博上公开发布声明，以澄清事实、消除影响的上诉请求。

（3）关于赔偿数额。本案中，海信公司并未提交有效证据证明其因被侵权所受到的实际损失及 TCL 惠州公司因侵权所获得的利益，二审法院综合考虑海信激光电视的知名度、TCL 惠州公司发布被诉侵权视频在相关公众中的影响力、侵权后果的不断扩大、海信公司因为应对商业诋毁行为付出的宣传费用以及合理支出等多方面因素，一审法院确定 TCL 惠州公司赔偿海信公司经济损失及合理开支共计 50 万元明显过低，二审法院依法调整为 200 万元。

　　相关法条

《中华人民共和国反不正当竞争法》（2019 年修正）第 11 条、第 17 条
《中华人民共和国民法典》（2021 年施行）第 179 条

第六章

体育产业法

第一节　体育赛事直播节目

体育赛事节目的直播画面可以构成著作权法意义上的视听作品

在体育赛事直播领域，关于直播画面是否构成著作权法意义上的作品，历来争议颇多。本案是国际保护知识产权协会颁布的"2020年度版权十大热点案件"之一，在分析"新浪网"对中超联赛赛事节目的直播画面是否构成著作权法意义上的作品问题时，法院裁判观点从对《著作权法》（2010年修正）第3条第6项"电影作品和以类似摄制电影的方法创作的作品"（现《著作权法》第3条第6项"视听作品"）以及《著作权法实施条例》（2013年修订）第4条第11项"摄制在一定介质上"的解释而展开，对体育赛事直播画面能否构成著作权法意义上的作品这一问题给予了明确答复，具有重要的指导意义。体育赛事直播节目在制作过程中，如果体现了制作者的独特构思和创造性劳动，如机位设置、镜头切换、画面选择、剪辑等方面，具有智力创造性，可以认定其符合著作权法规定的独创性要求，属于视听作品，而非录像制品。赛事节目制作者的著作权亦受《著作权法》"应当由著作权人享有的其他权利"的保护。

案例来源

（2020）京民再128号

案情简介

北京新浪互联信息服务有限公司（本部分简称"新浪公司"）经中超联赛有限责任公司（本部分简称"中超公司"）合法授权，享有在门户网站领域独占转播、传播、播放中超联赛及其所有视频的权利。北京天盈九州网络技术有限公司（本部分简称"天盈九州公司"）作为"凤凰网"的网站所有者，担负着该网站的运营。2013年8月1日晚，"凤凰网"在其中超频道首页显著位置标注并提供"鲁能VS富力""申鑫VS舜天"两场比赛的直播。用户点击进入比赛专门页面后，能看到"凤凰体育将为您视频直播本场比赛，敬请收看""凤凰互动直播室"等字样及专门网页。乐视网信息技术（北京）股份有限公司（本部分简称"乐视公司"）与天盈九州公司曾因合作关系共建案涉播放页面域名。在合作期间，乐视公司向该域名网页推送视频。因此，新浪公司诉称"凤凰网"所有者及运营方天盈九州公司未经合法授权，非法转播中超联赛直播视频，侵犯了其公司享有的案涉体育赛事节目作品著作权，且构成不正当竞争。新浪公司要求天盈九州公司停止侵权，赔偿经济损失1000万元，并消除侵权及不正当竞争行为造成的不良影响。

一审法院经审理判定：①天盈九州公司停止播放中超联赛2012年3月1日至2014年3月1日期间的比赛；②天盈九州公司在其"凤凰网"首页连续7日登载声明；③天盈九州公司赔偿新浪公司经济损失50万元；④驳回新浪公司其他诉讼请求。

一审判决后被告对判决结果表示不服，提出上诉。经二审法院审理，判决撤销一审法院判决，驳回新浪公司的全部诉讼请求。

新浪公司不服二审判决，遂于2020年提起再审。经再审审理，再审法院认为二审判决在事实认定和法律适用方面存在错误，应当予以纠正和撤销。并在纠正一审判决部分瑕疵的基础上，对其判决结果予以维持。

关键词

体育赛事；类电作品；录制制品；独创性；著作权

争议焦点

1. 案涉赛事节目是否构成类电作品？
2. 天盈九州公司、乐视公司的案涉行为如何定性？

裁判观点

1. 案涉赛事节目构成类电作品。

本案法院从电影类作品的构成要件切入，分析本案的赛事节目是否构成类电作品。

首先，在独创性要求的界定上，法院提出应从解释论的角度，准确界定著作权法对电影类作品的独创性要求。从文义解释的角度，作品一般定义中的"独创性"要求系指"具有独创性"。作品的独创性虽然源自作者的创作，但作品是否具有独创性与作者是否从事了创作，属于同一问题的两个判断角度，而创作是一种事实行为，对于是否存在创作这一事实行为，只能定性，而无法定量；同理，对于作品的独创性判断，只能定性其独创性之有无，而无法定量其独创性之高低。

其次，对电影类作品和录像作品的区分，法院从体系解释的角度认为，电影类作品与录像制品的划分标准应为独创性之有无，而非独创性之高低。所谓作品"具有独创性"，一般是指作品系作者独立完成并能体现作者特有的选择与安排，通常从以下两方面进行判断：一是作品是否由作者独立创作完成，即作品应由作者独立构思创作，而非抄袭他人作品；二是作品表达的安排是否体现了作者的选择、判断，即要求作品应当体现作者的智力创造性。根据上述理解，著作权法意义上的录像制品限于复制性、机械性录制的连续画面，即机械、忠实地录制现存的作品或其他连续相关形象、图像。除此之外，对于在画面拍摄、取舍、剪辑制作等方面运用拍摄电影或类似电影方法表现并反映制作者独立构思、表达某种思想内容，体现创作者个性的连续画面，则应认定为电影类作品。

再次，对于电影类作品的表现形式，关键点在于如何理解"摄制在一定介质上"。法院认为，应结合《著作权法》第3条、《著作权法实施条例》第2条的规定从整体、体系上予以解释。《著作权法》第3条对作品进行类型化规定的功能应在于例示指引，因为随着技术的发展，新的作品形态不断涌现，《著作权法》第3条的例举无法穷尽所有的作品形态。结合《著作权法》第1条规定，鼓励作品的创作和传播是著作权法的主要立法目的。因此，新的作品创作形式和作品形态原则上应为法律所鼓励而非排斥。在此意义上，《著作权法实施条例》第4条有关电影类作品定义中规定的"摄制在一定介质上"应作广义理解。其规范意义在于摄制者能够证明作品的存在，并据以对作品进行复制传播。同时，《著作权法实施条例》第2条有关作品的定义仅规定"能以某种有形形式复制"，即作品具有"可复制性"即可，并未将"固定"或"稳定地固定"作为作品的构成要件。因此，《著作权法实施条例》第4条有关电影类作品定义中规定的"摄制在一定介质上"并不能等同于"固定"或"稳定地固定"。

最后，法院从本案赛事节目的制作过程角度出发，指出赛事直播在摄制准备、现场拍摄、加工剪辑等方面必然要求主创人员根据创作意图和对赛事节目制作播出要求的理解作出一系列个性化的选择和安排。一般而言，观众通过广播电视或网络直播观看到的中超赛事节目主要包括：比赛现场的画面及声音、字幕、慢动作回放、集锦等。这些表达在制作过程中，大量运用了镜头技巧、蒙太奇手法和剪辑手法，在机位的拍摄角度、镜头的切换、拍摄场景与对象的选择、拍摄画面的选取、剪辑、编排以及画外解说等方面均体现了摄像、编导等创作者的个性选择和安排，故具有独创性，不属于机械录制所形成的有伴音或无伴音的录像制品，符合电影类作品的独创性要求。至于"摄制在一定介质上"的特殊要件，案涉赛事节目在网络上传播的事实足以表明其已经通过数字信息技术在相关介质上加以固定并进行复制和传播。

2. 天盈九州公司、乐视公司的案涉行为构成侵犯新浪公司对案涉节目享有的"著作权人享有的其他权利"。

关于被诉直播行为在著作权法上的具体定性，即侵犯著作权人的何种权利。对此，一审法院认定该行为属于《著作权法》第10条第17项"应当由著作权人享有的其他权利"的调整范围；二审法院则认为若案涉赛事节目属于电影类作品，被诉行为属于广播权的权利范围。再审法院支持了一审法院的观点，并给出如下理由：

根据《著作权法》第10条第11项的规定，二审法院通过将广播权控制的第二种行为即"以无线或者有线转播方式传播广播的作品的行为"中的"有线"扩大解释为包括互联网所使用的网线，从而使广播作品的网络实时转播行为被纳入广播权调整范围的做法，虽然在解释方法上有一定合理性，但存在以下弊端：其一，"有线转播"一般狭义理解为有线电视台、广播台的有线转播，将"有线转播方式"中的"有线"解释为包含互联网所使用的网线存在争议；其二，网络直播行为存在多种信号来源，对于以有线方式直接传播作品的行为或者网络直播初始信号来源不是广播的作品的行为，由于不存在初始广播行为，故不属于广播权控制的行为，只能适用"著作权人享有的其他权利"予以调整，从而出现相同类型的直播行为仅因初始信号来源不同而适用不同权利进行调整的局面；其三，对于网络直播中初始信号来源是否为广播的作品，难以举证证明，亦难以认定。

相比之下，《著作权法》第 10 第 1 款第 17 项是为作品的著作权人设置的"兜底"权利条款，体现了著作权权利体系的开放性。为及时制止被诉直播行为，保护新浪公司在网络环境下正常行使案涉赛事节目的权利，有必要适用这一兜底性规定。对此，可以将针对无线广播作品实施的网络实时转播行为和针对网络直播作品实施的网络实时转播行为作出相同的定性，既不需要对著作权法中"广播权"的调整范围进行突破，也便于司法实践操作，统一认定标准。

综上所述，再审法院认定被诉直播行为侵犯了新浪公司对案涉赛事节目享有的"著作权人享有的其他权利"。再审法院维持一审法院判决：①天盈九州公司停止播放中超联赛 2012 年 3 月 1 日至 2014 年 3 月 1 日期间比赛。②天盈九州公司在其"凤凰网"首页连续 7 日登载声明。③天盈九州公司赔偿新浪公司经济损失 50 万元。

相关法条

《中华人民共和国著作权法》（2020 年修正）第 3 条、第 10 条

《中华人民共和国著作权法实施条例》（2013 年修订）第 2 条、第 3 条、第 4 条、第 5 条

"央视国际"诉"新传在线"等不正当竞争纠纷案

未经许可主播"陪伴式"直播奥运赛事节目构成不正当竞争

本案是网络平台主播"陪伴式"直播体育赛事节目被认定构成不正当竞争的典型案例。本案明确了在互联网环境下，尤其是体育赛事直播领域，对知识产权保护的严格要求和界限。对此法院强调未经授权使用他人享有专有权利的节目内容进行商业利用，即便是通过创新的技术手段，也构成侵犯知识产权的行为。与此同时，本案对"直播浏览器"模式的合法性进行了审视，确立了即使在不直接损害原网站流量的情况下，通过插入额外的互动模块改变用户观看体验，干扰正常播放秩序，也属于不正当竞争行为。这为直播行业及其他网络新业态的发展提供了行为准则，明确了创新与侵权的边界。本案的判决结果对于加强知识产权保护、规范网络直播行为、促进体育赛事转播行业的可持续发展具有示范效应。它传递了一个明确的信号：任何商业创新都应建立在尊重和保护他人合法权益的基础之上，不得以牺牲他人利益为代价获取不正当的商业优势。这对于推动法治社会建设、提升公众的知识产权保护意识具有重要作用。

案例来源

（2019）京 73 民终 2989 号

案情简介

央视国际网络有限公司（本部分简称"央视公司"）经国际奥委会和中央电视台授权，在中国境内享有通过信息网络提供中央电视台制作、播出的第 31 届里约奥运会电视

节目实时转播、延时转播、点播服务的专有权利。里约奥运会期间，央视公司发现新传在线（北京）信息技术有限公司、盛力世家（上海）体育文化发展有限公司在网站设置"奥运主播招募"栏目，鼓励用户充值打赏支持主播直播奥运会，吸引用户下载"直播TV"浏览器，引导用户进入专门直播间后，以"嵌套"的方式呈现央视公司转播奥运会节目的内容，并以1/4屏显示主播视频解说互动区，通过主播多路、实时解说，插入弹幕，向用户提供主播陪伴式奥运赛事"直播"，并借此牟利。央视公司认为二被告的行为构成不正当竞争，起诉要求二被告共同赔偿其经济损失及合理开支共计500万元。

一审法院认为，二被告的行为超出了必要的限度，不仅构成了对央视公司提供该项服务的实质性替代，损害了央视公司的利益，而且破坏了网络直播体育赛事节目需获得授权许可这一行业惯例，扰乱了公平竞争的市场秩序，违反诚实信用原则，属于不正当竞争行为。故一审法院全额支持央视公司的诉讼请求。二被告不服提起上诉。

二审法院认为，二被告作为专业的体育赛事直播平台经营者实施被诉行为，借此扩大案涉网站及案涉直播浏览器的影响力，获取不当的商业利益与竞争优势，存在明显的"搭便车"目的，构成不正当竞争。二审法院判决驳回上诉，维持原判。

关键词

体育赛事；主播"陪伴式"直播；不正当竞争

争议焦点

被诉主播"陪伴式"直播的体育赛事平台经营性行为是否构成不正当竞争？

裁判观点

被诉行为采用"浏览器+加框链接+主播互动"模式嵌套他人网页进行直播，构成不正当竞争。

法院认为，应当综合考察相关主体是否因被诉行为而受到损害、被诉行为是否具有不正当性、违反行业惯例等因素，充分考量经营者利益、消费者利益与社会公共利益。

首先，被诉行为实际损害了原告、消费者及社会公众的合法权益。其一，案涉直播浏览器通过默认插入不受原告控制的主播直播内容，干扰了原告奥运赛事节目的正常播放，影响了原告的观看体验和节目完整性。其二，该行为损害了原告授权其他平台播放节目的交易机会和经济利益。如果此种未经授权的直播模式被普遍接受，将削弱原告的独家直播价值，减少其授权收入。其三，长期来看，这种行为可能破坏体育赛事转播的商业秩序和行业生态，减少制作方的收益，降低其获取转播权的动力，最终损害消费者利益和行业的可持续发展。

其次，被诉行为不具有正当性、违反行业惯例。互联网中的创新竞争应基于公平原则，遵守诚信和商业道德，不应不合理地利用他人优势或干扰正当经营。本案中的被诉行为，虽以直播浏览器形式播放奥运节目，实则未经授权使用原告资源吸引用户，获取利益，违反了《反不正当竞争法》规定，构成不正当竞争。

相关法条

《中华人民共和国反不正当竞争法》（2019 年修正）第 2 条、第 20 条

第二节　体育赛事组织

"体娱"诉"中超联赛"等滥用市场支配地位纠纷案

体育赛事组织者通过法律或组织授权取得的独家经营权并非反垄断法规制的对象

本案判决明确了体育赛事组织者基于其组织赛事，可以依据法律法规和约定设定独家经营赛事资源的民事权利。民事权利的排他性本身并不是反垄断法预防和制止的对象，权利的不正当行使才可能成为反垄断法预防和制止的对象。在涉及经营性权利独家授权行使的垄断纠纷中，经营权独家授予如果具有商业合理性并在授予过程中体现了竞争性，权利行使亦未在相关市场产生排除、限制竞争的影响，则滥用市场支配地位的指控不能成立。本案对于体育赛事图片权利相关案件乃至知识产权反垄断案件的审理具有较好的借鉴意义。

案例来源

（2021）最高法知民终 1790 号

案情简介

中超联赛有限责任公司（本部分简称"中超公司"）经中国足球协会（本部分简称"中国足协"）授权，取得了中超联赛资源代理开发经营权，并于 2016 年在网上公开招标 2017 年—2019 年中超联赛官方图片合作机构。上海映脉文化传播有限公司（本部分简称"映脉公司"）以相应报价中标取得了独家经营中超联赛图片资源的权利，而体娱（北京）文化传媒股份有限公司（本部分简称"体娱公司"）未中标。但体娱公司在未取得独家经营权利的情况下，仍于 2017 年、2018 年派人进入中超联赛现场拍摄图片并销售传播，这期间中国足协出面发布声明予以制止以维护映脉公司的独家经营权。因此体娱公司于 2020 年 6 月 24 日以中超公司、映脉公司滥用市场支配地位为由提起诉讼。

一审法院经审理后判定：现有证据不能证明中超公司、映脉公司具有市场支配地位，且两公司从事被诉行为具有正当理由，判决驳回体娱公司全部诉讼请求。被告不服提起上诉，最高人民法院驳回上诉，维持原判。

关键词

经营权；市场支配地位；反垄断

争议焦点

1. 中超公司和映脉公司是否具有市场支配地位？
2. 中超公司和映脉公司是否存在滥用市场支配地位的行为？

裁判观点

1. 本案的证据并不能充分证明中超公司和映脉公司具有市场支配地位。

首先，从市场份额角度。中国足协是其管辖的各项赛事包括中超联赛所产生的所有权利的最初所有者，中超公司依据中国足协的授权对中超联赛整体商务资源进行独家经营和管理。关于中超联赛图片运营，是通过合作协议进行开展，在不同赛事期间，图片运营机构并不固定，因此特定图片运营机构在中超联赛图片市场的市场份额并不具有长期稳定性和固定性。

其次，从经营者控制商品价格的能力角度。法院认为体娱公司提供的证据显示中超联赛图片买家集中度高，而中超联赛图片的销售方式一般系与其他体育赛事图片打包销售，此种销售方式决定中超联赛图片销售方对于销售价格不具有较强的定价能力。

再次，从经营者控制商品数量的角度。中超公司对于图片具有数量和质量的要求，中国足协为了满足媒体新闻报道需求，每年都会向各类媒体分配采访名额，摄影师可申请领取图片进行报道的权利，故在一定程度上与映脉公司销售的图片存在竞争关系，对商业图片机构销售图片的数量和质量提出了更高的要求，因此二者并不能完全控制商品数量和质量。

最后，从其他经营者进入相关市场的难易程度角度。中超公司是在中国足协授权下活动，图片合作机构对其并不具有控制能力，中超联赛图片运营是由中超公司与特定图片运营机构签订年度合作协议的方式展开，行业内其他的竞争者可以通过竞标方式进入，其他经营者进入相关市场并不存在显著的壁垒。

2. 本案的证据并不能充分证明中超公司和映脉公司存在滥用市场支配地位的行为。

法院认为，反垄断法预防和制止滥用权利以排除、限制竞争的行为，但是由权利内在的排他属性所形成的"垄断状态"并非权利滥用行为。中超公司通过公开招标方式选择授权映脉公司独家经营 2017 年—2019 年中超联赛图片资源，在程序上体现了竞争；该经营权独家授予是竞争的应然结果，且有其合理理由，不具有反竞争效果。同时，中超联赛图片用户（需求方）只能向映脉公司购买该赛事图片，系基于原始经营权人中国足协依法享有的经营权并通过授权形成的结果，符合法律规定且有合理性，该限定交易情形有正当理由。

相关法条

《中华人民共和国反垄断法》（2022 年修正）第 22 条、第 23 条

亚运会组委会诉"龙都置业"等侵权纠纷案

体育赛事组委会对其核准登记的特殊标志享有专用权

依据《特殊标志管理条例》规定，特殊标志，是指经国务院批准举办的全国性和国际性的文化、体育、科学研究及其他社会公益活动所使用的，由文字、图形组成的名称及缩写、会徽、吉祥物等标志。特殊标志使用人应当同所有人签订书面使用合同。未经赛事组委会许可，擅自将特殊标志设置为互联网广告的搜索关键词的行为构成侵权，侵权人应当承担相应责任。本案系杭州亚运会特殊标志侵权诉讼第一案，涉及对侵害亚运特殊标志专有权及不正当竞争行为如何评价及定性的问题。本案在侵权人存在明显过错的基础上，全额支持权利人赛事组委会的赔偿主张，体现了人民法院加强涉体育赛事知识产权保护、加大损害赔偿力度的司法导向，亦充分彰显了严格保护涉公益活动知识产权的力度和决心。

案例来源

（2021）浙 0109 民初 12877 号

案情简介

2022 年第 19 届亚运会组委会（本部分简称"亚组委"）根据《特殊标志管理条例》的规定，对"2022 年第 19 届亚运会""杭州亚运会"等 12 件特殊标志，向国家知识产权局提出登记申请并被予以核准。2021 年 3 月，亚组委在百度网站搜索"杭州亚运会"时发现，第 1 条搜索结果为"杭州亚运会_ 旁山水时代｜与全国第三座 SKP 面对面_ 热席"，其内容系杭州龙都置业有限公司（本部分简称"龙都公司"）开发楼盘"山水时代"的营销页面。该营销信息由杭州百房网络科技有限公司（本部分简称"百房公司"）发布。亚组委认为，"杭州亚运会"系亚组委的特殊标志，龙都公司、百房公司明知"山水时代"楼盘与杭州亚运会无任何关联，其未经授权，擅自使用"杭州亚运会"作为该楼盘搜索关键词的行为侵犯了亚组委的特殊标志专有权，构成不正当竞争。此外，龙都公司已于 2020 年 4 月因发布类似营销广告被亚组委约谈，事后向亚组委出具过《承诺书》，承诺杜绝此类情况再次发生，故亚组委主张龙都公司本次侵权行为具有主观恶意，百房公司作为共同侵权人应承担连带责任，要求龙都公司、百房公司共同赔偿亚组委损失（含合理费用）共计 150 万元。

一审判决认为，龙都公司未经亚组委许可，擅自在其发布的互联网广告中将"杭州亚运会"设置为搜索关键词，其行为已构成对亚组委特殊标志专有权的侵害。龙都公司将搜索"杭州亚运会"关键词的公众引流至其房产广告链接，该行为客观上使相关公众误认为龙都公司所开发房产与"杭州亚运会"存在关联，构成不正当竞争。一审判决后，原被告均未上诉。

关键词

亚运会；特殊标志；广告链接；侵权

争议焦点

1. 龙都公司的被诉行为是否侵害亚组委的特殊标志专有权?
2. 龙都公司的被诉行为是否构成对亚组委的不正当竞争?

裁判观点

1. 龙都公司的被诉行为侵害了亚组委的特殊标志专有权。

依据《特殊标志管理条例》使用与保护的相关规定,特殊标志所有人可以在与其公益活动相关的广告、纪念品及其他物品上使用该标志,并许可他人在核准使用该标志的商品或者服务项目上使用。特殊标志使用人应当同所有人签订书面使用合同。未经特殊标志所有人许可,擅自将特殊标志用于商业活动的,应立即停止侵权、没收违法所得。案涉"杭州亚运会"特殊标志已经亚组委提交国家知识产权局核准登记,并据此取得特殊标志专有权。现龙都公司、百房公司未经亚组委许可,擅自将"杭州亚运会"设置为发布的互联网广告之搜索关键词,其行为已构成对亚组委特殊标志专有权的侵害。

2. 龙都公司的被诉行为构成对亚组委的不正当竞争。

《反不正当竞争法》第6条第1项规定,经营者不得实施擅自使用与他人有一定影响的商品名称、包装、装潢等相同或者近似的标识,引人误认为是他人商品或者与他人存在特定联系的混淆行为。"杭州亚运会"作为被公众所知悉的区域性综合运动会,在全亚洲范围内具有较大的社会影响力。龙都公司委托百房公司通过设置百度搜索关键词的方式,将搜索"杭州亚运会"关键词的相关公众引流至龙都公司开发的"山水时代"楼盘广告链接,该行为足以使相关公众误以为龙都公司开发的楼盘与"杭州亚运会"存在某种程度的关联,从而借助"杭州亚运会"的声誉,为其提升楼盘知名度、获取更大商业利益提供可能。案涉"商业混同"行为的实质,系欺骗消费者、破坏公平竞争秩序的不正当竞争行为。据此,法院判令龙都公司赔偿亚组委损失90万元,百房公司在损害赔偿的60万元范围内负连带责任。

相关法条

《特殊标志管理条例》(1996年施行)第1条、第2条
《中华人民共和国反不正当竞争法》(2021年施行)第6条

"引领"诉"中国平安""中超联赛"商标纠纷案

体育赛事冠名系特殊的广告行为与商标性使用不同

赞助商冠名体育赛事是十分常见的商业行为,但在冠名权与商标使用之间难免引发争议。本案系"2016年深圳法院十大知识产权典型案例"之一,涉及深圳市引领平安文化传媒有限公司(本部分简称"引领公司")起诉中国平安保险(集团)股份有限公司(本部分简称"平安保险公司")与中超联赛有限责任公司(本部分简称"中超联赛公

司”）在中超赛事期间使用的"中国平安"字样侵犯了其商标权。本案判决具有代表性地明确了商标使用与冠名权之间的法律界线，并为商标侵权的判断提供了重要标准。法院认为，商标的使用必须用于识别商品或服务来源，而冠名权则是一种广告形式，用于提升企业知名度。在判断是否构成侵害商标权行为时，不仅要考虑被诉标识与注册商标是否相同或近似，还要考虑被诉标识是否在与注册商标相同或近似的类别作商标法意义上的使用。

案例来源

（2016）粤 03 民终 15570 号

案情简介

第 1302444 号、第 1302445 号商标系由深圳足球俱乐部于 1998 年申请注册，核定服务类别为第 41 类的组织体育活动竞赛、俱乐部服务（娱乐或教育），有效期限为 2009 年 8 月 7 日至 2019 年 8 月 6 日。2009 年，引领公司经核准受让案涉两商标。2014 年，平安保险公司向中超联赛公司支付宣传推广费 6 亿元，取得 2014 年至 2017 年中超联赛独家冠名权。引领公司以平安保险公司及中超联赛公司在中超联赛赛事名称以及相关网站、球票、比赛活动中使用"中国平安"字样侵犯其商标权为由，诉至法院，请求判令平安保险公司停止对中超联赛公司组织的"中国足球协会超级联赛"的冠名，平安保险公司及中超联赛公司停止在中超联赛所有宣传资料中使用"平安"字样等。

一审法院认为，平安保险公司、中超联赛公司在体育赛事名称中使用"平安"二字，是将其作为指示赞助商名称进行的使用，相关公众不会认为这是对引领公司注册商标的使用，不构成商标侵权，判决驳回引领公司的诉讼请求。引领公司不服提出上诉。二审法院驳回上诉，维持原判。

关键词

体育赛事；冠名权；广告形式；商标使用

争议焦点

被告在体育赛事名称中使用"平安"二字是否构成对原告商标侵权？

裁判观点

被告在体育赛事名称中使用"平安"二字不构成商标侵权。

第一，平安保险公司对"中国平安"未作商标意义使用。引领公司请求保护商标所核定服务类别为第 41 类"组织体育活动竞赛、俱乐部服务（娱乐或教育）"。通常情况下是体育活动竞赛的组织者，为突出其组织者的主体地位与形象，在其所组织的体育活动竞赛中使用或宣传其商标，方便他人识别体育活动竞赛的组织者，以树立该企业的良好形象及商标、品牌的美誉度。"中超联赛"作为中国足球的顶级赛事，其主办、组织和管理单位只能是中国足球协会和其授权的单位，平安保险公司没有实质参与中超联赛的组织活动，也就谈不上在第 41 类"组织体育活动竞赛"将"平安"文字作商标法意义上的使用。

第二，平安保险公司对中超联赛进行冠名，宣传"中国平安"系正当行为。冠名是一种特殊的广告形式，冠名一般是指企业为了达到提升企业、产品、品牌知名度和影响力而采取的一种阶段性宣传策略。"平安"是平安保险公司的字号、简称，也是其商标的核心部分，平安保险公司取得中超联赛冠名权益，有权利用冠名、场地、媒体等多种形式对自身产品和服务（保险、银行和投资）进行广告宣传以及市场推广。

第三，平安保险公司使用"中国平安"文字不会导致相关公众的混淆与误认。注册商标的专用权，以核准注册的商标和核定使用的商品为限，对于商标保护的力度及边界，必须考虑该商标的显著性与知名度。引领公司没有对其请求保护的商标进行长期、持续使用和宣传，也未能建立该两个商标知名度、美誉度及与引领公司之间的牢固的联系，没有人会因为在中超联赛赛事名称以及相关网站、球票、比赛活动中出现"中国平安"而误认为该"中国平安"是指向引领公司，或误认为引领公司与中超联赛有何关联。

综上，平安保险公司、中超联赛公司的行为不构成商标侵权。

相关法条

《中华人民共和国商标法》（2019 年修正）第 48 条

第三节　体育活动侵权

体育活动培训健康权侵权纠纷案

体育活动培训合同的免责条款依法无效

体育活动培训合同是体育活动中最为常见的合同关系，随着全面健身的热潮，因体育活动培训引发的体育纠纷亦成为公众关注的热点问题。本案是较为典型的涉免责条款无效的案件。本案不仅强调体育活动培训机构在进行体育活动培训时对学员所负有的安全保障义务，而且明确即使存在免责条款，根据《民法典》第 506 条的规定，任何企图免除造成人身损害责任的条款均为无效。本案的裁判结果，合理地分配了责任，强调了培训机构在对未成年人进行培训时需承担更高的注意义务。同时，本案对体育活动培训行业起到了规范作用，提醒培训机构必须加强安全管理，提高教学质量。此外，它提升了公众的法律意识，特别是在参与体育活动时的自我保护意识和法律维权能力。法院对证据的重视也提醒了所有相关方在体育活动培训中应注重证据的收集与保存。总体而言，本案的判决不仅维护了体育活动培训学员的合法权益，而且对促进体育活动培训行业的安全标准和服务水平提升，以及保护学员特别是未成年人的合法权益具有重要意义。

案例来源

（2023）鲁 06 民终 278 号

迟某是一名未成年人，在被告培训中心参加跆拳道学习期间，与一名体型较大的学员进行对打练习时受伤。原告迟某及其法定代理人认为，培训中心未尽到告知义务，未明确告知培训内容、方式及潜在风险，且在事发后未能提供充分证据证明其已完全履行安全保障义务，因此应当承担全部赔偿责任。原告请求赔偿护理费、营养费、交通费、鉴定费及精神损失费共计 16 380 元，并要求培训中心承担一、二审诉讼费用。

被告培训中心则辩称，跆拳道训练本身具有风险性，迟某的监护人在报名时应当对可能发生的伤害有所认知，迟某参加训练属于自甘风险行为，相应损失应由其自行承担。被告培训中心主张已提供必要的防护设备和教练指导，认为已尽到管理职责，对原告受伤无过错。

一审法院判决被告培训中心承担 40% 的赔偿责任，原告迟某承担 60% 的责任。双方均不服一审判决，提出上诉。二审法院经审理，维持了一审判决，确认被告培训中心应赔偿原告 3919.71 元，并驳回双方的其他上诉请求。

关键词

体育活动培训；安全保障义务；免责条款；人身损害

争议焦点

1. 被告是否尽到合理的安全保障义务？
2. 培训合同中约定的免责条款是否有效？

裁判观点

1. 被告未尽到合理的安全保障义务。

法院认为被告未尽到安全保障义务。一审法院指出，尽管被告主张为原告提供了护具、地垫等安全防护设备，并声称已经尽到了合理的安全保障义务，但被告并未就这些安全防护设备是否达到了必要的安全标准提交有效的证据予以证明。二审法院补充认为，被告作为专业跆拳道培训机构，对培训学员的安全负有不可推卸的责任。被告应当采取更为严格的安全措施，确保学员在训练过程中的安全，而不仅仅是提供基本的防护设备。此外，法院还认为被告在培训过程中应当承担管理和指导责任，并应确保在事故发生时具备应急处理能力。然而被告未能满足这些要求，亦未能提供充足的证据证明其已尽到完全的安全保障义务。法院最终判决被告应当对原告的损失承担相应的赔偿责任。

2. 培训合同中约定的免责条款无效。

法院认为，培训机构不能通过合同中的免责条款来免除其因未尽到安全保障义务而应承担的责任。这种免责条款违反了《民法典》第 506 条的规定，不能作为减轻或免除培训机构责任的依据。法院强调培训机构在进行体育活动培训时，必须严格遵守法律规定，尽到应有的安全保障义务，确保学员的人身安全，不能通过合同条款来规避其法定责任。

相关法条

《中华人民共和国民法典》（2021 年施行）第 120 条、第 506 条

帆船比赛船舶碰撞损害责任纠纷案

帆船比赛中发生的碰撞适用自甘风险规则

本案是明确自甘风险规则在体育活动中适用的典型案例。本案首先明确在体育赛事中，尤其是帆船比赛这类具有不确定性和高风险性的活动中，参赛者应当对可能发生的风险有所预知，并视为自愿承担由此产生的后果；但同时也应当对运动员在激烈比赛中可能出现的判断失误持宽容态度，在高压的比赛环境下，运动员的每一个决策都是在极短时间内做出的，法律不应对此施加过于苛刻的责任追究。此外在确定具体民事责任时，还需要综合考虑多种因素，如竞技项目的固有风险、竞赛实况、犯规动作的意图以及运动员的技术等。总体上，本案的裁判不仅为处理类似体育赛事中的侵权责任纠纷提供了法律依据，也对促进体育事业的发展、弘扬体育精神、实现体育立法目的具有重要的指导和推动作用。

案例来源

（2019）粤民终 635、636 号

案情简介

本案是一起因帆船比赛中发生的碰撞事故而引发的侵权责任纠纷案。原告深圳市南山人防工程防护设备有限公司（本部分简称"某设备公司"）和被告粤和兴激光刀模（深圳）有限公司（本部分简称"某刀模公司"）分别拥有"白鲨号"和"中国杯 24 号"游艇。在一次帆船比赛中，两艘游艇发生碰撞，双方均遭受损失。

一审法院经审理认为，根据《国际帆联帆船竞赛规则 2013-2016》（RRS），"中国杯 24 号"游艇作为上风船，在竞赛中本应避让下风的"白鲨号"游艇，但未能遵守，违反了规则，应承担主要责任。同时，一审法院也认定"白鲨号"游艇在事故发生时未采取足够避让措施，存在一定过错，应承担次要责任。一审法院据此判决"中国杯 24 号"游艇的所有者某刀模公司赔偿"白鲨号"游艇的所有者某设备公司相应的损失。

二审法院在审理中，对一审判决进行了重新审查。二审法院认为，本案应当适用《民法典》第 1176 条自甘风险规则。考虑到帆船比赛本身具有的不确定性和风险性，以及双方当事人在明知风险的情况下自愿参与比赛，二审法院认为，除非能证明对方有故意或重大过失，否则不应要求对方承担侵权责任。二审法院进一步分析了事故发生的情况，认为没有充分证据表明"中国杯 24 号"游艇的行为构成故意或重大过失，同时"白鲨号"游艇在紧急情况下未能有效避免碰撞，也不符合故意或重大过失的条件。因此，二审法院最终判决撤销一审判决，驳回了某设备公司的诉讼请求和某刀模公司的反诉请求，判定双方各自承担因事故造成的损失。

关键词

体育比赛；帆船运动；自甘风险

争议焦点

原告与被告在帆船比赛中发生的碰撞事故应当由谁承担侵权责任，抑或如何分担责任？

裁判观点

原、被告在案涉比赛中应适用自甘风险规则，各自承担损失。

在本案中，二审法院认为应当适用自甘风险规则。二审法院的立场是基于对案件事实和法律适用的深入分析得出的。首先，帆船比赛是一项具有固有风险的体育活动，双方当事人在明确了解这些风险后自愿参加了比赛，满足了自甘风险规则的自愿参与要件。其次，体育竞技中的行为应当根据竞赛规则来评价，而不是直接等同于侵权责任法中的过错。即便在竞赛中违反了某些规则，这并不直接意味着构成了侵权责任法上的过错或故意。此外，在审查案件事实和证据时发现，没有充分的证据表明"中国杯24号"游艇的行为构成故意或重大过失，同样，"白鲨号"游艇在紧急情况下的应对也不能被认定为具有故意或重大过失。二审法院还考虑到体育竞技的特殊性，认为运动员在比赛中需要在极短时间内做出反应，因此对其行为的评价应当考虑竞技的特殊性和实际情况。最后，二审法院强调，适用自甘风险规则有助于促进体育活动的健康发展，鼓励运动员积极参与体育竞技，同时自我承担参与其中的风险，这符合体育精神和现代社会对个人责任的期待。

相关法条

《中华人民共和国民法典》（2021年施行）第1176条

第四节　体育劳动关系

雷某诉"来力体育"合同纠纷案

未成年运动员劳动关系的认定

本案的典型意义在于明确界定未成年运动员与体育单位之间的法律关系，对于促进职业体育行业的规范化发展具有深远影响。本案强调未成年运动员作为特殊群体在法律上所享有的保护。根据《劳动法》第15条的规定，未成年人在招用时需要符合特定条件，包括审批手续和保障接受义务教育的权利。即使本案双方签订的是商业合同，但合同的性质和履行情况符合劳动关系的组织性、从属性和有偿性特征时，应当认定双方建立了劳动关系。这一点对于界定运动员与体育单位之间的法律关系具有指导意义，有助于明确双方的权利和义务，避免因合同性质不明确而产生的争议。此外，本案的裁判思路突破了传统的"外观主义"审查，转而深入分析未成年运动员与招用单位之间是否存在劳动关系的事实和从属性特征，这种实质性审查有助于更准确地判断双方的法律关系，保障未成年运动员的合法权益。总之，本案的裁判结果对于职业体育行业的健康发展具有积极的推动作用。通过确立未成年运动员与体育单位之间的劳动关系，有助于规范体育单位的管理和运营，提高对未成年运动员的培养和保护水平，为竞技体育人才的培养打下坚实的基础，同时也为类似案件提供了裁判的参考依据。

案例来源

（2020）津 01 民终 5789 号

案情简介

本案涉及天津来力体育器材有限公司（本部分简称"来力体育"）与雷某某之间的合同纠纷。雷某某作为未成年运动员（签约时未满 16 周岁），由其父代为与来力体育签订了一份《合约书》，成为被告来力体育的合约台球选手。合同规定了雷某某在培训、比赛、宣传等方面的义务，以及来力体育在教育、交通、器材等方面的支持。后因来力体育与第三方解除了培训基地的投资合作协议，导致雷某某无法继续享受培训服务，雷某某因此提出解除合同并要求支付违约金。

一审法院认为，雷某某与来力体育之间的合同性质和履行情况符合劳动关系的组织性、从属性和有偿性特征，因此双方之间建立了劳动法上的劳动关系。由于本案属于劳动争议，根据法律规定，劳动争议案件需要仲裁前置，而本案未经过有效的仲裁程序，因此一审法院驳回了雷某某的起诉和来力体育的反诉。来力体育不服，提起上诉。

二审法院在审理过程中，确认了一审法院对双方法律关系的认定，即雷某某与来力体育之间存在劳动关系。并进一步指出，根据《劳动法》第 15 条的规定，雷某某作为未满 16 周岁的未成年人，具备被体育单位招用的资格，但招用单位必须履行相关审批手续，并保障其接受义务教育的权利。来力体育未能证明其履行了这些手续，因此二审法院维持了一审法院的裁定，驳回了来力体育的上诉请求，确认了一审法院的裁定为终审裁定。

关键词

未成年运动员；未满 16 周岁；体育单位；劳动关系

争议焦点

原告运动员与其接受训练、代表参赛的被告公司之间是否为劳动关系？

裁判观点

本案原、被告之间属于劳动关系。

关于本案雷某某与来力体育之间是否存在劳动关系的分析，法院认为：首先，雷某某与来力体育签订的《合约书》虽然名义上是商业合同，但根据合同内容，雷某某作为合约选手，接受来力体育的教育培训、参与比赛等，且双方对奖金分配、违约责任等有明确约定，这符合劳动关系中的组织性和从属性特征。其次，根据《劳动法》第15条的规定，未成年人在特定条件下可以被招用，但必须符合国家相关规定，包括审批手续和保障接受义务教育的权利。雷某某在签订合同时未满16周岁，属于未成年人，因此在法律上享有特殊保护。再次，劳动关系的建立不仅基于合同的表面形式，更重要的是双方之间是否存在实质上的劳动关系。在本案中，雷某某在来力体育的安排下进行训练和比赛，其活动受到公司的管理和控制，体现了劳动关系中的从属性。最后，一审和二审法院均认为，雷某某与来力体育之间的合同关系符合劳动关系的实质要件，包括组织性、从属性和有偿性。法院特别指出，来力体育未能证明其履行了招用未成年人所需的审批手续，且双方的合同履行情况符合劳动法上的劳动关系。根据劳动法相关规定，劳动争议案件需要经过仲裁前置程序。本案中，由于双方的争议未经仲裁程序，法院依法驳回了雷某某的起诉和来力体育的反诉。

▶ 相关法条 ▶

《中华人民共和国劳动法》（2018年修正）第15条
《中华人民共和国劳动合同法》（2012年修正）第2条

■ 李某某诉足球俱乐部劳动报酬纠纷案

运动员持工资欠条起诉按普通民事纠纷处理

本案旨在保障劳动者特别是职业运动员的劳动报酬权益。本案法院明确当劳动者持有用人单位出具的工资欠条时，可以直接向人民法院提起诉讼，无需经过劳动争议仲裁前置程序。这一裁判理念，为劳动者提供了更为直接有效的法律救济途径，降低了劳动者维权的时间和经济成本，提高了司法效率。正如法院所强调，劳动报酬权益的不可侵犯性，尤其是在体育行业这样的特殊领域，劳动者的基本权利应当得到充分保障。这对于维护运动员的合法权益，保障他们的劳动成果不被剥夺具有重要作用，有助于提升运动员的职业安全感和满意度。不仅如此，本案的裁判观点亦与《体育法》第九章建立体育仲裁制度的初衷相契合，进一步明确了体育仲裁与劳动争议处理的界线，促进了体育领域纠纷解决机制的完善。总之，本案的典型意义在于，它体现了国家对人才的重视和保护，特别是对于那些在各自领域做出贡献的运动员。通过司法裁判保障运动员的劳动报酬权益，有助于稳定运动员人才队伍，促进体育事业的健康发展，进而推动人才强国战略的实施，为国家的长远发展提供人才支撑和智力支持。

▶ 案例来源 ▶

（2021）内01民终6248号

▶ 案情简介 ▶

李某某是一名职业运动员，与内蒙古中优足球俱乐部有限公司（本部分简称"俱乐部")建立了劳动关系。在合同履行期间,俱乐部因资金问题未能按时支付李某某的赛季绩效工资及奖金。经双方协商,俱乐部向李某某出具了一份欠条,明确承认欠款金额,并承诺在两个月之内完成支付。然而,承诺的支付期限过后,俱乐部仍未能兑现承诺,导致李某某的合法权益受到侵害。

李某某在多次催讨无果后,持该欠条向法院提起诉讼,请求判令俱乐部支付所欠工资及奖金。一审法院审理后认为,李某某与俱乐部之间的劳动关系明确,欠条作为直接证据证明了俱乐部的欠款事实。根据《最高人民法院关于审理劳动争议案件适用法律问题的解释(一)》第15条的规定,李某某的诉讼请求单一且直接,不涉及劳动关系其他争议,因此一审法院认定该案件无需经过劳动争议仲裁前置程序,可以直接作为普通民事纠纷受理。一审法院判决支持李某某的诉讼请求,要求俱乐部支付所欠款项。

俱乐部不服一审判决,提起上诉。二审法院驳回上诉,维持原判。

关键词

运动员;欠条;劳动报酬;劳动仲裁

争议焦点

本案所涉劳动报酬纠纷是否需要经过劳动仲裁前置程序?

裁判观点

本案所涉劳动报酬纠纷无需经过劳动仲裁前置程序。

根据《最高人民法院关于审理劳动争议案件适用法律问题的解释(一)》第15条的规定,劳动者以用人单位的工资欠条为证据直接提起诉讼,诉讼请求不涉及劳动关系其他争议的,人民法院应当按照普通民事纠纷受理。这意味着,如果劳动者持有明确的欠条,且诉讼请求单一,不涉及劳动关系其他方面的争议,那么案件可以直接作为民事案件处理。

在本案中,李某某持有俱乐部出具的欠条,该欠条明确记载了俱乐部欠付李某某的绩效工资及奖金的具体金额,并承诺了支付时间。李某某的诉讼请求仅限于追回欠条上明确的工资和奖金,没有涉及劳动合同的其他条款或劳动关系的其他争议。劳动仲裁前置程序是劳动争议案件处理的一般规则,但并非没有例外。在本案中,由于李某某持有的欠条构成了直接证据,且诉讼请求单一,不涉及劳动关系其他方面的争议,因此,根据相关司法解释的规定,本案属于劳动仲裁前置程序的例外情形,可以直接作为普通民事纠纷由人民法院受理和审理。这一处理方式既符合法律规定,又体现了司法实践中对劳动者权益保护的重视。

相关法条

《最高人民法院关于审理劳动争议案件适用法律问题的解释(一)》(2021年施行)第15条

外籍教练诉足球俱乐部劳务合同纠纷案

国际单项体育组织内部纠纷解决机构作出的纠纷处理决定不属于
《承认及执行外国仲裁裁决公约》项下的外国仲裁裁决

本案作为最高人民法院指导性案例 201 号，系全国首例对国际单项体育组织内部纠纷解决机构作出纠纷处理决定的法律性质作出认定的案件。本案判决明确了国际单项体育组织内部纠纷解决机构作出的纠纷处理决定不属于《承认及执行外国仲裁裁决公约》（本部分简称《纽约公约》）项下的外国仲裁裁决。这一点对于理解国际体育组织内部纠纷解决机制与国际商事仲裁的区别具有指导性作用，有助于统一司法实践中的认识，确保法律的正确适用。此外，本案裁判要点还指出，当事人约定将纠纷提交国际单项体育组织解决，如果没有管辖权则提交国际体育仲裁院仲裁，该约定应认定为有效。这为体育领域内合同纠纷的解决提供了清晰的指引，有助于促进体育行业的健康发展。随着新修订的体育法的实施，本案判决为国内体育仲裁制度及相应司法审查规则的发展完善提供了重要的参考借鉴，展示了中国法院在处理涉外法律问题时的开阔视野和专业水平，对于推动中国体育法治建设具有积极影响。

案例来源

（2020）沪 01 民终 3346 号

案情简介

塞尔维亚籍教练员某某某·可可托维奇与上海聚运动足球俱乐部有限公司（本部分简称"聚运动公司"）签订了职业教练工作合同。2017 年 7 月 1 日，双方签订《解除合同》协议，约定聚运动公司支付剩余工资等款项，并规定了争议解决条款。《解除合同》第 5.1 条约定，"与本解除合同协议相关，或由此产生的任何争议或诉讼，应当受限于国际足联球员身份委员会或其他国际足联有权机构的管理"；第 6.2 条约定，"如果国际足联对于任何争议不享有司法管辖权的，协议方应当将上述争议提交到国际体育仲裁院，根据《与体育相关的仲裁规则》予以受理。相关仲裁程序应当在瑞士洛桑举行。"后因聚运动公司未支付款项，某某某·可可托维奇向国际足联球员身份委员会（本部分简称"球员身份委员会"）申请解决争议，该委员会作出单一法官裁决，要求聚运动公司支付款项。然而，聚运动公司变更为上海恩渥餐饮管理有限公司后，仍未支付款项，某某某·可可托维奇遂向上海市徐汇区人民法院提起诉讼。

一审法院认为，根据解除合同协议的约定，争议应提交国际体育仲裁院仲裁，因此驳回了某某某·可可托维奇的起诉。某某某·可可托维奇不服一审裁定，提起上诉。

二审法院认为，球员身份委员会作为国际足联内设的自治纠纷解决机构，并非独立的仲裁机构，其作出的单一法官裁决不符合《纽约公约》关于仲裁裁决的规定性要求，因此不属于《纽约公约》项下的外国仲裁裁决。此外，依据案涉争议解决条款，由于国际足联已经实际行使了管辖权，案涉争议不符合当事人约定的提起仲裁条件，故人民法院对案涉争议依法享有司法管辖权。因此，二审法院撤销了一审裁定，指令徐汇区人民法院审理本案。

关键词

体育组织；内部纠纷解决机构；纽约公约；外国仲裁裁决

争议焦点

1. 案涉国际单项体育组织内部纠纷解决机构及其作出的纠纷处理决定的性质为何？
2. 案涉仲裁条款能否排除人民法院的司法管辖权？

裁判观点

1. 案涉国际单项体育组织内部纠纷解决机构及其作出的纠纷处理决定的性质为内部决定。

案涉国际单项体育组织内部纠纷解决机构是球员身份委员会，其作出的纠纷处理决定的性质是该委员会根据其内部条例和程序，对会员单位和成员之间的争议所作出的内部决定。其主要依靠行业内部自治机制来解决争议，具有高度的自主性和专业性。

球员身份委员会的纠纷解决程序与《纽约公约》所定义的仲裁程序存在明显区别。根据《纽约公约》的规定，仲裁裁决应由独立的第三方仲裁庭或专案仲裁庭作出，具有终局性和约束力。而球员身份委员会的单一法官裁决，虽然具有一定的约束力，但其执行主要依赖于体育组织内部的自治机制，如扣分、罚款等，并不具有普遍和严格的法律约束力。

球员身份委员会的程序不是司法程序，也不是仲裁程序，而是一种基于私法自治原则的行业内部的自治程序。这一点在球员身份委员会自身的表述中也得到了体现，其中明确指出其程序是基于体育组织的内部自治原则。尽管球员身份委员会的裁决具有一定的约束力，但国际足联的相关规定明确指出，其处理决定并不具有终局性，当事人对裁决结果有异议时，可以向国际体育仲裁院提起上诉，这表明球员身份委员会的裁决并非最终裁决。

球员身份委员会调处的纠纷亦限于其下属会员单位和成员之间的争议，其作出的纠纷处理决定的性质也只能是国际单项体育组织对会员单位和成员作出的内部决定，不具有对非会员单位或个人的普遍适用性。

综上所述，案涉国际单项体育组织内部纠纷解决机构及其作出的纠纷处理决定的性质是一种基于体育组织内部自治原则的、非仲裁性的、非司法性的、非终局性的内部决定，其执行主要依赖于体育组织内部的自治机制，不符合《纽约公约》项下仲裁裁决的定义和要求。

2. 案涉仲裁条款不能排除人民法院的司法管辖权。

案涉当事人的《解除合同》第5.2条约定，在国际足联不享有管辖权的情况下，争议才应提交至国际体育仲裁院。依据《涉外民事关系法律适用法》第18条的规定，当事人未选择仲裁协议适用的法律时，应适用仲裁机构所在地法律或仲裁地法律。本案中，由于当事人未明确选择准据法，因此应适用瑞士法作为仲裁条款效力的准据法。

依据《瑞士联邦国际私法》第178条的规定，如果仲裁协议以书面形式作出，并且符合当事人选择的法律或适用法律的条件，该仲裁协议即为有效。因此，案涉仲裁条款在形式和实质上均有效。但其适用性取决于是否满足条款中约定的条件。然而，在本案中，由于国际足联已经通过球员身份委员会对争议进行了处理，因此不符合提交国际体育仲裁院的条件，案涉仲裁条款不适用于本案。

因此，虽然案涉仲裁条款在形式上有效，但由于国际足联已经行使了管辖权，且仲裁条款约定的条件未满足，因此该仲裁条款不能排除人民法院对本案纠纷的司法管辖权。人民法院依法对本案具有管辖权，可以对案件进行审理并作出判决。

相关法条

《中华人民共和国涉外民事关系法律适用法》（2011 年施行）第 18 条

《承认及执行外国仲裁裁决公约》（学术讨论中一般简称为《纽约公约》）第 1 条、第 3 条

第五节　运动员人格权保护

姚某姓名权和肖像权侵权纠纷案

体育明星的姓名权、肖像权在商业活动中的保护

本案是最高人民法院 2012 年公布的"知识产权保护十大案例"之一，凸显了个人品牌价值的法律认可，明确了在商业活动中未经授权使用公众人物姓名和肖像的侵权性质，为名人权益的司法保护树立了新的标杆。同时，它也展示了司法机关在处理新型知识产权案件时的审慎态度和创新思维，特别是在确定赔偿数额时综合考量了侵权行为的多维度因素，体现了法律对侵权行为惩罚和对权利人补偿的双重功能。此外，本案的判决结果向社会公众传达了一个强烈的信息：法律对于知识产权的保护是严格和明确的，任何企图通过侵犯他人权利来获取不正当商业利益的行为都将受到法律的严惩。这对于提升企业和社会公众的法律意识，促进市场经济的健康发展具有积极作用。同时，本案也对其他市场主体起到了警示作用，促使他们在商业活动中更加注重知识产权的尊重和保护，从而维护了公平竞争的市场环境。

案例来源

（2012）鄂民三终字第 137 号

案情简介

本案涉及姚某与武汉云鹤大鲨鱼体育用品有限公司（本部分简称"武汉云鹤公司"）之间的人格权及不正当竞争纠纷。武汉云鹤公司未经姚某授权，将其姓名和肖像用于其"姚某一代"产品的生产和销售以及相关宣传，姚某因此向法院提起诉讼，要求停止侵权行为，并索赔经济损失 1000 万元及公开赔礼道歉。

一审法院判决武汉云鹤公司的行为侵犯了姚某的姓名权和肖像权，并构成不正当竞

争，判决其停止侵权、赔礼道歉并消除影响。但认为姚某所提供证据不足以证明1000万元的经济损失，遂酌定赔偿30万元。

姚某不服一审判决提起上诉。二审法院认为一审判决赔偿数额过低，考虑到武汉云鹤公司的侵权故意及行为的持续时间，改判赔偿姚某包括维权合理费用在内的经济损失共计100万元。

关键词

姓名权；肖像权；商品化；不正当竞争

争议焦点

1. 武汉云鹤公司的行为是否构成不正当竞争？
2. 武汉云鹤公司的行为是否侵害了姚某的姓名权、肖像权？
3. 若认定原告人格权利益遭受损害，法院应当如何确定具体的赔偿数额？

裁判观点

1. 武汉云鹤公司的行为构成不正当竞争。

武汉云鹤公司在未经姚某授权的情况下，擅自使用其姓名和肖像进行产品宣传和销售，这种行为构成了对姚某人格权的侵犯，并误导了消费者，使他们误认为该公司的产品与姚某存在某种联系或得到了他的支持。根据《反不正当竞争法》第5条（现《反不正当竞争法》第6条），经营者在市场交易中应遵循诚实信用原则，不得进行虚假宣传或采取其他不正当手段进行市场竞争。武汉云鹤公司的行为违反了这一法律规定，扰乱了市场秩序，损害了公平竞争环境，影响了其他经营者的合法权益，并对消费者权益造成了潜在危害。总之，武汉云鹤公司的行为不仅侵犯了姚某的合法权益，也违反了市场竞争的基本原则，构成了明显的不正当竞争行为。

2. 武汉云鹤公司的行为侵害了姚某的姓名权、肖像权。

武汉云鹤公司使用姚某的姓名和肖像作为商业宣传的行为，侵犯了姚某的姓名权和肖像权。姓名权是指个人对自己的姓名享有的专有使用权，包括决定使用、变更自己的姓名以及排除他人干涉的权利。肖像权则是指个人对自己的肖像享有的控制权，未经本人同意，他人不得以营利为目的使用其肖像。在本案中，武汉云鹤公司未经姚某同意，将其姓名和肖像用于商业产品和宣传材料，这一行为违反了姚某对自己姓名和肖像的专有使用权，构成了侵权。此外，根据《民法通则》第99条和第100条的规定（现《民法典》第1014条和1019条），公民的姓名权和肖像权受到法律保护，未经授权的商业性使用属于侵犯公民权利的行为。因此，武汉云鹤公司的行为侵犯了姚某的姓名权和肖像权，并应当及时停止侵权、赔偿损失。

3. 姚某因人格权被侵害遭受的实际损失和武汉云鹤公司因侵权获得的利益均难以确定时，法院应当综合考虑多种因素确定具体的赔偿数额。

当姚某因人格权被侵害遭受的实际损失和武汉云鹤公司因侵权获得的利益均难以确定时，法院认为在确定具体的赔偿数额时应当综合考虑多种因素。首先，依据《侵权责任法》第20条（现《民法典》第1182条）的规定，当被侵权人的损失和侵权人获得的利益均难以确定时，可以根据实际情况确定赔偿数额。这包括考虑侵权行为的性质、后果、持续时间以及侵权人的主观过错等因素。其次，可以参照权利人因类似授权或许可使用其姓名或肖像所可能获得的合理使用费，作为确定赔偿数额的参考依据。最后，还应考虑侵权行为对权利人声誉和形象的潜在损害，以及这种行为可能给权利人带来的精神损害和经济损失。综上，本案法院综合考虑了姚某作为公众人物的商业价值和市场影响力，以及武汉云鹤公司通过侵权行为可能获得的市场竞争优势和额外利润的因素；同时，根据案涉侵权行为对消费者权益的影响，以及这种行为对社会公共利益和市场秩序的破坏，最终确定赔偿数额为 100 万元。

相关法条

《中华人民共和国反不正当竞争法》（2019 年修正） 第 2 条、第 6 条

《中华人民共和国民法典》（2021 年施行） 第 1014 条、第 1019 条、第 1182 条

"乔丹" 商标权争议行政纠纷案

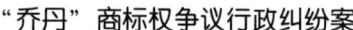

姓名权可以构成商标法规定的在先权利

本案是最高人民法院第 113 号指导案例，不仅是一起具有国际影响力的知识产权案件，更是中国司法在维护个人姓名权、规范商标注册和使用方面的重要里程碑。本案的审理和判决体现了我国法院对在先姓名权保护的重视，明确了外国自然人外文姓名的中文译名在符合一定条件下可以依法获得保护，同时也强调了诚实信用原则在商标注册和使用中的重要作用。由此可见，我国法院尤为关注人格尊严的尊重和保护。它传递了一个明确的信息：在商业利益面前，个人的姓名权和人格尊严同样重要，不能被忽视或侵犯。这对于提升公众对法律的信任度、增强法治意识、推动社会主义核心价值观的建设具有积极作用。此外，本案法院亦强调商标注册和使用必须遵循诚实信用原则，对于恶意注册他人知名姓名为商标的行为，即使该商标已经获得了一定市场认可度，也不能成为侵权行为合法化的借口。这一点对于规范商标注册行为、保护消费者权益以及提升知识产权保护水平具有重要的指导意义。

案例来源

（2016）最高法行再 27 号

案情简介

本案是一场围绕"乔某"这一名称的商标权争议。迈某某·杰某某·乔丹（本部分简称"迈某某·乔丹"），作为世界知名的篮球运动员，其名字在全球范围内具有极高的知名度。乔丹体育股份有限公司（本部分简称"乔丹公司"）在中国注册了包含"乔丹"字样的商标，并在体育相关商品上使用。

案件的一审阶段，迈某某·乔丹向原中华人民共和国国家工商行政管理总局商标评审

委员会（本部分简称"商标评审委员会"）提出撤销乔丹公司注册的"乔丹"商标的申请，主张该商标侵犯了他的姓名权。然而，商标评审委员会认为"乔丹"仅为一个常见的姓氏，不足以与迈某某·乔丹形成唯一对应关系，因此裁定维持乔丹公司的商标注册。迈某某·乔丹对此裁定表示不满，向北京市第一中级人民法院提起行政诉讼，请求撤销商标评审委员会的裁定。一审法院判决维持商标评审委员会的案涉裁定，迈某某·乔丹不服，提起上诉。

在二审阶段，北京市高级人民法院判决维持一审法院判决，即认为乔丹公司的商标注册并未侵犯迈某某·乔丹的姓名权。

迈某某·乔丹不服二审判决，向最高人民法院申请再审。最高人民法院经审理后，对案件进行了提审。在再审中，最高人民法院认为乔丹公司的商标注册确实损害了迈某某·乔丹的在先姓名权，违反了商标法关于不得损害他人现有在先权利的规定。因此，最高人民法院判决撤销了一审和二审的判决以及商标评审委员会的裁定，并要求商标评审委员会对"乔丹"商标重新作出裁定。这一判决体现了中国法院对姓名权保护的重视，以及对商标注册中诚实信用原则的坚守。

关键词

姓名权；商标权；在先权利

争议焦点

案涉商标的注册是否会损害迈某某·乔丹就"乔丹"主张的姓名权？

裁判观点

案涉商标的注册因违反《商标法》第 31 条（现《商标法》第 32 条）的规定，而损害迈某某·乔丹就"乔丹"主张的姓名权。

首先，迈某某·乔丹作为一名世界知名的篮球运动员，其名字在全球范围内具有极高的知名度。在中国，公众普遍以"乔丹"指代迈某某·乔丹，这一名称与他之间已经建立了稳定的对应关系。因此，"乔丹"这一名称在中国公众中具有特定的指向性，与迈某某·乔丹的个人身份密切相关。根据我国《民法通则》第 99 条（现《民法典》第 1014 条）及《侵权责任法》第 2 条（现《民法典》第 1164 条）的规定，自然人享有姓名权，禁止他人干涉、盗用、假冒，侵害姓名权者应对此承担侵权责任。迈某某·乔丹的姓名权，包括其外文姓名的中文译名"乔丹"，依法应受到保护。

其次，根据《商标法》第 31 条（现《商标法》第 32 条）的规定，申请商标注册不得损害他人现有的在先权利。迈某某·乔丹的姓名权作为一种在先权利，乔丹公司在未获得授权的情况下，将"乔丹"注册为商标，容易使公众误认为标记有该商标的商品与迈某某·乔丹存在代言或特定联系，从而侵犯了其姓名权。乔丹公司在明知"乔丹"与迈某某·乔丹具有唯一对应关系的情况下，仍然注册该商标，存在主观恶意，违反了诚实信用原则。这种行为不仅侵犯了迈某某·乔丹的姓名权，也扰乱了市场秩序，损害了消费者利益。

最后，最高人民法院在再审中明确了姓名权保护的条件，即特定名称在中国具有一定的知名度、为相关公众所知悉，并与该自然人建立了稳定的对应关系。根据这些标准，"乔丹"作为迈某某·乔丹的中文译名，满足了上述条件，因此其姓名权受到了侵犯。

相关法条

《中华人民共和国商标法》(2019 年修正)　第 32 条
《中华人民共和国民法典》(2021 年施行)　第 1014 条、第 1164 条

第七章

艺人民事权益纠纷

第一节 演艺经纪合同

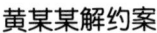
黄某某解约案

"专属经纪权"的法律性质认定

随着跨国文化的频繁交流和文化人才的不断输出，在 2000 年代中期到 2010 年代中期国内许多年轻艺人前往韩国等海外市场打拼发展。凭借个人的不懈努力和经纪公司的造星能力，不少艺人从练习生中脱颖而出，成功站上了国际舞台。在此之后，有的艺人选择继续与海外经纪公司合作，而有的艺人则选择回国发展，并试图解除经纪合同。但是，鉴于练习生培养所需的大量人力、物力、财力，经纪公司往往会选择与艺人签署专属经纪协议，并设置严苛的履约要求和较长的履行期限，以阻碍艺人轻易解约。此类案件中，在艺人提起解约诉讼悬而未决的阶段，经纪公司可能还会提出侵权之诉，主张艺人的解约行为侵犯了其"专属经纪权"。本案判决明确了专属经纪权的法律性质及其保护边界，对规范演艺经纪合同的订立与履行具有积极意义。

案例来源

（2017）沪 01 民终 8795 号

案情简介

（株）S. M. ENTERTAINMENT（本部分简称"SM 公司"）是韩国著名的娱乐经纪公司，黄某某与 SM 公司于 2012 年 4 月 8 日签订《专属协议》并成为 SM 公司旗下组合"EXO"的成员，双方约定自 2012 年 4 月 8 日起至 2022 年 4 月 7 日止，SM 公司（甲方）对黄某某（乙方）享有"专属经纪权"，具体包括：乙方开展演艺活动所需协议的交涉及签署；与乙方演艺活动有关的对媒体的演出交涉及演出协议的签署；对乙方演艺活动的宣传及广告等多项权限。黄某某于 2015 年正式起诉 SM 公司要求解约。

SM 公司发现于 2015 年至 2016 年间，通用磨坊贸易（上海）有限公司（本部分简称"通用公司"）在其实名认证的新浪微博上进行"妙脆角"产品的销售宣传，使用了黄某某的姓名及肖像，部分产品外包装也使用了黄某某的肖像。故主张黄某某与通用公司恶意串通，共同侵犯了 SM 公司的合法权益。一审法院驳回 SM 公司的诉讼请求，SM 公司不服提起上诉。二审法院驳回上诉，维持原判。

关键词

专属经纪权；侵权；违约责任与侵权责任的竞合

争议焦点

1. SM 公司所主张的"专属经纪权"是否属于侵权责任法的保护范围？本案是否存在违约责任与侵权责任的竞合？

2. 黄某某、通用公司是否构成共同侵权？

裁判观点

1. SM 公司所主张的"专属经纪权"属于合同债权，并不属于侵权责任法保护的权益范畴，亦不存在违约责任与侵权责任的竞合。

我国侵权责任法和合同法作为民法的两种制度形式，虽然都以保护私权为目的，但是具体保护的范围却有所不同。侵权法保护固有利益，即受害人的既有人身、财产权益，包括人身权及物权、继承权、知识产权中的财产权，保护的是非契约内容且效力及于不特定人的绝对权，依据是法律规范。虽然《侵权责任法》第 2 条第 2 款（现被《民法典》总则编第五章"民事权利"所吸收）采用的是具体列举式，在列举了生命权、姓名权、肖像权等 18 种权利后以"人身、财产权益"兜底收尾，体现了保护范围的全面性，但该条兜底的"权益"性质上仍应具有前述同质的属性。而合同法所保护的利益从合同债权中产生，调整的是合同约定的权利义务，仅涉及财产权，保护的是契约内容中效力及于特定人，即合同当事人的相对权，依据是双方当事人协议。

关于 SM 公司所主张的"专属经纪权"性质的认定。首先，SM 公司主张的"专属经纪权"产生于 SM 公司与黄某某的演艺经纪合同，因双方合约而创设，并非 SM 公司的既有人身、财产权益。其次，肖像权、姓名权所属的人格权是一种对自身的"权利"，直接关涉人的固有尊严，人格权不得处分，无论让与或抛弃皆不发生效力。黄某某的肖像权、姓名权是其自身的固有权利，有人身专属性，不能经由一份合约成为 SM 公司的固有利益。再次，当事人间的合约，除了背负经济意义以外，还承载了文明和道义因素。人们在社会交往中，彼此作出承诺并自愿按照承诺行事，否则法律将对其作出否定性评价，即违约责任；道德将对其作出可非难性谴责，即丧失信誉。但不可否认，黄某某作为合同当事人具有违约选择自由，并为之承担经济上的法定不利后果即违约责任。最后，经当事人确认，本案发生时 SM 公司与黄某某的演艺经纪合同纠纷正在韩国法院审理，中国境内发生的案涉争议事实如属于合同约定范围，SM 公司应当可在双方合同纠纷诉讼中作相应主张。

综上，法院认为，SM 公司主张的"专属经纪权"产生于演艺经纪合同，因合约而创设，并非 SM 公司的既有人身、财产权益，不属于我国侵权责任法保护的权益范畴。

2. 黄某某、通用公司不构成共同侵权。

债权不具有社会典型公开性，即法律意义上的公示性，这也是债权和物权等绝对权的区别。其一，通用公司并不当然知悉案涉演艺经纪合同及其具体内容，也就不存在对 SM 公司侵权的主观恶意或者过错。其二，本案中无证据证明通用公司作为合同外的第三人，存在引诱、干扰演艺经纪合同一方当事人黄某某不履行或者不适当履行合同义务的事实，即存在法律意义上第三人侵害债权的行为。因此，对于 SM 公司认为通用公司与黄某某合谋恶意侵害其"专属经纪权"的主张，因不具备主观过错等侵权责任成立的基本要件事实，法院未予采纳。

相关法条

《中华人民共和国民法典》(2021 年施行) 第 593 条、第 1164 条

窦某解约案

演艺经纪合同的法律性质为综合性无名合同

演艺经纪行业中，艺人往往会因与经纪公司理念不合、合作不愉快而选择解约，甚至是对簿公堂。而关于演艺经纪合同的性质及行使解除权的依据问题，往往是相关案件中的争议焦点。有观点主张演艺经纪合同属于具有代理性质的合同，艺人享有单方解除权。亦有观点主张演艺经纪合同涉及内容广泛，与传统的代理、行纪合同有所不同，应属于综合性合同。在本案中，法院认定演艺经纪合同具有居间、代理、行纪的综合属性，不能依据合同法关于代理合同或行纪合同的规定由合同相对方单方行使解除权。但同时也应当考虑到艺人的基本权利，进而综合认定合同解除是否具备合理性。

案例来源

(2013) 高民终字第 1164 号

案情简介

2010 年 3 月 23 日，北京新画面影业有限公司（本部分简称"新画面公司"）与窦某签订了《合约》，双方约定：新画面公司从 2010 年 3 月 23 日至 2018 年 3 月 22 日，作为窦某的演艺工作代理方。凡窦某有意参加的所有演艺活动（影视、唱片、广告、代言、发布会、公众活动等），由新画面公司提供指导、建议和意见，进行相关咨询，并由新画面公司代表窦某出面洽谈及签约。窦某对所有演艺活动有选择的权利，新画面公司给予意见但尊重窦某的决定。对于窦某参加的所有演艺活动，新画面公司收取一定比例的酬金。在合约期间，窦某不得与第三方签订任何演艺合约或协议。而后双方合作出现问题，窦某于2012 年 9 月 26 日委托律师向新画面公司发出了律师函，声称新画面公司并未按照规定办理并获得营业性演出经营的主体资格，不具备与表演者签订相关合约的法律条件与资质，主张解除《合约》。双方未能达成一致意见，窦某诉至法院。

一审法院认定窦某与新画面公司签订的《合约》是有效合同且于判决生效之日起解除；驳回窦某的其他诉讼请求和新画面公司的其他反诉请求。二审法院进一步明确了窦某

的违约责任，即赔偿因其擅自参加演艺活动给新画面公司造成的经济损失人民币 100 万元；赔偿因其毁约给新画面公司造成的经济损失人民币 200 万元。

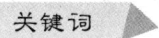
关键词

演艺经纪合同；综合性合同；无名合同；单方解除权

争议焦点

1. 案涉《合约》性质如何认定以及是否存在单方解除权？
2. 艺人能否行使对案涉《合约》的法定解除权？
3. 艺人是否应当承担违约责任以及违约金如何确定？

裁判观点

1. 案涉《合约》属综合性合同，不存在单方解除权。

本案《合约》具有居间、代理、行纪的综合属性，属于演出经纪合同。此类合同既非代理性质亦非行纪性质，而是具有各类型相结合的综合性合同，因此不能依据合同法关于代理合同或行纪合同的规定由合同相对方单方行使解除权。为了体现合同自愿、公平以及诚实信用等基本原则，在该类合同权利义务关系终止的确定上应当主要遵循双方约定、按照合同法的规定进行界定，不能在任何情况下都赋予当事人单方合同解除权。

因为在演艺行业中，相关从业人员（即艺人）的价值与其自身知名度、影响力紧密相关，而作为该行业从业人员的经纪公司，在艺人的初期培养、宣传以及知名度的积累上必然付出商业代价，同时艺人是否能够达到市场的影响力，存在不确定性，由此经纪公司在艺人的培养过程中存在一定风险。在艺人具有市场知名度后，经纪公司对其付出投入的收益将取决于旗下艺人在接受商业活动中的利润分配，故若允许艺人行使单方解除权，将使经纪公司在此类合同的履行中处于不对等的合同地位，而且也违背诚实信用的基本原则，同时会鼓励成名艺人为了追求高额收入而恶意解除合同，不利于演艺行业的整体运营秩序的建立，因此对于演艺合同中的单方解除权应当予以合理限制。

2. 艺人可以行使对案涉《合约》的法定解除权。

《合同法》第 94 条（现《民法典》第 563 条第 1 款）第 2 项规定，在履行期限届满前，当事人一方明确表示或者以自己的行为表明不履行主要债务的，可以解除合同；第 5 项规定了兜底条款。上述法律规定系为了保障合同守约方具有是否继续履行的自主选择权。本案中，在窦某明确表示不再履行《合约》义务的情况下，新画面公司一方面要求继续履行合同，另一方面又主张若合同解除，应由窦某承担解除合同给新画面公司造成的经济损失，故虽新画面公司未明确表示同意解除合同，但考虑到案涉《合约》的履行需要双方当事人在相互信任的基础上实现合同的根本目的，才能有利于艺人和经纪公司的共同发展。在窦某已经明确表示不再履行合同主要义务，而新画面公司对于合同解除亦存在意向的情况下，应当本着有利于合同当事人实现各自利益及发展，本着公平、有价、平等的基本原则，在实现合同当事人真实意思的情况下，确定合同权利、义务关系。若案涉《合约》解除后，在窦某赔偿相应损失的情况下，不仅新画面公司作为经纪公司能够实现培养艺人的经济收益，而且窦某亦能够正常发展其自身演艺事业。因此，综合考虑在案情况，依法解除案涉《合约》将有利于双方当事人各自的合同利益。

3. 艺人应当承担违约责任，违约金应综合考虑确定。

根据案涉《合约》第4条及第5条，窦某参加的所有演艺活动，新画面公司都将收取一定比例的酬金。窦某不得与第三方签订任何演艺合约或协议。在案相关证据能够证明窦某参加了案涉的59场演艺活动，根据该59场演艺活动所显示的内容，以及商业惯例及市场基本规则，结合在二审诉讼过程中窦某亦认可所参加的"杰尼亚Zegna"品牌和"佳洁士"品牌代言存在商业属性的情况，窦某关于所参加的59场活动并未获取报酬的主张显然与基本的商业惯例及行业常识相违背。由于窦某系参加案涉59场演艺活动的当事人，其应当持有相关活动的合同文本，其中对具体活动是否存在报酬以及相应数额应当进行了明确约定，但经法院释明后，窦某表示其不持有相关合同文本，且未向法院提交，由此应当相关司法解释作出不利于窦某的认定。综合考虑新画面公司所主张案涉59场活动的性质、规模，以及窦某作为艺人的知名度、影响力，并且结合案涉《审核报告》中窦某以往接受此类商业活动的酬金情况等方面的因素，法院酌定由窦某向新画面公司支付因其在《合约》期间擅自参加演艺活动所造成的损失人民币100万元。

案涉《合约》的解除，系因窦某根本违约所致，窦某应当依法承担相应的违约责任，赔偿新画面公司相应的经济损失。关于违约责任的承担，其不仅可以依据合同约定条款进行确定，亦可根据守约方的实际损失进行确定。实际损失的确定，包括合同履行后可以获得的利益，但不得超过违反合同一方订立合同时预见到或者应当预见到的因违反合同可能造成的损失。由于演艺活动因市场波动产生的收益变化较大，因此新画面公司依据窦某此前的年收入平均数，乘以剩余合同履行期的计算方式显然缺乏事实依据，法院未予采纳。由此在窦某应当承担的赔偿数额的确定上，应综合考虑新画面公司前期对窦某演艺发展的培养投入、宣传力度、艺人自身的影响力、知名度、发展前景以及可能给经纪公司带来的收益等因素。在综合以上因素的情况下，法院酌定此部分赔偿数额为人民币200万元。

相关法条

《中华人民共和国民法典》（2021年施行）第6条、第7条、第97条、第509条、第563条、第566条、第583条

薛某某解约案

艺人可行使约定解除权解除经纪合同

演艺经纪合同属于综合性的无名合同，艺人并不必然享有任意解除权，那么，深陷合同僵局的艺人与经纪公司，应当如何从合同关系中解脱呢？合同订立阶段对解除条件进行预先约定，是一种可行的方案。根据合同法自主原则和诚实信用原则的精神，当事人之间的意思表示应当受到充分的尊重，当事人也应当恪守合同约定。因此，在这类案件的审理过程中，除合同内容本身违反法律、行政法规的强制性规定外，法院将会严格按照合同的约定来明确当事人的权利义务。

在本案中，正是由于有了明确的约定，作为被告的艺人才能够大获全胜，得以全身而退。

案例来源

（2014）静民一（民）初字第 1163 号

案情简介

2012 年 5 月 8 日，上海坤宏传媒投资管理有限公司（本部分简称"坤宏传媒公司"）与薛某某签订《艺人合同书》，约定薛某某委托坤宏传媒公司作为其演艺事业的全球独家经纪公司，公司负责全权处理薛某某的国内外各项演艺事务，有权代理签订相关商演合同并收取报酬。

双方约定坤宏传媒公司为薛某某在 5 年合约期内投资 3 张唱片专辑，每张唱片专辑的投资金额不低于 150 万元；其中第 1 张唱片的制作及发布须在双方签约第 1 年内完成，其余 2 张的制作及发布则由双方协商确定；在合约期内，坤宏传媒公司每年须提供两部影视作品的主要角色参演机会给薛某某。合同还约定，在坤宏传媒公司严重违反本合同的规定，包括坤宏传媒公司在合约中对薛某某的承诺未能实现以及原告破产或被取消营业资格时，经薛某某同意，双方可以提前终止本合约。

2013 年 11 月 22 日，薛某某以坤宏传媒公司未能按约履行合同以及未实现在合同中的承诺为由，发函要求终止合同。

2014 年 4 月，坤宏传媒公司以薛某某行为严重违反了合同的规定，给其造成了极大的经济损失为由起诉，请求法院判令薛某某继续履约并赔偿损失。薛某某辩护称双方签订合同后，因传媒公司有多次重大违约行为，导致双方的合同无法继续履行，遂提出解除合同的请求。法院依据双方签订的合同进行审理，作出对坤宏传媒公司的诉讼请求不予支持的判决。

关键词

无名合同；约定解除；违约责任；赔偿损失

争议焦点

1. 案涉合同的性质为何，及其对解除权的行使有何影响？
2. 案涉合同是否存在继续履行的可行性以及被告行使约定解除权是否需要赔偿原告损失？

裁判观点

1. 案涉合同为混合性无名合同，双方无法行使任意解除权。

在本案中，法院认为双方签订的合同属于混合性无名合同，合同内容是双方当事人的真实意思表示，并不违反法律、行政法规的强制性规定，应属有效，双方均应恪守合同约定，且支持双方依据合同约定的内容主张各自的合法权利。

首先，法院通过判断合同内容来确定《艺人合同书》为混合性无名合同。从本案合同的内容来看，双方约定的权利义务范围广泛，有委托代理内容、居间内容、行纪内容、演艺经纪内容等，故双方签订的合同是具有特定内容的混合性无名合同。无名合同，是指那些法律没有专门规范，也没有赋予一定名称的合同。实践中，在艺人与经纪公司的解约纠纷中，合同的性质对于双方的权利义务影响较大。若为委托合同，则双方可以随时解除委托合同。但是对于无名合同来说，双方当事人并没有法定的合同任意解除权，是否拥有解除权，则完全按照合同的约定来确定。

其次，合法有效的无名合同对双方当事人具有约束力，双方均应当遵循诚实信用的原则，依照合同约定全面履行自己的义务。根据《合同法》第124条（现《民法典》第467条）的规定，无名合同适用合同法总则的规定，并可参照合同法分则或其他法律的类似规定。《合同法》第6条（现《民法典》第7条）规定，当事人行使权利、履行义务应当遵循诚实信用原则。《合同法》第60条（现《民法典》第509条）规定，当事人应当按照约定全面履行自己的义务。依据合同法以上规定，当事人双方均应当依据合同法的相关规定及其合同的约定行使权利，承担义务法院也会依据合同的约定来确定当事人双方权利义务。

因此，本案的审理法院认为坤宏传媒公司违反合同约定，判定坤宏传媒公司违约在先，薛某某依据双方合同的约定享有合同解除权。

2. 案涉合同不存在继续履行的可行性，被告行使约定解除权无需赔偿原告损失。

若无名合同约定了一方对另一方的承诺未能实现以及出现破产或被取消营业资格的情形，经另一方同意，双方可以提前终止合同。也就是说，双方的合约赋予了一方合同的解除权，法院将充分尊重无名合同中关于当事人合同解除权的约定。此外，法院将依据双方的信赖关系丧失，继续履行合同失去基础和条件的实际情况，判决不支持继续履约的请求。

首先，如果合同中约定了合同终止或当事人合意行使合同解除权的情形，这些约定内容将成为法院认定合同终止的依据。本案中，法院认为双方约定了薛某某的合同解除权，当坤宏传媒公司违约在先的情形出现，薛某某则有权解除合同。此外，一方明确表示解除合同的时间，将成为合同解除的时间，法院支持薛某某请求确认合同终止的时间。本案合同约定坤宏传媒公司为薛某某每张唱片专辑的投资金额不低于1 500 000元，唱片的制作及发布须在双方签约第1年内完成，但坤宏传媒公司提供的证据表明其总投入并未达到该标准，薛某某提供的证据也表明其新歌专辑正式发行时间已超过合同约定的时间。而且从2013年下半年起，坤宏传媒公司未再为被告结算月收入。坤宏传媒公司的行为违反了双方在合同中的约定。合同的解除日期为薛某某提出解约之日即2013年11月22日，而非法院判决生效的日期。

其次，合同继续履行的基础是诚实信用和自愿公平，也就是当事人双方的信赖关系。当这一信赖关系破坏且无法修复时，尤其是一方出现违约情形致使合同目的无法实现时，法院则认为合同失去了继续履行的基础和条件，一般不会再支持继续履行。在综合考虑双方的违约情形后，酌情确定违约赔偿数额。但是本案中，原告提供的证据无法证明其提出的诉讼请求。

因此，法院对于坤宏传媒公司继续履约以及违约赔偿请求不予支持。

相关法条

《中华人民共和国民法典》(2021 年施行）第 7 条、第 467 条、第 509 条、第 557 条

蒋某某解约案

艺人以信任基础丧失为由主张法定解除应受到限制

演艺经纪合同是娱乐行业常见的且非常重要的合同类型，它构建了演艺娱乐行业明星与经纪公司之间的基础权利义务关系，是明星发展演艺事业、经纪公司开展经纪服务的依据。长期以来司法实践都将演艺经纪合同认定为具有人身依附性的特殊合同，其主给付义务"演艺工作"需要艺人本人的参与，属于《合同法》第 110 条（现《民法典》580 条）的"债务的标的不适于强制履行"的情形，法院无法强制艺人继续履行演艺经纪合同。因此，一旦艺人拒绝配合经纪公司的工作，经纪公司只能通过要求艺人承担损害赔偿责任的方式来获得合同救济。

然而，本案是该领域司法裁判的重大例外，法院并没有像之前多数案例那样酌定解除当事人之间的演艺经纪合同。作为二审法院的北京市第三中级人民法院在本案中认定蒋某某没有演艺经纪合同的解除权，维持了一审法院要求蒋某某继续履行演艺经纪合同的判决。本案判决突破了演艺经纪合同的人身依附性特点，平衡了艺人与经纪公司之间的利益，对于演艺经纪合同解除问题的司法实践和裁判思路提供了极富创见的参考。

案例来源

（2016）京 03 民终 13936 号

案情简介

2013 年，蒋某某与天津唐人影视股份有限公司（本部分简称"唐人影视"）签订《经理人合约》，有效期为 2014 年至 2018 年。合同的主要内容为：蒋某某有权要求唐人影视提供经理服务及安排工作，如为安排参演电影、电视剧及参加商业代言项目、全力协助演艺事业的发展、辅助于各媒体之宣传、提供演艺培训等。唐人影视则作为蒋某某的独家经理人，在演艺事项上享有绝对决策权，有权要求蒋某某向公司提供独家演艺服务并全力配合公司工作、服从公司安排，且有权在合同存续期内享有蒋某某名字、照片、动画、形象、声音的专有使用权，并永久享有蒋某某因履行该合同而产生的作品上的知识产权，如（不限于）表演者权或任何版权。2015 年，蒋某某称唐人影视存在实质违约行为，发出律师函要求解除经纪合同。唐人影视随即起诉蒋某某，要求蒋某某履行合同并赔偿损失。

法院经审理认为，《经理人合同》系综合性合同，不存在任意解除权，其解除应适用《合同法》第 94 条（现《民法典》第 563 条第 1 款）。蒋某某的主张或与事实不符或缺乏合同依据或不能成立，而信任基础丧失并非享有合同解除权的法定理由。

综上，蒋某某不享有合同解除权，且因唐人影视亦反对解除合同，故一审、二审法院均判决蒋某某继续履行合同并向唐人影视承担违约责任。

关键词

演艺经纪合同；综合性无名合同；任意解除权；信任基础丧失

争议焦点

1. 《经理人合约》性质如何认定以及蒋某某是否享有任意解除权？
2. 唐人影视是否存在违约行为以及蒋某某能否据此解除合同？
3. 双方信任基础的丧失是否构成法定合同解除事由？

裁判观点

1. 《经理人合约》属于具有综合性质的无名合同，蒋某某不享有任意解除权。

《经理人合约》系唐人影视与蒋某某所签订的关于发展蒋某某未来演艺事业的多种权利义务关系相结合的综合性合同，其中包含了委托、行纪、居间、劳动、著作权等多种法律关系，并构建了经纪公司与艺人之间的特殊合作共赢关系，并不能简单归类为合同法分则分类的某种固定类型合同，而应属于具有综合属性的演出经纪合同。

"演艺经纪合同"并非单纯的委托代理或行纪性质，因此不能依据《合同法》（现《民法典》合同编）中关于委托代理合同或行纪合同的规定享有单方任意解除权，仍应适用《合同法》第94条（现《民法典》第563条第1款）关于行使合同解除权的一般性法律规定。

2. 唐人影视并不存在违约行为，蒋某某不能据此解除合同。

根据《合同法》第94条第4项（现《民法典》第563条第1款第4项）规定，当事人一方迟延履行债务或者有其他违约行为致使不能实现合同目的，守约方可以行使合同解除权。本案中，蒋某某主张行使合同解除权的理由是唐人影视存在根本性违约行为导致合同目的无法实现，具体行为包括：拖欠蒋某某演艺报酬未支付；未提供充足的演艺机会；未履行合同约定的培训义务；未充分提供财务凭证等。经查，蒋某某主张演艺报酬系合同约定的经理人佣金；蒋某某在合同存续期间参演的电影、电视剧及参加的其他推广活动数量亦符合合同约定；培训义务并未在合同中具体约定标准，培训义务亦非主要合同义务；提供财务凭证则并未在合同中予以约定，且蒋某某对每笔收入均签字确认，并未提出异议。综上，蒋某某的主张或与事实不符，或缺乏合同依据，或不能成立，蒋某某不享有合同解除权。

3. 双方信任基础的丧失并不能成为享有合同解除权的法定事由。

蒋某某主张，其演艺经纪合同是人身依附性极强的特殊委托合同，应当以双方当事人之间的信任作为基础，现因唐人影视起诉蒋某某之父侵犯名誉权的行为，双方已经缺乏信任，导致合同无法继续履行。

法院认为，双方当事人之间的信任属于商事活动中的必备要素，也是履行合同的重要基础，但缺乏信任并非享有合同解除权的法定理由。蒋某某以缺乏信任为由主张行使合同解除权，于法无据。其向唐人影视发出的律师函，并不产生解除双方所签《经理人合约》的法律效力。

演艺人员从新人发展至具有较高知名度和影响力的成名艺人，除与其自身能力有关外，经纪公司在艺人的培养、宣传、策划、推广以及知名度的提升上，起着至关重要的作用，经纪公司亦为此付出较大的时间成本及商业代价。如若允许艺人成名后即以人身依附性（即信任基础丧失）为由随意行使解除权，将使经纪公司处于不对等的合同地位，亦违背公平及诚实信用的基本原则，不利于演艺行业的良性发展。

本案中，蒋某某与唐人影视建立演艺经纪关系后，唐人影视利用自身具有制作、经纪双重业务的优势，为蒋某某提供了较好的演艺机会，加之蒋某某个人的努力及才能，使得蒋某某的演艺事业处于快速上升期。在距离合同到期终止日期仅一年有余，而唐人影视亦表示会继续为蒋某某提供演艺经纪服务的情况下，双方的合同是可以继续履行的。法院希望双方在本案判决后能够摒弃前嫌，彼此尊重，求同存异，秉着共荣共赢的目标，践行合约精神。

相关法条

《中华人民共和国民法典》（2021 年施行）第 6 条、第 7 条、第 467 条、第 509 条、第 563 条、第 933 条

"内地情歌王" 欢子解约案

演艺经纪合同中违约损害赔偿的范围包括实际损失和预期利益损失

演艺经纪合同解除后，损害赔偿范围的确定依旧是司法实践所面临的难题。在本案中，法院主张违约损害赔偿的范围，应当适用《合同法》第 113 条第 1 款（现《民法典》第 584 条），包括实际损失和预期利益损失。在确定预期利益损失时，则要遵循"可预见性规则"，考察公司主张事项的事实基础和可预见性，在具体数额的计算时既要考虑到合同存续期间可获得收入的数额，也要考虑合同剩余期限及此期限内艺人知名度、市场价值的变化等因素。

案例来源

（2012）粤高法民三终字第 241 号

案情简介

2007 年，佛山市顺德区孔雀廊娱乐唱片有限公司（本部分简称"孔雀廊公司"）与苏某某（艺名"欢子"）订立《经理人合约》，主要内容包括：苏某某在合同期间内为公司制作、出版、发行不少于 3 张个人演唱专辑，并由公司享有专辑内所涉词曲的全部著作权及相关权利；公司有权收取苏某某演出、广告、影视等业务收入的 40% 及苏某某演唱歌曲之彩铃业务收入的 12%。随后双方订立《补充协议书》，将《经理人合约》的存续期间确定为 2007 年 3 月 26 日至 2015 年 3 月 26 日，共 8 年。

合同订立后，孔雀廊公司为苏某某制作了《愚爱》《其实很寂寞》《得到你的心却得不到你的爱》3 张个人演唱原创专辑。2011 年 1 月 12 日，苏某某向孔雀廊公司主张解除

《经理人合约》及《补充协议书》。随后孔雀廊公司向法院起诉主张苏某某严重违约，公司不再要求继续履行合同，请求法院判决苏某某赔偿孔雀廊公司预期收益损失。

法院认为，苏某某违反合同约定提前单方解除合同的行为，构成违约，判令其向孔雀廊公司赔偿预期收益损失 1 500 000 元。

关键词

违约损害赔偿；预期收益；可预见性规则

争议焦点

1. 苏某某向孔雀廊公司主张提前解除合同是否构成违约？
2. 苏某某因自身的违约行为需要向守约方孔雀廊公司承担何种责任？
3. 艺人提前解约造成经纪公司预期收益损失的，损失赔偿额应如何确定？

裁判观点

1. 苏某某向孔雀廊公司主张提前解除合同构成违约。

孔雀廊公司与苏某某签订的《经理人合约》及《补充协议书》属双方当事人的真实意思表示，亦未违背法律的强制性规定，属有效合同，当事人双方应依约履行。苏某某诉称孔雀廊公司只注重自身谋取短期利益，忽略为苏某某争取发展空间，因其未提供有力证据予以证明，故法院对此不予采信。苏某某违背双方在《经理人合约》中关于提前解除合同的约定而实施了单方解除该《经理人合约》及《补充协议书》的行为，其行为已构成违约。

2. 苏某某因自身的违约行为需要向守约方孔雀廊公司承担损害赔偿责任。

由于苏某某于通知孔雀廊公司解除合同后未再实际履行该合同，孔雀廊公司也不要求苏某某继续履行，故法院确认当事人双方签订的《经理人合约》及《补充协议书》于2011 年 1 月 12 日予以解除。根据《合同法》第 97 条（现《民法典》第 566 条第 1 款），合同解除后，尚未履行完毕的，应终止履行；已经履行的，则根据履行的情况和合同性质判断。由于本案所涉合同的终止履行是因苏某某的单方违约所致，故其依法应承担违约责任，加之合同已经解除，故苏某某需承担损害赔偿责任。

在具体的赔偿范围上，根据《合同法》第 113 条（《民法典》第 584 条），因合同一方当事人违约给守约方造成损失的，损失赔偿额应当相当于因违约所造成的损失，包括守约方的实际损失和预期收益（即合同履行后可以获得的收益）的损失，但预期收益不得超过违约方订立合同时预见到或应当预见到的因违反合同可能造成的损失。因此，孔雀廊公司主张苏某某赔偿因违约造成的损失于法有据。

3. 因艺人违约行为造成经纪公司损失的，应遵循客观、公平、合理的原则计算赔偿数额。

在预期收益的计算上，艺人已经创作并由公司享有相关权利的作品预期收益不会因艺人解约受到影响，艺人尚未创作、公司亦未着手准备的作品的预期收益则对艺人不具有可预见性，主张以上两种预期收益均无法得到法院支持。而公司因艺人继续履行合同而获取的艺人演出、广告、代言等收入之预期收益于法有据，在具体数额上，可以参照艺人履行合同期间此项收入的数额，并结合艺人知名度、市场价值的变化，根据合同剩余期限综合计算。

孔雀廊公司诉请苏某某赔偿其预期收益损失 6 545 238.68 元，该 6 545 238.68 元预期收益损失金额应由三部分构成：一是苏某某 3 张专辑彩铃业务的延续经营的利益；二是苏某某如履行合同则可以继续为苏某某制作发行新专辑歌曲的彩铃业务的利益；三是苏某某如继续履行《经理人合约》和《补充协议书》的演出、广告、代言部分的利益。

就第一部分利益而言，由于已发行的 3 张专辑的著作权归孔雀廊公司所有，孔雀廊公司也确认苏某某解除合同后其并未停止经营该项业务，故对已发行专辑歌曲的彩铃利益，孔雀廊公司主张该部分预期收益损失没有依据。

就第二部分利益而言，孔雀廊公司按《经理人合约》为苏某某制作、出版、发行了 3 张专辑后，没有再为苏某某制作发行新的专辑，现有证据亦不足以证明孔雀廊公司在苏某某解约时已着手准备或即将制作、发行新专辑。且即便苏某某的新专辑获得发行，新歌曲能否为孔雀廊公司和苏某某带来收益仍取决于市场需求，并不属于苏某某在订立合同中预见到或应当预见到的因违反合同可能造成的损失。因此，孔雀廊公司主张该部分的预期收益没有事实依据。

就第三部分利益而言，苏某某对于其不履行合同义务会导致孔雀廊公司丧失通过履行合同获得演出、广告、代言部分的利益是明知的，故孔雀廊公司主张该部分预期收益赔偿于法有据。在履行合同的近 4 年的过程中，孔雀廊公司投入资本对苏某某进行包装运作，使苏某某在演艺事业上的知名度逐渐上升，其获得的收入也因此水涨船高。如双方正常履行合同，已经积累一定知名度的苏某某在演出、广告、代言等方面所获得机会和利益通常可能大于合同履行前期。另一方面，苏某某的知名度及市场价值也并非一成不变，也可能因为种种原因导致人气下降。

因此，综合考虑本案违约的起因、孔雀廊公司在合同履行近四年获得的利益，以及尚有四年多的履行期间等因素，结合孔雀廊公司自合同订立至解除近四年内在演出、广告、代言方面共收入 1 223 700 元的基础上，酌定苏某某应向孔雀廊公司赔偿该部分预期收益损失 1 500 000 元，对孔雀廊公司超过该金额的其他预期收益损失不予支持。

相关法条

《中华人民共和国民法典》(2021 年施行) 第 465 条、第 566 条、第 577 条、第 584 条

第二节　艺人人格权保护

 汪某名誉权纠纷案

仅依据微博标题字眼难判侵权

随着互联网技术的发展，明星艺人的私人生活在被无限放大，成为大众茶余饭后的谈资，进而也推动了狗仔行业的发展，因跟踪偷拍、不实报道引发的名誉权纠纷案件层出不

穷。在本案中，法院认为，若标题与正文内容没有明显关联，则不构成侵权。此外法院还指出，微博作为即时性的自媒体平台，特点在于随时分享心中思想，主观随意性大、信息流动性强，在无确切证据证明的情况下，一般无法仅依靠粉丝数量，转发、评论数量来判定一个人社会评价是否降低。在无明显恶意的情况下，微博调侃并不会受到法律制裁。

案例来源

（2016）京 03 民终 2764 号

案情简介

2015 年 4 月 20 日，韩某某在其个人新浪微博（用户名为"中国第一狗仔卓伟"）上分享了"全民星探"发布的名为"【独家】章某某汪某领证蜜月会友妇唱夫随"的文章，并标题为"赌坛先锋我无罪，影坛后妈君有情"。该条微博在网络上迅速被传播，阅读点击率日益剧增，传播范围甚广。

汪某认为，韩某某未经调查、核实，随意在其个人微博上以"赌坛先锋"对其进行侮辱诽谤，公然损害其人格和形象，误导社会公众对自己的评价，已经严重侵犯了自己名誉权，造成了身心和声誉的极大伤害。故汪某将韩某某诉至法院要求停止侵权，删除微博，赔礼道歉，并要求支付 200 万元精神损害抚慰金。一审法院认定韩某某未侵犯汪某名誉，驳回汪某的全部诉讼请求。汪某不服判决，提起上诉，二审法院驳回上诉，维持原判。

关键词

微博言论；标题字眼；名誉权

争议焦点

被告在微博标题中使用的"赌坛先锋"一词是否构成对原告名誉权的侵犯？

裁判观点

被告的被诉行为不构成对原告名誉权的侵犯。

我国名誉侵权的构成要件要求行为人公开作出毁损被侵权人名誉的行为，并且主观上存在过错，造成被侵权人社会评价降低。《民法通则》第 101 条（现《民法典》第 1024 条）规定："公民、法人享有名誉权，公民的人格尊严受法律保护，禁止用侮辱、诽谤等方式损害公民、法人的名誉"。可以看出，侮辱和诽谤是侵犯名誉权的两种主要表现形式。

首先，关于韩某某使用的"赌坛先锋"一词是否构成对汪某名誉权的诽谤的性质认定。所谓诽谤，是指捏造并散布某些虚假事实来破坏他人的名誉。根据韩某某一方在原审法院中提交的《公证书》等文件，可以看出在案涉微博发布之前，关于汪某在中国大陆境外赌场出现的消息被不少新闻媒体报道，在法庭质证过程中汪某未否认这些新闻报道；而关于汪某参加江苏省德州扑克大赛的报道，其表示亦属实，但是强调自己只参加了开幕式和慈善赛，并未参加带有赌博性质的其他比赛。汪某在本案中将自己的行为依据地域的不同进行了区分，但从公众的角度而言，对个体行为的认知是整体性的而不能人为将个体行为及因此产生的后果割裂开来，汪某虽辩称其在中国大陆境内并未参加过任何能够认定为赌博的活动，但并不否认在中国大陆境外参加过赌博娱乐活动，韩某某依靠公共媒体报道获取的信息，将其主观对汪某行为的认知通过微博的形式发布，应认定该行为并非毫无事实依据的诽谤，而是个人根据其所知的事实发表的主观评论。虽然该主观评论的用词较为尖锐且带有夸张的成分，但该主观评论所依据的基础事实是真实的。

本案中，"赌坛先锋"仅系案涉微博中的标题，标题所展示、传达给公众的内容相对有限，而案涉微博的内容及相关链接页面中并未有与"赌坛先锋"相关的论述，仅仅依标题中的词语也难以认定构成诽谤。

其次，关于韩某某使用的"赌坛先锋"一词是否构成对汪某名誉权的侮辱的性质认定。所谓侮辱，一般是指用语言或行为损害、丑化、贬低他人人格。客观而言，"赌坛先锋"一词通常应视为非正面评价，但在认定某行为是否构成侮辱问题上不能简单地将侮辱等同于使用贬低性词汇，而应区分公众可接受范围内的评论与恶意侮辱的合理界线。韩某某关于"赌坛先锋"的措辞虽然尖锐，但仍在个人主观感受范围内而非带有明显恶意的侮辱。

再次，关于韩某某是否存在主观过错的认定。虽然韩某某创办的风行工作室主要运用偷拍、跟踪等方式拍摄明星，韩某某本人亦长期从事娱乐新闻报道，但仅仅以韩某某此种身份并不能推断出韩某某在主观上具有侵犯汪某名誉权的故意。

最后，关于是否造成对汪某的社会评价降低的认定。韩某某所发布的微博中称汪某为"赌坛先锋"虽有言语不当之处，但并不构成侮辱或诽谤，且根据微博发布人的身份、微博标题与内容，理性的社会人也难以仅凭案涉微博即对汪某作出否定性评价。值得注意的是，本案系因微博文章而引发的纠纷，作为具有"自媒体"特性的微博平台，其特点在于用户往往通过只言片语即时性地表达对人对事的所感所想，是分享自我的感性平台，与正式媒体相比，微博上的言论随意性更强、主观色彩更加浓厚，而用户通过微博的评论功能所发表的内容同样具有以上的特点，在判断某微博言论是否会造成某人社会评价降低时不能单纯以此作为依据，还应结合其他证据综合判断。而在本案中尚无其他证据能够证明汪某因案涉微博造成其社会评价有所降低。

因此，韩某某在微博标题中使用的"赌坛先锋"一词未构成对汪某名誉权的侵犯。

相关法条

《中华人民共和国民法典》(2021年施行) 第1024条

黄某名誉权纠纷案

新闻媒体转载不实文章将构成对他人名誉权的侵犯

随着互联网技术的发展，人们选择每天接收时事新闻的渠道逐渐从报纸杂志转向社交网络，当人们面对成千上万条新闻而感到眼花缭乱时，必定是越抓人眼球的新闻越能获得点击率。而在"娱乐至死"的时代，从穿着打扮到生活隐私，明星的一举一动都会引来大量的关注。因此，个别新闻从业人员倾向于发布明星的绯闻隐私来博人眼球，而将新闻的客观性、真实性抛之脑后，有意无意地传播虚假消息。这不仅对新闻当事人的名誉造成了极大的损害，同时也给社会传递了错误的导向。在本案中，被告尽管只是转载了虚假新闻，依旧被法院判定构成名誉权侵权，这也为其他新闻媒体从业者敲响了警钟。

案例来源

（2018）京 02 民终 1643 号

案情简介

黄某与黄某 1 原系夫妻关系，2014 年 10 月离婚。新华网股份有限公司（本部分简称"新华网公司"）在其"新华网"网站（xinhuanet.com）于 2014 年 11 月 4 日 16：29：30 发布题为《黄某前夫再爆料古某某文章孙某某都"躺枪"》的文章（本部分简称"案涉第一篇文章"），该文章标注来源为"舜网——深港在线"，又于 2014 年 11 月 5 日 14：24：17，再次在上述网站发布题为《前夫再爆黄某猛料名字用拼音缩写古某某孙某某叶某躺枪》的文章（本部分简称"案涉第二篇文章"），文章标注来源为"中国新闻网——深圳晚报综合"。黄某诉至法院，请求法院判令新华网公司立即删除案涉侵权文章，新华网公司与黄某 1 在全国公开发行报纸的显著位置向其公开赔礼道歉及二被告连带赔偿 105 万元。

一审法院认定"新华网"的转载行为不构成侵权，且由于黄某已就黄某 1 的微博内容是否侵犯其名誉权和隐私权另案起诉，本案中涉及的"新华网"转载的文章并非黄某 1 所撰写，故本案中黄某 1 就案涉两篇文章不承担侵权责任，因而驳回原告诉讼请求。黄某不服，提起上诉。二审法院撤销一审法院判决，判令新华网公司向黄某公开赔礼道歉并赔偿精神损害抚慰金及诉讼合理支出共 3 万元。

关键词

新闻媒体；不实文章转载；名誉权侵权

争议焦点

1. "新华网"转载案涉两篇文章是否侵害黄某名誉权？
2. 黄某 1 是否应当在本案中承担侵权责任？
3. 若构成侵权，新华网公司应承担何种责任？

裁判观点

1. "新华网"转载案涉两篇文章侵害了黄某的名誉权。

因"新华网"转载的两篇文章与原发文章内容相同，因此讨论"新华网"的转载行为是否侵权的前提是案涉两篇文章是否侵权。对此，法院从以下两个维度讨论"新华网"的转载行为是否构成侵权。

（1）对案涉两篇文章的评价。若文章反映的问题基本真实，没有侮辱他人人格的内容的，不应认定为侵害他人名誉权。若文章的基本内容失实，使他人名誉受到损害的，应认定为侵害他人名誉权。

在第一篇文章中，作者称黄某1连续发布多篇微博爆娱乐圈猛料，并通过援引微博内容原文的形式，将黄某1所谓的爆料内容原封不动地呈现给读者。这些"爆料"除直接针对黄某本人的内容外，其他内容均以"黄某告知"的形式发布。该文章虽然并非作者主动、直接捏造相关事实，但其将无证据证明真实的网络信息作为文章主要内容，导致文章基本内容失实，其将该文章发表，属于传播虚假事实。文章尾部，作者通过"网友纷纷开始将黄某1所指的明星对号入座，古某某文某孙某某等男星皆躺枪"的形式，将网络信息中的拼音字母直接指称为艺人姓名，具有明显的引导性。作者撰写并发表该文章的行为，主观上具有过错，客观上足以降低黄某的个人声誉及社会评价，故案涉第一篇文章构成对黄某的诽谤。

在第二篇文章中，作者以曝猛料的方式，不仅对其所称的黄某1发布的微博内容以"老婆乱搞""小伙伴乱搞""知名男艺人无节操"等负面词汇进行总结概括，而且将原微博内容中的拼音字母缩写通过设问句的形式指称艺人姓名，具有明显的引导性。上述爆料内容均指向黄某本人以及"黄某告知"的内容，因无证据证明上述爆料内容真实，作者将相关微博内容进行归纳并作为文章主要内容进行爆料，属于文章基本内容失实，其将该文章公开发表的行为，属于传播虚假事实。作者撰写该文章的行为主观上具有过错，客观上亦足以降低黄某的个人声誉及社会评价，故案涉第二篇文章亦构成对黄某的诽谤。

（2）对"新华网"转载行为的评价。转载具有快速、便捷、高效等特点，其也因此成为网络媒体普遍采用的信息传播及共享方式。但是，转载是把"双刃剑"，如果网络媒体把关不严，转载了侵权信息，则会进一步扩散侵权内容、加重损害后果。网络转载侵权系一般侵权行为，在归责原则上采取过错责任原则，也即只有转载主体转载文章的行为存在过错，方具有可归责性及应受非难性。

首先，从"新华网"网站的性质及影响范围来看。"新华网"系国家通讯社新华社主办的中央重点新闻网站，"新华网"在采编或者转发新闻信息时，不仅有对转载信息进行审核的义务，而且应当承担比一般网络媒体更严格的审核义务，以确保信息的客观和真实。因此，如果"新华网"在转载信息时有义务核实而未核实，从而造成损害后果，则应当认定其主观上存在过错。

其次，从"新华网"的业务能力来看。"新华网"依托新华社国内分社、境外分支机构以及自有采编队伍，形成了全球化新闻信息采集网络，是中国网络媒体中传播力强、覆盖面广、通讯采集手段全、传播形态多样化的全媒体信息采编发平台。由此可以看出，"新华网"系具备新闻采编能力的新闻网站，具有采编权意味着其有能力对转载信息的真实性进行审核。如果"新华网"在转载信息时有能力核实而未核实，从而造成损害后果，则应当认定其主观上存在过错。

再次，从转载信息的性质来看。案涉两篇文章均系娱乐信息，其以曝猛料的方式渲染明星绯闻隐私。这样的文章，除了满足人们茶余饭后的窥探欲之外，不会产生更多积极的价值，相反，却消耗着人们最宝贵的注意力资源和时间资源。娱乐新闻作为新闻品种之一，有其存在的必要性。但是，"新华网"作为国家通讯社设立的网站，理应将宝贵的资源投入到更多有意义、有温度、有价值的新闻领域。对于确实需要转载娱乐信息的，"新华网"应当谨言慎行，加大审核力度，防止有意或无意加入跟风炒作的行列，扰乱网络传播秩序，传递错误导向。

最后，从"新华网"转载案涉两篇文章的具体细节来看。"新华网"在转载案涉两篇文章时，虽然未对文章内容进行修改，但是均对文章标题进行了改动，此举恰恰可以证明"新华网"在转载时知晓案涉两篇文章的内容。而案涉两篇文章所谓的爆料内容均指向黄某及其他艺人的个人隐私事项，对黄某及其他艺人具有明显的不利益，在无证据证明上述爆料内容真实的情况下，"新华网"转载上述信息时应该更加审慎，否则极易侵害他人合法权益。

综上所述，本案中，"新华网"未尽到合理的、必要的审核注意义务，转载了具有明显侵权内容的文章，其主观上具有过错，客观上亦在一定程度上降低了黄某的个人声誉及社会评价，侵害了黄某的名誉权，新华网公司应当承担相应的侵权责任。

2. 黄某 1 在本案中不承担侵权责任。

本案中，黄某所诉黄某 1 发布微博的行为与"新华网"转发案涉两篇文章的行为，在行为的内容、方式、影响范围以及产生的后果方面均不相同，故不能认定双方构成共同侵权，黄某对黄某 1 的各项诉讼请求不宜放在本案中一并处理。如果黄某认为黄某 1 发布相关微博的行为侵害了其名誉权，可通过其他方式另行解决。

3. 新华网公司应当向黄某赔礼道歉，但赔偿数额应根据证据和认定事实酌情处理。

因"新华网"的转载行为侵害了黄某的名誉权，综合考虑新华网公司的主观过错、侵权情节、传播范围、损害后果等因素，判定新华网公司在其网站云南频道首页显著位置就其于 2014 年 11 月 4 日发布的案涉第一篇文章刊登致歉声明，向黄某公开赔礼道歉；在其网站安徽频道首页显著位置就其于 2014 年 11 月 5 日发布的案涉第二篇文章刊登致歉声明，向黄某公开赔礼道歉。

黄某要求新华网公司赔偿经济损失 488 200 元，但其未提供充分证据证明其确实因"新华网"的转载行为造成如上损失，故法院对其该项请求不予支持。"新华网"转载案涉文章的行为侵害了黄某的名誉权，给黄某造成一定的精神损害。但是"新华网"仅是转载媒体，并非原发媒体，而除"新华网"之外，亦有其他媒体就案涉文章进行了转载和报道，因此，黄某受到的精神损害，并非"新华网"的转载行为单独所致，因而法院酌情确定新华网公司赔偿黄某精神损害抚慰金 20 000 元、诉讼相关费用 10 000 元。

▶ 相关法条

《中华人民共和国民法典》(2021 年施行) 第 1165 条

《最高人民法院关于审理利用信息网络侵害人身权益民事纠纷案件适用法律若干问题的规定》(2020 年修正) 第 7 条

李某肖像权纠纷案

未经许可将他人照片用于商品促销构成侵权

司法实践中，未经艺人同意将其照片用于商业宣传，是极为常见的侵害肖像权的做法。"未经本人同意"及"以营利为目的"是判断肖像权侵权的两个核心标准。2015 年，迪拜尔特控股（北京）有限公司（本部分简称"迪拜尔特公司"）运营的微信公众号"乐佳善优"发布标题为"冰冰有李我们有礼"的配图文章，使用了带有李某肖像的图片。李某因该公司未经过其同意擅自使用肖像，一纸诉状告到法庭。最终法院判决支持李某的主张，认定迪拜尔特公司构成侵权，要求其赔礼道歉并赔偿损失。

案例来源

（2016）京 0108 民初 22199 号

案情简介

2015 年，李某和范某某公布恋情，在微博上发布"我们"的公开微博，引发公众热议。而微信公众号"乐佳善优"借此热点，发布文章"冰冰有李 我们有礼"，用于母婴用品促销宣传。在该文章中，涉及两张图片，第一张图片为李某与范某某《武则天》剧照合影，该图片配有宣传文字——"冰临晨下 他/她还会远吗"，宣传迪拜尔特母婴专营店乐佳善优藻油 DHA 孕妇型保健品；第二张图片则在带有的宝宝图片上 PS 了李某和范某某头像合影，并配字"冰临晨下，他/她还远吗?"

为此，李某将迪拜尔特公司告上法庭，主张未经本人同意，该公司擅自使用个人照片用于营利，请求法院判处公司侵权，并公开道歉赔偿损失。而迪拜尔特公司则认为自己没有侵权，提出以下三个理由进行抗辩：一是图片选自腾讯新闻，属于网上公开报道的图片；二是微信公众号文章用作产品赠送活动，没有侵权的恶意；三是营销活动没有盈利。

法院支持了李某的关于侵犯肖像权的主张，判处迪拜尔特公司公开道歉并赔偿损失。

关键词

未经本人同意；肖像权纠纷；微信公众号侵权行为

争议焦点

1. 微信公众号发布文章使用网络新闻中的图片是否构成侵权?
2. 案涉图片用于公司赠送产品的活动是否构成侵权?

裁判观点

1. 微信公众号发布文章，应对利用其网络平台登载的内容具有谨慎注意义务，未经许可擅自使用他人肖像构成肖像权侵权。

肖像权是自然人对自己肖像上所体现的人格利益所享有的一种具体人格权，是以肖像所体现的精神利益和物质利益为内容的民事权利，权利人有权主张照片中的肖像权。

本案中，李某作为有一定知名度的艺人，其肖像权中包含着一定的财产利益，在无相反证据的情况下，李某作为肖像权人，对自己肖像的商业使用价值享有支配权，他人未经许可不得以营利为目的使用其肖像。本案案涉文章中使用了含有李某肖像的配图两张，其中一幅图片内容为李某与范某某的剧照合影，另一幅包含李某和范某某的头像合影，李某作为该照片中的组成部分，有权主张照片中其个人的肖像权。

本案中，迪拜尔特公司主张自己使用了腾讯新闻用于报道的图片，因该图片已经在网上广泛传播，自己用于公众号的行为不构成侵权。但是法院认为迪拜尔特公司作为"乐佳善优"微信公众号开办单位，对利用其网络平台登载的内容应具有谨慎注意义务。未经李某同意，迪拜尔特公司在《冰冰有李　我们有礼》一文中使用了李某的两幅肖像照片作为配图，并在文章中对其产品进行宣传介绍并开展买送促销活动构成侵权。

2. 因被告是具有营利性质的法人企业，为促销活动而使用图片，构成了以营利为目的的使用行为，进而构成肖像权侵权。

在本案中，虽然迪拜尔特公司主张公众号配图是为了赠送产品，不是营利活动。但是法院认为，该公司是具有营利性质的法人企业，其在案涉文章中附加了李某的肖像图片，并在文章中对其产品进行介绍宣传，构成了以营利为目的而使用肖像，已侵犯了李某的肖像权，迪拜尔特公司应就此承担相应的民事侵权责任。法院认为李某要求迪拜尔特公司停止使用其肖像并就此向其赔偿经济损失并赔礼道歉的主张于法有据。此外，法院认为赔礼道歉的方式应当与侵权行为影响范围相应，案涉文章及配图通过微信公众号的方式进行传播，所以迪拜尔特公司以在其微信公众号中进行赔礼道歉为宜，驳回了李某在报纸上进行道歉的请求。同时，法院综合考虑李某的知名度、迪拜尔特公司的过错程度，对李某肖像的使用方式、使用范围、使用时间、网站影响力及当前的市场因素等情节，确定了赔偿金的数额。

 相关法条

《中华人民共和国民法典》（2021 年施行）第 120 条、第 179 条、第 995 条、第 1019 条、第 1165 条、第 1182 条、第 1183 条

"真假胡某琳"不正当竞争纠纷案

搭便车采用相似艺名构成不正当竞争

在演艺圈，新人利用知名前辈的名气"蹭热度"的情形并不少见，如以"小×××"等为题的通稿屡见报端，通常情况下，被模仿者是家喻户晓的明星，而模仿者是刚出道甚至未出道的新人，二者的名气悬殊，观众很容易辨别谁是"原版"，因此很少有观众会将明星与模仿者混淆。同时，模仿者会注明自己是某位明星的模仿者，而并非有意使得观众对其身份产生混淆。但在本案中，经纪公司与歌手胡杨林（原名胡某琳）解约后，其签约的新艺人桂某某以"胡扬琳"为艺名进行演出、宣传活动，造成了公众的混淆，构成不正当竞争。

案例来源

（2016）京 73 民终 8 号

案情简介

2004 年，胡某琳加入北京太格印象传媒技术有限公司（本部分简称"太格印象公司"）。2005 年，胡杨琳以"胡杨林"为艺名推出网络歌曲《香水有毒》。2006 年至 2009 年期间，胡某琳作为太格印象公司的签约歌手，以"胡杨林"为艺名进行了多种演艺、宣传活动。从 2010 年 2 月至 2015 年 5 月期间，胡某琳以"胡某林"为艺名参加全国多地的演唱会、颁奖晚会等活动并现场演唱。2013 年 7 月 10 日，太格印象公司在其官方网站及其法定代表人赵某某的新浪微博中均发布一则题为"太格印象特发声明，胡扬琳接棒《香水有毒》"的帖子，称太格印象已和歌手胡杨林（胡某琳）解约多年，本公司决定收回《香水有毒》《最初的最美》等 31 首歌曲的演唱权，太格印象公司现今已将《香水有毒》等 31 首歌曲授权新签约歌手桂某某（艺名胡扬琳）演唱。之后，胡某琳将桂某某与太格印象公司诉至法院。

一审法院认为两被告的行为构成了不正当竞争，判定桂某某于本判决生效之日起不得使用艺名"胡扬琳"进行演艺活动，并且两被告在个人主页和官方网站上删除关于"胡扬琳"的宣传资料。两被告不服一审法院作出的判决，提起上诉。二审法院认为一审法院在部分认定及文字表述上有不当之处，但该不当对本案审理结果并无影响，故在纠正文字错误的基础上对一审判决予以维持。

关键词

艺名；不正当竞争；商标；混淆

争议焦点

1. 被告桂某某的被诉行为是否构成不正当竞争？
2. 被告太格印象公司的行为是否构成不正当竞争？

裁判观点

1. 被告桂某某与原告胡某琳同为歌手，其使用与原告胡某琳相近的艺名构成不正当竞争。

依据《反不正当竞争法》第 5 条第 3 项（现《反不正当竞争法》第 6 条第 2 项）的规定，经营者不得采用擅自使用他人的企业名称或者姓名，引人误认为是他人的商品的不正当手段从事市场交易，损害竞争对手。《最高人民法院关于审理不正当竞争民事案件应用法律若干问题的解释》第 6 条第 2 款规定，具有一定的市场知名度、为相关公众所知悉的自然人的笔名、艺名等可以认定为前述规定的"姓名"。根据上述规定，"姓名"可以包括艺名，只要该艺名经过一定的使用，具有商业标识意义，即可以依据上述规定获得保护。

本案中，胡某琳是从事演艺事业的个人，在文化市场中提供营利性服务。即便胡某琳自 2013 年与被告公司解约后从事写作及参加商业会议，也不能因此否认胡某琳依然从事演艺事业的事实，且写作与演艺均属文化活动。桂某某是歌手，太格印象公司是艺人的经纪公司，二者提供的亦是一种演艺服务，至于演艺活动的具体内容不影响其与胡某琳从事的经营业务具有同质性的判断。且桂某某与太格印象公司使用与胡某琳艺名相近艺名的被诉行为可能会不当减损胡某琳的市场利益，同时使自身从中获取不当利益。因此，胡某琳与桂某某、太格印象公司具有竞争关系。

自 2013 年以来，桂某某以"胡扬琳"为艺名进行过多种演艺活动，其艺名与胡某琳的艺名"胡杨林"呼叫相同，文字构成、整体视觉效果亦基本相同，且二者均使用在演艺服务上，相关公众难以将二者予以区分，容易导致相关公众认为二者为同一主体而产生混淆误认。桂某某与胡某琳均是太格印象公司旗下的艺人，桂某某理应知晓胡某琳在先使用"胡杨林"艺名且具有一定的知名度，在此种情况下，桂某某仍在相同服务上使用与胡某琳艺名极为相近的艺名，显然具有不当利用胡某琳知名度，希望相关公众混淆的意图，具有明显的搭便车恶意。前述行为损害了胡某琳的合法权益。虽然案外人"胡扬琳"文字商标所有权人北京太格印象文化传播有限公司将"胡扬琳"商标授权许可给桂某某作为艺名使用，但前述商标于 2013 年 4 月 14 日才被核准注册，晚于胡某琳使用其艺名"胡杨林"并获得知名度的时间，故即便案外人将该商标授权给桂某某使用，也不能使其不正当利用胡某琳艺名在先形成的知名度的行为具有正当性。因此，桂某某的被诉行为构成擅自使用他人姓名的不正当竞争行为。

2. 被告太格印象公司的行为构成不正当竞争。

艺名作为自然人的一种称谓，具有一定的人身依附性。虽然胡某琳曾是太格印象公司的签约歌手，但在此期间，其艺名所获得的知名度以及其与艺名之间的对应关系，并不因解约而受到影响。胡某琳的艺名作为反不正当竞争法所保护的一种权益，太格印象公司应对胡某琳的艺名予以尊重和合理避让。但太格印象公司不仅未避让，反而让其新签约的歌手桂某某使用与胡某琳艺名极为相近的"胡扬琳"为艺名，且在其官网、法定代表人的微博等多处予以宣传。这种行为明显具有继续利用胡某琳艺名的知名度并从中获取经营利益的主观恶意。太格印象公司的官网及其法定代表人赵某某的微博发布的所谓澄清声明，仅是说明桂某某使用"胡扬琳"艺名。在法院已认定桂某某使用"胡扬琳"艺名具有不正当性的情况下，此声明并不能使太格印象公司的行为具有正当性。因此，太格印象公司的被诉行为不正当地侵犯了胡某琳的合法权益，亦构成不正当竞争行为。

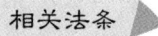 相关法条

《中华人民共和国反不正当竞争法》(2019 年修正) 第 6 条